新安文化丛书一
XIN'AN WENHUA CONGSHU

新安传统建筑

程硕　程极悦　著

文物出版社

中共淳安县委宣传部
中共淳安县委党史研究室
淳安县人民政府地方志办公室
淳安县政协文史和教文卫体委员会
编

图书在版编目(CIP)数据

新安传统建筑 / 程硕，程极悦著. -- 北京 : 文物出版社，2024.7
(新安文化丛书. 一)
ISBN 978-7-5010-8399-2

Ⅰ. ①新… Ⅱ. ①程… ②程… Ⅲ. ①古建筑－建筑艺术－介绍－淳安县 Ⅳ. ①TU-092.2

中国国家版本馆CIP数据核字(2024)第067593号

新安传统建筑

新安文化丛书一

编　　者：中共淳安县委宣传部
中共淳安县委党史研究室
淳安县人民政府地方志办公室
淳安县政协文史和教文卫体委员会
著　　者：程　硕　程极悦
责任编辑：孙　霞
封面设计：方　卓
责任印制：张道奇

出版发行：文物出版社
地　　址：北京市东城区东直门内北小街2号楼
邮　　编：100007
网　　址：http://www.wenwu.com
邮　　箱：wenwu1957@126.com
经　　销：新华书店
印　　刷：杭州富春印务有限公司
开　　本：787mm×1092mm　1/16
印　　张：417.25
版　　次：2024年7月第一版
印　　次：2024年7月第一次印刷
书　　号：ISBN 978-7-5010-8399-2
定　　价：2880.00元(全18册)

总　序

新安文化是指新安江流域文化。

新安江是钱塘江的正源，源头分为两大支流。南支称率水，为新安江主源，发源于安徽省休宁县五龙山脉的六股尖；北支叫横江，源于黟县五溪山主峰白顶山。两支源流在屯溪汇合，流至歙县浦口一段称渐江，歙县浦口以下至浙江省建德县与兰溪相汇处称新安江。新安江与兰溪汇合后称富春江，到萧山闻家堰称钱塘江，流至杭州湾入海。

新安江流域地处闽浙山地的北缘，黄山、天目山、白际山、五龙山、千里岗、龙门山六大山脉盘桓其间，山地及丘陵占十分之八九。新安江水呈树叶网络状，由西向东辐射，地势也是由高及低逐步下降。流域平均海拔 800 ~ 1000 米，处在山岭川谷之中。俯视江南，附近的江西、浙江、江苏、安徽，均在其下。地处新安江源头的徽州，有“吴头楚尾”之说。杜牧诗云：“溪山侵越角，风壤尽吴根。”非常准确地描写出新安江流域的地理位置。

新安江流域以黄山山脉为界，南坡有流向东南钱塘江的新安江水系，直达杭州，是前往江南的捷径；流向西南鄱阳湖的阊江水系、乐安江水系，直达饶州、九江；北坡有直接流入长江的青弋江、秋浦河水系，直达池州、安庆、芜湖长江沿线。新安江下游严州府与兰江相接，向南直达金华、衢州，是前往江西、福建的捷径。陆路虽地势高耸，山路崎岖，但由于地处皖、浙、赣三省交界，成为全国的交通网络中重要的一环。

魏晋时期，由杭州经新安江前往江西、福建的通道，是全国交通枢纽上的重点线路。宋永初三年（422）秋，谢灵运离开建康（今南京）赴任永嘉郡太守。他沿钱塘江、富春江溯流而上，经桐庐、建德、兰溪，转由婺江到永嘉，途经桐庐写下《初往新安至桐庐口》诗。唐代以前，北方通往南方的三大干线，其中两条干线经过新安江流域。一条由洛阳东行至汴州，循运河东南而下，经杭州，沿钱塘江溯流而上，经睦州、婺州、衢州、信州至江西、福建和岭南道。另一条由洛阳走陆路，经汝州、许州至陈州，过寿州、庐州，渡江至采石，经宣州、歙州到睦州，经婺州、衢州，再选择西行或南行通往福建、江西和岭南各地。宋以后，新安江流域交通线路更是呈放射状，四面通达。虽然山道崎岖，水路湍急，路途稍显艰难，但无论水路、陆路，前往江西、湖北、福建、南京、杭州都是必经的捷径。

人类逐水而居，河流是人类文明的摇篮。先秦时期，新安江流域先属吴，吴亡属越，越灭属楚。秦末，在新安江中游和上游设黟、歙二县，下游则归富春县管辖。东汉建安十三年（208），分歙地置始新、新定、黎阳、休阳四个县，加上原来的黟、歙二县，就有了六个县，以这六个县新设新都郡，郡治设在始新县治新定里（今淳安县威坪镇）。黄武四年（225），析吴郡富春县地置建德、新昌、桐庐、新城四县，建德县、新昌县（后改寿昌）地处新安江下游。其后新安江流域郡、州、府级机构，先后更名或改设为新宁郡、新安郡、东阳郡、遂安郡、婺州、睦州、歙州，最后定名为徽州和严州；县级机构先后更名或改设为新安江上游的歙县、黟县、休宁县、祁门县、绩溪县、婺源县，新安江中游的淳安县、遂安县，下游的建德县、寿昌县。

新安文化的地域范围，以新安江上游古徽州一府六县，即歙县、黟县、休宁县、祁门县、绩溪县、婺源县，以及新安江中下游古严州的淳安县、遂安县、寿昌县、建德县为核心区域。新安文化的时空概念起自史前文明，迄于1949年，根据研究需要适当后延。其内容涉及哲学、经济、社会、教育、学术、文学、艺术、工艺、建筑、医学等诸多学科，凡与新安江流域社会历史发展有关的内容，均是新安文化的范畴。

新安江流域是我国原始文化的一个独立发展单元，一步步走来，没有停留，没有断代。历经早期文明、晋唐兴起、五代至元崛起、明清鼎盛和近代转型五个发展阶段，形成新安文化的完整体系。

1974年11月，在建德县上新桥村乌龟洞发现一枚人的犬齿化石，被命名为“建德人”，属于晚期智人类型，距今约五万年。同时，新安江流域分布着大量的旧、新石器时代遗址，承继“建德人”的文化发展。1959～1975年，新安江上游的屯溪西郊奕棋村先后发现8座西周至战国早期的墓葬。出土的青铜器、原始青瓷和几何印纹硬陶，在形制、纹饰和构图风格上，具有浓厚的越文化特色。史称当地人为越族，人民性格强悍，尚武好斗，文化礼仪相对薄弱。通过地方行政治理过程中的教化，当地越人在了解和接受中原人的生产、生活方式后，道德观、价值观、文化崇尚等方面均发生变化。

晋唐时期，新安文化兴起。晋代的“永嘉之乱”和唐代的黄巢起义是中国历史上的两件大事。它不仅造成西晋和唐朝的灭亡，导致中国社会的分裂，而且对我国南方的发展产生深远的影响。“永嘉之乱”和黄巢起义期间，中原士族比较集中地迁入新安江流域，现存的徽、严二州不少姓氏族谱中，对始迁祖的追溯都上溯到这一阶段。中原士族大量迁入以后，以其自身的文化素养和生活习惯渗透民间，改变了新安江流域越族的风俗习惯，越族尚武习俗与中原儒雅之风融合，儒家思想的仁义忠孝和修身齐家理念，开始在新安江流域流行。休宁吴少微的“吴富体”在文坛崭露头角，新安江下游的“睦州诗派”更是享誉诗坛。

五代至元，新安文化崛起。这一阶段新安江流域的教育与科举得到长足发展，仅南宋时期徽州、严州二府进士就有806名。南宋理学大儒朱熹祖籍徽州，曾两次回徽州省墓、探亲、授课，并在严州丽泽书院、遂安瀛山书院讲学论道。新安人读朱子之书，秉朱子之教，以邹鲁之风自恃，形成新安理学学派，使得朱熹理学在新安江流域广为流传，对整个流域的文化形成和演变起到关键作用。文风郁起，留下很多脍炙人口的作品，如胡仔的《苕溪渔隐丛话》和方岳、方逢辰的诗歌，在全国诗坛都占有一席之地。徽州刻书和严州刻书，在中国刻书史上贡献卓著。制瓷技术、医学、植物学、光学、生物学等科学技术都取得一定成就，其中歙县张杲淳熙十六年（1189）写成的《医说》一书，是中国医学史上第一部医史传记。

明清时期，新安文化进入鼎盛。私学、官学和书院教育同步发展，推动新安江流域科举繁荣兴盛。淳安人商辂“三元及第”，于明宣德十年（1435）乡试、正统十年(1445)会试及殿试均为第一名。理学、心学与朴学相互融合发展,理学家们提倡“和会朱陆”,阳明心学受到欢迎。清康熙、乾隆时期,新安学者提倡实事求是的治学精神,开创朴实的学风，成为清代学术的主流，朴学领袖戴震更是中国哲学史上的唯物主义启蒙思想家。文学艺术百花齐放，新安画派是明清文人画的正统继承者，徽派版画代表了中国传统版画的最高成就，徽派篆刻成为中国文人篆刻的主流，徽剧乃京剧之母。科学技术成就斐然，新安医学所主张的“固本培元”理论，是中国传统医学中的精华；程大位是中国历史上珠算集大成者；郑复光《镜镜詅痴》集当时中西光学知识大成。

近代，新安文化开始转型。光绪二十六年（1900），歙县基督教堂在城内创办崇一学堂，迈开新安江流域兴办新式学堂的第一步。在西方近代科技和工业革命的影响下，实业救国成为潮流，培养近代农林、商业、工业人才，是教育转型过程中的重要一环。光绪三十四年（1908），戴英在休宁县隆阜珠里创办新安江流域近代第一所职业学校——休宁初等农业学堂。随后，徽州乙种商业学校、淳安县初级实业小学、建德县浙江省立甲种森林学校等相继开办。新安学术也开始向近代学术思潮转型，胡适成为近代文化转型中承上启下的关键人物。文学艺术在转型中得到提振，其中由汪渊集句成词、其夫人程淑笺注的《麝尘莲寸集》，以词集词，前无古人。黄宾虹成为近代中国绘画领域中的一座高峰；黄士陵的篆刻形成自己的艺术风格，被称为“黟山派”。“徽路徽戏”和睦剧得到全面发展。

新安江流域自古为越族领地，随着中原士族的迁入，中华儒家文化的价值观“修身齐家治国平天下”，在这里不断积淀，形成尚武自强、重教崇文、俗尚文雅、治生重商的区域特征。

新安江流域早期越人以尚武著称。明清时期，新安江流域百姓依然习武自强为常。至今民间仍留存不少延请拳师的“拳关”文书。明万历休宁程冲斗所著《耕余剩技》，是中国武术史上的名著。绩溪县张横秋更是以武术名世，在武术史上形成“豫徽武术”流派，其拳术至今仍在新安江流域流传。很多文人在习文的同时练武，明末休宁县抗清义士金声不仅文章出彩，而且武艺高强。休宁画家汪肇，喜好持矛舞剑。新安朴学后期的重要学者汪宗沂，通拳术、剑术、马术，喜谈兵。他的学生许承尧、黄宾虹，一个是著名诗人，一个是著名画家，跟着汪宗沂学习时，练剑、骑马也是必备的功课。

中原士族迁居新安江流域以后，注重文化传承。这种传承使得新安江流域重视教育，崇尚文雅。朱熹提倡读书，研究学问，从事著述，强调“穷理之要，必在于读书”。新安理学的兴起，增强了新安江流域的读书氛围。儒家思想被塾师细化在自己教学实践中，塾师编写的大量蒙学教材中，将儒家的道德观念灌输给学童。在新安理学的影响下，新安江流域读书著述之风盛行，形成“十家之村，无废诵读”的景象。宋元以来，被称为“东南邹鲁”。

随着儒家思想向民间基层渗透，礼教在老百姓中扎根。民间礼仪以朱熹《家礼》作为依据，渗透于各个家庭。休宁《茗洲吴氏家典》根据《家礼》，结合本宗族的情况，规定冠婚丧祭的礼仪，作为子孙后代遵行的法典。民国遂安《高峰朱氏宗谱》卷三《家训》对子弟的礼仪教育写得非常具体，结合家族特点，将礼教具体化，教育族人如何做人、做事，各项规范要求明确，可操作、能监督，俗向文雅，成为“礼下庶人”的典范。

新安江流域有一个异于全国其他地区的现象，就是人们以经商致富为荣，从商成为风气。新安学者提倡职业不分卑贱，引导民众经商，鼓励商人创业，提倡“廉贾”价值观。地方士绅还通过各种方式为商人代言，创造良好的经商环境。学者的倡导、士绅的鼓励，对不轻视商业、不以经商为耻社会风气的形成，起到极大的促进作用，使新安人在观念上获得解放，理直气壮去经商，造就了雄飞于中国商界三百年的新安商人集团。

新安文化不断兼收并蓄，坚持实事求是，遵循儒雅中庸的发展过程，构成以“包容、探索、和谐”为核心的人文精神。

在沉淀中原汉文化和践行儒家思想的过程中，新安江流域不断地塑造自身的人文精神，推进新安文化的发展。新安文化的形成，是中原汉文化与当地土著越文化进行融合的过程。在两种文化的融合过程中，汉文化虽然是强势文化，但具有很强的包容性，促进了越文化的自然融合，从而产生出新质的新安文化。这种包容性，在新安文化发展过程中，贯穿始终，成为新安文化特色。兼收并蓄的包容精神，体现了新安文化的博大气象，是新安文化得以发展的源泉。

在新安文化发展过程中，新安人一直遵循实事求是的原则，博学求知，努力探索规律，追求真理，勇得时代风气之先。朱熹提出“濯去旧见，以来新意”；戴震主张“不以人蔽己，不以己自蔽”；胡适要求“重新估定一切价值”，都是不懈求索、勇得时代风气的典范。实事求是的探索精神，体现了新安人的思辨能力，是新安文化得以不断创新发展的动力。

新安文化是宋以后中国儒家文化在民间社会最完整的体现和典型范例，其儒雅中庸的内质得到很好的体现。“薄利多销”成为新安商人的经营手段，自己少赚些，让消费者不吃亏，成为“中庸”思想在商业领域的一种表现，即双赢。新安宗族在“中庸”思想的指导下，和睦相处，很少发生械斗。就是宗族间有了矛盾，也是协调处理，互相谦让。在艺术上，也非常讲究中庸平和。新安篆刻中的雅逸隽秀、平和光洁；新安版画内蕴的恬静和安乐，也是儒雅中庸的一种表现。儒雅中庸的和谐精神，使得新安江流域社会平稳安定，是新安文化不断发展的基础。

新安江流域靠近越文化核心区，其文化既具有新安文化特点，又带有钱塘江流域良渚文化特色，体现出新安文化与良渚文化融合的趋势。对河系流域上下游文化碰撞、交融的研究，具有重要价值。

新安江流域至今保存下来的地面文物遗存10000多处、8000余种文献、100余万件文书，跨越千年历史，涵盖政治、经济、文化各个领域。尤其地面文物遗存、非物质文化遗产和文书档案，均为第一手资料，是人们了解中国封建社会后期农村社会实态不可多得的资料，为按历史本来面貌做综合实态研究创造了前所未有的有利条件。中国社会科学院历史研究所周绍泉先生指出："以徽州文书为代表的历史文书档案为主要资料，综合研究历史社会实态，将是我们这个时代的学术潮流。"

新安文化是中国封建社会后期传统文化的典范，独树一帜，在各自领域都处于领先位置。从新安文化中提炼出来，形成新安宗族、新安学术、新安商人、新安教育、新安建筑、新安书画、新安工艺、新安科技、新安文学、新安戏曲、新安饮食、新安民俗等文化现象，是新安文化中的精华，学术界在研究专业史时无法绕开这些课题。对新安文化展开研究，实际也就是对中国封建后期传统文化展开研究，窥一斑而见全豹，具有普遍的学术意义。

新安江流域四面环山，作为一个独立的自然地理单元，风景秀丽，人们的审美观受到山水环境的影响。新安四雕艺术、文房四宝艺术、盆景艺术、新安书画、新安文学等，都是新安江流域自然环境同新安人审美观相结合的产物。而新安饮食、方言的形成，同新安江流域独特的自然地理环境及资源有关；新安宗族社会构成和村落结构，同新安地理环境也是密切相关，具有地理文化单元的人类文化学研究价值。

新安文化是移民文化，中原士族的内迁，决定了其社会与文化的诸多现象和特点，受到中原文化的影响。同时，新安文化的昌盛与发展，还存在着一个由新安江流域再向外移民的过程，并对侨寓地的文化产生影响。如新安学术、徽剧、新安艺术、新安刻书、新安篆刻等对扬州学派、京剧、江南园林、江南版画、浙派篆刻都有渗透和影响。研究新安文化，可以获得中华大文化融合各民族文化、各地方文化的一般与个别规律，为繁荣中华大文化作出贡献。

新安江流域是宗族社会。明清时期，农村基层依靠宗族自治管理，有不少好的做法。现存不少宗族公约中有值得学习和借鉴的条文，如禁止乱砍滥伐和禁止赌博等。从内容上看，它们符合当今所提倡的环境保护和社会文明的主旨。从实施机制上看，它不是依赖于行政系统，而是靠"公约"的形式自我约束，这给建设社会主义新农村带来启示，村民自治要以农民为主体，增强农民的自觉意识，而不是靠行政手段。新安文书中的商业合同，反映了新安人市场观念的成熟；分家契约反映了新安人既遵从中国传统的伦理观，又理性地处理家庭财产等经济问题；诉讼文书，反映了古代新安江流域民间已经有较强的法治观念。新安江流域古村落人与自然和谐，以人为本的思想贯穿村落建设，村落中的防火措施、水系设计都十分讲究，科学性很强，给当代环境规划设计带来启示。

新安文化博大精深，对新安江流域上游的徽州文化研究，已经成为一门专门的学问——徽学。但对整个流域的整体研究还是一个空白，编撰《新安文化》丛书，可以填补全面涵盖新安江全流域文化的研究空白，力求科学、全面、准确、系统地展示新安文化的各个方面，对于新安文化学术研究及开发利用，是一件十分有意义的事情。

《新安文化》丛书编撰委员会

2023 年 4 月

目录

绪　论

新安江，古称浙江、浙江，又称徽港，《中国古今地名大辞典》将新安江古今沿用名称归纳为“新安江，浙江之上游，即古浙江水，亦曰歙港，又名徽港。”新安之名源于西晋太康元年（280）改新都郡为新安郡，而新安郡之名又源自祁门县西的新安山。新安江发源于黄山市休宁县境内，东入浙西，经淳安县至建德市，与兰江汇合流入钱塘江。干流长 373 公里，流域面积 1.1 万多平方公里。新安江上游地区位于黄山山脉与白际山脉之间，包括休宁、屯溪、歙县、绩溪的全部或一部分。盆谷由盆底平原（休歙盆地、绩溪盆地）、台地和盆缘丘陵、低山地貌类型组成，北亚热带气候。中、下游以丘陵低山相间河谷平原为主，其下游地处浙西丘陵山地和金衢盆地毗连处，地表以分割破碎的低山丘陵为特色，山岭属天目山、千里岗和龙门山系，亚热带季风气候。新安江素以水色佳美著称，江水四季澄碧，湍流奔注，两岸群峰蜿蜒，叠嶂飞瀑，故唐孟浩然诗云：“湖经洞庭阔，江入新安清”（《经七里滩》）。

新安郡位于新安江流域，所辖地域为后世的徽州（今歙县、黟县、休宁县、绩溪县、祁门县、婺源县）、严州（今淳安县，原淳安县、遂安县；今建德市，原寿昌县区域），其范围大致与今之吴语徽严片（徽语）地区重叠。新安江水系对其流域徽、严文化的传播与融合作用巨大，它孕育了古代新安江流域的物质文明和精神文明，形成了灿烂的新安文化。新安传统建筑是新安文化重要的物质载体，具有卓越的成就和鲜明的地方特色，蕴藏着丰富的历史信息和文化内涵。

第一节　新安建筑文化的界定

一、新安建筑文化的界定

新安江流域从距今 5 万年前的旧石器时代开始，就一直是人类的居住地，这

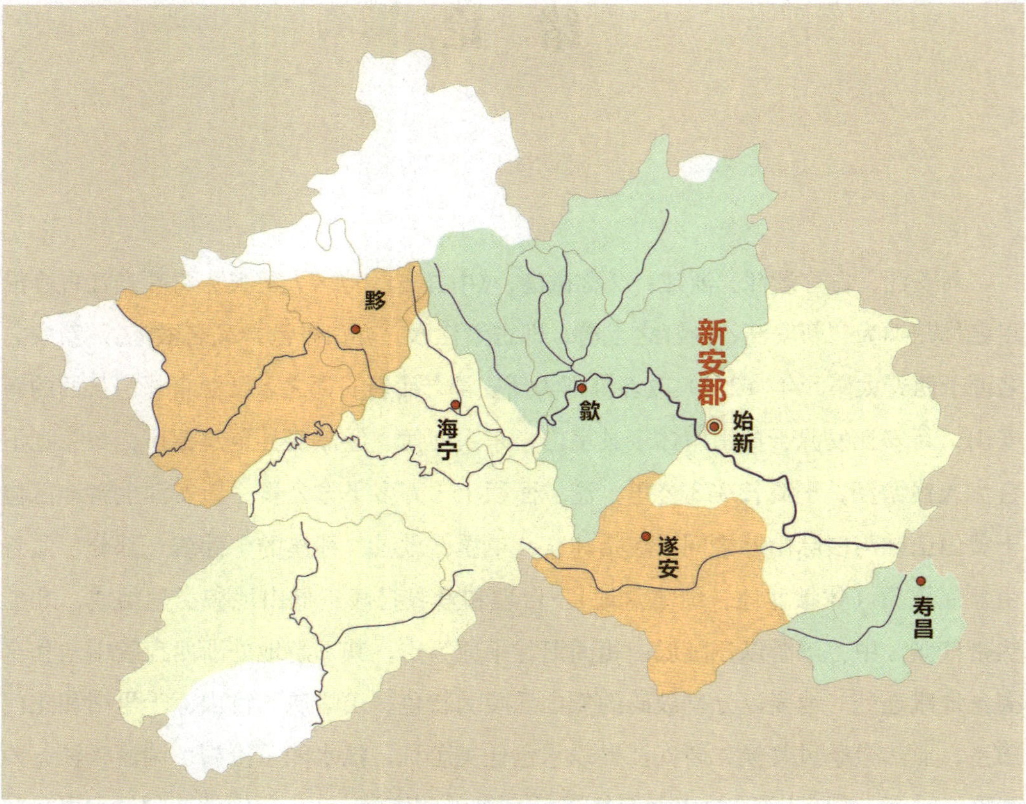

南朝陈天（562）新安郡示意图（程乔绘）

里生活着越族的祖先“新安人”。东汉建安十三年（208），吴主孙权遣贺齐征服歙县山越部落，将原歙县分为歙、休阳、黎阳、新定（原遂安县，1958年与原淳安县合并）、始新（原淳安县）五县，加上黟共六县，建新都郡，郡治始新，隶扬州，这是新安地区州郡一级行政建置之始。西晋太康元年（280），晋灭吴，改新都郡为新安郡。南朝陈天嘉三年（562），新安郡辖歙、黟、海宁、始新、遂安、寿昌（原寿昌县，1958年并入原建德县，今建德市西南区域）六县，郡治始新，隶东扬州。隋开皇九年（589），改郡为州，改始新县为新安县，并以遂安、寿昌入新安县，隶婺州。改新安郡为歙州，领海宁、黟、歙县。隋仁寿三年（603），在新安故城置睦州，遂安从新安县分出，复立县，新安、遂安县属之。唐大历五年（770），歙州辖歙、休宁、黟、绩溪、婺源、祁门县，“一府（州）六县”的格局延至清末，时间长达1142年。宋宣和三年（1121）平方腊，改歙州为徽州，州治歙县。同年，改睦州为严州，原淳化（新安）、遂安、寿昌县属之。从隋开皇九年开始，徽、严两地分隶不同州郡，但新安江水系贯穿其间，两地文化一脉相承，都属于汉民族的越海民系。因此，本书讨论的新安传统建筑为：起自史前文明，迄于1949年，主要是宋至明清时期（960～1840），以及清末民国（1840～1949）的近代建筑转轨期，在新安建筑文化圈内，即新安江流域的古代徽州（府）、严州（府）地域，包括今浙西、皖南和赣东北三地，一种以强化儒家伦理道德秩序为主要精神特征的乡土建筑。

对上述时空概念中的新安传统建筑，讨论的重点是继承了新安文化基因，并且今日尚能看到的遗存建筑。

二、新安建筑文化的区系定位

建筑文化分区不等同于语言分区，但两者有交集。余英先生在《中国东南系建筑区系类型研究》一书中将新安建筑划入越海系建筑文化区的徽严州越海建筑文化亚区，刘定坤先生则称之为“徽严州吴越文化亚区”（《越海民系民居建筑与文化研究》）。朱光亚先生从建筑本身的若干表征出发探讨区系问题，在《中国古代建筑区划与谱系研究初探》一文中将新安建筑划入新安建筑文化圈，简称“新安文化区”。并归纳其地域特征为：“存在于吴头楚尾的新安江流域的皖南、赣东北、浙西一带，并向南辐射影响到其他地区。其特征是梁为冬瓜梁的月梁，穿斗体系，

新安江（张建平 摄）

祠堂及住宅中用插栱，结角为嫩戗发戗，用清水脊。”朱光亚先生认为在汉族传统建筑流行的区域内，有 7 个建筑文化圈，分布在新安江流域的新安建筑文化圈是其中之一。朱先生的文章思路与从移民路线、方言、习俗的角度切入研究建筑文化有所不同。朱先生此后在《中国古代木结构谱系再研究》一文中进一步阐述 ：“如果建筑文化研究始终在建筑的内核之外徘徊，那么我们便始终找不到建筑自身发展的内在原因。以建筑区划为例，如果不能够深入到建筑本体，那么我们的工作便等同于文化地理学的研究。”他认为 ：“这最本质的本体问题就是结构因素的体系分析。”新安建筑文化圈的通行结构是穿斗，徽、严两地盛产杉木，杉抗剪能力强，是穿斗建筑的主要用材。在祠堂或大型住宅、官厅等使用四椽栿的大空间建筑中采用的构架，孙大章先生则命名为插梁架。穿斗、插梁的混合使用，成为新安建筑文化圈的主要特征。

第二节 新安建筑的形成

建筑区系类型形成的原因及相关因素十分复杂，建筑界一般多用自然环境和社会环境对建筑的影响来讨论传统建筑的演变。有学者将其概括为四大体系，即自然生态系统、经济技术系统、社会组织系统和文化观念系统。

一、自然生态系统

地域条件、环境感应是建筑特色产生和发展的基础和条件，在一定的自然条件下，移民的素质、源地、迁移时间、路线和分布，以及人口和土地的生态关系等，必然影响一个地域的人为环境和建筑模式。

(一)自然环境

新安江由屯溪向东北流入歙县境内，经深渡至街口注入新安江水库。新安江水系河网密度大，屯溪以上多为峡谷，屯溪至深渡，河道弯曲，右岸山岭，坡度陡峻，25° ~ 30° ；左岸河谷平原，后有狭长台地。江面宽窄不一，枯水期宽 100 ~ 350 米。深渡至街口又是峡谷河段。在黄山市内河床落差 49.9 米，平均比降 0.64‰，从而形成滩多、水浅、流急的河道特点。清诗人黄景仁《新安滩》诗曰 ：“一滩复一滩，三百六十滩。一滩高十丈，新安在天上。”诗以形象的语言，描写了江势的险峻。“歙之为州，在山岭涧谷崎岖之中”，① 山多地少，大多数耕地土质薄瘠，以山地黄壤、普通黄壤、山地红壤为主，耕层较浅，有机质含量较低。新安江中、下游地区地处浙西，山脉大致呈北东向西南走向。整个地势为西北和东南两边高、中间低，自西南向东北倾斜。水系由周边向中间汇集，主要河流由西南流向东北，与山脉走向基本一致。

新安江上游地区属北亚热带气候，四季分明，冬夏长春秋短，雨量充沛。夏季多偏南风，潮湿、多雨而炎热；冬季多偏北风，虽有大风和降温，但不甚严重。年平均气温 15℃ ~ 17℃，年际变化规律是冬季冷暖变化最大，春秋相当，夏季最小。年无霜期平均 210 天以上。平均日照时数低于 2000 小时，东南部多，西北部少。平均年降水量在 1400 ~ 2000 毫米之间，降水量从西南向东北递减，山地的降水量多于丘陵、河谷地带，随着海拔的升高而增大。总的来看，气候特点是气温较低，积温较少，多云雾，少日照，降水丰富，夏无酷暑，冬非严寒。这种气候特点不利于农作物的生长，但对多年生长的林木影响较小。清大儒顾炎武在《天下郡国利病书》中说：“徽郡保界山谷，土田依原麓，田瘠确，所产至薄，独宜菽麦红虾籼，不宜稻粱。”然而“竹备班紫，木植松樧（杉）”（清洪玉图《歙问》），徽州所产松、杉量多质坚，熟漆品质之佳闻名全国。此外，栎类阔叶树，以及樟、银杏等树种多有分布。除林木外，茶叶是最主要特产。新安江中、下游地区则属亚热带季风气候，冬夏季风交替明显。年平均气温 15℃ ~ 17℃，全年一月份最冷，平均气温 3℃ ~ 5℃，七月份最热，平均气温 28℃ ~ 29℃。无霜期 230 ~ 260 天。平均年降水量 1100 ~ 1600 毫米，以春雨、梅雨和台风雨为主。常年梅雨量 350 ~ 550 毫米，约占全年的 25% ~ 31%，这对各种春播作物的生长，特别是对喜温湿的早稻和茶、桑、竹、麻以及多种瓜果的生长十分有利。

新安江流域自然环境优美，宋大儒朱熹（1130 ~ 1200）曾手书“新安大好山水”六字镌于歙县长陔南源古寺燕石岩石壁。更早的梁武帝萧衍（464 ~ 549）亦“谓徐摛曰：新安大好山水，可以卧治”。新安江流域山川绮丽，南北朝诗人沈约诗曰：“洞澈随深浅，皎镜无冬春。千仞写乔树，百丈见游鳞。”境内黄山、齐云山、千岛湖、

① [宋]王安石．广西转运使孙君抗墓碑[M]//[明]程敏政辑撰·新安文献志．黄山书社，2004.12.

灵栖洞等景观争奇斗艳，俨若画境。

综上所述，由于新安地区的自然因素，山多地少，建设用地紧张，故明万历间谢肇淛《五杂俎》说：

> 余在新安见人家多楼上架楼，未尝有无楼之屋也。计一室之居可抵二三室，而犹无尺寸隙地。

可见，当地楼房住宅在明代已很普遍。新安这种江南山区天井式楼宅的基本平面形制是“一明两暗”形式，其平面紧凑，天井属于住宅的内部空间，具有通风、采光、排水、遮阳、交通等功能。正是由于新安山区土地紧缺，在夏热冬冷地带的南侧，为了适应当地的地形、气候特点，新安人将北方四合院建筑中的庭院改造成了天井，创造出一个多功能的共享空间。“新安多名山，少甫田沃壤”，[①]这种山水瑰丽却不利于农耕的自然条件，对新安建筑的孕育生成有着极其密切的关系。优美的山水环境造就了理想的村落环境模式，村落与山水相融，天人合一，新安成为风水宝地，“此间仿佛武陵溪”（清方西畴《新安竹枝词》）。早期由北迁南的开拓者，“半皆官于此土，爱其山水清淑，遂久居之，以长子孙焉”（民国《歙县志》）。然而“地隘斗绝，厥土骍刚而不化。高山湍悍少潴蓄，地寡泽而易枯，十日不雨，则仰天而呼。一骤雨过，山涨暴出，其粪壤之苗又荡然空矣。大山之所落，多垦为田，层累而上，指至十余级，不盈一亩”（清顺治《歙县志》）。正由于“地狭人稠，耕获三不赡一”，[②]资源的压力促使“徽人多商贾”“小民多执技艺”，[③]从而产生了新安建筑艺术的赞助人——新安商人，以及营造界的徽州帮。同时“山限壤隔”，地理环境相对封闭，又“从来无兵戈燹略之惨”（明万历《休宁县志》），易于保存文化遗产和继承建筑遗制，从而使若干早期的建筑特征被保留下来，影响后世建筑细部处理手法。《休宁戴氏族谱》记载：“新安届万山中，天兵燹之虞。聚族以居，谨姻联，贱鳌冒，家庙鲜饰，系牒明备，柱础碑碣往往有唐宋间物，以故大家巨姓所在有之。”

说的正是这种现象。

---

① [明]陈继儒.季常吴次公六十序[M]//[民国]吴吉祐辑.丰南志.合肥：黄山书社，2017.11.

② [清]康熙《休宁县志》卷7《汪伟奏疏》。

③ [清]顾炎武：《天下郡国利病书·江南20》。

(二)山越汉化

新安江流域属越海民系的徽严州吴越文化亚区，包括皖南明清徽州府和建德府，以及江西婺源地区。这里居住着百越族的一个分支——山越，其早期的文化特征之一是印文陶。秦统一诸夏过程中，当地越人徙居到皖南山区，即今浙西南、皖南、赣北等地山区。三国时，孙吴政权对山区越人的策略促使山越与汉族的融合。

历史上的“永嘉之乱”“安史之乱”和“靖康之难”导致中原人口大规模、长时期南迁，促进了南方经济文化的繁荣，造成中国汉文化中心向南迁移。新安地区由此成为经济繁荣、文化昌盛、人文荟萃之地。第一次民族大迁移源于“永嘉之乱”，历史上称这次延续多年的大规模北方人口南迁为“永嘉南渡”。中原人口移居之后，很快就与当地人融为一体。至南北朝，仰东晋政权的势力，形成了越海民系。唐中叶以后，由于“安史之乱”再次造成中原人口第二次大规模南迁移民，江南各地的发展得到进一步加快，浙江金衢盆地等地区得到进一步开发，发展完善了越海民系。北宋末年的“靖康之难”造成北方人口的第三次南迁。随着北宋王朝的覆灭，汉民族人口分布由以前北多于南变成了南多于北方，汉民族经济文化中心南移。而山脉河流的走向和阻隔又常常是民系的自然界线，新安江流域因此成为越海民系内的五个片区之一——徽严州片吴越文化亚区。在社会变革时期，大规模人群流动，会出现区域间建筑技术的激烈碰撞和深度融合。中原地区汉人三次大规模移民，主流的中原文化与土著的山越文化相融合，促进了当地生产力和生产关系的发展，新安江流域由一个开发较晚的地区从此真正进入了大规模的拓垦发展时期，带来了建筑技术的交融与变革。同时由于南迁汉人迁徙过程是持续性的，最早形成的越海民系在表现形式上并不古老，其社会文化形态更多地表现为唐宋甚至明清的特色，这一特色在新安建筑文化圈有明显体现。

二、经济技术系统

生活资料的获取与管理、建筑材料和建造技术等都是经济技术系统的重要环节。商业贸易圈的变迁所伴随的建筑文化传播，以及工匠体系及建筑技术的传承与变迁，也是重要的主题。

(一)新安建筑艺术的赞助人——新安商人

三次北方汉人南迁，对新安人口产生重大影响。西晋太康元年（280），当时的新安郡仅5000户居民，人烟稀少。至南北朝刘宋大明八年（464），猛增至12058

户，相对于耕地面积而言的人口比重大幅度上升。以徽州为例，人均耕地下降的趋势从明代中期以后就已逐步下降到 2 亩以下，远低于宋、元及明代前期的 4 亩以上。从上述数字可见，持续而紧张的人口压力给新安人的生存带来很大困难。加之土地瘠薄，产量低下更是雪上加霜。《安徽通志》谓“地狭人稠，力耕所出，不足以供，往往仰给四方”“于是经商之事业以起，牵车牛远服贾，今日徽商之足迹，殆将遍于国中”（吴日法《徽商便览》）。“徽人多商贾，盖其势然也”（清顾炎武《天下郡国利病书》）。

大约在明中叶以后，外出经商的人越来越多，其中一部分成为巨富，操纵长江中下游金融竟达三四百年。明谢肇淛《五杂俎》描述万历间新安人的商业活动云：

富室之称雄者，江南则推新安，江北则推山右。新安大贾，鱼盐为业，藏镪有至百万者，其他二三十万则中贾耳。

民国《歙县志》也说：

……嗣后明清两代经营盐茶木材，沿江地区有“无徽不成镇”之谚。……两淮盐商八总，歙占其四。彼时盐业集中淮扬，全国金融几可操纵，致富较易，故多因此起家。

嘉庆《黟县志》录诗云：“新安多游子，尽是逐蝇头。风气渐成习，持筹遍九州。”这首五言古诗和“无徽不成镇”之谚，是明清新安商业发展史的精辟浓缩，它道出了新安商人活动范围之广和对城镇发展的深刻影响，以及在新安建筑文化形态方面表现出重要的主导作用。

新安商人经营致富后，受叶落归根观念支配，将巨额财富中的部分输往桑梓故里，为家乡建设作出贡献，以此报答当地父老乡亲。他们助建村镇公共设施，热心公益事业，筑路建桥，兴修水利，广建祠堂，营造住宅，大兴园林，促进了村镇的繁荣，影响了建筑的风貌。民国《丰南志》所载明嘉靖进士汪来《吴母胡寿序》中说：“溪之南涯，隐若壮邑，绮绾绣错，实长乐也。”在明清人眼中，新安村镇“隐若壮邑”“宛如城郭”，这正是新安商人的贡献。新安的世家大族和富商大贾多居于乡，新安商人在建设家乡公益性建筑以振兴家族的同时，“渐治第宅田园为终老之计”，[①] 并以贻后嗣。他们“造华堂广厦”“广园林，侈台榭”，希冀以这种“富而显贵”的方式来体现自身价值，“润身润屋，两美兼收”。新安商人贾而好儒，“弦歌溢里巷，转毂遍四方”。[②] 清代学者戴震称其“虽为贾者，咸近士风”。新安商人以风雅自居，广交文士，从而提高了自己艺术鉴赏力。又捐资学校，重视教育，促进了当地文化事业的发展。从南宋起，新安文风渐盛，在文化艺术领域的各个方面都独树一帜，尤其是绘画、版画、篆刻、雕刻等领域。新安商人既然是新安建筑艺术的赞助人，那么他们的审美情趣必然体现在新安建筑上。如广泛用于装饰的建筑砖雕，虽不缺少书卷气，但题材内容偏重世俗文化，有炫富表现。

(二)营造界的“徽州帮”

新安地区“田瘠确，所产至薄”，当地居人“即力田终岁，赢得几何”，[③] 习艺成为当地人谋生的重要手段。据明弘治《徽州府志》所载，洪武四年（1371），徽州人口 117110 户，其中匠户 6038，如按户役一人计，编户工匠达 6038 人。这些工匠“通晓艺业”，是工业生产技术的主要担当者，是手工业的骨干。[④] 清代钱泳《履园丛话》记载：“雕工随处有之，宁国、徽州、苏州最盛亦最巧。”国画大师黄宾虹亦认为徽州雕刻“多奇杰异能之士”，并且“一技一能具有偏长者，莫不争为第一流人”。

新安建筑是新安文化的载体，观念的、非物质的文化因素是通过建筑内在的、物质的、技艺的而显现的，而这个载体的物质和精神要求需要通过具体的营造方法和技术手段才能实现。它涉及工匠、加工工具、细部技术、操作流程等方面内容，即所谓的建筑工艺。而工艺与新安建筑文化圈的地方材料特质及气候特质密切相关，在民间建筑中不会轻易改变。它是建筑领域非物质文化遗产的重要内容，在新安传

---

① 歙县《溪南江氏族谱·处士终慕江翁行状》，转引自张海鹏，王廷元主编．明清徽商资料汇编[M]．合肥：黄山书社，1985.8.

② [明]吴士奇．明处士先兄汝钟吴公暨配孺人鲍氏状[M]//(民国)吴吉祐辑．丰南志．合肥：黄山书社，2017.11.

③ [明]汪道昆著．太函集·新都太守济南高公奏最序[M]．合肥：黄山书社，2004.12.

④ 历代朝廷大工、政府工程的匠役构成，大致为军匠、工匠、囚徒三类。从事技术性工种的军、工匠皆为永久性服役，且世代相传。工匠的服役方式有三种：轮班、住坐、输班，其中轮班是按不同工种区别划定轮班时间的长短，一至五年不等。与土木工程直接相关的主要工种有木、石、锯、瓦、油漆、五墨（彩画）、土工、搭材、黑窑、琉璃等，有关联的还有竹、铁、熟铜、雕銮、旋匠等工种。参见：傅熹年主编．中国古代建筑工程管理和建筑等级制度研究[M]．北京：中国建筑工业出版社，2011.12.

统建筑历史信息的传递中起着不可或缺的桥梁作用。这种建筑的技术和工艺技法的传承是通过言传身教、师徒相承的方式相沿下来，新安工匠在长期的建筑实践中积累了丰富的技术工艺经验，在材料合理选用、结构方式采用、构件加工、节点处理、施工安装等方面具有共同的传统手法，经过几千年的发展、演变，在营造界形成了徽州帮，与苏州帮、北京帮、山西帮同为明、清时期具有独特的体系和地域风格的建筑流派，从而为新安建筑的发展提供了必要的工艺技术手段。①

(三)丰富的建筑资源

新安山区木材、石材资源丰富，木材业是新安商人经营的四大支柱行业之一。民国《歙县志》说：

> 屋庐之制，因居山国，木值价廉，取材闳大，坚固耐久。
>
> 道路皆以石成之，虽穷乡僻壤，入山小径，靡不石也。石类不一，有青石、红石、红麻、白麻、凤凰麻等石。

这些资源对木构建筑体系的新安建筑而言，其重要性不言而喻。

新安之木，杉树为多。宋淳熙《新安志》载：休宁“山出美材，岁联为桴下淛河，往者多取富。”曾在徽州任过司户参军的南宋诗人范成大也说：“休宁山中宜杉，土人稀种田，多以种杉为业。杉又易生之物，故取之难穷”。② 杉木是南方民间一般建筑常用的建材，这是新安建筑通行穿斗结构的原因之一。据传南宋迁行都临安（杭州），大兴土木，所需木材，多由新安木商提供。明天启年间，歙县西溪南吴养春在黄山占有山场2400多亩，北京建造宫殿亦用其木材。明崇祯七年（1634）工部修造皇陵，祁门木商廖廷训受命采购木材，诏赠“御商”。

新安山区石材储量丰富，早期建筑多用白砂岩、红砂岩，明晚期以后普遍使用茶园石。茶园石是一种凝灰岩，新安牌坊、桥梁、铺地使用尤多。茶园石产自淳安县，明万历《严州府志》载：“龟鹤山，在（淳安）县东五十里茶坡溪南。两峰相值，东一山低垂如龟，西一山高昂如鹤。其山产青坚石，徽浙官民采用，甚为民累焉。”

---

① 文化部文物保护科研所主编.中国古建筑修缮技术[M].北京：中国建筑工业出版社，1983.8.
② [宋]范成大：《骖鸾录》，有《四库全书》本。

1930年，地理学家钱兆隆曾著书指出："是地以产茶园石著名，其色青丽，质亦坚实，为建筑之良材。浙西一带，多仰给于此。"茶园石质地均匀，石质韧而柔，细而有序，为新安江流域建筑的主要石材之一。当地祠堂、大型住宅，以及石雕碑刻常用黟县青，这是黑色大理石，主要产于黟县西递，质细致，可磨光。另外，花岗岩也用于堨坝、房屋等建筑（构筑）物，如歙县渔梁坝，明清重修时多用一种俗称凤凰麻的花岗岩。

三、社会组织系统

历代行政区划的稳定为建筑形式的自变提供了条件，而家族、宗教组织及宗法制度对聚落和建筑的基本特征影响最大。同样，生活方式的变化也是这种影响的最直接因素。

新安是一个具有稳定性和完整性的文化地理范围。西晋末"永嘉之乱"、唐末"安史之乱"和北宋末"靖康之难"，北方战乱频仍，中原地区人口的三次大规模移民，文化中心从北方转移到南方，促进了新安地区的发展。迁入徽州的"中原衣冠"，子孙繁衍，在新安江两岸"遇山川平衍处，人民即聚族居之"，[①] 形成一大批世家大族。清人赵吉士《寄园寄所寄》指出："新安各姓聚族而居，绝无一姓掺入者，其风最为近古。"唐宋时期，新安成为中国一个典型宗族区域社会。明嘉靖《徽州府志》载："家多故旧，自唐宋来数百年世系，比比皆是。重宗义，讲世好，上下六亲之施，无不秩然有序。所在村落，家构祠宇，岁时俎豆。"由宗族血缘维系的新安大族，以及错综复杂的宗族世系，形成了新安宗族社会。这些宗族，在继承周代和中原地区宗法制某些因素的基础上，又逐渐建立了一种新的宗法制度。清乾隆年间《重修古歙东门许氏宗谱》序文中说："今寓（宇）内乔木故家相望不乏，然而族大指繁，蕃衍绵亘，所居成聚，所聚成都，未有如新安之盛者。"民国《歙县志》也说："邑俗，旧重宗法，聚族而居。"正是北方士家大族的"故家遗俗"，影响了新安聚落和建筑的基本特征。走进新安住宅的石库门，高墙小牖，狭窄的天井，精致的门窗，雅而拘谨。这种用砖石壁体从外围护木构架的框架体系住宅，是干栏式建筑和中原合院的结合。它保留了干栏式建筑的楼居形式，平面则承袭了受宗法制度强烈影响的合院布局，并赋予它程朱理学的教化思想，尊卑有序，内外有别。从村落规划到单体建筑，从外观

① 吴日法：《徽商便览·缘起》，转引自张海鹏，王廷元主编.明清徽商资料选编[M]合肥：黄山书社，1985.8.

到室内装修，人们能强烈感受到宗法伦理观念无处不在。

新安特殊的文化地理背景一直伴随新安建筑发展过程之始终，由于地理、气候条件、人文特征的深刻影响，产生出山越建筑文化。此后的发展过程中，受经济、政治、军事等因素的强烈影响，建筑形制随之产生巨大的变化。上述新安地区的宗法制度作用尤为特殊，这是了解新安建筑特征的关键。

四、文化观念系统

宗法礼制活动是族居生活的一个重要组成部分，对建筑模式影响甚大。民间习俗、观念对建筑特色的形成、演变也起着决定性作用。

(一)儒家宗法伦理道德观念

受宋、明程朱理学深刻影响的新安文化是以儒家伦理价值观为主体的传统文化孕育和发展的，这种儒家宗法伦理道德观念导致了新安建筑的理性走向。受其影响，新安建筑展现出一种伦理学层面的行不逾矩的秩序，通过建筑群的轴线、等级序列和高度程式化，来象征儒家宗法伦理道德规范。

宋罗愿《新安志》云："黄巢之乱，中原衣冠避地保于此，后或去或留，俗益向文雅。"新安许多宗族早在东晋后就从中原地区南迁于此。这些古老的宗族，人文渊薮，重视门第礼仪，深刻影响了当地风俗。中原建筑所蕴含的礼制秩序被物化后凝固于越人地域建筑，融合成一个极富个性的新结构体系。南宋时新安理学崛起，祖籍徽州婺源的朱熹成为开山宗师。其理学思想，在新安影响深广，各地"一遵文公家礼"，促进了新安宗族有效管理和宗法制度的进一步巩固。"自朱子而后，为士者多明义理，称为东南邹鲁"（明弘治《徽州府志》）。以伦理道德为核心的儒学观念和儒家礼仪影响逐步扩大，社会教化逐步加深，儒家伦理道德思想深蕴于社会生活，主宰着新安人的思想和行为，规范和影响着新安人包括营造活动在内的各种社会活动。

清雍正十三年（1735）重刻的休宁《茗洲吴氏家典》李序中说：

> 我新安为朱子桑梓之邦，则宜读朱子之书，服朱子之教，秉朱子之礼，以邹鲁之风自待，而以邹鲁之风使之子若孙也。

可见在宗法伦理方面，新安受朱熹影响极深。各宗族建祠堂，修宗谱，制订族规宗法，行冠婚丧葬之礼，无不奉朱熹《家礼》一书为圭臬。“深巷重门人不见，道旁犹自说程朱”（元赵时勉《程忠壮公宅》），描述的正是这一社会现象。

(二)土风民俗

“山逼水激”的环境，塑造了新安人刚毅尚义、勤俭淳朴的性格，面向外界开放的社会心理，陶冶出率真古拙的艺术旨趣，新安人的习俗深刻影响着建筑文化内涵。

新安人具有中华民族的传统精神和美德，在接受华夏传统文化影响的同时，更直接受到新安地区自然环境的熏陶。早期新安先民断发文身，勇悍尚武，被称作“蛮越”。两晋以降，北人南迁，促进新安经济文化繁荣，当地由尚武趋向崇文、重教。宋淳熙《新安志》在论述新安人习俗时说：

> 其（新安）人自昔特多以材力保捍乡土为称，其后寖有文士。黄巢之乱，中原衣冠避地保于此，后或去或留，俗益向文雅。宋兴则名臣辈出，其山挺拔廉厉，水悍洁，其人多为御史谏官者。山限壤隔，民不染他俗。

各县志书也有类似记载，如清光绪《婺源县志》云：“其山峻而水清，以故贤才间出，士大夫多尚高行奇节，在朝在外，多所建树。”明万历《祁门志》云：“祁山昂峭而水清驶，人故矜名节。”清康熙《黟县志》云：“山限壤隔，民尚朴实。”

民国胡逸民在《丰南志·读新安吴氏诗文存书后》说：“盖由山川雄厚奇特之气磅礴而郁积，而钟之于人，秉其气者，达而在朝为名卿，为循良吏，其未显通者亦不失为朴学。”反映到文化习俗上，则聚族而居，崇文重教，贾而好儒，家居俭约，淡泊超脱、文质彬彬。于建筑则古风遗韵随处可见，或质朴自然，或精巧雕琢，古拙凝重，文野并存。

新安为吴越故地，“是皆故越好巫之俗”，山越文化的基因潜存于新安建筑生活中的傩舞、傩戏、迎神赛会等民俗活动，使新安建筑风格内部产生张力。清赵吉士《寄园寄所寄·泛叶寄》引《稗史》云：“风水之说，徽人尤重之。”风水在中国古代建筑史上扮演一个重要特殊的角色，一直在中国古代建筑中占有重要地位。在风水观念的作用下，新安大到府、县城和村落规划选址、水口建设，小至房屋营造，无不受风水理论影响，传统聚落成为充满了精神象征意义的生活环境，显示出新安人追求人与天、自然与社会、身体与精神成为一个和谐统一的有机生命整体的强烈愿望。

明弘治《徽州府志》指出：新安人“泥于阴阳，拘忌废事，且昵鬼神，重费无所惮”，以至于“市井列屋，犹稍哆其门，以傃吉向”。住宅门微偏只是为了一个“吉向”。[①]

(三)建筑等级制度

中国古代至迟自周代起，就已形成了较明确的等级制度，源于礼制的建筑等级制度是古代等级制度的一个重要方面。宋、明、清几代都对百官庶民宅第制度做出规定，而且细致到门钉、油漆做法。设立建筑等级制度在以建筑体现王权国家的社会秩序，形成统一协调的城市或建筑环境的同时，也会出现限制建筑的创新和技术的发展，造成发展缓慢、停滞、凝固等不利后果。有些建筑规制，一旦与礼制相结合，就基本形成定制，依此发展而不容逾越，上可以兼下，而下不可僭上。由于礼制的限制，新安商人的财富不能表现于建筑空间，只能内化为精美的装饰，以取得心理平衡。

历代王朝正史中大都记载了有关建筑等级的事例或近于法规的“营缮制度”。例如，明代对王和公主、百官、庶民的住宅都订有制度，载于《明会典》和《明史·舆服志》的“臣庶室屋制度”中。规定一般百姓住宅：

> 庶民庐舍：洪武二十六年（1393）定制，不过三间五架，不许用斗栱、饰彩色。三十五年（1402）复申禁饬：不许造九、五间数，房屋虽至一二十所，随其物力，但不许过三间。正统十二年（1447）令稍变通之，庶民房屋架多而间少者，不在禁限。

据此可知，民宅厅、堂三间四椽，不许用斗栱、彩画。有财力者（如新安商人）允许建有多座房屋的大宅，但每幢面阔均不能超过三间，耳房建否未加限制。此后稍放宽对房屋进深的限制，允许超过六椽，甚至可建前后勾连搭的大进深房屋。这样民宅最高规格基本和九至六品官宅相近。除上述内容外，梁、栋饰以土黄，大门一间二椽，黑漆铁环。不许用歇山转角、重檐，以及绘藻井。

新安明代住宅遗存，大致遵守上述标准。如：住宅平面多为三间，一至三进，二层，屋顶硬山。中期以后出现封火山墙，外观朴素谨严。梁架穿斗式，或穿斗、插梁混合，深四椽至八椽，用櫍形础、梭柱、月梁；外檐施以一跳或二跳插栱；大门铁环，窗

① [宋]罗愿撰；萧建新，杨国宜校注.《新安志》整理与研究[M].合肥：黄山书社，2008.1.

棂方格眼或柳条式。除此以外，超过标准之处也不少，如少数住宅天花、梁枋用彩画，可能是富室或官宅。多数住宅为了规避不许画彩画的禁令，对梁架进行雕饰，凡叉手、平盘斗、梁头、替木、栱眼、雀替，以及楼层栏杆、飞来椅等均加以雕镂，实际艺术效果较彩画更为雅致，也满足了新安商人炫富的心理需求。另如，住宅木构表面多作无光黑色，推测始为粉青涂料，后年深日久变黑，这可能因为明后期禁令稍驰之故。《明史 · 舆服志》"臣庶室屋制度"云："（洪武）三十五年申明禁制：一品三品厅、堂各七间，六品至九品厅、堂梁栋只用粉青饰之。"这些住宅的建造者也可能包括六至九品的官僚。

清代对百姓商人住宅的规模、堂的间数等未做详细规定，基本沿袭明制。大门及柱油漆用黑色，梁架不得用彩画。《钦定大清会典》还规定"民房不得用筒瓦"。新安商人经济富裕，要求建大宅，但限制较严，仅可在三间正房两侧建耳房。因此形成中间高两侧低的叠落式房屋，如明代一些祠社的门屋、寝堂。另外，还可通过天井设置，纵向建多进院落；或通过中间夹建避弄（火巷）分割的方法，横向延伸，建造较大的联排住宅。[①]

明清时期的建筑等级制度，大部分延续旧制，局部视新情况有所改进。在其控制下，新安城乡建设得以有序发展，终至整体上和谐。在"徽州帮"的营造传统中，大量采用宋式做法，形成一脉相承的共同特点，长期延续，形成独树一帜的新安传统建筑体系。

第三节　新安传统建筑发展概况

一、先秦时期新安原始建筑遗址（旧石器时期～前 221）

地处新安江流域上游的徽州，以及中下游的严州淳安和建德，历史悠久，徽州文化、严州文化共同构成了新安江流域整体文化。旧石器时代，新安江流域就有人

① 参见：傅熹年主编.中国古代建筑工程管理和建筑等级制度研究[M].北京：中国建筑工业出版社，2011.12.

"建德人"遗址

类活动。1974年，新安江下游建德李家镇新桥村乌龟洞里发现一枚30岁左右男性的右上犬齿化石，属于旧石器时代中期的智人类型，距今大约有5万年，这是华东地区首次发现人类化石，被中国科学院正式命名为"建德人"。也有学者将这种生活在新安江流域的原始人类称之为"新安人"。乌龟洞是目前所知中国最古的人类居住遗址之一。建德尚有新石器时代早期的云山岩遗址、晚期的久山湖遗址，以及良渚文化晚期的洋池岗遗址。①

由建德溯流而上，新安江中上游直至源头，也都发现有先秦遗址。中游淳安五龙岛遗址属新石器时代遗址，采集到较多的石器、陶片。建德遗址发现较多的红烧土块，出土石器162件，铜器2件，以及大量陶片，表明该遗址已进入石器、青铜并有时代。淳安县小塘坞遗址、黟县深田湾遗址属西周至春秋时期新安江流域的古文化遗址。1989年发掘的黟县深田湾遗址，出土文物有28厘米×15厘米×4厘米和23厘米×7厘米×5厘米的带有纹饰的青砖。1958～1975年，在屯溪西郊奕棋村发掘的土墩墓群则属于春秋晚期到战国早期的文化遗址。四次发掘，从8座土墩墓中出土了500多件陶器、釉陶器、青铜器、玉石器等，以及其他文物。土墩墓群是中国江南地区吴越族群埋葬制度与习俗的独特文化遗存，其营造方法与中原地区同期墓群完全不同。出土的青铜器器形特异，花样繁缛、纤细柔曲，"不具备中原地区西周青铜器庄重浑厚的作风"。按照同一时代整体文化的各个方面大致互相配合发展的逻辑，可以推测这一时期新安建筑也应该是曲线较多，纹饰多变，这大概是明代华丽活泼的新安建筑艺术风格滥觞。②

上游发现的先秦遗址有：屯溪下林塘遗址、祁门县中土坑遗址、歙县新州遗址、歙县下冯塘遗址、歙县岩寺桐子山遗址、歙县富堨太子山遗址、歙县桂林吴山铺遗

---

① 建德市第三次全国文物普查办公室编．建德古韵[M]．杭州：西泠印社出版社，2012.1.

② 杨德标．试论皖南土墩墓[J]．文物研究，1988.10.(4).

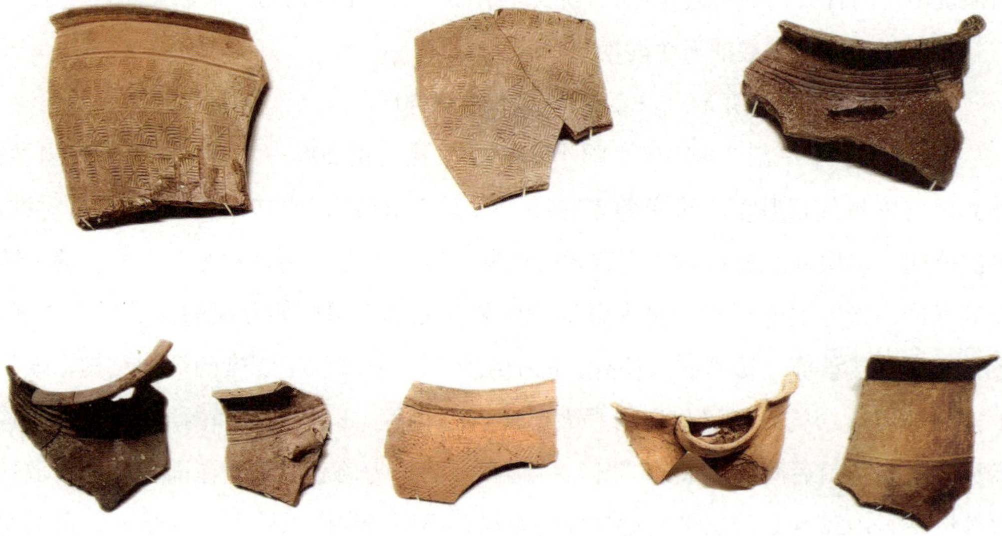

歙县新州出土印纹硬陶片 安徽徽州历史博物馆藏

址、休宁县典口遗址、绩溪县胡家村遗址、绩溪县方家园遗址等。其中1981年9月发现的歙县徽城镇新州遗址，历新石器时代、商、周、汉、宋、延续时间长，是徽州地区发现的规模最大、文化堆积层最丰富的一处古遗址。在其二号坑下层，发现大量烧土块，有的上面还残留着编笆的痕迹和草筋烬余的空隙，当属原始建筑遗物。从出土的殷商以后的遗物分析，该处是延续数千年的村落遗址。而祁门县凫峰乡的中土坑遗址，则是新安江源头率水流域发现的唯一一处新石器时代遗址，至今已有5000多年历史。该遗址出土的石器以渔猎工具为主，也有谷物生产和加工具，以及纺轮。研究表明，生活在这里的先民已经脱离了原始人群的流浪生活，走向定居。值得注意的是，新安江的源头，正是古代文献对新安江流域最早的记载——成书于战国时期的《山海经·海内东经》记述的“三天子鄣”又叫“三天子都”的所在地。[①]

从以上考古发现可以推测，新安地处热湿丘陵地带以及水网沼泽，在新石器时期，已从“构木为巢”逐步进化为干栏建筑，以及土木结构的地面建筑。前者大概类似于浙江余姚河姆渡长屋建筑，后者常在房屋内砌隔墙，墙壁为夯土或木骨泥墙形式。室内并经烧烤。到了西周时期已经用瓦，春秋时期则开始了用砖的历史。黟县深田

① 方玲.下冯塘遗址研究——兼论新安江上游地区先秦遗存[D].合肥：安徽大学，2011.5.

湾遗址出土的青砖,说明春秋时期的新安建筑已经从简陋状态进入了较高级的阶段。[①]

二、新安建筑发展的五个时期

(一)新安建筑的孕育期——秦至唐(前221～960)

秦（前 1221 ～前 206）仅享国十余年。汉代（前 206 ～ 220）儒学成为国学，社会风气推崇礼仪制度，讲求尊卑有序。大型宅第布局上的前堂后寝，左右对称，主次分明，层层套院的布局几成定式，这种制度一直延续到封建社会末期。这一阶段的早期，南方的干栏式房屋尚属架空台架与上部房屋构架分离的原始构造方式，多为柱身直接承檩，枋木插入柱身。围护结构为抹灰墙和编织席的轻型结构，或是木格栅等空透结构。至汉代民居平面制式有三合院、L 形住房和围墙围成的“口”字形院，以及前后两院形成的“日”字形院。屋顶为前后坡悬山屋面，还有山墙披檐等形制。1958 年，淳安县富德村发现东汉墓凸字形券拱顶砖室。1985 年，歙县竦口村发现东汉墓砖拱,墓底砖拼铺成人字纹,砖 330 毫米 ×156 毫米 ×50 毫米。另外，新安各地还发现筒瓦、带纪年印文的汉砖等遗物。

两晋南北朝（265 ～ 589）时期，新安徙入大批中原移民，他们筚路蓝缕，以启山林。这时南方的干栏建筑仍是常用的类型，一般贫户多为草房；贵族住宅则工巧华丽，且多引水延山，种果植树，企图创造一种自然的意境。1984 年前后，歙县发现的稠墅汉—六朝墓葬群，就出土了底部带粗麻布纹的墓砖，以及圆仓等明器，可见当时新安建筑有了新的发展。

隋唐五代（581 ～ 960）时期，唐朝国力强盛，文化发达，建筑有长足进步。受里坊制影响，城市住宅布局仍以廊院制式较多，常用直棂窗回廊环绕形成庭院。初唐时已出现合院式住宅，当时称“四合舍”，盛唐后增多。唐代营缮制度规定一般民居厅堂不过三间五架，此规定一直持续到清代。唐末、五代十国时期连年战乱，但南方经济相对平稳，吴越等国甚至还有一定的发展。人民追求生活享受，宅园更加精致。《丰南志》引黄宾虹先生《宾虹杂录》云：

> 溪南老屋在歙西丰溪之南，吴菌次言其祖光公于唐咸通庚辰年（860）来此，

① 黟县地方志编纂委员会编.黟县志.[M].合肥:黄山书社,2012.7.所谓“秦砖汉瓦”之说并非源于古代房屋建筑,而是起源于宋代的“金石学研究”,近人赵汝瑜《古玩指南·古代砖瓦》中说:“及有清末季,考据盛行,……对于砖瓦文字极力讲求。此后,秦砖汉瓦遂著称于世矣。”

见其地水木茂美，风土爽垲，遂筑堂而居，以柏、梓、桐、椐四木为柱，历唐、宋、元、明，榱桷如故，故以老屋称。

1952年，刘敦桢先生调查歙县古建筑时，此屋尚在，刘将其列为住宅类。如宾虹先生所言不虚，则西溪南老屋祠以柏等四木为柱，可以看出唐代新安建筑已颇华美。晚唐诗人赵嘏就曾描述歙州城市景观“满水楼台满寺山”（《留题兴唐寺》），“花飘舞袖楼相倚”（《抒怀上歙州卢中丞宣州杜侍郎》），诗中描写州治建筑鳞次栉比，十分壮丽。另一位诗人南唐许坚《入黟吟》云：

黟邑桃源小，烟霞百里宽。
地多灵草木，人尚古衣冠。
市向晡时散，山经夜后寒。
吏闲民讼简，秋菊露漙漙。

诗人将黟邑比作世外桃源，可知“屋舍俨然，有良田、美池、桑竹之属”。现存的歙州城谯楼，始建于隋末，据传为吴王府子城的正门。“筑台为楼，台虚其中”，

歙县徽城镇（隋末唐初）歙州鼓角楼

呈过街楼形式。承台包砖，下大上小，收分明显，当为隋唐遗存。门洞为木构平顶。沿门洞在石地栿上斜立排叉柱，每侧 13 根，上支拱门袱，以承楼载。我国木构门洞历史悠久，至迟在战国秦汉时期已使用，至南北朝时由平过梁发展成梯形或三角形构架，一直沿用到南宋。

从秦至唐、五代，新安建筑进入培育、催生状态，孕育期长达1200年。演进过程中，当地的山越文化与中原汉文化融合，吸纳了中原建筑文化蕴含的礼制秩序和格局、庭院式布局和木构技术等因素，从而转化成一种新质的地域建筑文化。

(二)新安建筑的形成期——宋元(960～1368)

北宋废除了里坊制，编制了专业营造书籍《营造法式》，是建筑的重大转折时期。这时封建礼制已经制度化，民居四合院平面布局也已定型，江南工艺对建筑产生了很大影响，引领了建筑物的内外檐装修潮流。宋张择端所绘的《清明上河图》中有的民居四面屋顶交接，中间围着较小的天井，即新安人所称之“四水归堂”，这种形式后为南方人口稠密、气温湿热的地区广为采用。北宋时期新安住宅经秦汉以来长时间孕育，已基本定型，住宅密度增加，合院制成为主流，民居几乎全是瓦房。宋元丰七年（1084），移任歙州绩溪县令的苏辙在“百家小邑万重山”的县城所见竟是“碧瓦千家新过雨”的景象，其建筑清丽如此。

南宋建行都临安（今杭州），偏安江南，形成暂时和平局面。城市人口密度较高，建筑拥挤。“城郭广阔，户口繁夥，民居屋宇高森，接栋连檐，寸尺无空，巷陌壅塞，街道陕（狭）小，不堪其行”(宋吴自牧《梦粱录》)。新安紧邻临安，处于以其为中心的江南地区，发展受其辐射影响，新安最负盛名的村落，大半都是唐宋时创建。诗人范成大曾任徽州司户参军，其《休宁》诗曰：“南街豪郡城，

歙县徽城镇(北宋)长庆院塔

东圃压州宅。谁云沸镬地，气象不偪仄。”另一位南宋诗人赵师秀的《徽州》诗云：“山绕清溪水绕城，白云碧嶂画难成。处处楼台藏野色，家家灯火读书声。”一写县城，一写州城，与当时行都临安比较，繁华虽不逮，但清华过之。宋构遗存有祁门县元祐八年（1093）建的安丰塔、歙县重和二年（1119）建的长庆院方塔和建炎（1129）建的新州大圣菩萨宝塔、黟县南宋宅园—培筠园、建德市咸淳元年（1265）建的西山桥等。

元代（1279 ~ 1368）享国90年，在建筑领域进展不大，元随宋制，新安地区流传的仍是南宋建筑遗风，明中期以后始有大的改变。1976年，歙县在天堂村元代元统二年（1334）墓中发掘出浅浮雕画像石，依稀可见元代新安住宅的形制。这组画像石中楼房临街二层，置飞来椅，角柱处阑额出梁头，补间用单栱，正脊有生起，鸱尾尖内倾，翼角起翘，柳条窗，做法均与宋制相近，当为官宅。从楼上女子冠饰、发式来看，亦为贵族妇女。

歙县天堂村元墓祭堂画像石“初登第”拓片

宋元是新安建筑的形成期，整体风貌是“文质彬彬”“气韵生动”，讲究秩序法度，追求空间意境，少金银侈靡之气，富平淡天然之美，工整规范，情景交融，表现出实用朴素的审美情趣。

(三)新安建筑的成熟期——明至清雍正(1368～1735)

明代洪武、永乐两朝，国势之强，幅员之广，不减汉唐。中期转弱，后期开始出现了资本主义萌芽。清初,封建社会末期的一个经济小高潮——“康乾盛世”形成。从明洪武到清雍正近400年，是新安建筑达到成熟高峰的时代。

明初处于秩序和生产的恢复阶段，垦荒屯田，扶植工商，重振礼仪制度，整个社会有一种循礼、俭约、拘谨的风气，新安建筑技艺多承袭宋、元遗制，风格较为质朴，无敢轻慢逾制者。明中叶后，法制松弛，纲纪坠地，商品经济的繁荣，使整个社会风气日趋奢靡，逾制越礼，已成普遍现象。明万历《歙志·风土》论述新安风俗颇详：

> 国家厚泽深仁，重熙累洽，至于弘治，盖綦隆矣。……诈伪未萌，讦争未起，芳华未染，靡汰未臻。
>
> 寻至正德末、嘉靖初，则稍异矣。……诈伪萌矣，讦争起矣，芳华染矣，靡汰臻矣。
>
> 迨至嘉靖末、隆庆间，则尤异矣。……诈伪有鬼蜮矣，讦争有戈矛矣，芳华有波流矣，靡汰有丘壑矣。
>
> 迄今三十余年，(按：《歙志》万历三十七年刊)则夐异矣。……鬼蜮则匿影矣，戈矛则连兵矣，波流则襄陵矣，丘壑则陆海矣。

芳华靡汰的生活发展到暴殄浪费的程度。正德、嘉靖两朝是明走向衰微的转折，但承明初强盛余绪和新安商业经济的发展，新安建筑仍空前繁荣。从遗存至今的明代中晚期建筑来看，地方特色逐渐形成，建筑艺术从粗犷厚重逐渐走向精巧纤细。屋宇日趋高敞华丽，逾制现象十分普遍。这种现象一直持续到清前三代，乾隆以后建筑风貌则出现较大变化。[①] 成熟期新安建筑的演进现象主要表现为：

第一，聚落发展进入鼎盛时期。手工业及商业的发展，对城市产生很大影响。唐代歙县即文房四宝之乡，元以后，墨业生产空前繁荣。明代徽州制墨名坊已多

① 朱光亚认为江南地区(苏南、浙北、皖南、赣东北一带)的“明代建筑有着不同的地方特色，风格上也有文野、雅俗之别，但若同北方明构相比，它们在大木作法上却又有共同之处，而同这些地区的清代建筑尤其是乾隆以后的建筑相比，也一律表现出另一种格调，甚至是明显的区别”。朱光亚.探索江南明代大木作的演进[J].南京工学院学报，1983.

达100余家，商品流转的规模和范围因此更加扩大，商业也随之繁荣。同时，徽州又成为当时新兴的刻书业中心，鳌头独占，闻名于世。经济的发展促使城市人口增加。如徽州元代人口比宋代增长了5倍，其中府城人口宋宝庆三年（1227）已近1.8万人，明代更超过此数。城市经济的繁荣和城市人口的增加直接促使城市的发展和变化。15世纪初，徽州成为全国印刷及文具交易中心，府城成为江南名镇。[①] 其城市建设亦颇具特色，城市平面布局为不规则形状，因山就势，蜿蜒曲折，环山面江，府县双城。“双郭风摇千树直，一天霞衬万山明”（明陈瑚诗《斗山亭九日宴集》），呈现出“大好新安山水都”的城市特点（清陆鼎翰诗《郡城》）。1959年淹没于淳安县千岛湖的狮城，原为遂安县城，因县治位于五狮山而得名。县城坐落于五狮山南麓，南向，位于山水环抱的中央。明万历《遂安县志》载："婺峰环其前，五狮拥其后，襟带武强，龙渡诸溪，肘臂六星，文昌诸阁，虽不通大驿，实严胜壤也。”狮城沉浸水下数十年，明代城市格局仍保存完整。城墙砖错缝平行砌置，为明代风格。城门比较完整，木质，开启自如。住宅为青瓦屋面，木格子窗，梁架细部雕刻十分清丽。

淹没前的淳安县城北部全景（资料来源：王谏正《山城秀水情》）

随着经济文化的发展，新安村落形成了独特的聚落形态。“名山尚富金银气，环堵犹闻雅颂声”（黄节《守意》），农业性村落性质发生了改变。“乡村如星列棋布，

① 同济大学城市规划教研室编.中国城市建设史[M].北京：中国建筑工业出版社，1982.12.

歙县（清）棠樾村全图（摹自《棠樾鲍氏宣忠堂支谱》）

凡五里十里，遥望粉墙矗矗，鸳瓦鳞鳞，棹楔峥嵘，鸱吻耸拔，宛如城郭，殊足观也”（清程且硕《春帆纪程》）。传统观念、文化气息和园林情调构成了新安村落的鲜明特色，这是与他处一般乡土村落异趣的地方。新安商人亦儒亦贾，贾而好儒。方志谓“商人致富后即回家修祠堂，建园第，重楼宏丽”（明汪道昆《太函集》），大量利润被挥霍于奢侈性消费。营造的高堂邃宇、层台累榭，成为村落中精彩的景点。新安商人有较高的文化修养，“咸近士风”。他们建造牌坊，助修书院，村落中出现大量的文化性建筑。尤其是建立在与自然和谐基础之上的水口是新安村落中的公共绿地，对村落环境及景观的改善尤其重要。水口营造了村落入口富有变化的序列空间，通过自然景观和人文景观的和谐交融，布置了一条入村风景走廊，“山重水复疑无路，柳暗花明又一村”，欲扬先抑，匠心独运。水口理论和营建有效地改善了村落的环境和景观，形成了“绿树村边合，青山郭外斜”“全村同在画中居”的村落总体环境特征。

第二，江南山区天井式楼宅形制逐渐定型。新安地区由于地窄人稠，聚族而居，经济富裕等背景，产生了山区天井式楼宅家庭单元与独立的公共建筑相结合的居住建筑群。这种具有很强地方特色的住宅多为回形、口字形、H 形、日字形平面，

歙县西溪南村(明)吴息之宅外景(1980年摄)

面阔一般三间，皆为楼房，天井狭小，雕饰精美。新安住宅在全国率先推广屏风山墙等新技术新形式，同时形成布局紧凑、粉墙黛瓦、装修精美、清丽细腻的地方特色。明代初期，新安住宅受制度的约束，单体建筑形式尚较单一，群体组合则严谨规整。同时发达的封建文化和先进的建筑艺术，又使新安住宅的时代特点和地方色彩日益凸显。到了明代后期，随着制度松弛，风俗趋侈和技术进步，新安住宅出现横向自由布局、内部空间宜人、崇尚自然而对严正有序的修正，以及雕饰华丽等新特点。徽州区吴息之宅、苏雪痕宅、屯溪区程氏等三宅是其代表。清代复杂的社会变化对住宅建筑产生了巨大影响，是住宅建筑发展的巨变时期。但在清初顺治至雍正时期（1644 ~ 1735），新安住宅基本因袭明代制度，建筑体形变化不大，仍注重结构构件的艺术加工，附加装饰少，用材硕大，屋顶坡度较缓，风格古朴。这一时期新安住宅“广园林，侈台榭”，园墅麇集，十分繁盛。

第三，大规模修建宗族祠堂。宋元以前，新安民间出现少量祭祀宗族先祖的祠庙，明中、晚期兴起大建宗族祠堂的高潮，形成“厅祠林立”“祠宇相望”的盛景。据《徽州宗族祠堂调查与研究》一书记载，2010 年尚遗存的宗族祠堂，仅徽州一地

淳安县小陵村（清）童氏宗祠内戏台

就有 731 座。祠堂是地方上最突出的建筑，也是新安传统建筑技艺最高水平的代表。这一时期新安祠堂不仅数量多，而且类型广、规模大、规格高。类型有从祖先故居演变而来的祠堂，有以朱熹《家礼》为蓝本的祠堂，还有独立于居室之外的大型祠堂，以及祭祖于家的香火屋。另有女祠、孝祠、坝祠、特祭祠等专祠。这些祠堂建设起点高，规模庞大，如绩溪县城的各姓建祠占地共约 4.15 万平方米，占县城总面积 1/17。单座祠堂历史上最大的为歙县潭渡黄氏大宗祠，占地 16 亩，1 万多平方米，历时 48 年建成。明嘉靖年间，新安祠堂形制逐渐定型，一般由门屋、享堂、寝、廊庑等组成。其中有不少祠堂规模超常，徽州区潜口金紫祠，明正德九年（1514）迁今地，万历二十三年（1595）完成扩建。南北纵深 194 米，东西宽 32 米，占地约 6000 平方米，建筑面积近 5000 平方米。自金紫祠坊始，中轴线上依次为甲科坊、三源桥及池、棂门、戟门、碑亭、仪阖、享堂及露台、寝堂、东西两庑及神厨，以及越国公庙。其中享堂“面阔七间，进深两卷，十二架。内部楠木梁柱，比例雄伟，颇为壮丽”（刘敦桢：《皖南歙县发现的古建筑初步调查》）。祁门、淳安等地祠堂内还建有戏台。

第四，木坊渐趋式微，普遍营建石坊。新安牌坊数量众多，方志中所载数以百计，遗存至今的尚有140多座，其中六成是清雍正以前的。这一时期用作坊门的牌坊不多，标志性牌坊数量也远少于纪念性牌坊。在纪念性牌坊中，明代多功名坊，清代多贞节坊。由于牌坊功能的这一突出演变，其造型日趋讲究，檐楼式石坊的开间和檐楼普遍增加。二柱一间增至四柱三间，三间三楼增至三间五楼，历史记载中甚至出现了六柱五间檐楼式石坊。明晚期盛行冲天柱式石坊，至清代成为当地石坊主要模式。明中、晚期出现的歙县丰口台宪坊和大学士坊是牌坊造型上的一大突破，这种立体构架式石坊成为独立观赏建筑。特别是大学士坊，四面八柱，结构牢固，造型丰满，是新安牌坊的杰出代表，体现了新安石坊技术和艺术的最高水平，成为当地四柱三间三楼冲天柱式石坊的模式，垂明清数百年，在石坊发展史上作出了特殊贡献。

歙县徽城镇（明）大学士坊

石坊脱胎于木坊，多保留当地木构特点。明早期石坊斗栱多为整石雕凿，明中、晚期分块拼装法成熟，形成出跳的偷心栱板，与正心缝方向花板相拼合的模式化做法。靠背石明中叶前期采用日月掩象鼻纹样，明正德年间出现了圆雕蹲狮靠背石，后演进为倒立状狮子，使其尾部达到一定高度以支撑石柱。明中叶以后部分石坊靠背石形状简化为素板。明中叶前期石坊多作悬山屋顶，仿木构之举折。中期盛行歇山顶，屋面呈折板状，檐板坡度很平，金板较陡，结构更为坚固，且取得屋面高耸的效果。新安石坊明中期以前多用砂岩，质地较软，故雕刻多用半混、高浮雕，粗犷雄浑。明末清初常用淳安县凝灰岩，俗称"茶园石""茶园青"，强度较高，所以雕刻主要为浅浮雕、实雕、线刻，间施高浮雕。这一时期石坊的圆雕狮子既威猛又可爱，已趋于喜庆。

第五，砖石建筑得到发展。明代砖墙普及，弘治年间推广封火山墙，使城乡建筑

歙县徽城镇(明)渔梁坝

风貌发生了很大的改变，舒展开朗的形象被严谨稳重所替代。为了形成理想中的景观模式，城乡常在某些方位营建风水塔，如徽州区神皋塔、淳安县龙门塔等砖塔。明以后新安不少桥梁易木为石，促进了石拱券技术的发展。新安拱桥属厚墩重型，长边发券，横联砌筑，代表性的石桥有歙县太平桥。这一时期石坊营造技术有很大发展，著名的石坊有歙县大学士坊。明代大修的著名水利工程——歙县渔梁坝，采用了“顺流栉比”“纳锭于凿”“表里皆甃方石，并节为梯级”的技术，在当时属先进的砌筑方法。

第六，插梁式木构架技艺成熟。明以后新安江流域形成了江南山区天井式楼宅，并大规模建造祠堂，从而产生了适应当地住宅、祠堂等木构体系的梁架。新安建筑间架形制主要是穿斗式构架，这时期出现了插梁式构架，通常穿斗、插梁两式构架多混合使用。插梁式构架源于宋《营造法式》厅堂式结构，为垂直构架横列式，用料硕大，雕饰繁复，具有显著的地方特色。插梁式构架多用华丽的圆作冬瓜梁（宋称月梁），一般施于八架椽屋，由平梁与四椽栿组成二重月梁造的形式，再加上月梁式乳栿、劄牵及其与蜀柱、斗栱的组合变化，富于装饰性。梁架中草架与复水椽作法也颇具特色，明晚期以复水椽重组大进深空间构成的手法更为丰富，并演化为“卷”。大木构件中的梭柱、櫍形础，以及淳安、建德两地柱头上的圆形栌斗，地方特色皆很显著。冬瓜梁阑额上置补间栌斗，形象相当独特。

明代新安建筑的斗栱与梁架间的构成关系仍然紧密，并一直延续到清初。插栱承托屋椽重量，并常用斜栱。承托插于柱身梁尾的丁头栱，也同样表现出十足的地方特征。新安祠堂外间铺作里跳使用的挑斡，丰富和装饰了彻上明造的厅堂内部空间效果，是一种地域特色很浓的构件。

(四)新安建筑的兴盛期——清乾隆至道光(1736～1850)

清康熙、乾隆时代形成了封建末期的一个经济小高潮，世称“康乾盛世”，特别是工商业有了巨大发展。从康熙中叶到嘉庆、道光之际的百余年间是新安商业的兴盛阶段。随着经济的繁荣，新安人口大量增长。如明清两朝徽州人口的峰值，明万历时约90万，清道光时则可能达到180万。人口翻番，加剧了人地矛盾，居住用地日紧。众多的住宅建筑必须寻找新的设计途径，即紧凑用地，拼联建造，加长进深，提高房屋的密集度等。这一时期是新安商人的兴盛阶段，因此私家园林十分兴盛。园林中建筑物增多，以满足园主人奢靡生活需要。经济宽裕也为人们的精神文化需求提供了可能性，装饰主义倾向的审美观点导致了工艺美术技艺的繁荣，转化到民居建筑上，成为内外檐装修的重要装饰手段。宗祠门屋普遍采用檐楼式牌坊作法，俗称“五凤楼”。[①] 美轮美奂，巍峨壮丽。乾隆时期以后砖、木、石三雕更是广

黟县关麓村(清)八家总平面图(资料来源:陈志华等《关麓村乡土建筑》)

① 萧默.五凤楼名实考——兼谈宫阙形制的历史演变[J].故宫博物院院刊.1984.(01).参见第二章新安祠堂。

泛应用于住宅、祠堂建筑，大量增加花卉、人物、戏剧等复杂雕饰内容，雕刻风格较明代更为纤细繁复。由于木材的日趋稀少，建筑木构经改进而节约了用量，构成方式也有简化，构件用材尺寸减小，直梁替代了月梁。利用梁头外挑和撑栱共同作用承托屋檐重量，斗栱的结构作用大幅度减弱。为了简化施工，“生起”“侧脚”不再使用。新安商人经营以盐业为重，许承尧民国《歙县志》说：“我县（歙县）盐商，富且敌国。”“商于正供完纳而外，仍悠然有余力，以夸侈斗艳。于是，居处饮食服饰之盛甲天下”（《淮盐备要》卷七）。这批富商建造的住宅规模宏阔，院落相套，装修考究，华丽美奂。这种大型住宅中多附建花厅、花园，与明至清初格调古朴的中、小型住宅风格相去甚远。

(五)新安建筑的转化期——清咸丰(1851)至1949年

1840年鸦片战争，中国进入半殖民地半封建社会，中国建筑转入近代时期，呈现出新旧两大建筑体系并存的局面。新安建筑基本保持着因地制宜、因材致用的传统品格和乡土特色，未摆脱传统的技术体系和空间格局，仍然属于地道的旧建筑体系，是推迟转型的传统乡土建筑。

婺源县豸峰村(清)涵庐·邓爱贞宅(张建平 摄)

清道光三十年（1850），淮南盐改纲为票，新安商帮的中坚力量——徽州盐商的失势，使整个新安商帮失去了主要支撑力量，逐渐走向衰落。咸丰、同治年间（1851 ~ 1874），清廷和太平军进行了旷日持久的战争，徽、严两地绝大部分都成了硝烟弥漫的战场，村落、建筑大半夷为瓦砾。

社会背景的变化引发建筑的变化，“咸同兵燹”对新安建筑造成极严重的破坏，新安商人的衰落又削弱了业主的建房财力。从咸丰到民国近百年间，新安建筑形制变化不十分明显，不过也开始向多元化发展，这是社会变化在建筑中的反映。例如，受西方建筑影响，瓶式栏杆、山花、拱券、柱头装饰等引入住宅营造，清代后期玻璃的推广使用，也使新安建筑内外檐装修产生质的改变。

第四节　新安建筑的特征

新安传统建筑受到新安江流域的自然气候、建筑材料、工匠体系及文化习俗等因素的影响，表现出浓郁的地域特色。新安建筑文化圈建筑特征主要有以下方面。

一、建筑类型丰富

建筑类型是因其特定的社会需要而产生的。新安建筑类型丰富，几乎覆盖了我国古代建筑类型全部。同时，由于新安江流域的自然环境和社会背景，建筑类型又具有不同的地方特点。主要有以下几点：

1. 居住建筑，江南山区天井式楼宅是其特色。

2. 礼制建筑，包括山川坛、社稷坛、厉坛、祠堂、城隍庙、孔庙和先贤祀所等。其中祠堂是以祖先为核心的建筑，是新安建筑技艺的代表。

3. 标志建筑，包括风水塔、牌坊、钟鼓楼，其他高耸的建筑亦兼具标志性。石坊是富有新安地方特色的建筑。

4. 教育、文化、娱乐建筑。府县官学、医学、阴阳学，书院。以及戏台、文会馆等。

5. 商业与手工业建筑，包括商铺、会馆、酒楼、作坊、转运行等。

6. 园林与风景建筑，有宅园、邑郊风景点、村落水口等，以及楼、台、亭、榭类园林建筑。其中水口是新安古村落的公共绿地。

7. 市政建筑，包括谯楼、桥梁、路亭，以及官办慈善机构，如惠民药局、养济院、漏泽园等。

8. 宗教建筑，包括儒教、佛教、道教建筑，以及基督教教堂等。

9. 政权建筑及其附属设施，包括府县衙署、考棚、邮铺、驿站、军营、仓库等。

10. 防御建筑，包括城垣、城楼、窝铺等。

上述建筑类型，新安文化区尤以住宅、祠堂、牌坊、水口最具地域代表性。

二、单体浑朴华美，聚落交融山水

由于地窄人稠，为节约用地，单体建筑除祠堂外，大多为楼屋，建筑密度较高。住宅基本形式多作内向矩形，布局紧凑，雕饰精美。它保留了干阑式建筑的楼居形式，平面则承袭了受封建宗法制度强烈影响的合院布局，并赋予它程朱理学的教化思想，同时受新安商人的审美影响，表现出鲜明的时代特点和浓郁的地方色彩。建筑中对庭院空间多做园林化处理。借景新安大好山水，并通过花墙、漏窗、景门、水池、联匾等造园手法，成功地扩大了景域空间，丰富了景观层次。明、清时期，出现了大进深厅堂，有些甚至多达十二架椽。但由于使用复水椽、“卷”和草架，重组了大进深空间构成，室内空间因此不受架多脊高的影响，保持了宜人的尺度。新安建筑粉墙黛瓦，外观朴茂，建筑群体有机组合，表现出聚族而居和交融山水的典型环境特征。

淳安县芹川村

三、结构犹存江南宋元遗制，讲究制度，尺度雄伟

新安建筑的地域特点，更重要的是表现在其结构形制方面。建筑的基本构架是穿斗架，明代形成了冬瓜梁、插栱构成的插梁式构架，其梁栿月梁（冬瓜梁）造是新安地区典型和普遍的梁架形式，除由四椽栿和平梁所构成的二重月梁造梁架主体外，外檐柱间的冬瓜梁阑额及柱顶一般不用普拍枋，彩画冬瓜梁、曲形冬瓜梁乳栿、劄牵及其蜀柱、斗栱的组合变化，皆具特色。斗栱地域特色非常鲜明，明代斗栱用材趋于减小，单栱偷心与单材华栱作法犹存宋制。有些横栱退化演变为枫栱，内檐梁下的丁头栱与外檐橑檐枋下的插栱不再保持一致。挑檐结构以令栱承橑檐枋，一般不施耍头。丁头栱逐渐脱离斗栱的用材标准，而只与承托的梁栿相关。明末至清，极端雕饰化的丁头栱演变为雀替。插栱是直接插入柱中的外檐斗栱，有的多达三跳，并施横栱、斜栱，补间铺作配置两朵。普遍单独使用櫍形础，间有鼓形柱础。清代斗栱逐渐成为纯装饰的构件，梁柱构架的整体性加强，一般只是在要求华丽外观的祠堂建筑中尚使用斗栱。徽州明代已普遍采用砖墙，封火墙得到推广。住宅和祠堂的砖细和砖雕加工娴熟、精湛。牌坊易木为石，石构件有了发展，出现了纵横相交的栱板和折板形的屋面。

徽州府衙正厅梁架(张建平 摄)

四、雕饰精美，建筑艺术华丽活泼

建筑装修、装饰依附于大木框架，对新安建筑的个性表现具有重要的意义。明代中、后期新安民俗日侈，而限于礼制，促使富裕业主将财力多用在雕刻装饰上。新安建筑砖雕发展较早，由于砖雕有一定耐久性，适合作外檐装饰材料，且易雕凿，无逾制之嫌，故新安住宅、祠堂普遍使用，砖雕艺术得到迅速发展，到清代砖雕工艺已成为独立工种，专人制作。新安建筑木雕得益于当地新安画派，风格雅健，繁简得宜，题材广泛，精细入微，表现出高度的文化气息。新安建筑石雕应用历史长久，明清时期，使用于石坊、祠堂建筑，其装饰意味浓重，充满着淳朴的民间乡土气息。

黟县卢村(清)志诚堂格子门

第一章　新安住宅

第一节　概　述

人类最早出现的建筑类型是居住建筑，在所有建筑中数量最多。中国最原始的人为居住形式是穴居和巢居，古文献中，还保留上古时期关于巢居、穴居的传说。例如韩非《五蠹》记载：

> 上古之世，人民少而禽兽众，人民不胜禽兽虫蛇。有圣人作，构木为巢，以避群害，而民悦之，使王天下，号之曰有巢氏。

从《礼记·礼运》所载“昔者先王未有宫室，冬则居营窟，夏则居橧巢”来看，大概在黄土地带曾有过巢居与穴居并用的情况。一种是构木为巢，一种是掏土为窟。在长江流域，巢居发展为干栏式建筑；在黄河流域，穴居发展为木骨泥墙房屋，“巢”和“穴”是建筑发生的两个主要渊源。

长江流域是中华民族文化两大主要发祥地之一，架空巢居是其水网沼泽及热湿丘陵地带的主要居住形式。远在6900多年以前，长江下游滨海一带即发展了堪与黄河流域仰韶文化媲美的河姆渡文化。遗址在浙江余姚市，已发掘的早期长屋残迹反映出这里的木构建筑已作干栏形式。杨鸿勋先生在《河姆渡遗址早期木构工艺考察》中说：

> 这种以桩木为基础，上面架设大、小梁（龙骨）以承托地板，构成架空的居住面基座，上面立柱、安梁，构成架空的干阑（栏）建筑，是从原始巢居发展形成的。至河姆渡文化时期，它已成为长江流域水网地区的主要住房形式。

这种埋桩替代天然树木以支撑巢居的结构方式，则成为后来所说的栅居，巢居较早，栅居稍后，二者之间存在亲缘递嬗关系。《礼记·礼运》中的“橧巢”，可以概括为地上和树上不同的巢居。《孔子家语 · 问礼》曰 ："有木谓橧，在树曰巢"，也认为是两类建筑。方拥先生在《中国传统建筑十五讲》中指出，所谓栅居即为干栏，底层架空畜养牲畜，楼面之上作起居用。其特点是 ："结栅以居，上设茅屋，下豢牛豕。"[①] 李允鉌先生以"宅"字举例，认为象形文字中的"[illegible]"字，"把房屋构造的情况也表达出来了，它是'平座'，屋身，屋顶的骨架，说它是一个'剖面图'实在并不勉强"（李允鉌《华夏意匠》）。平坐，似乎就是干栏的写照。[②]

"干栏"一词最早见于南北朝汉文史籍，别称尚有"干兰""阁栏"等。《魏王 · 列传第八十九蛮、獠》载 ：蛮"在江淮之间""獠者，盖南蛮之别种。……依树积木，以居其上，名曰干兰"。《旧唐书 · 列传第一百四十七南蛮》："南平獠者，……土气多瘴疠，山有毒草及沙虱、蝮蛇。人并楼居，登梯而上，号为干栏。"这种桩上住宅原分布在中国西南少数民族地区，继而传播，遍及九州，"在南方的则今日仍可得见（不过处在山谷及水边），为西南少数民族所喜用"（刘致平《中国建筑类型及结构》）。干栏是少数民族同一词汇的译音，即汉语的栅居。

新安江流域从距今 5 万年前的旧石器时代开始，就一直是人类的居住地。这里生活着东南原始民族——越族的祖先，即"建德人"，或称"新安人"。他们中的一支沿新安江而下，走出大山，走向河姆渡，走向良渚，直至大海之滨。而留居新安江流域山区的先民们，则成为这里土著居民，同属于古越族。《徽州学概论》引专家考证 ："徽州土著先民远古时期属三苗部族。夏朝之后在江南兴盛起来的'越'即三苗族之一。古越族以蛇、鸟为图腾，习水便舟、巢居、善铸铜，并有以印纹陶为代表的越文化，他们'饮稻羹鱼''火耕水耨'。"古越族部落群体数目众多，地域广阔，故又称百越。百越是我国一个古老民族，分布在长江中下游流域，以至东南沿海的广大地区。"越有百种"，山越是越族中著名分支。根据历史记载和考古发掘所得信息，凡有百越族群分布的地区，都曾经发现过干栏式建筑遗址，新安江流域先民的营造活动可上溯至新石器时代，夏、商、周三代则承袭新石器时代的建筑传统。东汉末以来，由于西晋"永嘉之乱"、唐末"安史之乱"、北宋末"靖康之难"，造成中

① [宋]周去非著．岭外代答校注[M]北京：中华书局．1999.9．

② 《说文》："宅所讬也。"甲骨文作"[illegible]"。北宋李明仲《营造法式》将"平坐"释为"阁道""飞陛""墱"，这是"一种以较短的柱与梁、额、铺作等组成的结构，作为上层建筑的基座"（潘谷西《营造法式解读》）。刘致平认为可能与干栏式建筑有关，是"楼阁建筑所不可缺少的东西"（《中国建筑类型及结构》）。

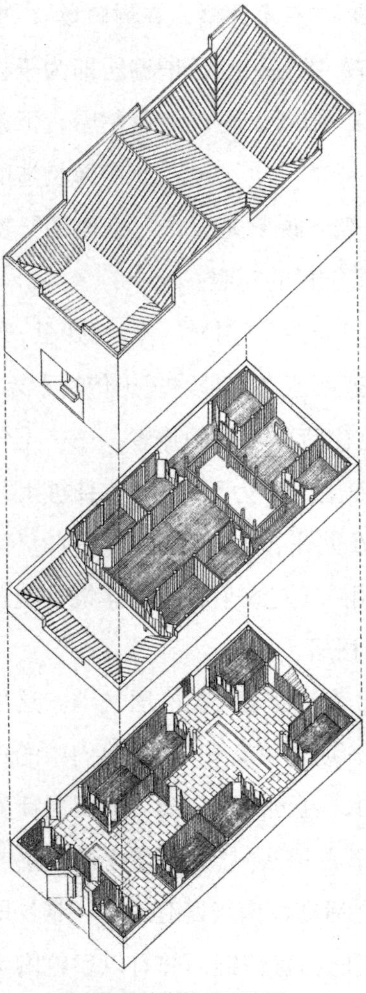
天井式楼宅构成示意图
（资料来源：[日]茂木计一郎等《中国民居空间构成的探索》）

原地区战乱，迫使汉族人不断南迁，汉文化与山越文化融合，从而转化成一种新质的地域建筑文化。北方合院建筑与当地原有的干栏式建筑，经长期整合演变，逐渐形成了一种新的地方居住建筑。宋室南迁，建行都临安，新安地区处于以临安为中心的江南地区，由此益趋重要和繁荣，新安建筑的地域特征更为鲜明。元代，新安仍保持着相对独立和完整的地域文化，建筑特色与宋代基本一脉相承。

明代，新安商业经济空前繁荣，构成了新安建筑发展的坚实物质基础，促进了新安建筑发展。“徽商致富后即回家修祠堂，建园第，重楼宏丽”，以“官而显贵”的方式体现自身价值。原先古朴的村落成了浮靡的市井，生产型村落变为消费型村落。新安商人又贾而好儒，奉程朱理学为圭臬，巨额资助家乡公益性建筑，倡导文风。由于地窄人稠，聚族而居，出现了山区天井式楼宅家庭单元与独立的公共建筑相组合的居住建筑群体。明代初期，新安住宅受制度的约束，单体建筑形式较单一，群体组合则严谨规整。同时发达的封建文化和先进的建筑技术，又使新安住宅具有鲜明的时代特点和地方色彩。到了明代后期，随着制度松弛，风俗趋侈，技术进步，新安住宅出现横向自由布局、内部空间宜人、崇尚自然对严正有序的修正，以及雕饰精美等新特点。

清代复杂的社会变化对住宅建筑产生了巨大影响，是住宅建筑发展的巨变时期。清初顺治至雍正时期（1644 ~ 1735），新安住宅基本因袭明代制度，建筑体形变化不大，注重结构构件的艺术加工，附加装饰少，用材硕大，屋顶坡度较缓，风格古朴。乾隆至道光时期（1736 ~ 1850），新安商人建造了更多的规模宏大、院落相套的大型住宅，附建花园也较明代为多。木构架经过改进，简化了构造方式，用材尺寸减小。

同时，住宅内外檐装修更加考究，装饰附加增加，建筑砖、木、石三雕使用极为普遍，雕刻风格纤细繁复。这时期的新安住宅因其封闭性、宗法性、自给自足的生活特点，以及木结构为主体的建筑技术等因素，仍然是为封建社会经济及生活方式服务的住宅形式。降至咸丰（1851）以后，由于太平天国运动，长江中下游一度人口锐减，经济衰退。新安地区也烽烟四起，大半村镇夷为瓦砾，新安居住建筑损失惨重。

1840 年鸦片战争，中国逐渐沦为半封建半殖民地社会，中国建筑开始了近代化进程，新安住宅进入了转型期。[①] 太平天国运动之后，新安商业经济稍稍复苏，这时期的新安住宅基本保持着因地制宜、因材致用的传统品格和乡土特色，尚未摆脱传统的技术体系和空间格局，仍然是地道的旧体系建筑，是推迟转型的传统乡土建筑。1911 年清王朝覆灭，官工系统的建筑活动终止，但民间传统建筑活动并未终止。遗存至今的大量住宅和其他民间建筑很多建于鸦片战争以后，属中国近代时期的传统建筑遗产。民国时期的新安住宅将建筑三雕艺术发展到极致，现代建材已经使用。这些转型期的新安居住建筑是中国古代建筑体系延续到近代的活化石，是珍贵的建筑遗产。

中国地域广袤，纵跨三个气候带，山区、平原交错，民族众多。古人在不同的环境、气候、风土人情、文化习俗下，造就了不同的生活居住环境，影响着各类中国传统住宅形制的形成。[②]《中国古代建筑史》第四卷，将新安住宅划分为“江南地区天井式楼宅”。天井式楼宅分布于新安建筑文化圈，即今皖南、浙西、赣东北等地山区。传统的新安住宅是新安文化的载体，具有卓越的成就和鲜明的地方特色，蕴藏有丰富的历史信息和文化内涵，是人类珍贵的文化遗产。它是中国明清时期（1368 ~ 1840）徽州府和严州府辖区内一种以强化儒家伦理道德秩序为主要精神特征，具有鲜明地域色彩的居住建筑，同时也包括清末至民国（1841 ~ 1949）新安推迟转型的传统乡土居住建筑。

中国自明代起始有住宅遗构传世，在目前发现实例的江、浙、皖、赣、闽、粤，以及晋、陕、川等地中，遗存的徽州住宅数量之多，质量之优均属罕见。据第三次全国文物普查，全国港澳台以外的 2871 个县级普查基本单元不可移动文物总量

① 参见：潘谷西主编．中国建筑史[M]．北京：中国建筑工业出版社，2003．(6)．

② 参见：孙大章著．中国民居研究[M]北京：中国建筑工业出版社，2004．

766722处，而仅仅黄山市三区四县则多达8032处，如按县级普查基本单元比较，黄山市约是全国平均数的4.3倍。这8000多处不可移动文物中，传统住宅约6300处，占总数的78%。以上数据尚未包含古徽州的绩溪、婺源两个文物大县，以及古严州的建德、淳安、遂安、寿昌四县。在这些新安传统住宅中，众多建筑遗存被国家公布为各级文物保护单位。徽州民居的传统营造技艺也作为“中国传统木结构建筑营造技艺”内容之一，列入联合国教科文组织“人类非物质文化遗产代表作名录”。

徽州明代住宅发现于20世纪50年代，80年代以后，经济发展带动了文化复苏，一些民居研究的旧书稿得以问世，如刘致平先生的《中国居住建筑简史——城市、住宅、园林》、刘敦桢先生主编的《中国古代建筑史》等。前者举例分析徽州明代住宅的特点，后者则称“安徽歙县住宅的装修和彩画也以精丽见称”。此时出版的大型中国建筑史著作，对徽州住宅皆有较大篇幅的论述，如《中国古代建筑技术史》《中国建筑艺术史》等。20世纪90年代，东南大学、清华大学的师生开展乡土建筑研究，较系统、全面地调查分析了新安地区民间居住现象，从单体建筑到群体组合，从村落、住宅形态到文化内涵，进行了全方位、多层次的研究，取得了丰硕的成果。如，东南大学龚恺教授等的《徽州古建筑丛书》，清华大学陈志华、楼庆西等教授的《婺源》《关麓村》《新叶村》《大慈岩下两村落》等中国乡土建筑丛书。21世纪，有关新安住宅研究的专著，以及内容较多涉及新安住宅研究的建筑历史与理论著作，已出版了不少，如《中国古代建筑史》《中国建筑史》《中国民居研究》《中国民居》《江南建筑雕刻艺术——徽州篇》《越海民系民居建筑与文化研究》等。至于在建筑刊物上发表的有关新安住宅的论文及高校研究生论文则更是不胜枚举。同时，一批摄影家也加入研究队伍，出版了许多以摄影为主的画册。经过半个世纪研究的深入展开，以及媒体的宣传，新安住宅得到了社会各界的重视，引起了国内外学术界的浓厚兴趣。

第二节　新安住宅的形制

明清时期，新安商人称雄江南，其商业资本部分流向新安乡村，“造华堂广厦”“广园林，侈台榭”，朴素的村落变成奢靡的市井，自给自足的生产型村落形态消失殆尽，代之而起的是典型的消费型村落。住宅结构的变化，很大程度上改变了村落性质，对建筑与乡村面貌产生了很大的影响。

《中国大百科全书 · 建筑园林城市规划》卷“徽州明代住宅”条目释文：“基本为方形或矩形的封闭式三合院、四合院及其变体，且大多为二层楼房。正房朝南，面阔三间，楼梯设在进深很浅的两厢（称廊房）中的一侧。楼下明间做客厅，主房在左右次间。楼上明间祭祖，左右次间住人。大门居中。”这条释文内容说明了新安地区明代晚期和清代、民国的住宅形制。明代中期以前，住宅楼层为家庭活动中心，故楼梯设于一侧廊屋内，便于上下；清代，家庭活动中心移至楼下，楼梯则多设于堂屋上照壁后，比较隐蔽。

关于我国传统住宅，古代风水学说则这样论述其平面布局：

> 屋式以前后两进两边作辅弼护屋者为第一。后进作三间一厅两屋，或作五间一厅四房，以作主屋，中间作四字天井，两边作对面两廊，前进亦作一厅两房。……其次则莫如三间两廊者为最，中厅为身，两房为臂，两廊为拱手，天井为口，看墙为交手，此格亦有吉无凶。

以上摘自清人林筠谷所辑《阳宅会心集》上卷“格式总论”，所谓“前后两进”者为四合屋，“三间两廊”者为三合屋，两种合院式住宅均“有吉无凶”。

新安传统住宅大多为两层，明代以后土地资源不足，“以山多田少，病居室之占地，多作重楼峻垣”。① 住宅平面基本形式大多为内向矩形，堂、厢等围合成天井。通常住宅正屋山墙延为厢房后檐墙，房的四角接续，屋面雨水落于天井池中，“水聚天心”，当地称之为“四水归堂”。这种“江南山区天井式楼宅”，天井属于住宅建筑本身的内部空间，与厅堂厢廊连成一体，具有通风、采光、排水、交通、绿化等功能，似乎是从建筑中“挖”出来的。由于廊屋受东西日晒，不宜住人，故面阔较短，进深亦浅，而正屋面阔长，因此中央天井就显得狭长，这是新安住宅平面布局上的重要特征。当地夏季炎热，室外空气温度高，而室内较阴凉，小天井可阻止夏季室内外空气交流。同时天井狭小，光线从墙面上二次反射，柔和无眩光，亦于

① 许承尧总纂.（民国）歙县志[M].活字本.旅沪同乡会，1937年.

人以宁静闲适之感。

新安传统的中型住宅一般包括两部分，核心部分是主体正房；附属部分有别厅、厨屋、土库（即储物间）、院落、园圃、晒场等。核心部分的格局代表住宅的形制，从空间格局上分，可分为下列四类：1. 冋字形，即三合院式；2. 口字形，即四合院式；3.H 形，前后各成一个三合院；4. 日字形，即两个合院在纵的方向联结为一体。明、清及近代住宅平面大致相类，仅结构略有不同。[1]

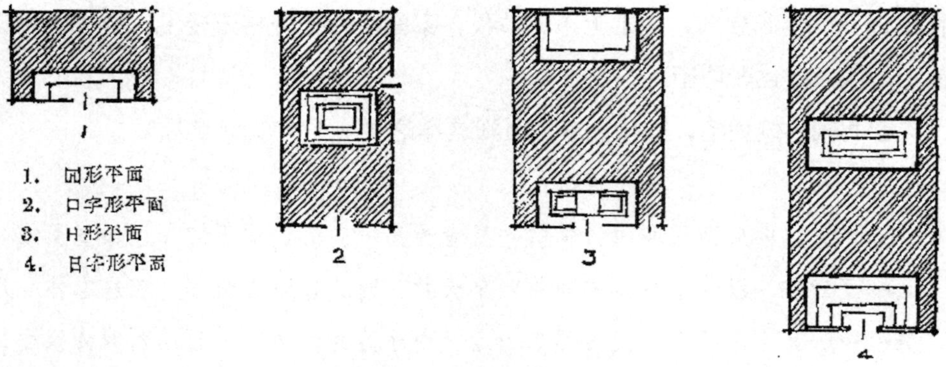

徽州传统住宅典型平面图（资料来源：《徽州明代住宅》）

第一类，冋字形平面，即三合院，亦称三合屋。三间一进，多为楼房，正屋前中为天井，两侧建二层或一层廊屋。正屋面阔三间，间或有五间的，堂屋左右两间厢房相连，则称“连珠房”。明中叶以后，楼下明间堂屋作客厅，左右次间作卧室，楼上明间则作供祀祖先神位的祖堂。冋字形三合院是新安传统住宅中较普遍的平面布局，当地俗称“三间两厢”“一明两暗”。歙县称“三间两阁厢”“三桁两阁厢”，建德市称“三间两搭厢”。黟县则称“明三间”“回廊三间”，并有大、小三间之分。大三间，又称“大廊步三间”。前檐柱与前金柱间有高而宽的前廊，卧室窗前于前廊内腾出一方形“角厢”，角厢外侧置敞厢称“退步”，为卧室前室，也有将两厢封起来作为小房间的。小三间则无廊步，角厢和退步亦不存在。祁门县还以两厢形同两爪，称“三间两爪式”。这种三合院带天井的模式不同于越海民系民居建筑中的“一明两暗式”布局，后者不设天井，新安称这类小型住宅为“暗三间”或“瞎眼三间”，

① 张仲一等合著. 徽州明代住宅[M]. 北京：建筑工程出版社，1957.5.

大都为佃仆、庄户所住。20世纪中叶建造的住宅亦多为此形制，其建筑质量差，等级低。不带天井的“一明两暗”模式是新安民居乃至中国民居中的一种重要类型，它能满足居住生活的基本要求，故在经济条件不充裕地区得到普遍应用。[①] 新安文化区盛行带天井的中型住宅，反映了新安商人财力的雄厚。1985年迁建于潜口民宅博物馆的歙县瀹潭村方观田宅，虽然十分简朴，仍设有天井，并在正对天井的照墙上建“金鼓架”和内门罩。

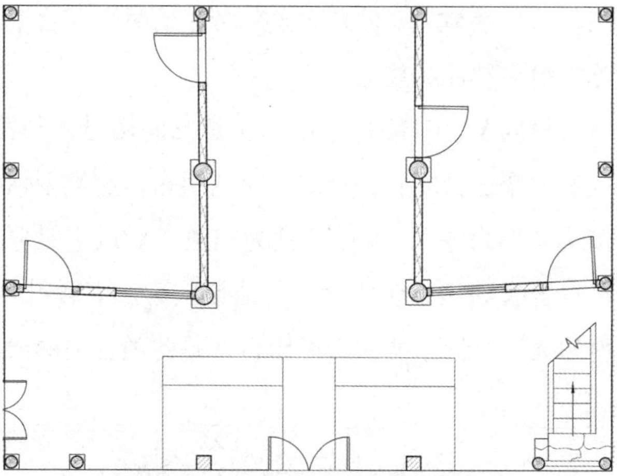
歙县瀹潭村（明）方观田宅实测平面图

第二类，口字形平面，即四合院 ，亦称四合屋。三间两进，多为楼房。四合屋在三合屋基础上，与三间上堂相对，隔天井再建三间下堂，天井两侧厢房连接上下堂，屋面四披水泻入明堂，称“四水归堂”。四合屋俗称“上下对堂”“通转对堂”“一明四暗”，建德市亦称“对合式”。楼下不设厢房（俗称“地房”），三间并为一厅堂者，称“四合厅”，俗称“官厅”。歙、黟等县尚有下堂厢房进深甚浅，无使用价值的假四合院，俗称“假通转”。下堂明间一般为门厅，俗称“门道”，设樘门，亦称屏门、照壁门。上堂后金柱间装有屏门，称上照壁，或称“太师壁”，与下堂共同构成一“昌”字，象征家庭发达昌盛。楼梯俗称“阁桥”，一般单跑，踏步多单数，为阳，取五行（金木水火土）或五金（金银铜铁锡）首字“金”以取吉利。楼梯口有上下开启板门，用于防盗。明代楼梯设于天井两侧廊屋内，多为左侧，少数设于太师壁后。清代多设于太师壁后，楼梯上行方向与住宅周边水系逆向，俗称“上水阁桥”，风水学认为聚财。迁建于潜口民宅博物馆的方文泰宅是这种类型住宅的代表。

第三类，H形平面，三间两进，正屋前后各有一靠墙天井，俗称“吸壁天井”。前后正屋合用一脊，楼下明间以上照壁分隔。黟县称其为“一脊翻两堂”，婺源县

① 刘定坤·越海民系民居建筑与文化研究[D].广州：华南理工大学，2000.5.1.本论文是从方言民系角度进行的研究，侯幼彬联系到建筑史实的考察和建筑形态的分析，认为可判定三开间的“一明两暗”形式是中国木构架建筑体系长期延续的基本型。参见：侯幼彬.中国建筑美学[M].哈尔滨：黑龙江科学技术出版社，1997.

则称“前后堂”。事实上这类住宅是两个三合院的组合。迁建于潜口民宅博物馆的苏雪痕宅属此类住宅。

第四类，日字形平面，也是三间两进，与第三类不同的是两个四合院的组合，也有一个三合院和一个四合院的组合，这类型住宅黟县称“双四合”，婺源县、建德市称“四合头”。前进下堂为门道，后进下堂联系前后进，进深均较浅。歙县棠樾村存爱堂始建于明成化前，清初重建，宅后附建家庙已毁。该宅全用楠木建造，用材硕大。平面系两四合屋组合，是此类住宅的典型代表。

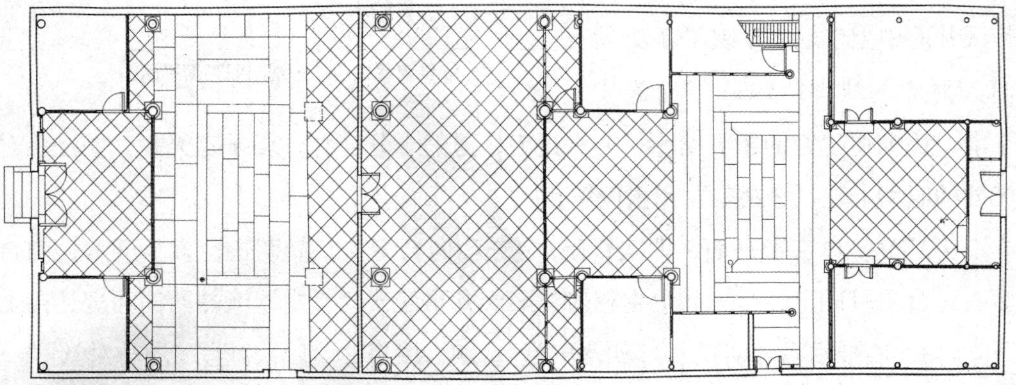
歙县棠樾村（清）存爱堂平面图（资料来源：龚恺等《徽州古建筑丛书·棠樾》）

以上四种平面格局是新安传统中型住宅的典型平面。此外，还有不少变例。如歙县方新淦宅、休宁县吴晓东宅等底层明、次间之间设置内廊，《明代徽州住宅》一书称“复壁”；绩溪县的“五间三献”为明五间，暗三间。另外，有俗称“半边俏”的，以及山庄上墙体版筑的土墙屋，为防雨水，不设天井，四面外墙均出屋檐等类型，则大多归于小型住宅了。

新安传统大型住宅，只是间数增多，规模较大，平面布局仍不出中型住宅的四种类型 。一般以天井为中心形成合院，作为一个居住单位，沿纵、横方向延展成群体。纵向为进，以天井连接；横向为列，以避弄（亦称火巷）连接，避弄则联系街巷。明代对民宅房屋的厅、堂正房最初规定只能面阔三间，进深五架。以后稍放宽，允许有财力者可建有多座房屋的大宅，但每座房屋面阔均不得超过三间。到正统十二年（1447），又稍放宽，允许进深超过五架，即可建六椽甚至前后勾连搭的大进深房屋。这样，民宅最高规格基本与六至九品官宅相近。清代民宅正房也多为三

建德市李村（清）李展中故居鸟瞰

间，但富商等有建大宅要求者，可通过在正房两翼每侧建两至三间耳房，形成中间高、两侧低的并列七间或九间；还可建多进院落和东西跨院，或者通过中间夹建避弄来分割的方法，建造较大的连排住宅。歙县棠樾村保艾堂建于清嘉庆初，相传建成时有36个天井，108间房，这是徽州最大的住宅之一。歙县郑村西溪和义堂，建于清中叶，三路多进，平面呈九宫格状，这是歙县现存较大的一幢住宅。歙县瞻淇村汪宅，因门罩砖雕故事而被称为“九世同堂”。该宅1901年营建，由口字形、日字形主宅各一幢，以及回字形管家宅一幢组合而成，随地形逐步升高。全宅通过天井横向贯通，主宅垂直交通则合用一部楼梯。主宅后为厨房，两层，可分可合。建德市李村的连三进建筑清末民初建造，占地398平方米，共三进，格局完整，雕刻精致。

新安等地尚有不少富商建造的花园式典雅住宅，所谓“新安人近雅而稍轻薄”，在住宅营造中亦不乏表现。如歙县西溪南村古代堂宇园林闻名遐迩，民国《歙县志》就载有高士楼、曲水园、馀清斋等处。黟县关麓村“八家”五房汪令镳宅建于清同治年间，令镳从事营造业，该宅设计颇别致。住宅为大廊步三间，其西侧为学堂厅“涵远楼”，厅后是花园，园中有方形单层暖阁，三面菱花格子门，外绕回廊，村人称之为“船厅”。暖阁前植翠竹、柿树，环境十分幽静。建德市新叶村种德堂，建于民国初年，前院倚墙绿化，正中紧靠前墙砌水池，围以青石栏板，供蓄水养鱼。住宅西南角后院一片小池，二间半敞廊和三间敞厅。敞厅北侧有石阶下至地面。池东侧敞廊有飞来椅，倚栏临池，可作沧浪之思。

徽州另有商住型住宅，大多位于城乡的商业街，如歙县徽城关厢渔梁坝街，沿街建筑绝大部分由各种店铺组成，其中多数为二层，前店后宅，有些还带有作坊。临街为木排门店铺，开放式立面。住宅部分仍然是传统住宅形制，不过根据地形稍稍调整平面而已。如建于清末的金宅，前进为药店；二进为作坊，此进有一斗口型的采光天窗，处理手法颇具匠心；三进为住宅，小天井满足了室内通风采光需求。最后为厨房，有石阶可直达江边。

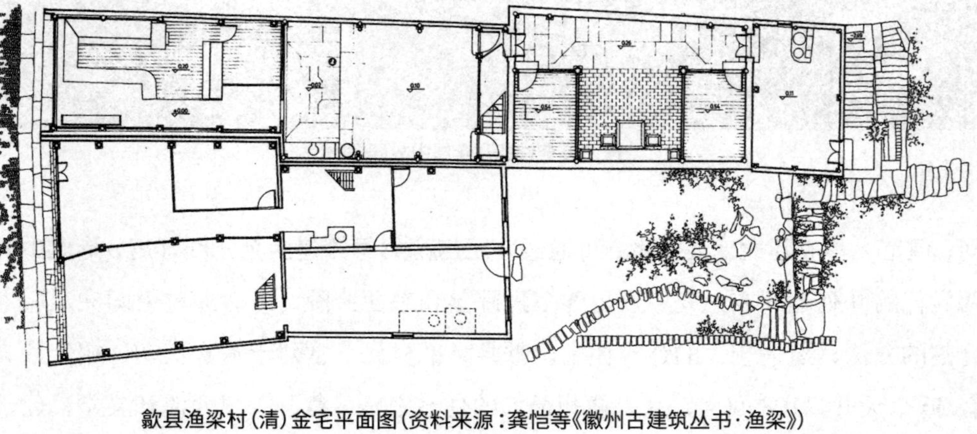

歙县渔梁村（清）金宅平面图（资料来源：龚恺等《徽州古建筑丛书·渔梁》）

第三节　新安住宅的构成

当代学人赵广超在《不只中国木建筑》一书中说：

一代宋词，写尽满庭芬芳，总是环绕着一个深字。庭院深深，外国人惯称中国庭院好像开启不完的匣子，开完一个又一个，进入一个院又一个院，好像走在一卷横幅画轴里。信步闲庭，层层进深，一下子寂寞梧桐，一下子星落如雨。

中国建筑庭院如此，新安住宅庭院亦如此。宋代祁门县人方岳（1198 ~ 1262）是南宋重要作家之一，诗文兼长，著述丰赡，其词水龙吟有句云“昼长庭院深深”。这些三合院、四合院，融成了美妙的空间，深锁的庭院里，大自然的节奏仍在流动。新安传统住宅的音符，如落盘珍珠，凝固在五线谱上。化出了阴晴雨雪，润入居住者的心扉。高墙之内，新安传统住宅中的功能性空间，包括主体正屋和附属用房，依次展开。

一、正屋

(一)厅堂

在住宅的主轴线上，排列着厅堂、卧室、天井、楼层、宅门等，端正严谨，主次分明，秩序井然。厅堂徽州谓堂屋，东汉末刘熙在《释名·释宫室》中说：“堂，犹堂堂，高显貌也。”宋人高承撰的《事物纪原》中说：“堂，当也，当正向阳之屋。又堂，明也，言明礼义之所。”堂屋平面方正，居正房中央明间，程式化程度很高。其庄重、肃穆，是家庭的礼制中心，代表着伦理纲常。婚丧寿庆，子女教化，皆在此处。作为公共场所，堂屋是家庭生活的起居空间，会客，就餐，不可或缺。正是堂屋的公共性、礼仪性和崇祀性，使其在住宅中处于重要的地位。它的布局、风格和陈设几乎一成不变，具有很强的保守性。

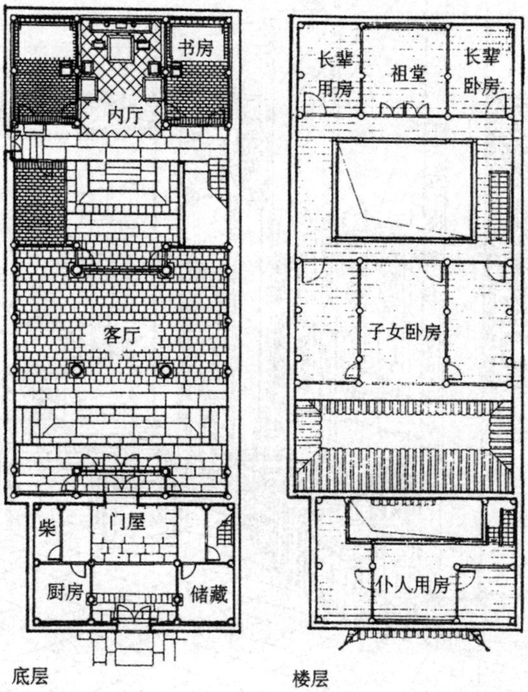

传统住宅使用图(资料来源：孙大章《中国民居研究》)

新安口字形的四合屋住宅，堂屋在上堂明间，门厅在下堂。由于当地夏季潮热，堂屋前檐一般不作门窗装修，向天井敞开，称“敞厅”。堂屋后金柱间用屏门做上照壁，清代楼梯多安装于壁后，两侧有腋门。日字形的三间两进住宅，楼梯多位于后进堂屋上照壁后，前后进经腋门连通。

堂屋层高清代一般较高，冂字形三合院在正对天井的照壁上部常设砖细漏窗，以加强堂屋光线。黟县有些住宅还将堂屋前檐廊步的顶轩抬高约 50 厘米，俗称“阳台”。这样坐在堂屋中照壁前椅上可见堂屋外檐口之下、照壁之上的天井一线天，即“小风水”中所谓的“三阳射中”“迎天浴日”。“一线天”的设计将堂进深和层高、天井宽，以及照墙脊高等参数联系起来，决定了住宅平面和剖面的大尺寸。

堂屋与厢房隔断，一般在柱间装带框的板壁，明代多用“一板一楸”，木板拼缝压以木条，类宋代护缝遗制。清代用屏门，有单面、双面之分，可拆卸。底层板壁不到梁底,其空隙早期用“编苇护泥墙”,即以芦苇编成壁体,双面涂灰泥,类宋代“编竹造”做法。后期不用编苇护泥墙，以短板或薄砖代之。

新安传统住宅在堂屋照壁上方大多悬挂有漆雕横匾，或堂名，或颂德吉言，如“承荫堂”“宁远堂”“敬序堂”“福膺上寿”“泽洽河湟”“惟厚迺和”等。匾下方的

传统住宅厅堂透视图（资料来源：陈志华等《关麓村乡土建筑》）

照壁则是堂屋这个礼仪空间的中心。一般居中置条案、条桌或架几案，案桌前置方桌，可围坐八人，俗称“八仙桌”，左右置扶手椅各一。堂屋两侧靠板壁隔断各置三椅两几或两椅一几，椅多用靠背椅或扶手椅，几为长方形茶几。有些住宅堂屋中尚置有一张圆桌，或两张半圆桌，即“月牙桌”，拼成一圆桌。桌周置长方凳，称“骨牌凳”。案桌中央摆放青铜鼎彝、玉山英石，晚近则摆自鸣钟。钟两侧摆放一对帽筒；最外侧左置掸瓶，器形有多种，一般较高，细颈圆腹。右置插屏式小座屏风，硬木屏座，屏心镶嵌大理石或瓷板；近代多为玻璃水银镜。案桌上这些摆件与清中晚期至民国期间北方传统婚姻女方的陪送大致相同，视需要数量有所增减，称“嫁妆瓶”。这种程式化摆设，新安称为“一堂家具”。所谓“东瓶西镜”，谐音“平、靖”，加上自鸣钟，谐音为“终身平静”，这是寻常百姓最本分的生活理想。堂屋陈设式样凝重，位置固定、对称，透着严肃的伦理气氛，但生活气息比较淡薄。所以，不喜拘束的家人，就餐等活动多在后进或厨房内。

新安明清时期经济、文化均很发达，商人多为儒商，建筑装饰作为一种符号，代表了房主的社会地位、意向和审美情趣。堂屋因其礼义性，装饰十分讲究。明中叶以前，住宅楼层高于底层，楼上为厅堂，采用彻上明造做法，梁架是装饰重点。晚明以降，底层明间为堂屋，装饰重点也随着家庭活动中心的转移，由楼上移至楼下。新安传统住宅主要由木料构成，因此建筑装饰很大的一部分都体现在木构上了，其方法有二：一是用涂料，如油漆，既可增加美观，又可防潮防腐，于是古建彩画应运而生；二是用雕刻，镌以有层次的立体外形，加上光影变化，表现力较平面彩绘更强。后期住宅在木雕上又鎏金饰彩，装饰作用更为明显，但处理不当，富丽中难免伧俗之嫌。

建筑木雕艺术的起源尚无可考，《三辅黄图》记载距今2000年的汉未央宫前殿“雕楹玉碣，重轩镂槛”，说明当时柱子和栏杆已有雕刻装饰。北宋《营造法式》一书中专有“雕刻”章节。而明清两代新安住宅使用建筑木雕极为广泛，其得益于当地新安画派，故风格雅健，繁简得宜，表现出浓厚的文化气息。木雕普遍应用于住宅，几乎无宅不雕，堂屋尤为突出。明中叶以前的楼厅梁架一般要经过艺术加工，雕饰化的冬瓜梁，以及雕花叉手、平盘斗、驼峰、梁头、丁头栱等大木雕件，华丽健硕，十分精美。明中叶以后的底层堂屋，木雕艺术渐趋繁复。前檐柱上部“承重”梁挑头下的撑栱，月梁造的过海梁上的开光和梁底贴雕花板，以及梁腋雀替、上照壁腋门上的“元宝梁”等，或圆雕，或浮雕，镂刻有狮子绣球、戏文人物、山水花鸟，精致生动。

建筑彩画艺术早在春秋、战国时期就已形成，但由于等级制度的约束，不许庶民住宅用彩画，故在住宅中应用不甚普遍。明清之际禁令惰驰，京畿、江南等地民宅才始有运用。新安彩画不作地仗，直接画于木地上，构图比较自由。明代彩画设色清淡，优美恬静。清代彩画活泼亮丽，乡土气息颇为浓郁。底层堂屋天花浅色衬地上绘花叶团科，素雅而不单调。后期图案题材丰富多彩，热烈而不庸俗。在堂屋梁上和明代楼厅梁架上则多为包袱彩画，其形成最早可推至南宋末，至明代已很完善。这种包袱锦形式的彩画依建筑构架进行整体设计，梁枋桁条，从下而上，视线所及最近处的梁上彩画最复杂，往上次之。锦文布局疏朗典雅，用笔精细，彩画展示面舒展清晰。如屯溪明代程宅楼厅梁架彩画，细腻精致，包袱彩画自下而上包裹冬瓜梁，以菊花为题构成四方连续图案，包袱边绘小朵菊花，枝叶萦绕左右。

堂屋悬挂的字画也颇有地方特色。上照壁正中挂中堂书画，主要题材有山水、花鸟、鳞兽、人物、书法等。每年正月前后，要悬挂祖先遗容，即容像画。中堂画两侧悬挂一至两副对联，前金柱等柱子上则是挂板联或抱柱联。堂屋左右木板壁上也悬挂字画屏幅，大多四幅一组，称四条屏。挂画处有压画条，晚明称“挨画竹”，案桌上还置有一对搁轴头的木雕小构件。中堂、对联、挂屏内容丰富，反映传统的人生愿望、立身准则和生活态度。如黟县常见的一副对联是：

读书好，营商好，效好便好；
创业难，守成难，知难不难。

(二)卧室

堂屋两侧次间厢房，左右对称。卧室是住宅最原始最基本的功能部分，所占建筑面积份额较大。底层卧室前壁在檐柱位置时，没有角厢，一般于前金柱和檐柱间朝堂屋开门，如明代一些住宅。前壁在金柱位置时，朝廊步开门窗各一，门偏次间缝，窗偏明间缝。如黟县、婺源清代的一些住宅，卧室门前有一间小前室，称“角厢”，俗称“退步”。角厢深同廊屋进深，小于卧室面阔，恰为卧室开窗留出位置。格子门朝向堂屋，与卧室门成 90°，保持了卧室私密性。角厢顶部常设吊柜，卧室内中柱与后檐柱间亦多置吊柜，用作贮藏空间。新安清代住宅底层较高，卧室面积较堂屋小，吊柜降低了室内空间的高度，尺度宜人，显得舒适亲切。

新安住宅卧室装修十分华丽。明代窗口下部外侧设有木栏杆，俗称“遮羞板”。这类窗栏较矮，刚好挡住室外人的视线，具有较好的私密性。栏杆所雕花纹颇富变化，每宅皆不雷同。如歙县坤沙村方文泰宅窗栏，做成雏形勾栏状，比例、雕工皆佳。栏杆望柱头雕有莲瓣，云栱为卷叶，流畅生动。窗栏中央用镂空方格，下部四周嵌镂空花板，十分精巧。清代窗栏较繁复，黟县、婺源等地的卧室的窗通常有两层，内层为槅扇，外层称“护净”，或称“护镜”。镶于窗洞外，中为一对小槅扇，外围上部及两侧雕镂格子花纹，点缀有蝙蝠、芙蓉之类装饰，下部窗栏为浮雕花板，内容大多为园林、人物等，十分精致。

卧室天花明代或绘彩画，如休宁县枧东村周裕民宅卧室天花，梁上绘有包袱彩画，边饰是黑地上绘白色梅花若干朵，包袱中心部位绘有锦纹，红蓝相间形成方格，十分典雅。该宅在《徽州明代住宅》一书中称吴省初宅，可惜早已拆除，改建新楼了。清代卧室彩画则灿烂艳丽，如黟县关麓村“八家”卧室内天花、吊柜门扇正面及门两侧板壁、窗以上及门边板壁下部，都满绘彩画。天花彩画类堂屋。吊柜彩画则连成一长幅，构图完整复杂，以人物故事为主，少数山水楼台等。护净下部花板内侧和大窗扇裙板外侧有彩画四幅，连成一组，大多为婴戏图等。门边板壁亦绘有“母子同春”图等内容，构图疏朗，人物纯真。

卧室与堂屋一样，也有一整套家具，是女方嫁妆，俗称“一房红”。室内家具首推架子床，黟县称“满顶床”，有四柱、六柱、满罩等式，繁复者为“拔步床”。明《鲁班经匠家镜》记载甚详，王世襄先生著《明式家具研究》辑有多例，至今歙、黟等地尚有实物存世。架子床设计精巧，雕饰华丽，故有“千工床”之称。但繁缛奢靡，流于俗气。架子床之外，尚有衣橱、妆台、桌凳、鞋箱、春凳、净桶箱、面盆架等，家具上镶包着各种黄铜配件，灿烂绚丽，琳琅满目，颇具喜庆。

(三)天井

这是新安传统住宅最活跃的元素，是住宅空间组织的关键所在。清代高见南所著《相宅经纂》卷三“天井”条云：

凡第宅内厅外厅，皆以天井为明堂，财禄之所自出也。

天井太深陷者凶，停水污秽者尤凶。必深止五六寸，而又洁净乃宜也。房前天井固忌太狭致黑，亦忌太阔散气。宜聚合内栋之水，必从外栋天井中出。不然，八字分流，谓之无元神。必会于吉方，忌放出口，始不散乱。

新安传统住宅的天井大体如此。中西建筑都有庭院空间，但由于人的观念不同，对空间的处理也就不同。新安住宅天井空间形态亦内亦外，这种充满自然的外部空间与室内空间合为一体，有机地纳入整个建筑空间体系之中，其感受是独特的。它不仅在形式上丰富了新安传统住宅的空间，还给予新安人以精神寄托，“天人合一”的理念融入新安千家万户，新安人的家离不开“天”。作为住宅内部空间的中心，天井的空间界面之上多为单坡屋面，雨水汇集流向天井，俗称“四水归堂”，寓意聚财。不少三合屋也在正对天井的照墙内侧加上披檐，形成三合屋，由四坡屋顶向天井排泄雨水。这类披檐有繁有简，建德人称之为“金鼓架”。

天井多以石料砌筑，明代为水池，较早的水池池壁雕作须弥样，中央砌条石走道，下或发券。明末清初以后，天井水池不再设置。究其原因，大概是新安山区雨量充沛，明中叶以前天井缺少排水设施，屋面自由落水，天井水池可暂时积贮不及泻出的雨水，使之缓慢地从水池的泄水孔和石板缝中排去。随年代远近，水池由深趋浅。清嘉、道间皖人吴鼒撰《阳宅撮要》亦云，天井“宜浅而乾，忌深陷载水；宜温润，忌污秽”。因此天井渐平，而在四周砌阴沟或盖板明沟，俗称“明堂坑”。雨水从天井阴沟经宅内迂曲的地沟排至户外，与村落排水网络连接。古代风水术为了“藏风聚气”，要求“去水有情”，即此谓也。明末清初以后，天井四周屋面采用组织排水，先后使用了陶、砖、锡、铁等檐沟（即承霤，俗称水枧）和落水管。由于天井和堂屋合成室内重要活

黄山市徽州区呈坎村（明）罗润坤宅天井（张建平 摄）

动空间，因此有的住宅落水管不垂直而下，而是从披檐下斜过，插入两侧廊屋装修墙内，沿预留槽下地，将雨水排至地沟。于是，“四水归堂”的风水理念，经权衡后让位于实际功能需要。

天井由四周的建筑立面构成背景，极具装饰性。堂屋多为敞厅，如有下堂，朝天井一侧也是开敞的。左右两侧廊屋,开敞的称“敞厢”,安装格子门或槛窗的称“暖厢”。敞厢进深较浅，内墙装修木屏门，朝天井一侧枋下安装挂落，十分精致。暖厢槅扇，苏南称长窗，徽州沿袭宋代名称叫“格子门”。明中叶以前，格子门多为方格眼或柳条式。明末至清，心仔花纹渐趋复杂，万川、回纹、龟背锦、冰裂等，式样不一，匠心各具。尤其在裙板、夹堂板上刻人物故事、山水楼台、花鸟禽兽。鼎彝博古，构图华美，富于文化气息。清末民国以来，门窗使用玻璃采光，以糊纸为设计基础的心仔图案失去实用意义，而变得稀疏明朗，或为框景式、自由式图案。格子门和护净在堂屋前组成了一条木雕绶带，装饰效果十分显著。从天井对门窗心仔图案组成与光影变化角度去欣赏，可领略到均衡与跳动的美感，光移景异，随晨昏阳光方向的变化，心仔也会产生迥异的效果。而从室内望天井，剪影式的门窗图案扑朔迷离，为家庭生活空间增加了艺术氛围。

天井不仅具有空间组织、天然采光、自然通风、排放雨水等功能，还常摆设鱼缸、盆景，或置放太平缸，蓄水防火。

（四）楼层

新安人称楼层为“阁上”，汉代许慎《说文解字》释为：“楼，重屋也。”明代新安楼房建筑已很普遍，明谢肇淛（1567～1624）《五杂俎》说：“余在新安，见人家多楼上架楼，未尝有无楼之屋也。”

清同治重修《黟县志》:“居室地不能敞，唯寝与楼耳。”万历《休宁志》也认为：“邑以人稠地狭，故图得架屋而居。”又明人对南中楼居的分析，新安亦颇相类：

> 南中之湿，非地卑也，乃境内水脉高，常浮地面，平地略洼一二尺，辄积水成池，故五六月霪潦得暑气搏之，湿热中人。四方至者，非疥即瘇，即土著者不免，惟楼居稍却一二。①

①［明］王士性．广志绎·卷二·两都［M］．北京：中华书局，1981．

明中叶以前，楼层高于底层，是家庭活动中心，间隔与底层大致相同，但某些住宅上、下层并不一致，楼上柱子不完全通至楼下，而支承于楼下柱间横枋上，作为厅堂当心间因此显得宽大气派。楼层前后进常相通，绕天井一周，即所谓的“跑马廊”，黟县也称之为“走马转角楼”。楼层当心间称“阁厅”，明清时期，多数人家设有专门的神龛供奉祖先牌位，故阁厅亦称“祖堂”。

楼层面临天井，是住宅内部装饰的集中之处。楼层窗口下装有一排雕刻精美的栏杆。栏杆形式可分为普通与弧形两种，随时间推移，由简至繁地发生变化。

普通形式栏杆约与一般窗口等高，取其便于凭栏眺望。这类栏杆构图早期颇类石栏杆，但简洁玲珑，如休宁县吴田村吴晓东宅的栏杆。清代有的楼层将窗台外挑少许，以软挑头和撑栱支承，上置矮栏，黟县、建德市称“坐窗”。坐窗不用栏杆的，则在窗台外沿安装格子窗。坐窗置于“阳台”上的，堂屋前檐廊步抬高，楼层多出一步台子。

弧形栏杆由传统的鹅颈椅发展而来，江南称飞来椅、美人靠、吴王靠。楼层檐柱间置有坐凳，栏杆向外弯曲，位于檐柱外侧。栏杆上立有八角柱，以插栱支承外檐，格子窗则安装于栏杆上，这种做法与宁波天一阁所藏明鲁班正式图所载楼阁正式图相吻合，当是宋画中“阑槛钩窗”的承传。歙县柘林村方新淦宅飞来椅构图简雅秀丽，上部弧形靠背划分若干框格，内施壶门装饰，下部衬以素净裙板，一简一繁相映成趣。裙板则为直板，与上部水平线条一横一竖起到对照作用。明中叶以后，飞来椅装饰复杂，堆砌过多，流于纤巧琐碎，整体已欠和谐。

新安传统住宅梁架多为彻上明造，不用天花，结构完全暴露。因此，当地工匠在适当装饰的原则下，巧妙地将结构与美观融为一体，并和其他部分保持完整的统一性。明代楼层心间缝梁架使用了很多大木雕件，雕刻华丽，特色鲜明。这种插梁式构架采用月梁造，圆作冬瓜梁两端雕月眉式斜项，梁端丁头栱镂有卷心花饰。脊、蜀柱两侧的叉手雕卷草或朵云，形似飘带。平梁、劄牵等梁头雕卷云。承受蜀柱的平盘斗镂刻更为复杂，简洁的如六角形花钵和莲瓣式，繁复的则雕刻花鸟。在不用平盘斗时，咬于冬瓜梁上的蜀柱下端作鹰嘴雕饰，颇富情趣。

(五)宅门

宅门是住宅的出入口，是最重要的功能部分和外观的艺术焦点，是家的象征。《相宅经纂》·卷一》说“门乃气之口”“阳宅先看大门”，门户是沟通天地的“通气”之处。《阳宅撮要 · 卷一》也说：“大门者，合宅之外大门也，最为紧要。”由于宅门在建筑个体和群体组合中的重要地位，以及它所承载的社会文化意蕴，李允鉌先生说有人认为“中国古典建筑就是一种‘门’的艺术”。他在《华夏意匠》一书中写道：

> “门”和“堂”的分立是中国建筑很主要的特色，历来所有的平面布局方式都是随着这个基本原则而展开。为什么“门”和“堂”一定要分立和并存呢？在理论上大概是出于内外，上下，宾主有别的“礼”的精神；在功能和技术上是藉此而组成一个庭院，将封闭的露天空间归纳入房屋设计的目的和内容。

这种“门堂之制”大致在周代即已形成，是《三礼图》主要内容之一。周礼“三朝五门”确立了一种中轴线上的门堂制度，奠定了中国古代建筑空间序列的基础。在住宅布局上的体现，就是前堂后寝制度。外与内的分界与沟通之处，都离不了门。在新安传统住宅中，“堂”是主体，“门”是面目，两者构成了天井庭院。这里所指的是大门，即总入口。除大门之外还有屏门、后门、腰门，一般后门开在厨房，腰门一般在堂屋前廊两端，多开向宅侧街巷。

住宅大门首要的是选位和朝向，其次是形制。

新安三合院住宅，宅门多为随墙门，开在前檐照壁墙正中。有些住宅在门内尚设有门亭。四合院住宅，宅门大多开在下堂当心间，一般尚在门内再设置屏门，《相宅经纂》称“中门”。平时中门不开，由两侧出入。若住宅山面临街巷，则宅门设于沿街巷一侧廊屋。宋代规定六品以上官员的住宅外门可以建乌头门，实际是在住宅大门以外允许加建一重外院，但一般百姓则不许。清代富商大宅，常在正门前另加一前院，原正门位置朝向按风水要求设置，改称“二门”，前院门则直通街巷。前院轴线大致与住宅纵轴垂直，前院门一般单间一层，有些设置放杂物小阁楼。两幢以上住宅并列时，前院深仄，往往正对院门建平房或小楼。

“看宅以门向为重”（《阳宅撮要》），“市井列屋，犹稍哆其门，以傃吉向”。（宋《新安志·卷一》）。在徽州常见有些住宅大门朝向扭转，和住宅本体朝向不一致，这是徽人重风水之说所致。当地民居朝向多为坐北朝南，称之为坎宅离向，住宅大门多取东南向或南向。新安建筑文化圈内的徽州地域三面环山，仅西南山脉有少许缺口，风水术认为此为吉方，故当地住宅朝向以偏西南者较多。《徽州明代住宅》一书记载，宅门一般为朝南偏西 27° ～ 67° 之间，少数朝南偏东 20° ～ 65°。实际情况宅门朝向是与日照有关，处于北纬 29° 01’～30° 20’之间的徽州，太阳高度角较大，朝向取西南，则冬季太阳入射角较小，阳光射入屋内深度稍大，同时在山区也可避免早晚南北向“谷风”的吹袭。另外，宅门建造禁忌颇多。不过，古人认为只要在前筑一照墙，或在门侧立石刻“泰山石敢当”，以及在门楣上悬挂镜和八卦，即可修禳而逢凶化吉。“石敢当”用于宅门之镇，大概兴于唐宋之际。明清时期，在“石敢当”前冠以泰山，其用意是借泰山之力以增威，泰山是“治鬼之山”，也是通天之山，与镇邪的石敢当联系在一起，当是再自然不过的了。

新安明清住宅的一个重要特征是大门上面几乎都建有门罩、门楼。其功能单纯实用，可将门上部墙面雨水引开，从而使出入宅门之人从容处置雨具。清赵吉士《寄园寄所寄》卷十一载：“（明）太祖初至徽，避雨于民屋门首曰：‘尔民何不接檐？’民遵命，至今新安屋宇门皆重檐。”

明早期以前，新安悬山建筑无飞檐。明中期以后，新安硬山建筑封檐墙砖檐很短，而楼房檐高更不挡雨。门罩、门楼以木或砖椽挑出，具有一定的挡雨功能。至于是否遵朱元璋之命无从细究，但宅门因此成为外墙最重要的装饰重点。

新安宅门一般用门罩，阀阅之家则用门楼。明代，门罩以砖细叠涩几层挑出墙面，顶上覆以瓦檐，手法简洁。年代稍后的民居则用水磨砖在门框上部砌成垂花门形状，两垂莲柱间施二枋联系，檐下用砖椽支承，布置疏朗。清代。门罩在枋间两端兜肚部位大多施以砖雕，枋上亦用砖雕彩画；后期渐趋精细繁琐，门楼较门罩复杂，一般仿牌楼形式，一间三楼或三间五楼，以水磨砖制作，最讲究的用石和水磨砖混合砌筑，与当地牌坊相同。宅门规格最高的为八字门，其外侧全用砖构，中为门楼式石库门，左右为照壁，向两侧斜延，平面呈八字形，有单折双折两种。宋代称“摆手”“两摆手”，清代称“撇山影壁”。有些宅门内侧没有门屋，则以撑栱挑出披檐。双门头做法则在内侧也砌筑门罩、门楼，雕镂精致，一如正面，两者重叠，格外引人入胜。不少宅门前尚立有照壁，影壁心做法分粉灰和方砖硬心两种，墙心“福”字，前者墨书，后者为砖雕。以此界定家的领域。

二、附属建筑

正屋以外的两处重要附属建筑是别厅和厨屋。

(一)别厅

在新安住宅组团中，别厅是形制变化最多的建筑。它们一般建于住宅旁边，但

黟县关麓村（清）“淡月山房”别厅速写（资料来源：陈志华等《中国乡土建筑初探》）

相对独立于正屋，自由精巧，建筑质量很高。别厅兼有读书、起居、会友功能，常用作富商养老场所。黟县还有不少学堂厅的建筑，如关麓村就有14幢。别厅有单间、袖珍三间，以及独立的三间楼屋等若干形制。它们多邻小园，推窗凭轩眺望山水，与自然交融，是村落中街巷景观中的点缀。别厅多有书卷气浓郁的雅号，如关麓村的问渠书屋、淡月山房等。婺源县思溪村西北角有座敬序堂，是清道光年间（1821 ~ 1850）木商俞继基所建。由正屋东侧退步穿过耳门，是南北紧挨着的两个花厅，厅皆有楼。透过北厅前檐雕花格子门，可见小园，一地青石板，墙根花台植四时花木。东墙有蕉叶门洞，以及焚字纸的葫芦形小龛。西墙门洞是前院的“揖爽”门。两门皆有十分精致的门亭。南厅向东完全敞开，前有小院，其北侧楼上楼下全为精美的格子门。南侧粉墙上券门通向屋后。登楼又是令人耳目一新，飞来椅、格子门，雕镂精致，俯瞰小园，处处入画。两厅一面对花园，一通往空庭；一厅半闭，一厅全敞；一厅素雅，一厅纤丽，通过对比变化，给人以恍惚迷离之感。

别厅中除充满颇有品位的生活情趣外，归里颐养天年的新安商人，将别厅作为安乐窝，也带入了腐朽的生活方式。如黟县宏村承志堂的“排山阁”和“吞云轩”，前者是赌博的麻将厅，后者则更是吸毒的鸦片室。婺源县思溪村敬序堂，其西花园别厅匾题“一榻间”，也暗含抽阿芙蓉之意，与“吞云轩”可算是异曲同工。

(二)厨房

厨房，新安人称“厨屋”。一般置于住宅后部，大中型住宅还常带有天井、小院，布置柴房、土库、天井、猪栏等附属设施。厨房在住宅中地位十分重要，新安形容古村落人丁兴旺，聚财蓄气，常称“千灶万丁”。厨房核心是灶，《相宅经纂》说：“厨灶乃养生之地，关系甚大。”又云：“灶乃五祀之一，司命之神，主一家吉凶祸福，如响斯应。”所谓“五祀”，《礼记 · 月令》：“腊先祖五祀。”郑玄注：“五祀，门、户、中霤、灶、行也。”可见，厨灶在家庭生活和社会生活中的重要性，它是一家生活的后勤保障。

新安住宅里的厨房一般面积较大，这是因为灶台后要堆柴火。厨房还要腌菜、腊肉、蒸粿、煮猪食，大缸小瓮，几乎是个作坊。厨房又兼餐室，小户人家嫌堂屋进餐气氛严肃，也常在厨房吃饭。

厨灶讲究风水，《相宅经纂》云：“进门先见灶，常带三分耗。”《阳宅撮要》也说：“灶门忌门路冲之，窗光射之，主疾病。”实际上灶口对门不宜生火，这是风水学说故弄玄虚。柴灶上部连着烟囱，烟囱下部砌有神龛，供奉灶神，新安人称“灶司菩萨”。

元代王祯在所著《农书》中，还记载有在厨院等处“又有别置府藏（专门建造的仓库），外护砖泥，谓之土库，火不能入”。土库，即储物间。徽州文书《万历十五年金濠等丈量基地尺式》中亦有标示。该《尺式》订立于明万历十五年（1587)，是当时明朝政府重新丈量土地过程的副产品。文中详细记载了明代住宅的布局形态，留下了一座明代后期住宅的信息。该宅位于徽州休宁县珰溪，始建于14世纪50年代。住宅日常生活区域有住屋、厨房和土库等，入口一侧还设有“横楼屋”。横楼朝向与正厅朝向垂直且面向正厅，具有会客和瞭望功能。这是徽州明代后期住宅的一种布局类型，不见于现存实例。徽州明、清遗构大多仅保留着礼仪性较强的若干进正屋和少数日常生活院落，附属建筑或不存，或改易，已无法体现与其早期日常生活相关的空间形态，设横楼屋的住宅形制对本文解析的新安传统住宅应是一个重要的补充。[1]

---

① 刘涤宇.古文书中的一组明代徽州宅院——《万历十五年金濠等丈量基地尺式》研究[J].建筑学报,2018.(5).

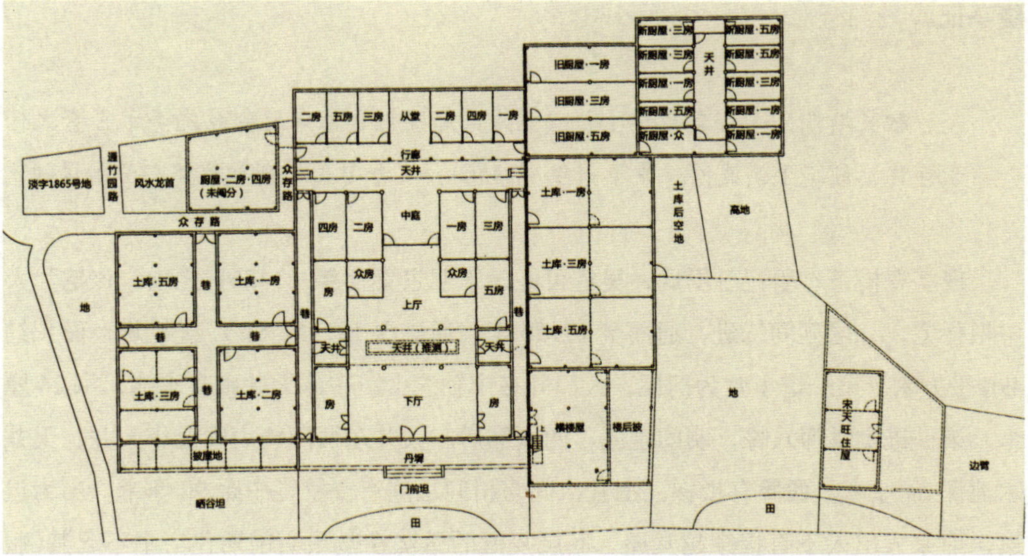

《万历十五年金濠等丈量基地尺式》所示徽州明代住宅平面复原图
（资料来源：刘涤宇《古文书中的一组徽州明代宅院》）

第四节 新安住宅实例

民国《歙县志》载："屋庐之制，因居山国，木植价廉，取材闳大，坚固耐久。今元代所营之室，村之旧者犹数见焉，明代建筑固不足奇矣。"20 世纪 30 年代许承尧先生尚"数见元代所营之室"，但遗存至今的新安地区房屋建筑，明代早期的已很难发现。下文实例一明代住宅及实例二清代住宅中的大夫第为新安建筑成熟期的住宅；实例二清代住宅中的和义堂、保艾堂为兴盛期的住宅；实例二清代住宅中的萃芳堂及实例三民国住宅为转化期的住宅。明以前的住宅暂付阙如，冀他日有所发现。

一、明代住宅

(一)吴息之宅

吴息之宅坐落在歙县西溪南村，俗称老屋阁。西南朝向，宅东临池，曰渔翁塘。池南岸为绿绕亭。《徽州明代住宅》将吴宅列为明代建筑，并认为年代较早。民国《丰南志》则谓吴宅"在渔翁塘西岸，此为元代所建"。该志还载有明王逵的《绿绕亭记》，云：

> 歙吴斯能……言其祖运干公（里人吴起隆）于南宋时创绿绕亭于正堂之外十寻许，颓圮于洪武间。景泰七年（1456），父命与伯兄斯和重建，旁附以池。

现亭脊桁下有墨记。据此，吴宅可能建于明景泰七年（1456）之前。该宅为大、中型住宅，二层五间二进，通面阔 17.56 米，通进深 19.35 米，二进已圮，面积约 490 平方米。第一进下堂为门屋，大门开在中轴线上，中部天井砌有水池，深 24 厘米。第一进上堂深八椽，明间堂屋，两侧厢房。天井东西两侧为廊及小天井，天井水池深 34 厘米，西廊有楼梯。上堂次间与梢间之间有复壁，中距 90 厘米，当为过道，俾家人出入不直接穿越堂屋。底层复壁的做法在徽州明前期住宅中不乏其例。楼层不用复壁，虽然突破了三间的规定，但不妨视作耳房，可不在禁限。同时由于制度执行并不彻底，主要活动空间的楼层勉强可看作三开间，因此尚无大碍。该宅

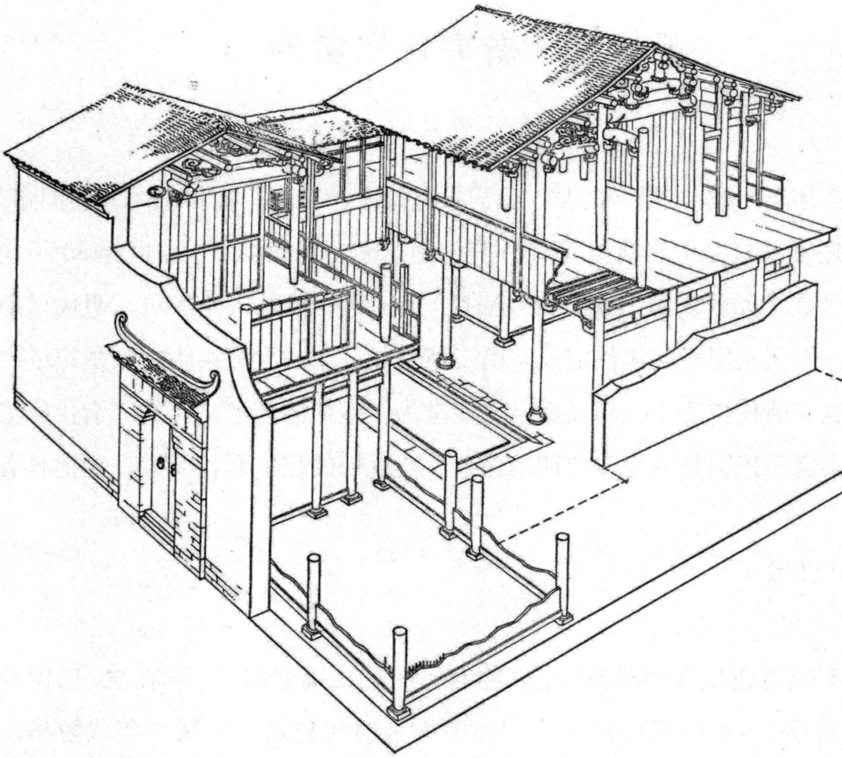

黄山市徽州区西溪南村（明）吴息之宅轴测图（资料来源：张仲一等《徽州明代住宅》）

底层高 3.20 米（至楼面），楼层高约 3.50 米，虽仍是上高下矮，但高差已经缩小了。明间缝采用月梁造插梁，因此空间宽绰。侧立面素净无华，山墙砖砌抹灰面搏风板。大门上建有水磨砖门罩，简洁古朴，在新安住宅门罩形制中属较早年代的做法。吴宅构架的整体形式为江南厅堂造的垂直构架横列式，保存了较多宋元遗制。该宅基本梁架为穿斗式。上堂楼层明间缝使用月梁造插梁式构架，月梁断面圆形，当地俗称“冬瓜梁”。梁架中的叉手、平盘斗、驼峰、梁头，以及丁头栱栱眼等都做了适当雕饰，将结构与装饰融为一体。下堂门屋，楼层四架椽，以十字形斗栱承托梁桁。角柱生起 11 厘米，斜置脊桁。上堂底层檐柱用梭柱，櫍形础，楼层檐柱向外少许地位上立有垂莲柱，上施插栱二跳承托外檐。裙板以木板拼缝，压以扁圆形木条，似宋护缝遗制。槅扇为柳条式，边梃和抹头线脚类《营造法式》的通混压边线。隔断主要为木版墙和编苇抹泥墙。楼梯口置栏杆，形制略似宋式重台钩栏，栏板镂空，云栱和望柱头的莲瓣雕镂精巧，生动秀丽。室内为彻上明造，不用天花，未施彩画。大部分木地表面呈无光泽的黑色。

吴息之宅南的绿绕亭，明景泰七年（1456）重建，宅、亭做法可为互证。亭名取义于宋王安石“一水护田将绿绕”诗句，明书法家祝允明《溪南八景诗·东畴绿绕》所咏当为此处景物。亭平面近方形，一间四椽，屋顶为不厦两头造（悬山顶），山面加披檐。穿斗式梁架虽用料不大，但卷杀还保存着宋代法式做法。

明代中期前阶段，新安住宅建筑梁架规整，尺度雄伟，装修简洁大气，无累赘之感。吴息之宅及绿绕亭是其代表，尤其是梁架结构，影响明清两代新安建筑半纪之久。

(二)苏雪痕宅

刘敦桢先生认为苏宅“可能是建于明初至明中叶之间”。原房主据传是郑氏，百余年前易为苏氏。该宅坐落在歙县郑村，东向，院门临街，延龄桥（明成化年间建）在宅西南方。1989 年，迁建至歙县潜口民宅博物馆。苏宅迁建后占地面积 170 平方米，建筑面积 300 平方米。这是一幢小型住宅，二层，H 形平面，三间二进，深七椽，一厅两堂，前后各有厢房和吸壁天井。楼下明间在中柱位置的上照壁将堂屋分隔成前后两个敞口厅，次间厢房为卧室，楼梯设于左廊，这种平面布局，徽人俗称为“一脊翻两堂”。苏宅底层高 2.53 米（至楼面，楼板厚 0.05 米），楼层高 2.94 米（至檐桁上皮），高于底层，尚余干栏式建筑遗风，应是当时长江下游居住建筑形态。苏宅大门内外均有门罩，人字形山墙。方形石柱础。穿斗式梁架，穿插于柱间的梁略呈弯曲，剖面如琴，素净无华。外檐以插栱承托，其华栱从柱上直接挑出。脊部用叉手，同宋《营造法式》作法，无雕饰。楼层前檐安装有飞来椅，檐柱间置坐槛，向外挑出弧形栏杆，造型简洁秀丽。《徽州明代住宅》一书认为“与宁波天一阁所藏明《鲁班经》残本中所存楼阁正式图大体类似”。楼层隔断及枋间施编苇抹泥墙，底层板壁隔断。苏雪痕宅表现的是明初至中叶前新安住宅的典型建筑作风，质朴明快，遵守制度，地方风格已逐渐成熟。

迁建后的歙县郑村（明）苏雪痕宅内景

(三)程氏三宅

程氏三宅位于黄山市屯溪区，乃原柏树街东里巷 6 号、7 号、28 号三幢明代住宅。

6 号宅二层，面阔 18.49 米，进深 16.61 米，一层占地 307.1 平方米，另有院落及附属用房。该宅 H 形平面，前后各有一天井。底层五开间，楼层与底层柱错

黄山市屯溪区（明）程氏三宅立面

位，当心间扩为7.25米，形成三间的楼厅。楼板标高3.42米，四椽栿底标高6.72米，插梁式构架，显得高敞气派。插栱二跳承檐，有飞檐，楼层前檐置飞来椅，向外挑出弧形栏杆，寻杖上安装窗扇，下部为坐槛。柱下石础八角形，有5厘米厚木櫍。底层次间、梢间厢房窗装有窗栏，雕刻精致。部分木柱、板壁用地仗，不知是否为后世所加。当心间天花绘有彩画，底层、楼层梁栿则绘包袱彩画。两山屏风墙，垛头用雀尾。砖雕内门楼，镂刻双凤牡丹，形象丰满舒放。该宅遗存有明天启元年（1621）房屋买卖契约，棉纸墨书，计10行，落款为“天启元年闰二月十二日立卖契人程伯録（押)”。

7号宅二层，面阔10.73米，进深14.66米，一层占地157.3平方米，H形平面，三开间。穿斗式构架，插栱二跳承檐，有飞椽。楼层飞来椅做法同6号宅，雕刻华丽，下部裙板用框格式壶门装饰，上加云栱寻杖，堆砌过多，流于纤巧琐碎。柱础上有木櫍。木构不髹漆，显露木纹，古朴自然。两山屏风墙，亦用雀尾。砖门罩、门楼已残，20世纪80年代修复。

28号宅二层，面阔9.8米，进深18.96米，一层占地185.8平方米，日字形平面，三开间，宅内有4部楼梯。穿斗式构架，柱础上有6厘米厚木櫍。插栱一跳承檐，楼前檐置飞来椅，一板一枨板壁，以及编苇抹泥造。石门楼四柱三间，雕刻凤戏牡丹、双狮抢球。该宅后进过去修缮时有所更动，院内有一株350余岁的罗汉松。

(四)方文泰宅

方文泰宅落在歙县坤沙村，该宅建于明中叶至明末之间。1987年，迁建至歙县潜口民宅博物馆。通面阔9.33米，通进深15.90米，属小型住宅。口字形平面，三间二进，上堂深四椽，下堂为门屋。上、下堂之间有廊和狭长天井，天井水池深53厘米。底层一厅两室，楼梯设于东廊内，上堂照壁后亦置有楼梯，开启新安清代住宅楼梯位置之先河。这种四合院平面布局，俗称“上下对堂”。上堂底层高3.35米(至楼面)，楼层高3.30米（至檐桁上皮)，上、下层高度十分接近，家庭主要活动空间已从楼层逐渐转至底层了。方宅正立面大门上有门罩，侧面山墙下堂硬山，上堂屏风墙，廊后檐墙为一字形。明代由于砖山墙开始普及，导致硬山顶兴起，徽州在弘治年间更是推广“火墙”。这是高出屋面的防火墙，即封火墙，俗称屏风墙。后发展成多种墙顶形式的组合，成为新安乃至江南民居外观的一大特色。历500多年，沿用至今，徽州火墙——屏风墙也被载入中国建筑史和中国消防史。方宅柱础石不同于大中型住宅的櫍形础（如吴息之宅）和较早期住宅的方形石块（如苏雪痕宅)，又

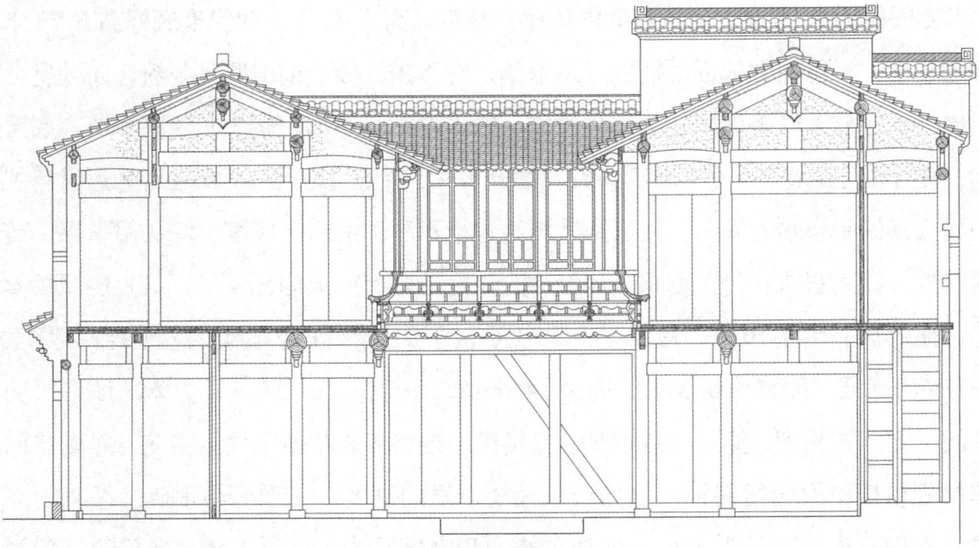

歙县坤沙村(明)方文泰宅剖面图

稍讲究。下为方形，其上部琢成不等边八角形，再收为圆形覆盆。方宅楼层飞来椅下部裙板全部用框格式壶门装饰，雕刻奢华，处理手法过于琐碎复杂，于此可证明代中叶芳华靡汰的生活对于建筑的影响。同样的手法也见于窗下部雕花木栏杆。栏较矮，类钩栏，望柱头雕有莲瓣、云栱及华版，雕镂精巧，富于变化。若将方文泰宅与前文列举的苏雪痕宅、吴息之宅相比较，不难发现，新安住宅建筑手法随年代先后，由简至繁，建筑风格则从质朴大气趋于华丽纤细，演变轨迹十分明显。

二、清代住宅

(一)大夫第

大夫第位于黟县西递村，清康熙三十年(1691)建，是邑人胡文照祖居。该宅二层，口字形平面，三间二进。通面阔南 12.97 米，北 17.44 米，通进深 12.67 米。上堂底层次间厢房为卧室，檐柱间开门窗各一，窗在明间堂屋一侧，门前有一间小前室，位于廊尽端，朝天井开门，俗称“退步”。廊当地称“阁厢”，其槅扇心仔为冰梅花纹，犹存明代遗韵。堂屋前檐柁梁为月梁造，梁上置梁柁，徽人亦称栿柁、元宝，即北方所谓柁墩。承托柁梁两端的丁头栱已演变为雀替，明间缝“承重”外伸于檐柱，挑头下使用了圆雕狮形撑栱，雀替、撑栱在明晚期已经出现，清初以后则普遍使用，成为朝天井一面重点装饰的一部分。大夫第临街，楼上小榭三面启窗，翼角嫩戗发戗，颇为精致。檐下悬有清书法家汪师道所书“桃花源里人家”和清进士祝世禄所书“山市”两匾。此小榭利用正屋左侧边角地而建，整幢住宅布局因此一下显得活泼起来。

(二)和义堂

和义堂位于歙县西溪，约建于清乾隆四十五年至嘉庆五年（1780 ~ 1800），西溪汪丽南、汪埈亭父子营造。汪丽南在湖南谷水经营盐、典，为当地望族，是“西溪四堂”中的二房。和义堂坐北朝南，二层，长46.90米，宽35.00米，占地1740平方米，建筑面积约2400平方米。住宅横列西、中、东三路，每路纵分多进，九宫布局，规模闳厂。正门在西路，经门房、天井达正厅，这是一处口字形四合厅，三

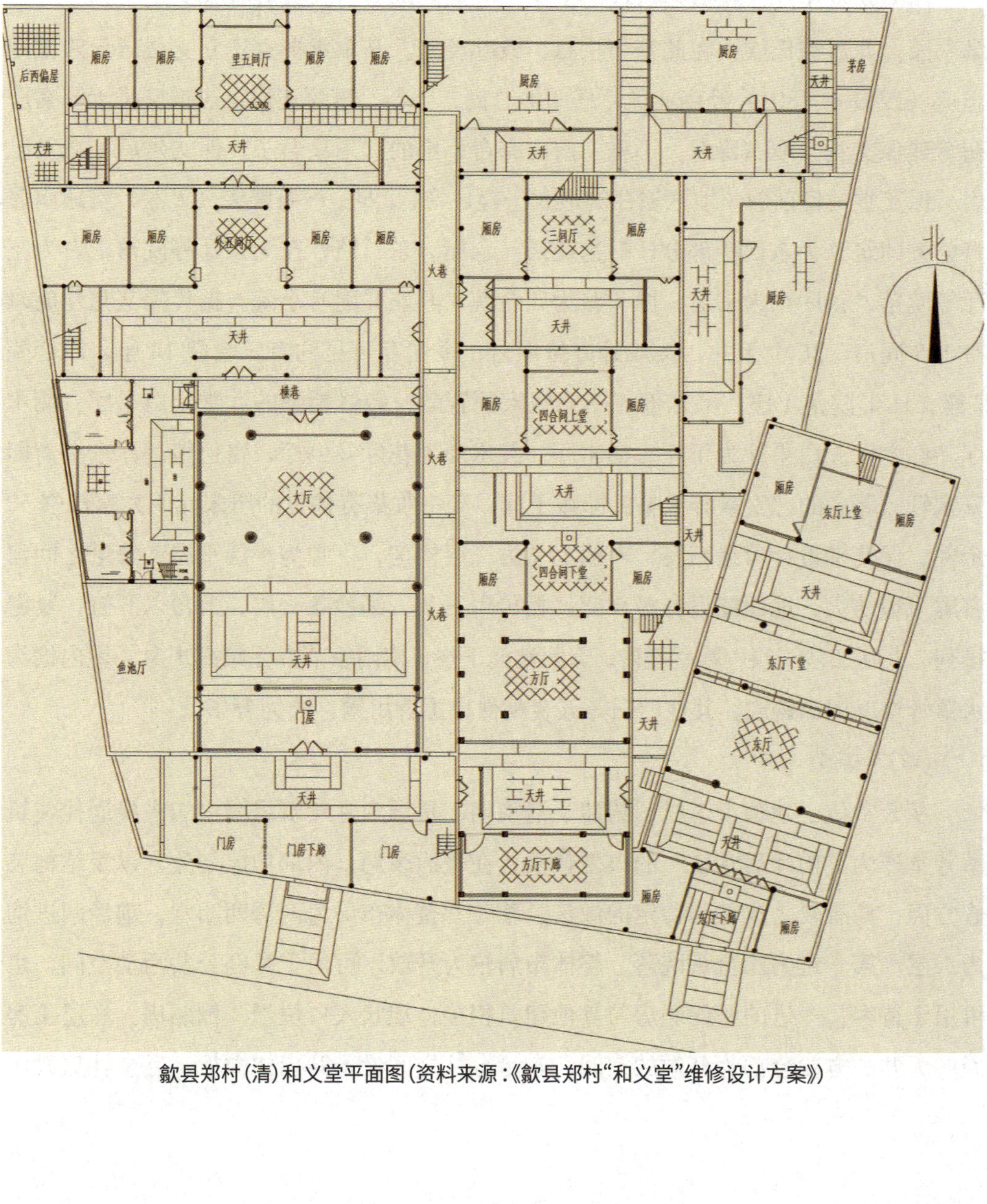

歙县郑村(清)和义堂平面图(资料来源:《歙县郑村“和义堂”维修设计方案》)

间二进，两浅廊一天井。正厅一层无楼，空间高敞。横巷后为两进五间连珠房，每进冋形，设吸壁天井。西路西侧为账房，三合院，账房南有鱼池厅。中路前为银杏木的方厅，四合式。厅后依次为四合院、三合院各一，最后为厨房。中路与西路间为火巷。东路前为四合厅，后为四合院。东路与中路间设置天井、厨房等。三路共计四合、三合 9 处，大小厅堂 15 个，天井 17 个，住房 46 间、偏房 30 间，污水沉淀池 17 处，方砖楼面，结构合理，装修典雅。

(三)保艾堂

南宋建炎年间，在徽州府任“文学”之职的鲍荣，在歙县棠樾营造了别墅——掌书园。此后鲍氏族人在此繁衍生息，枝叶茂盛。其中棠樾宣忠堂支派二十四世鲍志道（1743 ~ 1801）经商业盐，任两淮总商二十年，富埒王侯。志道父子于清嘉庆初营建保艾堂，取《诗经 · 小雅 · 南山有台》中的“乐只君子，保艾尔后”之义以名。保艾堂是目前徽州地区遗存的最大一幢住宅，北向，一条僻弄（火巷）贯通南北，将整幢建筑分为东西两部分，后为花园、仓屋。东二路，左为正厅等院落，右为花厅等院落，花厅东为书斋。西一路为四合院，其左并建有小院。据传保艾堂建成时有 108 间房，36 个天井，按八卦方位组合，今遗存可见约有三合院 14 座，四合院 7 座，H 形院落 1 座。宅东部包括三座宏丽轩敞，装修精致的厅堂：白果厅、楠木厅、红木厅。白果厅为正厅，楠木厅、红木厅为花厅及倒厅，惜已毁。厅东书斋即安素轩，著名的《安素轩法帖》即藏于此，其中收集有稀世的唐宋元明大家法书 50 余件。保艾堂设计营造精良，一般上堂为二层楼房，下堂为一层平屋。每进之间建有屏风墙防火。地面铺设亦极讲究，相传用石灰、细沙各一层，上覆以酒缸，紧密排列，上则加沙一层，然后墁砖，因此地面干燥，梅雨季节亦无结露现象。屋内檐沟、水落管均以铜锡铸成，其他门闩等五金配件也悉皆用铜，颇为奢华。

(四)萃芳堂

萃芳堂位于建德市李村，约建于清晚期，是承启堂建筑组团中的主要居住建筑。萃芳堂作为“前厅后堂楼”的典型代表，在平面布局、内部功能划分，以及结构装修方面，均有较为成熟与稳定的做法。萃芳堂整体布局为两进两明堂，前后两进均为二层。第一进为三合头院落，整体布局较为开放，可用于家庭公共活动空间，也可用于待客。一进的两侧厢房与其他建筑相接，现状入口位于一侧厢房。一层正房面向天井的方向全部为开敞的空间，在后金柱之间设可开启式樘板，后金柱后设门通往第二进。一侧的次间靠近山墙的地方设楼梯通向二层，二层空间通过樘板隔断出私密的多个空间，仅在后檐下保留通长的廊道与二进的厢房及正房相通。第二进主要为家庭内部成员的居住空间，围合感更强。二进的一层仅当心间为开敞式，两次间装板壁，设门窗，作为卧室，东侧次间有楼梯通往二层，二层空间与一进二层类似，均用板壁隔断为私密的房间。

因为功能的不同，萃芳堂的前厅与后堂在结构与装修方面，也有明显不同。前厅作为家庭公共活动以及待客的场所，在梁架的结构上更富于装饰化。一层明间两侧裸露的梁架为冬瓜梁，梁与二层楼板之间有矩形的"垫木"相接，雕刻为折叠的荷叶形象。梁柱交接的替木雕刻精美的卷草纹样。一层梁柱之上承接方檩，一层与二层之间有腰檐，从侧立面看，由檐柱出挑斜向弯曲的短柱承托腰檐的挑檐桁，弯曲的短柱下方有卷草的装饰纹样。腰檐与短柱之间的空隙有小尺度的猫梁状出挑增加结构的稳定性。正立面上看，腰檐的檐桁和挑檐桁之下同样有雕饰精美的替木。萃芳堂梁枋之间以及檐下这一细部的结构处理基本摆脱了标准的由斗栱承接的早期形式，已经形成了非常成熟完备的富有地方特色的构造与装饰做法。二进作为居住场所，强调私密性，空间相对封闭，装修风格简单洗练，两次间封闭作为独立房间，楼上空间通过围绕天井一周的走廊相连，并通过板壁划分为多个独立空间。二进院落无腰檐，二层环绕天井一周的挡雨板，制作精美，从上至下做出微微的弧度，既利于排水，又富于装饰性。

建德市李村(清)萃芳堂内景

本实例参照高婷的《大慈岩下两村落》撰写。

(五)承志堂

承志堂位于黟县宏村，北依雷岗山，南临上水圳，糖商汪定贵（1842 ~ 1932）建。

黟县宏村（清）承志堂前厅内景（张建平 摄）

肇自清宣统元年（1909），落成于民国二年（1913）。该宅是一幢保存完好的大型住宅，占地约 2100 平方米，建筑面积 3000 余平方米。计有 7 处楼屋，其中四合院、三合院、独间厅各 2 幢，半边俏（一堂一房）1 幢，以及天井 9 个。中路 2 进廊步四合，前为正厅，后为寿厅，正厅前院则为轿廊及护院、男佣住房。东路两独厅为娱乐场所，分别是吞云轩（鸦片室）和排山阁（麻将室）。东路右侧为花园，花园南三合 2 幢为家塾、书房。西路有佛堂、偏厅、鱼塘厅，以及厨房、水井、马厩等。承志堂规模宏大，功能完备，繁简得体，秩序井然。林林总总数十间房屋，厅堂、回廊、院落、天井，空间繁而不乱；内外、男女、尊卑、长幼，伦理明而有序。主入口大门内外空间因地制宜，转折巧妙，既有很强的导向性，又有清晰的轴线感。该宅厅堂高敞，对不规则的零星用地却匠心独运。鱼塘厅相传为管家起居之所，占地仅 40 平方米，却布置有一厅一榭一池，池与村内水系相通，榭可凭栏观鱼，池上方墙上置“四喜登梅”石雕漏窗一樘，拓展了水院空间。承志堂装修装饰美轮美奂，尤其是木雕极其精美。凡木构件皆精雕细刻，无不穷其极致。前厅的“百子闹元宵”“唐肃宗宴官”，后厅的“郭子仪上寿”“九世同堂”，以及各处的三国演义戏文，“渔樵耕读”“双狮戏球”等木雕均堪称杰作，但描金贴箔，不免伧俗。承志堂建于清末民初，这时徽商已盛极而衰，但仍然耽于穷奢极侈的享乐生活。反映在住宅营造上，虽然该宅基本保持了徽州民居建筑传统，某些方面还有所发展，但总体来看，与徽州民居质朴、节俭的价值观、审美观已渐行渐远。

三、民国住宅

（一）李展中故居

李展中故居坐落在建德市李村，清宋民初建。故居一部分称“连三进”，坐西北朝东南，占地298平方米，日字形平面。传统砖木混合结构，硬山双坡屋面，屏风墙，石库门，面阔三间。第一进下堂方梁上雕刻“和平如意”图，檐口撑栱雕神仙、人物等戏曲故事，骑门梁上雕“回”字纹，围栏上雕冰裂纹、几何纹、人物故事、“寿”字纹、柿蒂纹，围栏向下延伸，装饰垂花柱和挂落。上堂方梁上雕刻“荷合平安”图。第三进檐口撑栱上雕凤穿牡丹、金鸡啼鸣等纹饰，骑门梁上雕刻蔓草纹、人物故事，横梁上装饰垂柱。整个建筑格局完整，保留较好，雕刻精美，已融入东阳木雕手法。

“连三进”建筑虽然是纵深方向为长轴线，但是在空间上并未强调依次递进的效果，反而是强调开敞、连通。在一层空间，每一进给人的差别更多表现在小木作的雕饰上。而在二层则为不做隔绝的开敞空间，围绕天井，二层以不同的开窗形式营造出微差的空间效果。传统的前厅后堂楼的空间特色不复体现，此时营建者所着力的并不是建立主次分明的秩序空间，而仅仅是开敞的单体与单体相连的均一空间。

建德市李村（民国）连三进李宅木雕

连三进建成后被称为会客厅，与原有房屋相连，自此形成前有院落，后有花园的规模宏大的建筑组团。民国年间，李展中在会客厅与原有老屋空地再建二层楼阁，形成建筑群。

本实例参照高婷的《大慈岩下两村落》撰写。

(二)笑梅书屋

歙县徽城镇(民国)笑梅书屋偏厅

笑梅书屋位于歙县徽城斗山街，面阔 24 米，进深 23.8 米，占地 571 平方米。宅南邻屋本为一体，民国时期建造。1956 年，王姓宅主从许氏“万卷斋主人”处购得花厅等部分，即今之笑梅书屋。书屋坐北朝南，正屋一层，三间二进，前为四合，下堂廊屋无地房。后为三合带吸壁天井。正屋两侧布置有厨、厕、贮藏等用房，大门设于东侧临街，经门道进入前天井。正屋南有套院，院西建半边俏小楼一幢，当为偏厅书房。花园、菜圃在正屋西侧。书屋木构架沿用穿斗式，但木装修却别具一格，略施雕饰，于绮丽之中出清新之意，质朴自然，亲切典雅。门、窗样式新颖，手法洗练，嵌以大面积玻璃，简洁明快，克服了新安传统民居“多作重楼峻垣，屋中空地太少，开窗亦隘，严密有余，而光气不足”的短处。其余如飞来椅、栏杆等均雕镂精巧，尺度宜人。该宅功能齐全，在规划布局、空间经营、装修装饰等方面脱胎于传统，又多新意，特色显著，允为佳构。

第二章　新安祠堂

第一节　概　述

祠堂的兴建是为了报本反始，尊祖敬宗，对一个宗族来说，宗祠是他们的圣殿，许多大事都要在此议决和进行，具有神圣不可侵犯的地位；祠堂是举行祭祀礼仪的场所，是维系宗族团聚的纽带；也是正俗教化，宣扬封建礼教和伦理道德的地方；还是执行家法宗规的场所。

祠堂的出现经历了一个历史过程，它产生于宗法制。宗法制源于氏族公社，盛行于西周，当时宗族组织和国家政权是合而为一的。《礼记·王制》记载周代制度是“天子七庙，三昭三穆，与太祖之庙而七；诸侯五庙，二昭二穆，与太祖之庙而五；大夫三庙，一昭一穆，与太祖之庙而三；士一庙。庶人祭于寝”。秦汉以后，宗族组织和国家政权分离，但宗法制却作为氏族制度的残余，附着于封建制度。宋代，经程朱理学的浸透，形成了以“祠堂族长的族权”为特征的封建宗法制度。新安作为程朱理学之邦，其封建宗法制尤为典型，对当地历史产生了重大影响。宋元时期，新安民间出现了少量祭祀宗族先祖的祠庙。明嘉靖十五年（1536），世宗批准礼部尚书夏言所奏，允许民间自建宗祠祖庙以祭先祖，新安与全国各地一样，在明中叶也兴起建造祠堂的热潮。以徽州为例，当地建于明代以前的祠堂，至少有 219 座。自明而后，徽州建祠竟达 6000 ～ 8000 座。（方利山等《徽州宗祠调查与研究》）。民国《歙县志》载：“邑俗旧重宗法，聚族而居，每村一姓或数姓；姓各有祠，支分派别，复为支祠，堂皇闳丽，与居室相间。”新安各姓，“聚族而居，数千百年，春露秋霜，明禋不替。村落间，祠宇相望，规模宏敞”（竹林《休宁汪氏宗族记》）。祠堂是地方上最突出的建筑，也是新安建筑文化圈中建筑技艺最高水平的代表。这一时期新安祠堂不仅数量多，而且类型广、规模大、规格高。《中国古代建筑史·第四卷》将祠堂形制归纳为四类，分别是以朱熹《家礼》为蓝本的祠堂，由居室演变而来的祠堂，明中叶以后兴盛的独立于居室之外的大型祠堂，以及祭祖于家的家堂、香火屋。另外，新安还有女祠、孝祠、坝祠、特祭祠等专祠。新安祠堂建设起点高，规模庞大，如绩溪县城，各姓建祠占地共约4.15万平方米，占县城总面积1/7。单座祠堂历史上最大的为歙县潭渡黄氏大宗祠，占地16亩，历时48年建成。明嘉靖年间，新安祠堂形制逐渐定型，一般由门屋、享堂、寝、廊庑等组成。其中有不少祠堂规模超常，徽州区潜口金紫祠，明正德九年（1514）迁今地，万历二十三年（1595）完成扩建。南北纵深194米，东西宽32米，占地6000多平方米，建筑近5000平方米。自金紫祠坊始，中轴线上依次为甲科坊、三源桥及池、棂门、戟门、碑亭、仪阖、享堂及露台、寝堂、东西两庑及神厨，以及越国公庙。其中享堂"面阔七间，进深两卷，十二架。内部楠木梁柱，比例雄伟，颇为壮丽"（刘敦桢《皖南歙县发现的古建筑初步调查》）。祁门、淳安等地祠堂内还建有戏台。

第二节　新安祠堂的形制

一、《家礼》之祠

朱子《家礼·祠堂》中说：

君子将营宫室，先立祠堂於正寝之东。祠堂之制，三间外为中门，中门外为两阶二级。东曰阼阶，西曰西阶，阶下随地广狭以屋覆之，令可容家众叙立。又为遗书衣物祭器库及神厨于其东，缭以周垣，别为外门，常加扃闭。若家贫地狭则止为一间，不立厨库，而东、西壁下置立两柜，西藏遗书衣物，东藏祭器亦可。正寝谓前堂也，地狭则于厅事之东亦可。

祠立于正寝，设四龛。其形制是前为门屋，后为寝堂，寝兼作祭祀之所。又设遗书衣物，祭器库及神厨于其东，周围缭以垣。堂为三间，中设门。堂北一架四龛，以奉先世神主。若家贫地狭，可只建一间，不立厨、库，在东、西壁下立两柜，西藏遗书衣物，东藏祭器。《家礼》之祠颇为实用，元末明初时新安都如《家礼》之制立祠。如明代遗构徽州区潜口汪氏大夫祠，"虽然此非汪氏通族之祠，一家之祠也，使有宗皆有祠，以祀其先，则小宗之法行矣"。该祠肇工于明弘治八年（1495），"遂於居第之右，洁地一方，构堂三间，翼以两庑，前为三门，而垣周之，以奉大夫祀”（《奉政大夫汪公祠堂记》）。汪氏大夫祠是新安此类家祠的典型遗例。现存清代祠堂遗构如黟县上轴村的杨氏家祠，前为门屋，一层；后为寝堂，三间二层。形制已接近住宅了。

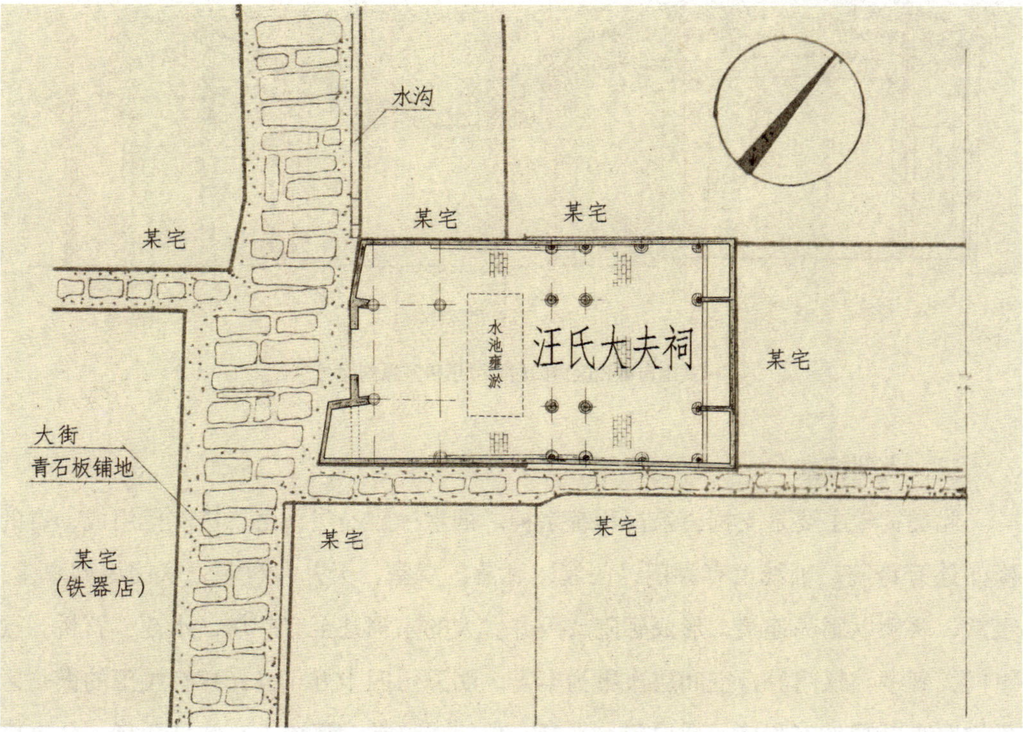

黄山市徽州区潜口村（明）汪氏大夫祠实测平面图

二、故居之祠

故居之祠即由祖先故居演变而来的祠堂，它主要祭祀各分迁始祖及各门别祖。这种形式的祠堂，不论是子孙以祖先故居为祠，还是仿《家礼》祠堂之制兴建，死后以宅为祠，都与住宅类似，这有点像南北朝时期的舍宅为寺。建于明中叶的徽州区潜口乐善堂，两进，前门屋，后寝堂，堂前天井，左右为廊。堂三间，加东、西夹室共五间，夹室藏遗书衣物、祭器。故居之祠由于多从住宅演变而来，故其形制介于住宅与祠堂之间，且更多地接近住宅。这类祠堂大多位于村中，从外观上看，与住宅很难区别。祠堂平面、梁架、装饰也与新安山区天井式楼宅基本相同。但由于两者功能不一样，导致天井、门屋进深、堂屋开间的比例也有所不同。如住宅门屋进深较大，堂屋开间宽狭适中，而祠的堂开间宽狭较悬殊，次间狭，无法用作居室。另如住宅普遍有楼层，祠堂则多为一层。

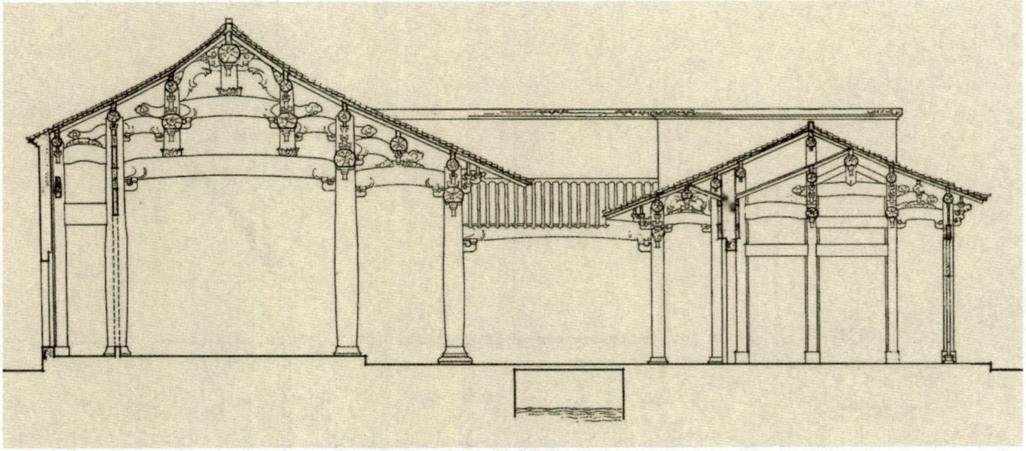

黄山市徽州区潜口村（明）乐善堂纵剖面图

三、大型祠堂

此类祠堂主要是支祠、宗祠和统宗祠。祠堂一般一层，由二进院落组成，有的横向还有跨院。轴线上有大门、门屋、廊院、享堂、天井、寝堂。从门屋到享堂、寝堂，两侧以廊庑连接，形成廊院或天井。大的宗祠甚至有牌坊、水池、石桥、棂星门、碑亭、仪门等，空间层次更为丰富。明万历四十五年（1617）竣工的徽州区呈坎罗东舒祠，有照壁、棂星门、碑亭、仪门、享堂、寝楼，享堂前两旁“各有庑，为楹二十有四”（明罗应鹤《祖东舒翁祠堂记》）。右侧有“则内”女祠，左侧为神厨。这组建筑庄严雄伟，气势恢宏，堪称上乘之作。另如明万历二十三年（1595）建成的徽州区潜口金紫祠，“其坊光煜，其门辉煌，其左右庑严翼，其堂崔巍，其寝深邃”（明汪应蛟《潜口汪氏金紫祠碑》），并且“特设寝庙，奉祀越国公神主于左，规模宏远”（清汪炼南《潜口重修金紫祠记》）。金紫祠允为新安大型祠堂的代表。此类祠堂多置于村镇出入要冲或中心地带，与生活空间间隔一合适距离，位置突出，环境优美。大门前的牌坊或照壁，增强了肃穆、敬畏之感。歙县棠樾鲍氏万四公支祠位于村头水口，明嘉靖四十年（1561）后不久始建，清嘉庆二年（1797）重修。祠前东、西两侧在明中叶已各有一座四柱三楼檐楼式石坊，祠南原建有照壁，通往府城的道路上还立有5座石坊，牌坊群成为祠堂的前奏，起到了烘托气氛的效果。

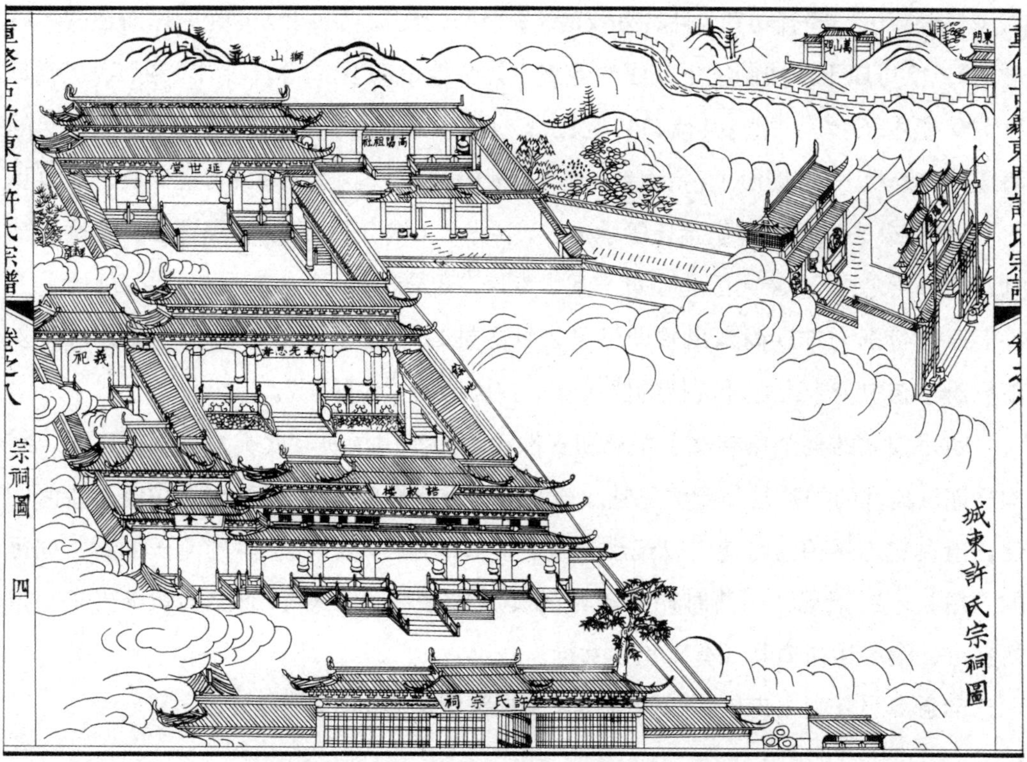

歙县（明）城东许氏宗祠图（摹自《重修古歙东门许氏宗谱》）

四、祖堂

明清时期，新安祠堂建筑虽有空前发展，但由于受“庶人祭于寝”礼制的影响和经济条件的限制，不少家庭仍采用祭祖于家的家堂形式，有些家庭则祭于宗子之家。歙县桂溪项氏建有宗祠崇报堂，但始祖以下五世栗主仍祭于宗子之家。祖堂一般设龛于楼层明间。如建于明中叶以后的歙县街口张林福宅，楼层尚遗存有神龛。

五、女祠

专门祭祀族中女性或仅供女性活动的祠堂，新安民间俗称“女祠”，其名称于史无考。女祠在新安并不普遍，如徽州仅有女祠 21 处，以明弘治十一年（1498）建的徽州区呈坎罗姓前罗宗庙女祠为最早。按照建筑形制区分，新安女祠大致可分为四类：

一是寓于宗祠之中的女祠。此类女祠通常与宗祠同时建造，一般设于享堂之后寝堂之前，或寝堂右下方。祭祀活动也与宗祠活动同时进行。如徽州区呈坎罗东舒祠的“则内”女祠。

二是族中一些有功者，且具有政治、经济势力的成功人士，专为庶母而建的“庶母祠”。庶母属于宗法制度下家庭的旁支，社会地位低下，《朱子全书·礼二》:“庶母，自谓父妾生子者。”祁门县渚口村倪氏贞一堂，织金池上刻有民国三年（1914）的两通碑文。贞一堂建于明，清宣统二年（1910）毁于火，“尚荣公首捐巨资，议复重建”。尚荣公去世后,“副室金氏等承夫志,木石之工继起”“复以纺织资独担两廊石池，竟乃夫未偿之愿”。族人因此在贞一堂侧专修“庶母祠”，以志二女修祠之功。

三是特别为本族尚未出嫁即过早去世的姑娘建造的“姑娘祠”。如徽州区呈坎前罗氏家族中为未出嫁即夭折的罗氏女单独建造的“姑姑祠”。

四是独立的整个家族女子祭祀和女性活动的专门场所，此类女祠规模宏大，结构严谨，典型的如歙县棠樾清懿堂。该女祠建于清嘉庆十年（1805），由乾嘉年间的盐法道员鲍启运独力特建，以纪念为徽商的辉煌做出牺牲和贡献的鲍氏妇女。据民国《歙县志》记载，明清时期棠樾鲍氏贞烈女达 59 人之多，而家祠旧奉男主，未祔女主，鲍启运遗命其子有莱重建女祠。

本条参照方利山先生等的《徽州宗族祠堂调查与研究》撰写。

第三节　新安祠堂的单体建筑

一、大门

大门承载着社会文化意蕴，是祠堂建筑空间序列组织中的内外界面，它预示着整个祠堂的规模和等级。新安祠堂大门的形式主要有以下三种 ：

1. 随墙门

大门开在墙上，其形式与新安住宅相似，多为石库门，装修门罩或门楼，其做法参见本书第九章第一节。如徽州区潜口汪氏大夫祠，明弘治十二年（1499）建成，该祠迁建前大门尚残存部分水磨砖墙面和类似霸王拳的砖饰。休宁右龙张氏怀德堂，建于清末，大门装修为字匾门罩，与当地住宅外观完全一致。新安祠堂随墙门形式更多的是砌筑牌坊门楼或八字墙门楼，如建于明嘉靖十八年（1539）的歙县许村大邦伯祠，大门为四柱三间五楼檐楼式砖坊，檐楼高出墙垣，两侧砌有八字墙。有些牌坊门楼则上下完全贴墙砌筑，如建于清乾隆年间（1726 ~ 1795）的黟县屏山舒氏咸宜堂，大门四柱三间五楼檐楼式施彩牌坊，墙高于正楼，西侧亦有八字墙。

歙县许村（明）大郡伯第速写（龚恺工作室绘）

2. 廊屋

这种形式的祠堂大门一般是在门屋前金柱位置布置砖墙或板壁，前廊敞开，明间将军门，两次间大多设边门。前廊三间或五间，甚至多达九间，硬山屋顶，明中叶后多用屏风山墙，檐口平直。如淳安县屏门乡小陵村童氏宗祠敦厚堂，门屋前廊三间带二耳房，共五间，无边门，木檐柱，两侧八字墙屏风硬山，平直檐口一道。另如祁门县伦坑村汪氏敬敷堂，建于明万历二十六年（1598），门屋前廊五间，方形石檐柱，硬山屏风，亦是平直檐口一道。有些祠堂提升前廊明间屋面，使其高出两翼，从而形成叠落式屋顶。徽州区潜口汪氏忠爱堂，约明弘治七年（1494）年建，门屋前廊九间，明间高出两翼，木檐柱，悬山屋面。歙县郑村郑氏宗祠济美堂，《徽州祠堂》（原中国建筑研究室调查报告）谓其建造年代约为明晚期。该祠门屋前廊七间，明间及两次间悬山屋面高出两翼，木石混合檐柱。这种叠落式屋面，至明末发展为檐楼式木牌坊，新安人称其为“五凤楼”。中国古代宫阙形制基本特征都是

歙县郑村（明）郑氏宗祠门屋前廊

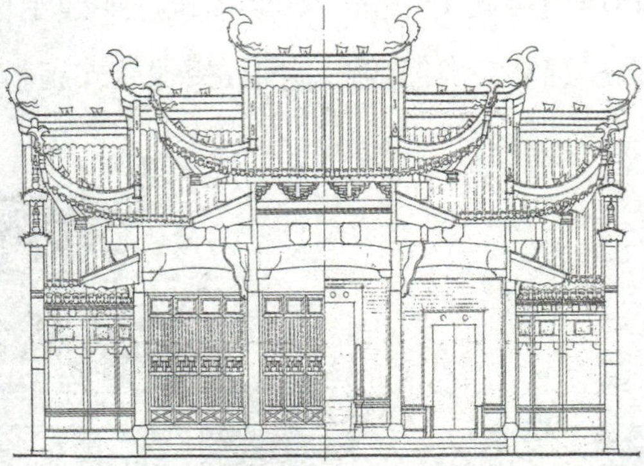

歙县棠樾村（清）鲍氏支祠“五凤楼”大门立面图

总平面呈“冂”字形，即中为正楼，四角各一建筑，五座建筑以廊庑连结，围合成封闭空间，予人以强烈的压抑感，渲染出庄严有序的意境和气氛。宫阙置于宫城前之左右，即午门，又名“五凤楼”，早在盛唐时期即已出现此名称，后历经五代、宋、辽以至于清。新安人借五凤楼之名称祠堂大门，以彰显其壮美，实非民间所传其名出自翼角数。

新安明末至清的祠堂，大门多用五凤楼，如重建于明嘉靖二十六年（1547）的绩溪龙川胡氏宗祠，门屋前廊七间，中为四柱三间三楼檐楼式木牌坊，梢间末尾插入次间楼檐下，以木搏风板结束，另一端则延至尽间，止于屏风山墙，尽间砖细作摆手。淳安县文昌村何氏宗祠始建于明万历年间，五间中三间立面为四柱三楼檐楼式木牌坊，两梢间为八字墙（摆手）。歙县北岸村吴氏宗祠至德堂，清道光六年（1826）重修，门屋前廊五间，中为四柱三间三楼檐楼式木牌坊，安装签子门，六石柱。

3. 棂星门

建造此类大门的祠堂，规格最高，新安仅发现两处遗存，即徽州区潜口金紫祠和呈坎罗东舒祠，前者明万历二十三年（1595）建成，后者始建于明嘉靖十九年（1540），明万历四十五年（1617）全部告竣。金紫祠棂星门七间等高，中五间六冲天柱，《徽州祠堂》称其为“牌坊门”。①1954年，中国建筑研究室调查时，棂星门的枋上

① 1954年8月，中国建筑研究室调查歙县潜口金紫祠时，称该祠棂星门为“牌坊门”。其调查报告《徽州祠堂》注六谓牌坊门：“是一种似牌坊又似横廊的建筑，开间不等，中间打一独柱，上承仿佛担梁的一种横梁，再上为三坡式屋面，七间等高。牌坊门，这个名字是我们按其式样和性质而取，除在歙县一带有此式外，别处没有见过。此名是否恰当，尚须再行研究。”

尚绘有彩画。罗东舒祠棂星门做法与金紫祠大致相同，七间，修复后中五间为六柱一楼冲天柱式牌坊。古代设置棂星门的建筑主要有皇帝陵墓，天地神灵祭坛，孔庙等重要祭祀场所，新安祠堂大门用棂星门建筑形式，表明其祭祀规格之高。

以上新安三种形式的祠堂大门，其轴线上的门前空间大小不同。随墙门大多用于临街祠堂，祠前一般空间比较逼仄，如徽州区潜口汪氏大夫祠。装修牌坊门楼和八字墙门楼的祠堂，祠前空间则较舒展。廊屋大门多用于较大型的祠堂，尤其是五凤楼大门，门前设置祠坦，空间宽敞，注重风水。“坐下龙脉，有形势，有堂局，有上砂，有结构，有明堂，有水口”（《宅谱指要》卷四“宗祠”）。如徽州区潜口金紫祠，棂星门前轴线上从南向北依次为：金紫祠坊，这是空间第一道门，然后为甲科坊，三源桥及池，纵深达 37 米。且该祠位于潜口村南谷地，临近潜口真武坝水口，遥对巽峰塔，“形胜之奇，邑中无两”“形家者众取焉”（明许国《金紫祠记》），成为乡土社会的精神中心。

二、享堂

享堂是祠堂的主体建筑，是举行祭祀仪式的重要场所。明中叶以前新安祠堂仍设有水池，但由于享堂的室内空间有限，不能满足日益隆盛的祭祀仪式需要，所以族众需序立于前庭，此时的享堂正面敞开，多不设槅扇，前廊作为外庭空间的延伸，与庭院融为一体，享堂前水池不再保留，狭小的天井进深不断加大，形成了宽敞的廊院。徽州区呈坎罗东舒祠虽为前罗一宗的支祠，但其享堂“堂上度以筵，堂高四筵，广八筵，深六筵”。《周礼》：“度堂以筵”，筵一丈。经实测，罗东舒祠享堂五间，面阔 25.36 米，十架檐屋，深 17.44 米，规模宏厰。堂前廊院纵深 20.72 米（仪门后檐阶下至享堂前檐阶下），远大于新安住宅天井深度。潜口另一处汪氏惇本堂支祠忠爱堂，于明弘治七年（1494）建，较罗东舒祠早建 50 年，① 享堂前天井尚有水池。新安祠堂的享堂剖面有两种形式，一种仅设前廊，另一种设前后廊。前廊是享堂的重点装饰对象。建于明万历年间的黟县万村韩氏宗祠，享堂前廊的补间铺作用挑斡、枫栱，有很强的装饰效果。罗东舒祠享堂草架下四柱，内四架及前后廊均为四椽袱，复水椽，外檐斗栱六铺作，檐出 2.25 米，建筑规格甚高。

① 潜口汪氏惇本堂支祠七世祖，当地习称“曹门”，“从公字称也”（惇本祠《师善堂家谱》），其祠为“曹门厅”。1964年，祁英涛考察该祠时，“正厅中额有‘忠爱’二字，弘治七年(1494)署”。

黄山市徽州区呈坎村(明)罗东舒祠纵剖面图(资料来源:《罗东舒祠维修工程设计方案》)

三、寝堂

《尔雅·释宫》云:“室有东西厢曰庙,无东西厢有室曰寝。”疏云:“凡太室有东西厢、夹室,及前堂有序墙者,曰庙。但有太室者曰寝。”太室、太庙中央之室,寝在轴线上,故云。寝堂位于祠堂建筑中轴线末端,是用来安置祖先神主的地方,其形制与神主数有关。寝堂前部为家族祭祀活动场所,后部为神龛。前部进深一般较大,后部进深视神主多寡,或浅或深。新安祠堂中的寝堂中不设左右夹室的主要是《朱子家礼》之祠,如徽州区潜口汪氏大夫祠,乃仿“祠堂一间图”之余意。寝堂为一层,明中叶以后则多用楼层形式,称寝楼。如徽州区呈坎罗东舒祠寝楼宝纶阁,九间,加二楼梯间,共十一间,通面阔 28.80 米。底层三间一个单元,计三单元,“寝度以寻,广十寻,深四寻。中奉翁及祖妣,左右按祀分曹,左崇有德,西报有功,祔祠之主序列焉。寝因前人草创,益之以阁,用藏历代恩纶”(明罗应鹤《祖东舒翁祠堂记》)。一寻,八尺。寝堂建于台基上,左、中、右三阶,台基前部施勾阑。新安祠堂之寝前多为天井、水池;亦有置廊院的,如徽州区潜口金紫祠,寝堂前廊院空间开阔,寝堂前建廊在二层阶上,阶陛高 2.35 米,踏跺三道,设石栏及垂带栏杆。清代新安祠堂寝的形制因袭明代,如建于清康熙年间的婺源县黄村黄氏宗祠经义堂,

婺源县黄村(清)黄氏宗祠轴测图(资料来源:陈志华等《婺源乡土建筑》)

寝堂地坪高出享堂九阶，寝前券门前后有天井。

四、戏台

“中国古戏台都具有两个基本特征：一曰建筑形象华丽，二曰长期依附于祠庙等宗教建筑或礼制建筑”（罗德胤《中国戏台建筑》）。新安地区现存明清时期的戏台建筑多为祠堂戏台。明清时期是新安商人的鼎盛时期，徽商富甲天下之后回乡修建祠堂，民国《歙县志》说：“商人致富后，即回家修祠堂，建园第，重楼宏丽。”新安祠堂戏台的建造目的首先是娱神，其次是娱人，如设于门屋内的戏台，正对享堂，演戏时将享堂的太师壁打开，戏台便直接面对摆放祖先牌位的寝堂。后期戏曲表演世俗化，更多成为一种娱乐活动，祠堂作为村落中最重要的公共空间，每逢节庆时，子孙在此欢聚一堂赏戏，无疑也起到了凝聚族人的作用。清方士庹《新安竹枝词》：“岩镇迎神正月九，路口禳灾三月三。七月荷花灯苦热，十月琵琶演溪南。”描写的正是演出盛况。

新安祠堂戏台大体有三种形式：一为“万年台”，即戏台固定，在门屋内支柱安装台枋，上覆台板。二为活动戏台，可拆卸，不演戏时中为门道，演出时门道装上台板即成戏台。前者如建于清咸丰初的祁门县珠琳村赵氏余庆堂之戏台，后者如建于清同治年间的祁门县磻村陈氏敦典堂之戏台、扩建于清嘉庆十二年（1807）的

祁门县珠琳村（清）余庆堂戏台

建德市新叶村有序堂之戏台，以及约建于清代的淳安县小陵村童氏敦厚堂之戏台等。这两种戏台都设于祠堂门屋内。三为“呆台”，新安自清代中叶起，稍大一点的村落大多在戏坦（祠坦）上都建有固定戏台，这种戏台正对祠堂大门，是不可移动的演出场所，歙县俗称“呆台”。如建于清嘉道年间的歙县显村洪氏宗祠之戏台。三种戏台的建筑形制略述如下：

1. 万年台

余庆堂门屋后部就是戏台，是祠堂的有机组成部分。戏台与享堂、寝堂相对，戏台底层架空，约一人多高，可通行。二层为表演空间，以槅扇隔成前后台。前台三间，明间仰顶施斗八藻井，次间为伴奏区、称文、武乐间。梢间为廊，通向后台，演职人员可从后台下到台底。戏台布局巧妙，合理实用。

2. 活动台

敦典堂之戏台底层以短柱支撑台枋，上覆可拆卸台板。二层为演出处，中仰顶施藻井。又如婺源县阳春村方氏宗祠树德堂之戏台，底层架空 1.4 米，明间两檐柱各向次间移 1 米，方便演出和观众看戏。中柱将戏台分隔成三间，每间均设太师壁，旁开两门。明间面阔 4 米，深 3.7 米，身内用斗八藻井。不过据传旧时明间不设台，明间缝装樘板与次间分隔，演出应在两次间，具体情形尚待考证。

3. 呆台

显村戏台面阔 11.94 米，深 13.42 米，2003 年迁建于潜口民宅博物馆。迁建前原戏坦占地面积约 420 平方米，台面与戏坦相对高差 2.12 米，基本能满足最远视距和舞台面高度的设计要求。戏台巧妙利用台后地形高差，底层地坪低于戏坦地坪 80 厘米，在不影响舞台面高度情形下，满足了底层功能要求。

新安祠堂戏台往往是小木作、雕作和彩画作荟萃之处，其华丽精美程度与祠内享堂等建筑相比，有过之而无不及。舞台上方的藻井，能拔音（或称拢音），具有一定声学作用。

五、廊庑、神厨

汉许慎《说文解字》:“廊，东西序也。”即堂两旁室外有屋顶的通道。《说文解字》:“庑，堂下周屋。”分别而言，廊无壁，仅做通道；庑则有壁，可以住人贮物。祠堂中的廊庑，即堂前东、西两侧厢房。梁思成先生在《我国伟大的建筑传统与遗产》一文中说：“厢耳、廊庑、院门、围墙等周绕联络而成一院。”新安祠堂建筑中以廊庑来连接门屋、享堂及寝堂，或为敞廊，或为廊屋。庑内设龛奉祧主或配享神主。如歙县棠樾鲍氏敦本堂享堂前三间敞廊，深2米、石檐柱，用撑栱，单坡，复水椽。冬瓜梁阑额，廊穿亦为冬瓜梁，用雀替。廊穿承童柱、平盘斗，柱上端用抱梁云。顶部采用卷棚轩。

神厨新安祠堂中遗存不多，明代一般位于祠左，如徽州区潜口金紫祠。

第四节　新安祠堂实例

一、明代祠堂

（一）徽州区潜口汪氏大夫祠

汪氏大夫祠，又名“睦和祠”。祠祀汪善（？～1430），汪善，明永乐初进士，官吏科给事中、永州知府。睦和祠位于徽州区潜口村紫雲山麓之“潜口民宅”，迁建前位于潜口村中街睦慈巷。据《奉政大夫汪公祠堂记》载，明弘治八年（1495），

黄山市徽州区潜口村（明）汪氏大夫祠寝堂内景

汪善孙思积兄弟五人建祠，十二年（1499）竣工。1987 ~ 1988 年迁建现地。汪氏大夫祠为汪氏家祠，是以朱熹《家礼》为蓝本的祠堂。祠西向，二进，通面阔 8.78 米，通进深 16.10 米，占地 141.36 平方米。第一进门屋及院内两廊已毁，水池亦壅填，迁建时恢复。第二进寝堂三间，面阔 8.02 米，进深 6.69 米。间架形式六架椽屋、前后劄牵用四柱，内檐彻上明造，以平梁与四椽栿组成二重月梁造主体。前槽补间铺作上昂骑在里跳华栱上，有斜置的枫栱，间缝柱铺作外跳用插栱，斗栱皆五铺作，双杪，用斜栱，影栱用重栱。后檐槫置于砖墙上。构件装饰和细部做法亦具有鲜明、独特的新安地区特征，冬瓜梁、梭柱、丁头栱、平盘斗、叉手、驼峰、櫍形础等，犹存宋元古风。

(二)徽州区潜口乐善堂

乐善堂，又称“耄耋厅”，明嘉靖年间汪氏族人建，传为汪氏族中老人娱乐之所，原坐落在潜口村下街，1985 ~ 1986 年迁建潜口民宅博物馆。乐善堂是由祖先故居演变而来的祠堂。祠南向，二进，通面阔 12.17 米，通进深 18.90 米，占地 260.32 平方米。头进门屋面阔 10.07 米,进深 5.81 米。门屋前后两部分,中隔以内凸字形墙。前部分五开间，两梢间为塾，次间类巷。二架椽，乳栿上以驼峰、栌斗承平槫，用复水椽。间缝柱插栱五铺作，出二杪，无补间。后部分三开间，五架椽，草架下乳栿对劄牵用四柱。内平栿上复水椽，间缝柱插栱五铺作，出二杪，有耍头，无罗汉方。天井左右为廊，中水池。二进寝堂五开间，深 8.59 米，两梢间为夹室，神龛居后一架。老檐柱前降一步，与两廊地面平。七架椽，乳栿对劄牵，用四柱，外檐插栱五铺作，出二杪，无补间。梁栿月梁造，由四椽袱和平梁、劄牵所构成的主体，乳栿、劄牵所构成的前廊，以及蜀柱、斗栱、叉手、驼峰的组合变化，皆具特色，富于装饰性。寝堂次间缝梁架与山墙脱开，屋面出际，砌硬山，并仿悬山木搏风板做出砖混水搏风。空斗墙，中填土墼。天井水池长 7.70 米，宽 2.38 米，深 0.32 米，须弥样池壁，中架石平桥，宽 2.39 米。

(三)绩溪县龙川胡氏宗祠

胡氏宗祠位于绩溪县瀛洲乡龙川村。明正德年间重建，嘉靖二十六年（1547）前兵部尚书、里人胡宗宪扩建。清代曾数次重修，20 世纪 90 年代前后进行了大修。胡氏宗祠为独立于居室之外的祠堂。祠南向，祠前排衙水流龙川河朝向东北，排衙水口有篁阵回护，照墙建在河南岸，左、右各置石板桥，形成一处包括河道在内的

456.47平方米祠坦，拓宽了祠堂前空间。祠三进，通面阔22.53米，通进深55.89米，占地面积1325.19平方米。中轴线上依次为照墙、祠坦、门屋、廊院、享堂、天井、寝楼。第一进门屋，七开间，四椽，深5.76米，分心三柱。中三间立面为“五凤楼”，大门两尽间做细清水砖作摆手，前后月台。二进享堂七开间，梢间、尽间为夹室，草架十二椽用六柱，深16.25米，主梁架四椽袱，复水椽，并带剳牵、乳栿，前卷三架，后卷二架。前卷尽间缝不用檐柱，梁架与山墙脱开，屋面出际，硬山砖博缝。柱采用银杏木，有枣木櫍。三进寝楼七开间，楼梯设于前卷尽间，七椽四柱，深7.08米，四椽袱，前乳栿后剳牵，草架，二层复水椽，一层亦采用厅堂梁架，复水椽，后架两层间设暗阁，前卷为弓形轩，重檐，一层雀宿檐，用软挑头、撑栱；二层硬挑头、撑栱。祠东设特祭祠，通面阔4.72米，通进深13.98米。胡氏宗祠饰以大量木雕，尤以槅扇木雕著称于世。

绩溪县龙川村（明）胡氏宗祠享堂内景

（四）徽州区潜口金紫祠

金紫祠，为潜口汪氏宗祠，位于徽州区潜口村。南宋隆兴二年（1164），汪氏六十七世若思为亲奏请赐额肇建。明正德九年（1514）迁今地，“然尚病其湫隘”，于是从嘉靖初开始，八十世文显公率宗人“力开辟之”。其子一诚（1518 ~ 1600）经商起家，曾官上林苑丞，“承父兄之志，鸠工庀事”，捐地十亩，银两千两，自万历二十年至二十三年（1592 ~ 1595），历三年完成祠堂扩建。后附祠又建越国公庙，奉祀汪氏四十四世祖汪华。清康熙二年（1663），汪度独资修营金紫祠，历一载竣工。20 世纪 70 年代，除寝堂、戟门及越国公庙后寝之外，祠堂所有建筑、构筑物全被拆毁。2018 年，该祠全面修复。

金紫祠为独立于居室之外的祠堂，是徽州大型祠堂的典型。祠南向，统进深 190 米，统面阔 37.34 米。自棂门至寝堂由四个合院组成，寝后为越国公庙。轴线上依次为坊、池桥、棂门、戟门、仪阖、享堂、寝堂，以及越国公庙。仪阖以北，以东西廊连接各院。遗存建筑基本梁架为新安建筑文化圈明代常用的厅堂造、月梁、叉手、平盘斗、丁头栱等构件均为明中晚期典型做法。金紫祠坊四柱三间三楼冲天柱式，面阔 9.15 米（柱中），高 12.19 米，石质沉含砾凝灰岩。戟门面阔三间，大角梁后尾插于平榑之下，小角梁斜插在大角梁上，已形成嫩戗发戗的结构做法。寝堂建于二阶上，阶陛高 2.35 米，面阔十一间，深八椽，中正堂五间，东、西序各三间，叠落式屋面。前廊用卷，三弯船篷轩。外檐六铺作，单杪双昂，二、三跳

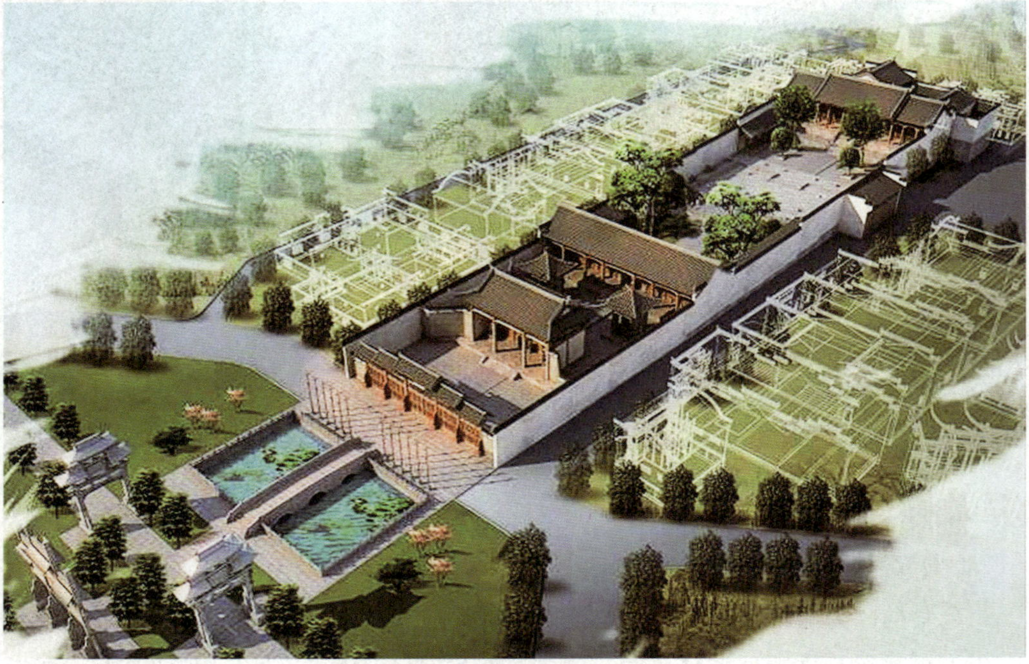

黄山市徽州区潜口村（明）金紫祠鸟瞰图

假下昂，材厚70毫米。这种仅具外跳的丁字形斗栱，结构作用已充分退化。享堂1976年前拆毁，遗址发掘表明，享堂廊院之几何中心位于堂前檐阶沿上。堂面阔七间，前出龟头屋五间，通面阔29.63米，深二卷，十二椽，通进深19.01米，建筑面积641.87平方米。堂尽间前为天井，勾连搭屋面天沟之水由此排出。龟头屋前为露台，置石勾栏。2013年修复时，主要采用覆土铺砖和砖石砌体封闭等保护性复原方法，以再现享堂的平面格局及柱网布置。

(五)屯溪区上长林村胡氏众厅

胡氏众厅迁建前位于徽州区上长林村，始建于明万历二十年（1592），清同治年间（1862 ~ 1874）重修。原址坐北朝南略偏东，通面阔16.31米，进深18.44米，占地面积306.17平方米，建筑面积276.86平方米。前“众厅塘”，为人工凿砌而成，约二亩，呈畚箕形，东水西流，五股清水沿暗渠汇入塘内。胡氏众厅平面布局为门屋、东西廊及天井、寝堂，均一层。门屋五间，后金缝设隔断将门厅分为内外空间，前廊步明、次间均敞开，两梢间为耳房。后廊步为通道，明间后檐缝装有活动屏门。门屋前廊步为卷棚轩，前、后檐均出挑头梁承橑檐枋，梁下有撑栱。廊面阔一间，东廊深1.46米，西廊深1.76米，复水椽，人字卷。寝堂硬山屏风墙，后檐为封檐墙，三线拔檐，挑出霸王拳以承托砖水枧。堂三间两夹室，前卷阶，后神龛，六扇活动屏门。石质须弥座神台。四椽袱上置平盘斗、童柱，两童柱间用乳栿，梁上立童柱，下端为鹰嘴。雕花叉手，扁圆形桁条。前檐由外檐铺作承橑檐枋、罗汉枋，有飞椽。檐柱缝铺作用插栱，出45°斜栱，补间后尾以挑斡支承小圆桁，桁间以叉手相连，铺作饰以枫栱。前卷人字重椽，挑斡具有明代新安地方特色，它依托梁架而平衡铺作，同时也逐渐演化为一种装饰形式。

(六)徽州区呈坎罗东舒祠

罗东舒祠位于徽州区呈坎村北首，潨川河流经祠前。祠坦较局促，临河砌照墙。其空间南北长约25.5米，东西最宽处约6.8米，面积约162平方米。照墙、棂门间辟券门连接村内道路。罗东舒祠为呈坎前罗一宗的支祠，明嘉靖十九年（1540），罗洁宗始建，九间一层的“后寝几成”，“遇事中辍，因循垂七十年”，迨至万历四十年（1612），二十二世祖罗应鹤主持续建，历时五载告竣。万历四十五年（1617）二十三世祖罗人忠将寝堂增一层为寝楼，并扩至十一间。20世纪90年代初曾进行较大规模修复。

东舒祠为独立于居室之外的大型祠堂，东向，四进，通面阔 36.54 米（未含神厨），通进深 75.51 米，占地约 3000 平方米，建筑面积 759.42 平方米（未含神厨）。祠前有照墙及祠坦，轴线上依次为：照墙、祠坦、棂星门、前庭及碑亭、仪门、院及廊庑、享堂、天井、寝楼，“则内”和神厨分置祠后部南北两侧。

棂星门 1968 年拆毁，1993 年重建。六柱五间，悬山屋顶，用冲天柱。宽约 26.5 米，木制栅门，石柱上部雕有精致云纹，顶置朝天吼。靠背石柱前后各一。

仪门七间，面阔 25.75 米，三门。左右梢间、尽间各为两厢房。这是族人聚食待馂之所，亦为存放祠田谷物之仓。仪门四架椽屋，深 7.3 米。草架下分心三柱，前后卷用弓形轩。间缝柱和补间铺作外跳三杪，第一跳华栱交互斗上承托木枋。仪门前面积约 136 平方米，中铺宽为 4 米的石板甬道。天井南北建碑亭各一座，分置罗应鹤撰写的《祖东舒翁祠堂记》和《建祠考工记》。

享堂前为月台，即拜台，堂五开间，面阔 25.36 米，十架椽屋，深 17.44 米。插梁式构架，山面为穿斗式。草架下四柱，内四架及前后卷均四椽袱，复水椽。外檐斗栱六铺作，檐出 2.5 米。享堂前廊院面积约 400 平方米，中铺长约 16 米宽 4.8

黄山市徽州区呈坎村（明）罗东舒祠寝楼宝纶阁外景

米的石板甬道。南北两侧各五间廊庑，为议事接待之所，以及存放祭器等。院内植有桂花、紫薇、罗汉松等。享堂硬山顶，前檐石柱方形，后檐圆木柱。堂内柱为楠木，最大柱根径63厘米，柱下均设方形石柱础。前檐阑额为直梁，修复时安装了格子门，新安现存祠堂中享堂设门的较为少见。明、次间后金柱间设有屏门，门下有木下槛及地袱石。

最后一进为寝楼，九间，加二楼梯间，共十一间，通面阔28.88米。底层三间为一单元，计三单元，“中奉东舒翁及祖妣，左右按祀分曹，左崇有德，西报有功”，寝在“益之以阁”前当为八架椽屋，用五柱，深8.80～9.52米，草架下前卷后架，前廊乳栿，弓形轩，后架双劄牵，后檐柱至内柱（后金柱）间设神龛，内四架复水椽。花岗岩檐柱面微凹，海棠角，光影柔和。楼层“用藏历代恩纶”，六架椽屋，前后劄牵四柱，深6.7～8.42米，檐柱接于底层内柱（前金柱）之上，类副檐轩楼厅，寝底层彩画保存完好，有包袱、米字格、箍头、松文等图案，通过色彩深与浅、冷与暖的对比，加上白、灰蓝或黑线协调，营造出祠堂庄严肃穆又温暖明快的特有气氛。

享堂南侧为“则内”，俗称女祠，建筑面积约160平方米。其寝三间九桁，前卷后架，草架下用复水椽。神厨在享堂北侧，三间，建筑面积约50平方米。毁于民国时期，1998年重建。

（七）休宁县溪头三槐堂

三槐堂，位于休宁县海阳镇溪头村，原系王经天三兄弟故宅，建于万历三十年（1602）。王经天，字无文，为明万历二十八年（1600）举人，官山东栾城知县。兄廷昱、弟廷佐均经商致富。三槐堂为汪氏族人聚族议事和举行庆典之所，与由祖先故居演变而来的祠堂相类。祠南向，三进，现存二进，通面阔30.88米，通进深33.82米，占地面积1124.88平方米。祠中轴线为门屋、享堂、后寝已圮，轴线两侧有大面积的辅助用房，以备聚食待馂和方便远道族众食宿。其主体建筑组成了庞大的建筑群。头进门屋五开间，通面阔15.26米，通进深15.47米，梢间为塾。门屋后部分七架椽，四柱，草架下四椽栿，前架后卷，劄牵对乳栿，内四架及卷用复水椽。前部分廊三间，一架椽，二柱，弓形轩，轩梁月梁造，上置驼峰、十字栱。前后以砖墙隔断，屋面设陶制天沟。二进享堂五开间，梢间为楼梯间及夹室。深9.87米。8架椽，草架下前卷后架，复水椽，四椽栿对劄牵，内四架，四椽栿，用四柱。斗栱外跳五铺，间缝柱用插栱，补间并里向一跳。享堂铺作第一跳华栱交互斗上承托木枋，枋头刻卷叶。两侧辅助建筑现存二进三间，东西对称，相对独立，曲房奥室，均衡有序，每进均设天井通风采光，交通便捷。三槐堂楹柱林立，廊庑环接，平面复杂，结构严谨，木构架采用银杏木，十分名贵。

(八)歙县郑村郑氏宗祠

郑氏宗祠，位于歙县郑村，享堂额“济美堂”。始建于明末，祠前“奕世忠贞”坊,建于明万历四十三年（1615)。郑氏宗祠为独立于居室之外的祠堂。祠南向,三进,通面阔 24.13 米，通进深 58.84 米，占地 1503.43 平方米（不含祠坦)。祠前石坊四柱三间五楼檐楼式。轴线上依次为门坊、祠坦、门屋、廊院、享堂、天井、寝堂。廊院甚宽敞，中有甬道，院及天井两侧置廊庑。头进门屋，七间，分心三柱，前三架椽，草架下镜面天花；后四架椽，草架下复水椽，形成前后门廊。檐柱采用木、石混合柱。叠落式屋面，中三间高出两侧，形成廊屋大门，悬山，外檐六铺作。两侧硬山，外檐五铺作。间缝柱施插栱，当心间双补间，余单补间，皆用斜栱。二进享堂五间，硬山，混水砖博缝。十二架椽，前后廊。老檐柱前地 面降一步，与东西廊庑相连，形成廊院。五柱，草架下用插梁式构架，复水椽，前四椽栿，内六架，做成四椽栿带劄牵，后乳栿，山面用穿斗架。前檐木、石混合柱，石柱方 47 厘米、间缝柱施插栱，五铺作，用斜栱，未施普拍枋。补间铺作采用丁字牌科做法，仅外拽部分，有枫栱。内柱用木梭柱，心间缝径 57 厘末。三进寝堂七间，尽间为夹室，三踏道，各七级。硬山，混水砖博缝。八架椽屋，用四柱，草架下前卷后镜面天花，内四架近藻井作法。前檐五铺作斜栱。后二架神龛祀栗主。

二、清代祠堂

(一)淳安县赤川口村俞氏家厅象贤堂

余氏家厅象贤堂，位于淳安县汾口镇赤川口村。象贤堂始建于明嘉靖二十七年(1548）八月，落成于三十一年（1552）三月。村内原有世美堂，与象贤堂先后落成,象贤堂仅为子孙讲礼之地。后世美堂倾圮，“蒸赏报享皆于象贤堂行之，成为祖宗凭依之地”，象贤堂遂作为子孙讲礼之地，又作为尊祖敬宗的场所。清顺治年间两度为兵寇所焚，顺治十年（1653）重建。康熙年间又毁于兵灾。至二十九年（1690),由村民集资重建。该祠一般每隔 20 ～ 30 年维修一次，近年曾作维修。

象贤堂为余氏家祠,坐东朝西,偏南 25 度。南北面阔 15.50 米,东西纵深 24.65 米。两进，轴线上为门屋、寝堂，左右廊各三间，占地面积 385.80 平方米。祠坦右前有古井一口，前有溪自南而北，其余三面皆宽 2 ~ 3 米不等的小巷。

家祠门屋五间，中三间大门，五凤楼造型，额“科甲传芳”。面阔 11.80 米。外檐斗栱七踩，平身科明间两组，两次间各一组，用撑栱。明间阑额上雕刻双狮戏球，次间阑额雕刻凤凰神兽，采用贴雕法镂空雕板钉于阑额底，刀法娴熟，技艺精湛，具有浓郁的地方色彩。左右梢间为八字墙垣。门屋通面阔 15 米，通进深 5.8 米，分心中柱，内外天花皆作船篷轩。明间大门、次间各四扇屏门，并各开有一侧门。八字墙有石须弥座，磨砖墙面，砖平板枋上置一斗三升附壁栱，砖椽二道。门屋后的天井，铺设青石板，向前后约 5% 泛水，中设宽 3.2 米的甬道，暗沟出水口位于天井东南角。寝堂五间，梢间为夹室，面阔 15.8 米，进深 11.95 米。两坡顶，彻上露明造，子孙瓦脊，屏风硬山墙。脊檩高 7.7 米，明间插梁式，七架椽屋，前双步后单步，次间缝及山面梁架穿斗式用五柱。前廊船篷轩顶，五架梁前二步复水椽，前檐明间缝设撑栱、阑额，上置一斗六升丁字牌科，明间两组，左右次间各一组。明间后金柱装槅扇门。后檐封护砖墙，三合土地面。

本实例参照鲍艺敏的《淳安的祠堂》撰写。

(二)淳安县汪家桥村汪氏家厅

汪氏家厅又名“孝友堂”，位于淳安县汾口镇汪家桥村，为纪念明末进士汪乔年而建。该祠始建于清康熙二十三年（1684），五凤楼建于康熙五十八年（1719）。民国十四年（1925），重建，近年曾进行维修。

汪氏家厅坐北朝南偏西 38°，祠两侧以高 1.5 米的长垣，围成祠坦，青石板铺墁，设旗杆石一对，墙上有券门与巷相连。祠坦处有一条自东向西的溪流，其余三面皆宽 1 ~ 1.5 米的小巷。祠东西面阔 14.5 米，南北纵深 26.95 米。两进，中轴线上为门屋、天井、寝堂，左右为廊。占地面积 391 平方米。

门屋五间，面阔 14.4 米，脊高 9.83 米，五凤楼造型。中三间为廊，明间辟门，两梢间外砌檐墙。各辟一门，亦与祠内通。五凤楼屋面叠落三层，其梢间亦作歇山，而非硬山，颇为少见。外檐斗栱七踩，有撑栱。匾书“文武为宪”，额“忠烈”。门屋前廊天花为平棊。天井铺设青石板，中设宽 4.5 米的甬道，地面由后向前作约 5% 的泛水，暗沟排水，院前两角有圆钱形地漏。寝堂五开间，左右夹室，进深 10.95 米，脊桁高 8 米。彻上露明造，梁架结构明间为插梁式，七架椽屋，前双步后单步。次间、梢间穿斗式用五柱。前廊作船篷轩顶，五架梁前二步设复水椽，前檐明间柱间缝用

淳安县汪家桥村（清）汪氏家厅外景

撑栱，有类枫栱的翼形构件。明间后金柱间装屏门照壁，屏门后两侧开门，通往后门。后檐砖封护墙。

该祠墙体填充空斗，下半部厚32厘米，上半部厚18厘米。三合土地面，侧立面为屏风墙。

本实例参照鲍艺敏的《淳安的祠堂》撰写。

(三)婺源县汪口村俞氏宗祠仁本堂

俞氏宗祠仁本堂坐落在婺源县江湾镇汪口村东首，祠坦墁石板，直抵永川溪边。此地二水汇合，河东朝山，选地颇佳。祠建于清乾隆九年（1744），道光四年（1824）重修。坐西北朝东南，左为祠堂附属书斋，右为祠堂附属庭院。现存宗祠主体建筑占地面积690.42平方米，附属的书斋、庭院占地425.58平方米，合计总占地面积1116平方米。

俞氏宗祠通进深44米，墙外皮通面阔：大门处15.7米，寝堂后檐16.2米，较前部宽0.5米。前窄后宽，形如口袋，风水术认为利于聚财。轴线上有门屋、享堂、寝楼，为新安地区祠堂形制。

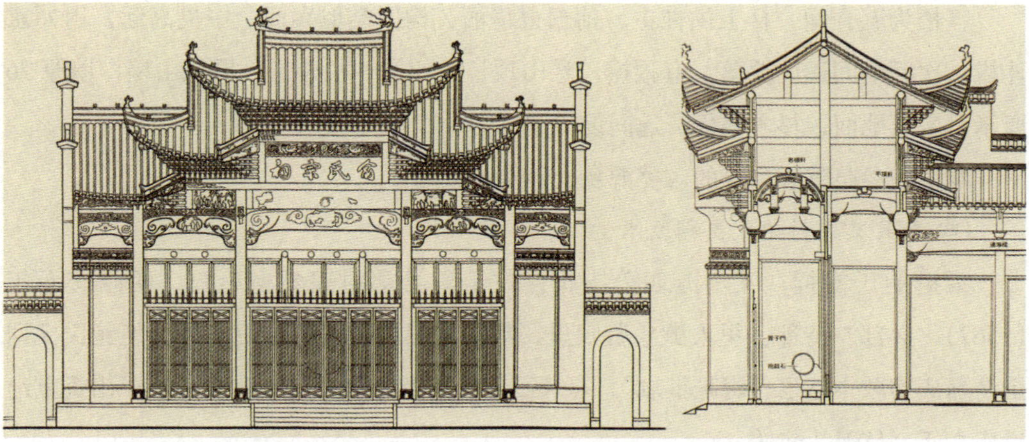

婺源县汪口村（清）俞氏宗祠大门立面、剖面图（资料来源：陈志华等《婺源乡土建筑》）

门屋五开间，中三间高起，为歇山顶三楼牌坊式五凤楼，明间最高，用如意斗栱，五跳偷心。次间五跳插栱，向外侧斜向布置。梢间向前突出，做青砖八字墙。前檐柱之间设签子门。明间上、下枋原有“龙凤呈祥”浮雕，已毁，现恢复了“俞氏宗祠”字匾。门屋北面与正面相同，不过梢间接两廊。正中字牌上书“生聚教训”四字。枋上雕刻情节性人物故事和“双凤朝阳”。明间骑门梁中央开光及次间两廊的枋等处都满雕人物，且多以园林为场景，在其中展开徽剧、徽派版画中的故事，喧宾夺主，园林成为雕刻中最吸引人的部分。

两廊各三间，前檐用通长的过海梁，长达 8.6 米。枋上有连绵雕刻，外檐斗栱出三跳。

享堂三开间前阑额是硕大的银杏树材。明间的前檐柱作木石混合柱，径大于 45 厘米。前檐柱移向外侧接两廊前檐柱，骑门梁长达 9.6 米，享堂显得十分开敞。前廊步作卷棚轩，冬瓜梁径 86 厘米，用挑斡。前后金柱间七桁，三架梁、五架梁和七架梁轻盈疏朗、舒展。这种插梁式梁架是新安建筑文化的地方传统。梁架条理分明，装饰简约。梁的节点处加散斗扶持，梁插入柱身而在另一侧出梁头，作卷曲的象鼻状。花篮形的平盘斗、冬瓜梁底中央的通长薄浮雕带等大木雕饰构图丰满严谨，加强了梁横越空间的动势而丝毫不乱结构逻辑。冬瓜梁较薄，曲线柔和、精致。所有构件本身的形状比例及之间的疏密，以及和梁架整体的比例，都十分和谐匀称。不过，享堂与大门、两廊的风格不很一致，寝楼设计与享堂也不很协调，可能享堂是清乾隆九年（1744）原构，而大门、寝楼、两廊可能是后来修葺改动过的。

寝楼为五开间，楼上供神主。前檐很华丽，构图类似大门。中央高起，用如意斗栱。次间梢间逐间叠落，有腰檐，悬山顶。用如意斗栱装饰。屏风山墙，墙厚26厘米。墁石地面，杉木楼板，通间设槅扇窗。

本实例参照陈志华等的《婺源乡土建筑》撰写。

(四)歙县棠樾村鲍氏支祠敦本堂

棠樾鲍氏支祠，又名万四公支祠，位于歙县郑村镇棠樾村口。明隆庆元年(1567)，兵部左侍郎、里人鲍象贤归里，集宗人拓村东西畴书院右址，建鲍氏支祠。至清嘉庆初敦本堂已“晦昧摧剥”。嘉庆三年（1798)，鲍志道，鲍漱芳父子出资重建，嘉庆六年（1801）告竣。

敦本堂坐北朝南，位于慈孝里坊之北，三进五开间，通进深55.60米，通面阔18.24米，占地面积1014平方米。祠坦开阔，石板墁地，有照墙，旗杆。支祠门屋五间，中三楹为五凤楼式大门，次间为边门，前檐柱间安装签子门。两梢间磨砖，八字墙。门屋及享堂前两廊，1962年拆除，1995年依旧制修复。享堂五间，进深用四柱，山面五柱，前后檐用方形石柱，彻上明造，插梁式构架，前檐步架做船篷轩。明，次间后金柱上装有雕漆屏门16扇，上刻清邓石如隶书《鲍氏五伦述》全文，明间悬清王文治书“敦本堂”匾，明间后檐柱间立有嘉庆皇帝上谕三道碑一座。后进天井有池，两廊墙壁上嵌砌有《重修万四公支祠记》碑一方、《公议敦本体源两户规条》碑6方。寝堂地坪高出享堂1.78米，五间深七檩，沿两廊石阶而上，檐下置青石栏杆，后部有木主神龛，须弥座式。在前檐两侧的墙壁上各嵌有《义田禁碑》一方，一为敦本户，一为体源户。循廊石阶两壁各嵌有清梁同书、刘墉，黄钺等书家的《鲍氏义田记》碑刻，计8方。

敦本祠的结构简洁明了，梁头出挑承檐，辅加撑栱支持。梁柁、雀替普遍使用，反映了当时通行的建筑手法。木构件的装饰也具有浓厚的地方特色。例如冬瓜梁的梁头部分做成卷象鼻状，而在撑栱，雀替，平盘斗等构件上雕刻图案化的花草纹饰，形成对比。寝堂檐下枫栱，纯为装饰性构件。祠堂的木石构件显得精致大方。

(五)歙县北岸村吴氏宗祠至德堂

吴氏宗祠至德堂坐落于歙县北岸村，始建于明洪武十五年（1382)，清道光六年（1826)，由族人吴应晟出资22万两，并筹资2万两，共计24万两白银重新扩建。同治八年（1869）重修。

吴氏宗祠南向，两明堂五开间，通面阔 18.37 米，通进深 44.11 米，占地 810.30 平方米。门屋前廊大门为五凤楼，两梢间为八字墙，饰以砖雕。二进享堂五间，明间缝四椽袱，插梁式梁架，冬瓜梁，梁头雕象鼻，梁柱硕大，前金柱直径达 56 厘米。享堂前临天井，有石栏，栏板上镌西湖十景浮雕。三进寝楼五间，两侧另建楼梯各一，寝楼高出享堂 1.85 米，置石栏，栏板镌百鹿图浮雕。寝楼下有水池，池三面石栏，栏板镌礼器浮雕。所有檐柱均采用木、石混合柱做法，方 30 ~ 36 厘米。外檐用撑栱。祠东有旁室、偏厅。

至德堂石雕颇负盛名，石材选用大理岩黟县青，聘黟县石匠余尚相等人精镌西湖十景，洗练洒脱，意境高远。寝楼天井水池石栏“百鹿图”，构图精妙，鹿姿态各异，栩栩如生，立体感甚强。礼器图 53 件，亦极其华丽。

(六)祁门县珠琳村赵氏馀庆堂

馀庆堂，位于祁门县新安镇珠琳村，原属江西省浮梁县。祠约建于清咸丰初年。馀庆堂坐西朝东，建筑面积约 504 平方米。石库门前为照壁，山墙为硬山屏风。门屋内建有戏台，廊院墁石板，两侧各三间楼廊，可观戏。楼廊与戏台连成一体，共用一个后台通道。楼廊底层敞开，有侧门通向巷弄，檐柱为木石组合柱。享堂三间，梢间为夹室，木檐柱，冬瓜梁阑额，用丁头栱。享堂后为寝堂。享堂、寝堂少雕饰，不同于戏台、观戏楼（楼廊）的奢华。

馀庆堂戏台是新安遗存规模最大的祠堂戏台，台占地面积 98.6 平方米。坐东朝西，与享堂相对。戏台分前台和后台部分，前台又分正台及两厢，明间正台为表演区，两厢为乐队、锣鼓伴奏的文武场，梢间为廊。后台为演员化妆，休息场所，戏台固定，系新安祠堂中的“万年台”类型。底层架空，台面距地面 2 米，居中有过道。中三间歇山顶，两翼叠落，翼角现已毁。戏台、观戏楼小木作工艺考究，外檐装饰性斗栱密布，凡梁枋、撑栱、雀替、隔断等，均雕刻精致的戏文人物、花鸟和园林图案。台中部天花做斗八藻井，制作精良，色彩鲜艳，且有较好的声学作用。

浮梁县位于赣东北，杜顺宝先生认为其“北郊建筑的风格接近徽州的明代建筑”(杜顺宝《浮梁的明代建筑》)。馀庆堂为新安与江西之间建筑文化的交融、过渡提供了珍贵的研究实例。

(七)淳安县潢川村方氏宗祠

方氏宗祠位于淳安县富文乡潢川村中部，又名“高祠堂”。祠坐南朝北偏东，面阔 16.2 米，纵深 31.68 米，三进，中轴对称，由北而南依次为门屋、享堂、寝堂。建筑面积 582.06 平方米，总占地面积 671.5 平方米。门屋五间，中三间为五凤楼形式大门，通面阔 9.7 米。中柱分心，板壁隔断，三门。左右梢间外立面八字墙，白灰面。享堂前为天井，卵石铺地，四周青石板，设排水沟，出水口位于天井东北角。享堂三间，面阔 16.2 米，进深 10.7 米，明间缝插梁式梁架，七架椽屋，前双步，后单步，次间穿斗式梁架，前廊做船篷轩顶，五架梁前两步设复水椽。寝堂五间，明次间缝为插梁式，梢间山面梁架为穿斗式。地面高出享堂 2.4 米，前为天井，面阔 16.2 米，进深 13.98 米。三进均为三合土地面，侧面硬山屏风。

本实例参照鲍艺敏的《淳安的祠堂》撰写。

(八)建德市大慈岩镇李村崇本堂

崇本堂位于建德市李村，俗称大石厅，清代建筑，始建于明宣德年间(1426 ~ 1435)，为李氏四份派下之众厅。后世数次重修，最近一次为 1996 年。

崇本堂位于村落界路中心地段，该地段北高南低，建筑坐北朝南，占地 465 平方米。两明堂，格局保存完整。现状中的第一进门屋近年重修，基本保留了原来的风格，三开间，进深四柱三间十一桁。五凤楼大门，有活动戏台，平时不用时，明间戏台台板可拆卸，方便祠堂正门的使用。第二进享堂三开间，进深四柱三间十桁，五架梁，带前后双步。冬瓜梁插梁式木构架装修华丽，前檐开敞，明间后金柱之间设太师壁，两次间于后檐之间设墙，明间后金柱与次间墙壁之间设门，通往第三进。第三进寝楼两层，面阔三间带一楼梯间，进深三柱两间五桁，用材较潦草，装修简单。其一层明间有简易天花装饰，明间与次间之间有木槅扇。明间设神龛，神龛门六扇。二层为草架，层高较低，用来存放灯烛等祭祀用品。

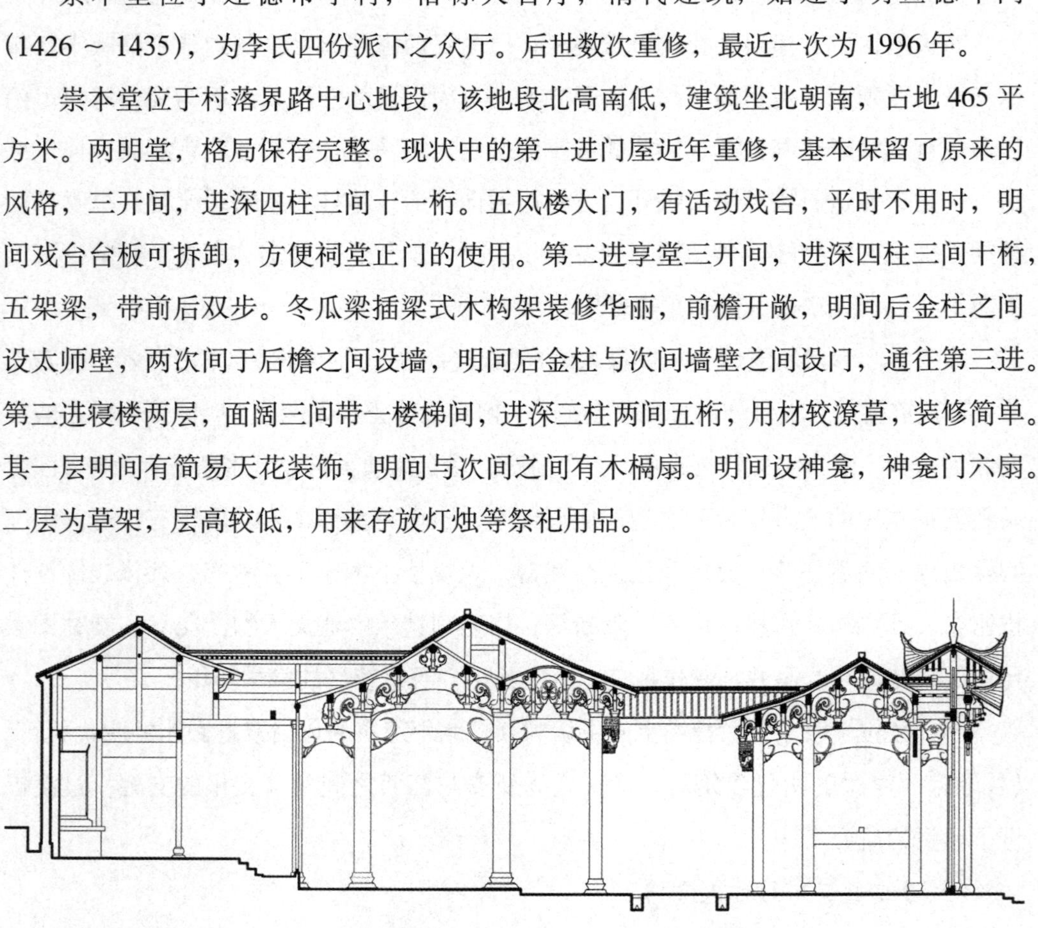

建德市李村(清)崇本堂纵剖面图(资料来源：高婷《大慈岩下两村落》)

本实例参照高婷的《大慈岩下两村落》撰写。

(九)建德市新叶村有序堂

有序堂坐落在建德市大慈岩镇新叶村北，是村落结构核心。为新叶外宅派的总祠堂，始建于元大德七年（1303），由三世祖叶克成主持兴建。有序堂历史上经历过多次重建、扩建，明正德年间曾重建，当时只有前后两进，三开间，规模较小。清乾隆四年（1739）堂遭火灾，直至嘉庆十三年（1808），祠扩建为三进，并设有戏台。有序堂客厅在享堂右侧，中隔巷弄，原为私家花园——东园。后捐给祠堂，成为有序堂花园。清同治六年（1867），祠又遭火灾，直至民国十五年春（1926）重修有序堂，并于东园基地上，“创建客室五楹两厢，其前隙地围以墙垣”（宗谱《重修有序堂记》）。有序堂遂成现在规模，不失其外宅派总祠之威严。

有序堂坐北朝南，共三进，大门开在左侧墙上，因风水考虑，朝山道峰山火力太旺，需有水池，祠与池之间要有隔火墙，正门应设在侧面。道峰山是圆锥形（金字形），比拟毛笔尖，叫“文笔峰”。而新叶村西傍玉华山，山上有巨大崖壁，名“砚山”。于是，族人便掘一半月形池于堂前，名之曰“砚池”。道峰山倒映在砚池中，就形成了所谓的“文笔蘸墨”风水格局，主文运亨通。有序堂大门外另有一敞开门屋，叫“国戚第”。有序堂面阔三间，第一进进深四柱三间九檩，五架梁带前后双步。第二进进深四柱三间十檩，五架梁带前后双步。第三进进深五柱四间九檩，五架梁带前双步后单步。门屋檐柱均为方形石柱，内墙贴有望砖。祠内在门屋明间设戏台，面向享堂。两厢及院落为男子看戏场所，妇女在享堂前金柱之后观看，前金柱间临时设栏杆。活动戏台台板中央部分可以拆卸，方便仪典时出入。有序堂因大门开在左侧墙面，故戏台不设可拆卸台板。同时后台宽敞并有夹层，利于演出。

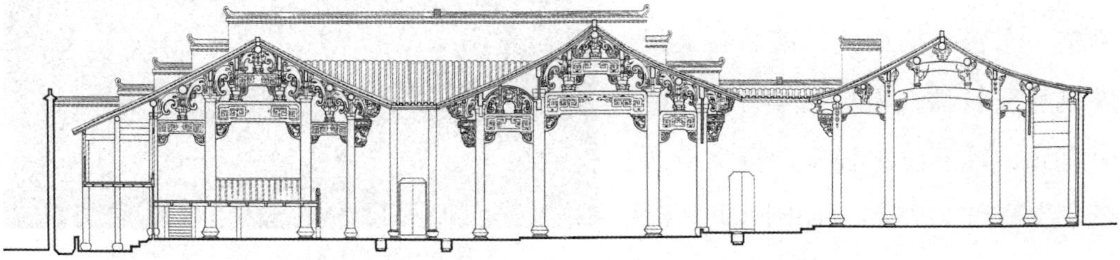

建德市新叶村(清)有序堂纵剖面图(资料来源：陈志华等《新叶村》)

有序堂建筑布局完整，体量较大。插梁式梁架，五架梁用平梁，与新安地区常见的曲线优美、造型饱满的冬瓜梁不同，梁截面长方形，很高，显得呆板，梁侧有回纹线浮雕。①

本实例参照陈志华的《新叶村》撰写。

(十)歙县棠樾村清懿堂

清懿堂位于歙县郑村镇棠樾村口，俗称女祠。清懿堂北向，与敦本堂（俗称男祠）相对。《易经》言："男乾女坤、阴阳相悖。"北向则源出《国风·卫风·伯兮》"焉得萱草，言树之背"句，背指北堂，古为母氏所居，旨在颂扬母恩母德。清懿堂建于清代嘉庆十年（1805），鲍氏二十四世祖鲍启运，因"家祠旧奉男主，未祔女主，遗命其子有莱重建女祠"。祠建于鲍灿坊西，侧立面为硬山屏风，高低错落，外观简洁。门屋未采用清代新安祠堂常用的五凤楼，其风格与敦本堂既统一和谐而又有区别。该祠五开间，三进两天井，通面阔16.52米，通进深47.98米，前院的正面墙上有大漏窗。原入口建在西北角，为水磨砖券门，阁楼歇山顶。门屋五开间，深四步，梁用三柱。檐柱俱为青石质，有签子门一排，中柱间装有抱鼓石之大门，门绘门神。门屋两侧八字墙，饰精致砖雕，前部为券，享堂天井铺青石板，四周有排水沟，中间留有甬道，边上有廊。享堂进深八步架，明间后金柱间装有照壁，山面六柱，穿斗式梁架，余皆为插梁式，前后卷梁架做成船篷轩顶。寝堂天井有池，两旁有廊，经石阶上寝堂，寝堂地面较享堂高出1.08米，面阔五间，深

歙县棠樾村(清)清懿堂门屋八字墙砖雕

① 陈志华总结新叶村建筑大木结构梁有两种做法：一种用月梁，即冬瓜梁，"曲线优美流畅，造型饱满生动，具有柔和朴素的美"。另一种用平梁，"截面为长方形，很高，显得呆板，在梁的侧面上有回纹浅雕"。详见陈志华等著.新叶村[M].重庆：重庆出版社，1999.7.

八架，明，次间用四柱，山面用五柱，除山面做穿斗式外，余为插梁式梁架。堂后神龛有青石须弥座，高1.2米，其束腰处刻有如意纹样。该祠平面布局合理，梁架结构紧凑，造型洗练流畅，工艺十分精湛。

清懿堂联匾均名家所书。“清懿堂”三字匾，为里人鲍鈖手迹，鲍鈖为嘉庆道光年间书法家。“贞烈两全”匾，系清曾国藩手书。

第三章 新安牌坊

新安牌坊是新安文化的一种物化象征，是新安文化的缩影和特质的显示，其数量之多，全国罕见。以徽州为例，据明弘治《徽州府志》所载，当时仅府城和歙县就有牌坊165座。弘治以后至清末屡有建造，虽无确数，当亦不少。徽州明清两代牌坊历经五六百年的风雨，留存至今的尚有138座，其中明代72座，清代66座。另据明万历《严州府志》所载，当时仅府城和建德县就有牌坊106座。清光绪《淳安县志》亦载有牌坊121座。

第一节 概 述

清康熙五十七年（1718），扬州盐商程且硕回徽州原籍祭祀扫墓，在其所著《春帆纪程》中描写徽州聚落景观之盛：

> 乡村如星列棋布，凡五里十里，遥望粉墙矗矗，鸳瓦鳞鳞，棹楔峥嵘，鸱吻耸拔，宛如城郭，殊足观也。[①]

文中的“棹楔”即牌坊。

地处新安江流域上游的徽州，以及中下游的严州淳安和建德，同属于新安建筑文化圈。明清时期，新安商业经济空前繁荣，构成了新安建筑发展的坚实物质基础，促进了新安建筑发展。“徽商致富后即回家修祠堂，建园第，重楼宏丽”，以“官而显贵”的方式体现自身价值。原先古朴的村落成了浮靡的市井，生产型村落变为消费型

---

①［清］程且硕：《若庵集》，转引自：许承尧撰．歙事闲谭[M]．合肥：黄山书社，2001.5.

村落。新安商人又贾而好儒，奉程朱理学为圭臬，以巨额资金资助家乡公益性建筑，还“著为规条，巡方督学岁上其事，大者赐祠祀，次亦树坊表，乌头绰楔，照耀井闾”。①如徽州现遗存明代牌坊72座，占其明清牌坊总数的52%。而“仁宣之治”又是明代昌盛时期，此后从正统元年至万历十年（1436 ~ 1582）的明中期，遗存牌坊53座，占明代牌坊总数的73%。

清代复杂的社会变化对建筑产生了巨大影响。康乾之治，是中国古代封建王朝的最后一个盛世，也是中国封建社会的回光返照。仍以徽州为例，从乾隆元年到道光三十年（1736 ~ 1850），现存清中期牌坊29座，占清代牌坊总数的44%。降至咸丰以后（1851），由于太平天国运动，大半村镇夷为瓦砾，新安建筑损失惨重。1840年鸦片战争开始，中国逐渐沦为半封建半殖民地社会，中国建筑开始了近代化进程，新安建筑也进入转型期。从咸丰元年至宣统三年（1851 ~ 1911），徽州遗存清晚期牌坊25座，占清代牌坊总数的38%，但大多是规模很小的二柱石坊了。

从徽、严两地牌坊遗存来看，新安牌坊的发展主要受到四个方面影响：1．由于新安素称“程朱阙里”“东南邹鲁”，宗法制度对社会影响特别深；2．由于新安商人富室称雄江南，建坊之资容易筹集；3．由于新安建筑文化发达，石雕技术高超，“多奇杰异能之士”；4．由于新安山区石材资源丰富。

一、宗法制度之影响

三次中原地区汉族人南迁，带去了北方汉人的“故家遗俗”，促进了发达的中原文化与土著的山越文化相融合。明嘉靖《徽州府志》载：

> 家多故旧，自唐宋来数百年世系比比皆是。重宗义，讲世好，上下六亲之施，无不秩然有序。所在村落，家构祠宇，岁时俎豆。其间小民，亦安土怀生，即贫者不至卖鬻子女。

正是山越民族的汉化，汉越的和平共处形成了以家族为中心，以血缘为纽带的新安宗法制度。至南宋，宋明理学的一个重要流派——新安理学崛起，祖籍徽州婺

① 《明史卷三百一》：列女。上海古籍出版社，上海书店编．二十五史[M]．上海：上海古籍出版社 上海书店，1986．12．

源的朱熹成为开山祖师。其理学思想，在新安影响深广，各地“一遵文公家礼”，促进了新安宗族有效管理和宗法制度的进一步巩固。“自朱子而后，为士者多明义理，称为‘东南邹鲁’”（明弘治《徽州府志》）。作为理学发展的一个重要发源地，宗法制度是新安的一个基本社会环境，它规范和影响着新安人的各种社会活动。以伦理道德为核心的儒学观念和儒家礼仪影响逐步扩大，社会教化逐步加深，儒家伦理道德思想深蕴于社会生活，主宰着新安人的思想和行为，营造活动自然毫无例外受其深刻影响。如理学家大力宣传贞节观念以约束妇女，新安对节烈的提倡，更是不遗余力。淳安县现存 4 座石坊中 3 座为节孝坊，而徽州纪念性牌坊中贞节坊约占 49%，血泪斑斑，触目惊心！

二、新安商业经济之影响

《安徽通志》谓徽州“地狭人稠，力耕所出，不足以供，往往仰给四方”“于是经商之事业以起，牵车牛远服贾，今日徽商之足迹，殆将遍于国中”（吴日法《徽商便览》）。“徽人多商贾，盖其势然也”（清顾炎武《天下郡国利病书》）。大约在明中叶以后，新安外出经商的人越来越多，其中一部分成为巨富，操纵长江中下游金融竟达三四百年。明万历间谢肇淛《五杂俎》描述新安商人的商业活动云：

> 富室之称雄者，江南则推新安，江北则推山右。新安大贾，鱼盐为业，藏镪有至百万者，其它二三十万，则中贾耳。

新安商人是新安建筑艺术的赞助人，商人经营致富后，受叶落归根观念支配，将巨额财富中的部分输往桑梓故里，为家乡建设作出贡献，以此报答当地父老乡亲。他们助建村镇公共设施，热心公益事业，筑路建桥，兴建水利，广建祠堂，营造住宅，大兴园林，促进了村镇的繁荣，影响了建筑的风貌。新安商人亦贾亦儒，不仅助力家乡建设，更是对从初级到高级的教育事业大力支持，并获得巨大成功，提高了新安人整体文化素质，产生了一大批进士和举人。盐商鲍尚志就自称生平有三愿：“一为二代建坊表，一认引地为配商，一子孙读书入学能成。”[1] 正由于新安商人对教育事业的重视，明清两代新安文风兴盛，一座座功名坊拔地而起，现存的纪念性牌

① 歙县新馆《鲍氏著存堂宗谱》卷二：《鲍尚志行状》。

坊中一半以上都是“科举纪念碑”，它们象征着读书人仕的崇高地位和带给家族的无上荣耀。

三、建筑技术之影响

新安“地狭人稠，耕获三不赡一”①“田瘠确，所产至薄”“即力田终岁，赢得几何”。② 资源的压力使习艺成为当地人谋生的重要手段之一，“小民多执技艺”，③ 这是营造界徽州帮形成的原因之一。据明弘治《徽州府志》所载，洪武四年（1371），徽州人口 117110 户，其中匠户 6038。如按户役一人计，编户工匠达 6038 人。这些工匠“通晓艺业”，是工业生产技术的主要担当者，是官手工业的骨干。众多的工匠由于师承制的口传身授，具有共同的传统手法，加上一些封建关系，在营造界形成了“徽州帮”，从而为新安江流域建筑的发展提供了必要的技术手段。清代钱泳《履园丛话》记载：“雕工随处有之，宁国、徽州、苏州最盛亦最巧。”国画大师黄宾虹亦认为徽州雕刻“多奇杰异能之士”，并且“一技一能具有偏长者莫不争为第一流人”。这些技艺高超的能工巧匠为新安牌坊的建造提供了最重要的技术支撑。

四、石材资源之影响

新安山区石材资源丰富，民国《歙县志》说：

> 道路皆以石成之，虽穷乡僻壤，入山小径，靡不石也。石类不一，有青石、红石、红麻、白麻、凤凰麻等石。

石材对新安牌坊而言，其重要性不言而喻。2006 年《黄山市志》载“监测登记建筑用石料 46 处，122b 级储量 1034 万立方米，保有储量 1024 万立方米”，发现的非金属矿产中牌坊的石材主要有：

> 花岗岩（花岗闪长岩）、大理石矿分布较广泛。
>
> 大理石主要产于黟县西递，为黑色大理石，含矿层位为寒武系大陈岭组，由含炭质白云质灰岩受热力变质而形成，俗称“黟县青”。

① [清]康熙《休宁县志·汪伟奏疏》。

② 新都太守济南高公奏最序[M]//[明]汪道昆著．太函集．合肥：黄山书社，2004.12.

③ [清]顾炎武：《天下郡国利病书》，华东师范大学古籍研究所整理：顾炎武全集[M].上海古籍出版社，2011.

明晚期以后牌坊常用凝灰岩，现存明清两代牌坊中采用凝灰岩石料的计 75 座，约占总数 54%。凝灰岩，俗称茶园石，或茶园青，产自淳安县，明万历《严州府志》载：

> 龟鹤山，在（淳安）县东五十里茶坡溪南。两峰相值，东一山低垂如龟，西一山高昂如鹤。
>
> 其山产青坚石，徽浙官民采用，甚为民累焉。

1930 年，地理学家钱兆隆曾著书指出："是地以产茶园石著名，其色青丽，质亦坚实，为建筑之良材。浙西一带，多仰给于此。"茶园镇故址在今千岛湖东南湖区茶园岛附近，"前路又滩喧"（清蔡佩诗《茶园》），"背山面江"，水运方便，茶园石因此成为新安江流域建筑的主要石材之一。茶园石质地均匀，石质韧而柔，细而有序。开采时质软，加工较易。经日晒雨淋后，氧化作用使石质变硬，经久耐用，为建造牌坊之良石。"美石出茶园"，故明晚期至清，新安牌坊多用此石，这是形成新安石构建筑特色的重要原因之一。

第二节　牌坊的功能与分类

一、牌坊的产生

《中国大百科全书》为牌坊所下的定义是"又称牌楼，是一种只有单排立柱，起划分或控制空间的建筑"。梁思成先生说："中国所特有的牌楼，是用来使入口处壮观的一种建筑物，如同汉代的阙一样。"[①]

牌坊的雏形是衡门和乌头门。在中国古代建筑群中，院门是主要大门，称之为"衡门"，即两根木竖柱上，加一根横木。《诗经·衡门》："衡门之下，可以栖迟。"诗中描写的就是这种简陋的门。"后世门上覆板以庇风雨，防腐蚀，再进而有檐、楼、斗栱之法"（刘敦桢：《牌楼算例》）。宋《营造法式》载有乌头门形式，

---

① 引自：梁思成著.图像中国建筑史[M].香港：三联书店(香港)有限公司，2018.3.

与衡门不同的是，两立柱冲天式出头，横木插于柱内，柱端有一种块根为倒圆锥形的草本植物——乌头形的装饰，故称乌头门。后来衡门和乌头门“二者互相糅杂变通，日趋繁复，遂有近世牌楼之制”。刘敦桢先生的分析很有道理，考之里坊，可见端倪。

中国古代城市中，里坊是居住区的基本区划单位。城市划分为若干封闭的“里”，住宅排列于内。这种里坊制确立于春秋至汉，三国至唐达到了极盛期。隋唐时期称城内之里为坊，郊区的区划单位仍称为里。里坊环以高墙，设坊门，由吏卒和市令管理，全城实行宵禁。北宋中叶里坊制废弛，坊门脱离坊墙独立，门扉可设可不设，这时的坊门则成为象征性的大门。宋以后虽沿用坊的名称，但这种坊已不是封闭的旧制里坊，只是城市管理的行政区划，坊门也变成了街巷名称的标志。里坊之门古代称“闾”，门上榜书坊名，同时士有“‘嘉德懿行，特旨旌表’，榜于门上者，谓之‘表闾’。”（刘敦桢《牌楼算例》）清光绪《淳安县志》卷二坊表谓：“《荀子》云：‘行有坊表’。此坊表二字所始也。而其义实本于《书·毕命》之‘表厥宅里’，非以为荣而已。”刘敦桢先生认为：

> 牌坊之名，或即缘此而生。其后踵事增华，枋上饰以飞檐斗栱，模仿木造建筑物形状，故又有牌楼之称。①

若仅从形式上讲，二者可从柱子上有否屋顶（檐楼）以示区别，有屋顶的称为牌楼，否则称为牌坊。两种名称通用，本章为简明起见，统以牌坊称之。

二、牌坊的功能

牌坊在“中国古代具有表彰、纪念、导向或标志作用”（《中国大百科全书》）。其功能大致可归纳为三种：坊门，标志性建筑，纪念性建筑。

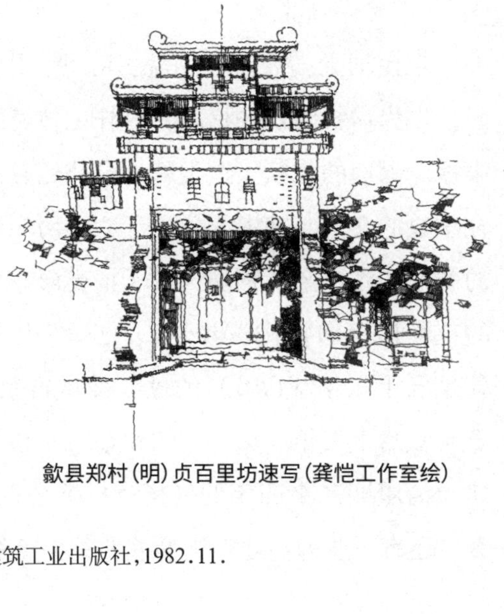

歙县郑村（明）贞百里坊速写（龚恺工作室绘）

① 引自：刘敦桢著.刘敦桢文集(一)[M].北京：中国建筑工业出版社，1982.11.

(一)坊门

这是属于建筑群的院门。常见方式是独立使用，也有连接垣，并于柱间设门的。《事物纪原》："坊，方也，言人所在里为方。"《说文》："坊，邑里之名。"元代牌坊多用作坊门，这是牌坊原始的、本质的功能。新安里坊门现存7座，歙县郑村贞白里坊则最具代表性。该坊始建于元代，里中为县尹郑千龄立。重立于明弘治十二年(1499)，二柱一间三楼檐楼式，原装有坊门，石柱上尚存卯口。后世门坊实际上还具有标志性和纪念性功能，贞白里坊算是比较接近牌坊原始、本质功能的遗构了。真正具有牌坊形式的建筑物大门，则为新安门楼，《徽州明代住宅》一书说：

> 应用于从前所谓阀阅之家的大门上。整个门楼仿照牌楼形式，用水磨砖做出柱枋斗栱，上加屋檐，雕镂甚精。简单的为一间三楼。复杂的为三间五楼。其中最宏伟的一种是用石块与水磨砖混合建成。在柱的下部具有抱鼓石，完全与当地明代的牌坊相同。……歙县西溪南乡岩寺镇进士第的门楼即系此类。

歙县许村的大郡伯门楼亦属此类，它们如同北京旧时的牌楼式店面一样，仅起装饰性质。今人常将门楼与牌坊二者混淆。《徽州祠堂》讲义还曾提出一个"牌坊门"名称，指的"是一种似牌坊又似横廊的建筑"，其形式与檐楼式牌坊相近。本文提出，仅记有此一说而已。

(二)标志性建筑

立在祠堂、衙署、书院、寺观、陵墓等建筑群前面，作为这组建筑的标志，衬托主体建筑，造成庄严、肃穆、深邃的气氛。这类牌坊徽州遗存有34座，占遗存总数的24%。其中，如建于明万历二十一年（1593）的徽州区潜口金紫祠坊，建于清乾隆二十五年（1760）的屯溪区篁墩洛闽溯本坊（程朱阙里祠前），建于清乾隆五十六年（1791）的歙县徽城古紫阳书院坊，建于明弘治十三年（1500）的建德市龙泉村陈公之墓坊，建于清康熙二十四年的（1685）歙县王村王公墓道坊等。还有一些牌坊建在街衢冲要处，如路口、十字街口、

明台宪坊，歙县丰口村

桥梁两端，作为道路、桥梁标记。如建于明嘉靖年间的歙县丰口的台宪坊，位于溪水转折处，兼有路标及点景作用。建于明万历十二年（1584）的歙县徽城大学士坊，位于中和街十字路口，八柱四面，南向许国府邸所在的打箍井街，西向徽州府衙东门，骑街而立，形成街景的重要组成部分。建于明中叶的休宁县齐云山小壶天坊，则是作为道教圣地齐云山香道的标志。桥头设坊的如建于清乾隆五十六年（1791）的休宁县齐云山登封桥坊。

(三)纪念性建筑

其内容多为宣扬忠孝节义，这是中国封建道德的主要内容。从汉代“榜其闾里”到唐宋“门安绰楔”，里坊门派生了纪念性功能。元明时期“旌表建坊”成为制度，牌坊已单独成为纪念性建筑。明万历《严州府志》卷三“坊表”的小序云：“公庭绰楔，惟民所止。国典旌贤，表厥宅里。古睦名邦，人文焕纪。历世昭垂，颙瞻兴起。”徽州明清牌坊遗存中纪念性97座，占遗存总数的70%。进一步分析，发现其中功名坊42座，贞节坊48座。明代多功名坊，贞节坊仅3座；清代多贞节坊，功名坊仅4座。功名坊，明代是清代的9.5倍；贞节坊，清代是明代的15倍。这一现象颇值得玩味。功名坊中著名者歙县徽城大学士坊，它表彰的是明代许国，牌坊字碑上刻有“大学士”“少保兼太子太保礼部尚书武英殿大学士许国”“上台元老”等内容，尊崇无比。许国（1527 ~ 1596），歙县县城东关人。嘉靖四十四年（1565）三甲进士，选授翰林院庶吉士兼校书。许国的仕途比较顺畅，历任三朝，是朝廷重臣。万历十二年（1584）因平定云南大小金川叛乱决策有功，神宗赞其“协忠运筹，茂著劳绩”，晋升少保兼太子太保、礼部尚书、武英殿大学士。十二月，神宗加恩赐建牌坊。徽州不少古村落人才荟萃，里人屡受旌表，陆续建坊，以致形成牌坊群，强烈的宗法意识使纪念性牌坊得到很大发展。如歙县棠樾村口牌坊群，逶迤群置，旌

清节孝坊，淳安县洪家村

表的内容包含了忠、孝、节、义等封建道德的主要内容，绰楔相连，崇峻壮丽。在众多的纪念性牌坊中，有两座德寿坊，颇为少见，一为歙县许村明隆庆三年（1569）建造的双寿承恩坊，一为徽州区蜀源清代乾隆七年（1742）建造的贞寿之门坊。据民国《歙县志》载，歙县清代就有不少“人瑞”，其中寿登百岁，旌表建坊的就有8人。

纪念性牌坊和部分兼有纪念意义的标志性牌坊，要按照规定和程序，报请皇帝批准，共分四级，建造时刻在坊额（俗称圣旨牌），即御制、恩荣、圣旨、敕建。

1．“御制”是最高等级的牌坊，由皇帝颁旨，国库出“坊银”建造，数量较少。如歙县棠樾明初建造的慈孝里坊。

2．“恩荣”，皇帝颁旨，地方政府或家族筹资建造。如绩溪县龙川明嘉靖四十一年（1562）建造的奕世尚书坊，黟县西递明万历六年（1578）建造的荆藩首相坊。

3．“圣旨”，由地方政府申报，皇帝书面批准，家族出银建造。这类牌坊数量较多，如歙县棠樾清乾隆五十二年（1787）建的脉存一线坊，清嘉庆二十五年（1820）建造的乐善好施坊，以及徽州区蜀源清代建造的贞寿之门坊等。但也有例外，如淳安县仰韩村节孝坊刻有圣旨全文，末云：“核访申详，会同奏请旨恩准旌表，给帑建坊，以光大典。”帑多指国库公款。

4．“诰命（敕命）”，是牌坊等级中级别最低的，由地方政府申报，皇帝口头批准，家族出银建造。明清时期，诰敕等级划分规定一至五品官员授以诰命，六至九品官员授以敕命，夫人从其夫品级。如歙县稠墅清乾隆二十七年（1762）建造的褒荣三世坊等。

三、新安牌坊的分类

明弘治《徽州府志》载，明初至弘治十五年（1502），徽州一府六县新建牌坊约415座。此前牌坊多为木制，易毁于火，如府志记载有府城从宋淳祐辛丑（1241）七月至元元贞乙未（1295）九月，“郡城凡五遭回禄，延祐六年（1319）重立各坊”。祁门县“元至元丙子（1276），火后重立坊二十”。歙县璜蔚天堂元墓祭堂画像石刻有元元统二年（1334）的牌坊样式，柱端贯斜木，内高外低，相对若八字，作冲天式，类南宋绍定二年（1229）所刻平江府图中天庆观门坊。明弘治《徽州府志·府治公廨图》在察院前画有“激扬”“振肃”二坊，状如天堂元墓石刻，唯柱脚增加了抱鼓石。这些牌坊都是木坊。

元末明初，全国牌坊用材由木向石过渡，新安亦然。如徽州明清两代牌坊遗存

歙县天堂村元墓祭堂画像石唐人诗意碑中的木坊

中除木坊、砖坊各2座外，其余134座皆全石坊。刘敦桢先生指出石牌坊结构“俱以木牌坊为标准，分件名目，亦唯木作是遵”。[①] 新安现存牌坊按其外形可分为柱不出头和柱出头两类，前者称为檐楼式，后者称为冲天柱式。各类之中，又以柱数与楼数的多寡，分为若干种。柱不出头的牌坊有学者称之为门楼式，但易与新安住宅、祠堂大门的门楼混淆。刘敦桢先生在《牌楼算例》一文中将牌坊额枋上蔽风雨的结构，命曰檐楼。本章牌坊分类柱不出头者从其名。[②]

(一)檐楼式石坊

檐楼式石坊始于衡门，二柱之端横木上加了檐楼，逐渐演进为檐楼式牌坊。淳安、建德现存牌坊6座皆檐楼式。此类型牌坊新安有四种，分别为二柱一间一楼，二柱一间三楼，四柱三间三楼，四柱三间五楼。二柱一间一楼只有一座，即位于歙县许村的双节孝坊，清嘉庆二十五年（1820）建。二柱一间三楼石坊出现最早的是建于明成化十二年（1476）的歙县徽城尚宾坊，这是此类檐楼式石坊的代表。四柱三间三楼石坊，徽州明代有

绩溪县龙川村(明)奕世尚书坊(摄于1980S)

① 引自：刘敦桢著.刘敦桢文集(一)[M].北京：中国建筑工业出版社，1982.11.

② 刘敦桢《牌楼算例》称木、石牌楼，蔽风雨而覆檐石、于额枋上设檐楼。本文将柱不出头的牌坊称为檐楼式，以区别于徽州住宅、祠堂之门楼。

7座，清代有1座。最早是建于明初（1420后）的歙县棠樾慈孝里坊。这也是徽州遗存牌坊中年代最早的一座。四柱三间五楼石坊，徽州明代多达21座，徽州清代仅2座，淳安、建德各有1座。最早的是建于明成化十五年（1479）的绩溪县冯村进士第坊。明嘉靖四十一年(1562)建造的绩溪县龙川奕世尚书坊、明万历六年(1578)建造的黟县西递荆藩首相坊，富丽壮观，允为代表。四柱三间五楼石坊的出现，是受新安明中叶开始在建筑上追求气派和华丽装饰之风的影响。其中奕世尚书坊等明代四柱三间五楼檐楼式石坊，其下枋明间高于次间，更突出地强调了中轴线；雕刻装饰遍布枋、柱，十分壮丽。明万历《齐云山志》载虚危池前有玄天金阙坊，这是一座仅见于徽州历史记载的六柱五间檐楼式石坊。另据《古城忆旧》一书记载，淳安贺城的三元宰相坊和父子公卿坊亦为六柱，现皆不存。

(二)冲天柱式石坊

冲天柱式源于阀阅，宋《营造法式》称乌头门。淳安、建德尚未发现遗存。此类石坊徽州有四种，分别是二柱一间无楼，二柱一间一楼，二柱一间三楼，四柱三间三楼。二柱一间无楼石坊仅清代遗存一座，即歙县徽城古紫阳书院坊，清乾隆五十六年（1791）建。此坊檐石上置攒尖亭常用的葫芦形宝顶，替代火焰宝珠。形制古朴，外观简洁雅素，无累赘的装饰，摆脱了木结构固有形式，具有石结构本身的特征。二柱一间一楼石坊，最早是建于明嘉靖二十二年（1543）歙县徽城大夫坊，一些小型石坊也多采用此形式，建造颇为方便。二柱一间三楼石坊，明代未见遗存，最早的是建于清乾隆六年（1741）的徽州区洪坑纶音褒节坊。四柱三间三楼石坊，数量最多，明清两代遗存40座，其中清代28座，成为牌坊建造的主流。明代有建于弘治十五年（1502）的歙县桂林金殿传胪坊，清代

黄山市徽州区唐模村(清)圣朝都諫坊(摄于1980S)

有建于康熙二十五年（1686）的徽州区唐模圣朝都諫坊。明代四柱三间三楼檐楼式石坊，在造型上过于雷同徽州祠堂门屋，后被四柱三间五楼檐楼式石坊取代，但仍脱不了门屋窠臼。明弘治、正德年间开始出现冲天柱式石坊，明晚期盛行，至清代已成为当地石坊主要模式。凡四柱石坊全部摒弃檐楼式，而采用冲天柱式。“棹楔峥嵘”，这种石坊新造型比檐楼式更富纪念意味。由于开间增大，明、次间下枋等高，楼屋部分高度下降，所以总体比例协调，造型更趋稳定。四柱三间三楼冲天柱式石坊，无论在屋顶结构及细部处理上，都比檐楼式牌坊有所简化。因此有较强生命力，也是顺应时代潮流的必然趋势。据杜顺宝先生分析，促使简化的原因大约有四：一是明中叶以后，建坊数量增多，不可能每坊皆从事繁杂的仿木雕凿；二是檐楼式石坊构造复杂，构件易损坏坍塌，需探求更能符合石料受力性能与构造特点的形式；三是工匠艺术风尚有所改变，细部的处理不似明初至明中叶时那样推敲入微，创作思想趋于程式化；四是由于材料改变，自明末始多用浙西淳安县的凝灰岩（俗称茶园石），质地较之前所用的白砂岩坚硬，不便整体雕凿斗栱和制作高浮雕，于是石雕装饰也随之简化。

(三)立体式石坊

除檐楼式和冲天柱式两种石坊类型外，明代嘉靖、万历年间石坊平面出现口字形。建于明嘉靖年间的歙县丰口台宪坊，四面四柱，每面均作二柱一间三楼檐楼式。柱下有础，不用靠背石，颇类石亭。台宪坊形象丰富，比例良好，是石坊造型上的一个重大突破。这种立体式石坊是稍后府城大学士坊的滥觞。建于明万历十二年（1584）的歙县徽城大学士坊，四面八柱，东、西二面作四柱三间三楼冲天柱式，南、北二面作二柱一间三楼檐楼式，庄重肃穆，巍峨壮丽。大学士坊是徽州牌坊的最杰出代表，体现了徽州石坊技术、艺术的最高水平。大学士坊在立体构架中采用的冲天柱式，结构牢固，造型丰满，加上许国本人当时在政治上的煊赫地位，使之成为当地四柱三间三楼冲天柱式石坊的模式，垂范明清数百年，在石坊发展史上作出了特殊贡献。刘敦桢先生在《皖南歙县发现的古建筑初步调查》一文中说：“当地石牌坊，以城内许国坊用三间五楼石坊两座，及一间三楼石坊二座，构成口字形平面，于江南甚为少见。其龙门枋上所雕花纹，为研究明代彩画的绝好证物。”陈从周先生亦认为新安牌坊中“最著名者当推（歙县）城内明万历年间许国八柱石坊，为明中后叶之典型代表作，据此可作其他建筑考订年代之证例，做法雕刻工整，而石狮尤生动。此种形式在全国近似孤例”。[①] 台宪坊和大学士坊对石坊的造型进行了创造性的探索。

明清时期，新安石坊不仅在单体造型上不断探索、发展，而且在总体布置上也匠心独运。除用作围合广场空间、强调建筑群中轴线外，在一些人才荟萃的古老乡镇，出现了多处牌坊群。如歙县稠墅牌坊群，明天启元年至清乾隆三十九年（1612 ~ 1774）建；徽州区蜀源牌坊群，明嘉靖六年至清乾隆四十年（1527 ~ 1775）建；歙县柔川三石坊，清康熙七年至咸丰元年（1668 ~ 1851）建等。其中以歙县棠樾牌坊群最为壮观，七坊中最早的是慈孝里坊，约建于明初（1420 后），最迟的是乐善好施坊，建于清嘉庆二十五年（1820），前后历经 400 年，这是棠樾村营建活动的兴盛时期。石坊表彰“忠、孝、节、义”，形象地反映了宗法制度对徽州的深刻影响。牌坊群建在村口，长堤一线，群坊矗立，古梅夹道，平畴绿绕，形成气势恢宏的村口景观。

歙县棠樾村（明—清）牌坊群

① 陈从周著：梓室余墨 陈从周随笔[M].北京：生活·读书·新知三联书店，1999.

第三节 新安牌坊的地方特点

徽州牌坊中木坊仅 2 座，一是明嘉靖年间的祁门上汪村英华坊，此坊现代重修，已不复明代原貌，一是清嘉庆年间建的歙县昌溪员公支祠坊，此坊模仿当地清代祠堂门屋，牌坊本身特点不甚突出。至于 2 座砖坊，与当地门楼形式区别不大，是用砖在墙面镶砌出柱、枋、屋顶等式样。上述木坊、砖坊遗存数量极少，仅占总数的 3%，淳安、建德亦未发现真正意义上的木坊、砖坊，故新安牌坊的代表非石坊莫属。石坊脱胎于木坊，多保留有当地木构特点，在构件细部作法上均有反映。

一、构造

(一)斗栱

斗栱是中国木构建筑的基本构件之一，新安石坊多施斗栱。早期石坊仅遗存歙县棠樾慈孝里坊一座，此坊曾于明弘治十四年（1501）重整，清乾隆十四年（1749）重修，上部改动较大。建于明成化十二年（1476）的歙县徽城尚宾坊，则保存较完整。其转角铺作由一石凿成，作出 45° 斜栱及枫栱，刻意模仿木斗栱形象。其上架三角形石板象征云头以承托屋面板，这是汉石阙斗栱做法的发展，符合石结构的叠砌原则。建于明弘治十二年（1499）的歙县潭渡旌孝坊，虽经明清历代修葺，但斗栱基本还是原来形制。正楼双补间，次楼单补间，计心斗栱，橑檐枋、罗汉枋木质。这一时期的石坊斗栱十分费工，到明正德以后才逐渐简化，如歙县郑村忠烈祠坊，建于正德五年（1510），形式复杂的斗栱已逐渐演变成分块拼装，形成出跳的偷心栱板，与正心缝方向花板相拼合的模式化作法。至明嘉靖末，补间铺作之栱板（昂板）与栌斗已分块雕凿，如建于嘉靖四十一年（1562）的绩溪县龙川奕世尚书坊。到了明万历年间，分块拼装法成熟。建于明崇祯十四年（1641）的歙县许村三朝典翰坊

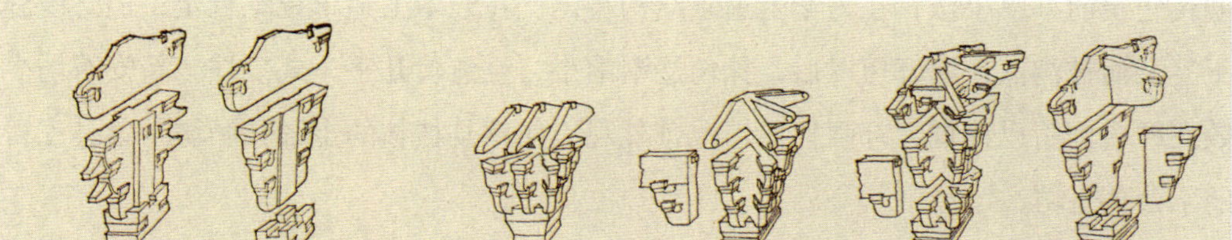

斗栱做法从整体雕凿到分块拼装的演变（资料来源：杜顺宝《徽州明代石坊》）

的栱板已是分两块制作，上为最后一跳及云头，呈三角形，屋面支承其上，表现出明末斗栱分块拼装法的特点。清代栱板则一石制成，角栱板早已淘汰，如建于康熙四十六年（1707）的歙县雄村四世一品坊等。由明入清，徽州石坊的斗栱逐渐简化并趋一致，其中明万历的歙县徽城大学士坊是重要的标志。

（二）柱、枋、靠背石

明中叶以前，石坊柱子皆方柱抹角，显示出从正八角柱演变而来的痕迹。年代愈早，抹角愈大，杜顺宝先生于此有具体研究，详见下表：

徽州明代石坊方柱抹角比较表（单位：毫米）

坊名（年代）	尚宾坊（成化）	旌孝坊（弘治）	贞白里坊（弘治）	忠烈祠坊（正德）	龙兴独对坊（正德）	薇省坊（嘉靖）	双寿承恩坊（隆庆）	大学士坊（万历）	节孝坊（天启）
柱子总断面	382×382	430×430	437×437	470×470	454×454	444×444	460×460	530×530	460×460
抹角	100	100	100	100	95	100	90	85	35
抹角柱方	0.26	0.23	0.23	0.21	0.21	0.23	0.20	0.16	0.08

资料来源：杜顺宝．徽州明代石坊[J]．南京工学院学报，1983.(2).

明代石柱尚有收分与侧脚做法。柱收分多为1%，万历以后逐渐不收分，至清代则多数已不收分。柱侧脚限于石坊两边柱，明中叶前期明显，如歙县徽城尚宾坊和潭渡旌孝坊，前者2.9%，后者3.7%。此后逐渐趋小，明晚期盛行冲天柱式，柱分段制安，侧脚做法遂废弃，至清代不再使用。石坊柱的收分与侧脚法，反映了徽州明代建筑的细腻手法，在力学上追求结构稳定，在艺术上追求视觉稳定，但终因施工复杂而被淘汰。明万历以后，抹角逐渐缩小，至清代几乎一式方柱。新安石坊少数在柱内侧附以梓框，补强柱梁，改善外观，如歙县桂林的金殿传胪坊、歙县王村的王公墓道坊。

支托柱子的抱鼓石，新安俗称靠背石，这是维持石坊横向稳定必不可少的构件，它保证了石坊的稳定。新安明代中叶前期，采用日月掩象鼻纹样，类似明《鲁班经》

中的屏风桨腿样式。[1] 建于明正德年间的歙县槐塘龙兴独树坊明间柱子上出现了圆雕蹲狮靠背石，此前建于明弘治十一年（1498）的徽州区洪坑世科坊和建于明正德五年的（1510）歙县郑村忠烈祠坊仅在坊前另置双狮。蹲狮形体不利于支撑柱子，故次间边柱仍用靠背石，或将边柱狮子做倒立状，使其尾部达到一定高度以支撑石柱。清中期以后，尚有石坊在边柱侧面另增一靠背石，如建于乾隆三十七年（1772）的歙县蓝田松虬雪古坊。明中期靠背石形状简化，建于万历四年（1576）的歙县殷家村尚书坊已出现素板。清早期虽尚有沿用日月掩象鼻靠背石的，但已不复明代卷曲、流畅、秀挺的线条。

新安明清石坊下枋多作矩形，略呈琴面，并于柱外出榫。不少石坊模仿木结构建筑中的冬瓜梁，梁肩有明显卷杀。清晚期有些石坊冬瓜梁下枋起拱曲线生硬，形象欠佳。石坊普拍枋截面下部呈枭混线收入，以与柱相接。

(三)屋面

新安明代中叶前期石坊多作悬山屋顶，仿木构之举折作平缓曲线，由一石或二石拼成，上刻瓦垄、勾头、滴水，下刻檐椽、飞椽。至明正德、嘉靖年间，石坊盛行歇山顶，屋面呈折板状，下部檐板坡度很平，上部金板较陡。平缓的檐板承担金板的推力而不易下滑，结构更为坚固，同时取得屋面高耸的效果。石坊屋角有微翘，歙县郑村贞白里坊歇山屋角还隐出弯曲之角梁。

屋面吻兽多用鳌鱼，吻兽偶有使用云头的，如歙县郑村贞白里坊和建德市龙泉村陈公之墓坊。建于明正德二年（1507）的歙县许村五马坊夹楼吻兽采用哺鸡，新安石坊中尚不多见。

二、雕刻与题字

(一)雕刻

新安石坊绝大部分都施以仿木构建筑彩画的雕饰，借助面的凹凸取得光影效果。潘谷西先生据宋《营造法式》雕作制度总结出石雕的八种品类，亦同样适用于石坊。八类分别为：混作——圆雕，如狮子靠背石；半混——一面贴地的圆雕；剔地起突——高浮雕；压地隐起——低浮雕；减地平钑——线刻，去地甚少；实雕——

① 采杜顺宝说，稍作修正。明《鲁班经》："屏风式……雕日月掩象鼻，桨腿。"文中"日月掩象鼻"乃"格"，即纹样、形状；"桨腿"，即屏风站牙。靠背石借用此名词术语，定作"日月掩象鼻"。详可参见王世襄编著的《明式家具》。

高或低浮雕，不去地；平钑——线刻；素平——无花纹。① 石坊雕刻彩画主要集中在上、下枋，明间下枋是最主要的部位，其通行式样是如意头式，构图分枋心与藻头两部分。明代早期已形成如意头彩画的雏形，如歙县徽城尚宾坊上枋如意头与双凤朝阳图混为一体，枋心、藻头界限不甚分明，下枋彩画出现枋心、藻头二段结构。明弘治至嘉靖年间，彩画与石作相结合，成功运用了起突石雕，上、下枋细部做法上，还保留明早期椤线做法，如意藻头则很少见。典型实物有歙县郑村贞白里坊、棠樾慈孝里坊、许村双寿承恩坊等。万历年间，如意藻头彩画居于主导地位，起突石雕则仅作枋心雕刻内容。歙县徽城大学士坊两端藻头与枋心的比例各约占额枋1/3，接近清式彩画的规格，典雅的风格可为代表。万历末，彩画日趋简单，直至清初，如徽州区唐模圣朝都諫坊。此后石坊上、下枋多作素作，如歙县棠樾牌坊群清乾隆以后的石坊，可证明清之际石坊彩画从日渐简化直至消亡的发展过程。② 石坊雕刻内容早期多花卉鱼鸟，中叶几乎都是双狮戏珠、凤穿牡丹、麒麟曜日之类。

歙县徽城镇（明）大学士坊石雕

① 潘谷西，何建中著．营造法式解读[M]．南京：东南大学出版社，2005.10.
② 刘淼．徽州明代建筑彩画[J]．文物研究．1988.(4).

石坊彩画还施于普拍枋及柱子，多作云纹、搭袱和琐文，纹样达数十种之多。冲天柱还雕云鹤图案，石坊雕刻中尚不多见。建于明成化十五年（1479）绩溪县岩前村进士第坊，在花岗岩石柱枋上绘有彩画，虽历经五百多年风雨，仍依稀可辨，在新安石坊中尚属孤例。雕刻方法因时代和石材不同而有所变化，明中期以前石坊多用砂岩，质地较软，故雕刻多用半混、高浮雕、粗犷雄浑，华丽大气，如建于明正德年间（1506 ~ 1521）的歙县槐塘龙兴独对坊，建于明中叶（1448 后）屯溪区湖边的（歙县徽城江氏）世科坊。明末清初以后，石坊多用凝灰岩，俗称茶园石。这种火山碎屑凝灰结构具有沉积岩特征，强度较高，所以雕刻主要为浅浮雕、实雕、线刻，间施高浮雕。石坊雕刻彩画构图严谨，图案典雅，刀法娴熟，线条明快，寓意吉祥。石坊雕刻模写彩画，反而比彩画耐看，其光影效果更胜一筹。歙县徽城大学士坊、建于明万历五年（1577）的歙县殷家村大司徒坊，以及清康熙的圣朝都諫坊，其石雕艺术均是上乘之作。明代石坊的圆雕狮子也颇富人情味，既威猛又可爱，雄健有力，威武传神，已趋于喜庆、吉祥之意的表达。清雍正十三年（1735）建造的歙县徽城（吴氏）世科坊，每块底垫石上雕两头卧狮，态势生动，类宋《营造法式》所载半混雕兽形柱础和狮子角石的做法，新安石坊中仅此一例。

(二)题字

新安石坊的题字是重要内容，坊名都刻在明间的显著位置上。里坊门、标志性的牌坊，建坊地段或建筑群之名即为牌坊的名称，如贞白里坊、忠烈祠坊、登封桥坊。纪念性牌坊往往将被表彰者的姓名或官名作为牌坊之名，如大学士坊、荆藩首相坊、圣朝都諫坊等。也有将被表彰的内容作为牌坊标题，如棠樾牌坊群，主要表彰主题是忠孝节义，故牌坊主标题按进村方向，依次为：官联台斗坊、人钦真孝坊、脉存一线坊、乐善好施坊等。字碑还是艺术价值很高的书法刻石，大多采用锓阳手法，琳琅满目，美不胜收。如歙县徽城大学士坊题额相传为明代书画家董其昌所书，清乾嘉时期诗人吴梅颠《徽城竹枝词》诗有句云：“八脚牌楼学士坊，额题字爱董其昌。”董的书法“圆劲苍秀，颜骨赵姿”，是一位综合晋、唐、宋、元各家书风的集大成者，其擘窠大字，疏朗匀称，力追古法。

第四节 新安牌坊的建造

明清时期牌坊施工，工匠多凭经验备料、建造，经世代相传渐趋定型，从而得出一套固定算法，方便易行。建造起来的牌坊结构较牢固，形象也较完整，从而能基本保证技术和艺术质量。《牌楼算例》就分别记载了清代几类牌楼各部分的尺寸和做法，这是20世纪30年代中国营造学社收集到的老工匠手中抄本。散落在民间的新安石坊营造算例，目前很少发现。笔者曾见过一种残页，画有石坊示意图，并列出各种构件尺寸，如“中柱四张，梅花锦文。长六尺七寸，阔八寸五分。锦画至顶”。关于徽州传统四柱三间三楼石坊的建造程序，第一批国家级非物质文化遗产项目“徽州三雕——石雕”代表性传承人冯有进总结为5条，简介如下：

1. 取料：一般就地取材，在矿山上开采后，按所需尺寸再次进行人工切割；

2. 放样：直接在石材上绘制图案；

3. 雕刻：用錾子等手工雕刻工具进行打坯、分层雕刻、打磨等；

4. 安装：柱座→中柱→边柱→抱鼓石→雀替→明间下枋→次间下枋→花版→字碑→明间上枋→次间上枋→次楼斗栱→次楼歇山板→次楼檐板→正楼斗栱→正楼歇山板→正楼檐板→脊

5. 修整。

20世纪80年代，杜顺宝先生曾对徽州20座明代石坊进行实测，并整理归纳出三类代表当地不同时期造型特征的明代石坊各部分的比例，明代工匠计算石坊各部分尺寸的算例大概与此相近。

石坊构件笨重，动辄数千斤，古代建造石坊吊装十分艰巨。陈从周先生认为：“自施工有盘（绞）车（滑轮），吊装石料始具备条件，则重以千斤之巨石可缘架而升，石牌坊遂风行于世，尤以明中叶后为多，其与技术、工具之改进息息相关也。”[①] 清乾隆时期淳安知县刘世宁所撰《重修文献名邦坊记》中说：“自建五丈石而加之雕文刻镂，夫于指竹木千头，然后辘轳邪许以上”。邪许，石坊吊装时的号子声。明末以后，新安石坊多用淳安茶园石，刘文所记，亦新安石坊施工实况。

---

① 陈从周著：梓室余墨 陈从周随笔[M].北京：生活·读书·新知三联书店，1999.

新安石坊基础埋深一般较浅，但近年修复清乾隆二十五年（1760）屯溪区篁墩洛闽溯本坊时，发现其柱基深度均在2米以下，最深的达2.618米。

牌坊虽属建筑小品，但“坊之多而知风化之美”，新安牌坊是当地经济文化发达的标志。21世纪初，楼庆西先生曾说过：“在中国改革开放的大好形势下，随着经济和建设的发展，中西文化的交流和地域文化的复兴，古老的牌楼又受到人们的喜爱与重视。”[①]20世纪80年代，一座徽州传统园林春华园，作为中国的文化使节，在德国法兰克福市展示异彩，其大门即为一座石牌坊。2009年，首届十大“中国历史文化名街”名单公布，屯溪街赫然在列，而作为保持着浓郁地方传统文化特色的老街标志，也是一座石牌坊。2012年，歙县徽州府衙修复工程竣工，为黄山市赢得首项国家优质工程鲁班奖，其空间序列中的第一道门，即为承宣坊——一座重建的明弘治十六年（1503）木石组合牌坊。新安明清牌坊“不但仍旧具有标志性和纪念性的功能，而且又增加了一种象征性的作用”。牌坊成为一种符号，“一种代表中华传统文化的象征符号，担负起了历史的新使命”。

第五节 新安牌坊实例

一、檐楼式牌坊

(一)棠樾牌坊群之慈孝里坊、孝行坊

位于歙县郑村镇棠樾村东首，古代有道路通往徽州府城。牌坊群共有7座石坊，按入村方向由东至西依次为：官联台斗坊、人钦真孝坊、脉存一线坊、乐善好施坊、矢贞全孝坊、慈孝里坊、孝行坊。前五坊为四柱三间三楼冲天柱式，后二坊为四柱三间三楼檐楼式。其中明代建造的三座，清代建造的四座。最早的是慈孝里坊，约建于明初（1420后），最迟的是乐善好施坊，建于清嘉庆二十五年(1820)，前后历经300余年。明清时期，棠樾村口建筑蔚为大观，尤其是清代乾嘉年间(1736 ~ 1820)，徽商荣归故里而大兴土木，鲍氏一家三代盐业巨商——鲍志道、鲍淑芳、鲍均，成

① 引自：楼庆西著.中国小品十讲[M].北京：生活·读书·新知三联书店，2004.6.

为这时期棠樾建设的最大投资者，乐善好施坊即为旌表鲍淑芳、鲍均父子义行所建。牌坊群南临棠樾水口，长堤一线，牌坊矗立，古梅夹道，平畴绿绕，形成气势恢宏的村口景观。牌坊表彰“忠、孝、节、义”，形象地反映了儒文化对徽州的深刻影响。

棠樾鲍氏家族虽为巨户富商，仍俭朴自奉。所建牌坊不事奢华，甚少雕琢，多为素平。但规模之大，气势壮观，现存牌坊，无出其右。2000 年，孝行坊落架大修。2002 年，慈孝里坊和官联台斗坊、矢贞全孝坊相继落架大修。

慈孝里坊为纪念鲍宗岩和鲍寿孙父子而立。白砂岩石质，后世曾以茶园石进行修缮。四柱三间三楼檐楼式，宽 8.6 米，高 8.9 米。碑额刻“御制”两大字，两侧刻有永乐皇帝朱棣的御制诗。字碑书“慈孝里”3 字。慈孝里坊建于明初，是徽州现存最早的牌坊，明弘治十四年（1501）重整，清乾隆十四年（1749）重修。后世风化严重，修整时原貌改变较大。

孝行坊为纪念鲍灿而立。建于明嘉靖十三年（1534），清乾隆四十一年（1776）重修。四柱三间三楼檐楼式，宽 10.3 米，高 9.11 米，白砂岩石质。后世修缮时，局部更换为茶园石。坊额刻“圣旨”2 字，坊素平，字碑刻“旌表孝行赠兵部右侍郎鲍灿”。石坊两次间下枋半混雕狮子滚球，为明代中期遗物。

(二)尚宾坊

尚宾坊，位于歙县中学校园内，原在明江衷举人第的门前。该坊建于明成化十二年（1476）。二柱一间三楼檐楼式标志性石坊，宽 4.19 米，高 7.57 米，白砂岩石质。南面字牌镌“京闱乡贡进士江衷之门”10 字，上枋雕双凤朝阳图，下枋雕跃鲤纹饰，字碑镌“尚宾”2 字。北面字碑镌“风云庆会”4 字，下枋雕牡丹纹饰，上枋雕仙鹤翔云图案。

尚宾坊是徽州牌坊建造年代较早，且保存较完整的一座。其转角铺作由一石凿成，作 45° 斜栱及枫栱，刻意模仿木斗栱形象。其上架三角形石板象征云头以承托屋面板。这是汉石阙斗栱做法的发展，符合石结构的叠砌原则。靠背石采用日月掩象鼻纹样，卷曲流畅，富于弹性。屋面举折平缓，正楼歇山，边楼悬山，正脊鳌吻，垂脊收头用筒瓦头，正楼屋角微翘，隐出弯曲之角梁。上、下枋彩画施半混合剔地起突雕刻，枋下替木亦有雕饰。

歙县城东(明)尚宾坊实测图

(三)进士第坊

进士第坊，位于绩溪县浩寨乡（今长安镇）冯村，为里人冯璐立，进士第坊建于明成化十五年（1479）。四柱三间五楼檐楼式，是徽州该类型牌坊中最早的一座。花岗岩石质。面阔 8.2 米、高 8 米。坊额为“恩荣”匾，字碑刻“进士第”3 字。

进士第坊铺作出 45° 斜栱，由一石整体凿成，其上架三角形石板作为耍头或梁头的象征承托屋面板。方柱抹角，有收分与侧脚，靠背石采用日月掩象鼻纹样。正楼、次楼及夹楼皆歇山屋顶，正脊鳌吻，戗头灵芝卷草。当心间的开间和下枋高度大于次间，上、下枋彩画施半混合剔地起突雕刻，次间下枋用丁头栱，上承替木，当心间丁头栱被鱼吐水雀替取代。该坊在花岗岩石柱、枋上绘有彩画，虽历经 500 多年风雨，竟依稀可辨，在新安石坊中尚属孤例。

(四)贞白里坊

位于歙县郑村一巷口处，原名善福里。坊始建于元末，明弘治十二年(1499)重立，明嘉靖六年(1527)重整，清乾隆二十年(1755)重修。贞白里坊旧曾设门，柱内侧有立颊卯。该坊是徽州为数不多的坊门遗存。坊门，属于建筑群的院门，或与墙垣连接，并于柱间设门。《事物纪原》：“坊，方也，言人所在里为方。”《说文》：“坊，邑里之名。”元代牌坊多用作坊门，这是牌坊原始本质的功能。徽州里坊门现存 7 座，贞白里坊则最具代表性。后世门坊实际上还具有标志性和纪念性功能，贞白里坊算是比较接近牌坊原始、本质功能的遗构了。

该坊石质以麻石为主，有红砂岩和白砂岩。二柱一间三楼檐楼式里坊门，高8.30米，宽4.19米，方柱抹角，有收分、侧脚，日月掩象鼻靠背石，下枋丁头栱已残，云纹脊。其偷心栱板为明中叶做法。上、下枋各雕“凤穿牡丹”和“双狮戏球”，构图洗练，典雅大方，惜剥蚀严重。坊上尚刻有《贞白里门铭》一篇，已漫漶不清。

(五)旌孝坊

旌孝坊位于郑村镇潭渡村。明弘治十二年（1499）建，为旌表唐末庐墓孝子黄芮而立。旌孝坊为四柱三间三楼檐楼式，纪念性孝行坊，宽9.5米，高11.7米。坊额书“恩光”2字，字碑刻“旌孝坊”。坊白砂岩石质，后世维修时有所更换。心、次间下枋等高，方柱抹角，有收分、侧脚，靠背石采用日月掩象鼻纹样。斗栱仿木构形象，计心，下枋丁头栱为重栱，上承替木。悬山屋顶，檐头浮雕勾滴，正脊鳌吻，橑檐榑等构件木质，石铺月台。坊素平，朴实大方。

歙县潭渡村（明）旌孝坊楼檐下的木构件

旌孝坊，明、清、民国均有修葺，前期多族人捐修，如明万历二十三年（1595）黄桥重修。清嘉庆十五年（1810）后多阖族公修。虽经历代修葺，但斗栱基本还是原形制，正楼双补间，次楼单补间，细部如上所述，弥足珍贵。

(六)忠烈祠坊及司农卿坊、直秘阁坊

郑村忠烈祠坊及司农卿坊、直秘阁坊位于歙县郑村西溪汪氏忠烈祠前。三坊建于明正德五年(1510)，清康熙三十二年(1693)重修。据康熙刻本《新安歙西沙溪汪氏族谱》图录记载，此三座石坊前面，原先还有一座世光坊。三坊横向并列，中坊稍后退，与两侧石坊成迎合状，三坊间以矮墙相连，三坊立于祠前，中为忠烈坊，崇祀汪华，左司农卿坊，为66世祖叔詹公而立，右直秘阁坊，为叔詹之子、直秘阁卿若海立。

忠烈祠坊四柱三间五楼檐楼式，白砂岩石质。通面阔8.64米，高9.58米。明正德后，徽州石坊斗栱逐渐简化，演变成分块拼装，形成出跳的偷心栱板与正心缝方向花板相拼合的模式化做法，该坊半混雕，靠背石尚未使用蹲狮，而是另置石狮于坊前。

司农卿坊二柱一间三楼檐楼式，白砂岩石质，通面阔4.06米，高8.32米。

直秘阁坊二柱一间三楼檐楼式，白砂岩石质，通面阔4.06米，高8.32米。

(七)龙兴独对坊

龙兴独对坊位于郑村镇槐塘村明儒唐仲实宅前，宅已不存。明正德年间(1506～1521)建，四柱三间五楼檐楼式，坊边柱中距宽7.8米，土衬石至明间正脊高10.4米，白砂岩石质。脊鳌吻，坊正面半混雕，粗犷雄浑，华丽大气，背面雕镂较简洁。当心间靠背石为蹲狮，边柱靠背石为日月掩象鼻纹样。在徽州现存石坊中，此坊最早出现蹲狮靠背石做法。上、下坊间字碑镌“龙兴独对”4字。坊额镌碑文一篇，记录明太祖朱元璋与唐仲实对话内容。

歙县槐塘村(明)龙兴独对坊

(八)奕世尚书坊

奕世尚书坊，位于绩溪县瀛洲镇龙川，建于明嘉靖四十一年(1562)。南北朝向，横跨官道，宽8.35米，高约10.00米，四柱三间五楼檐楼式，花岗岩石质，部分构件采用凝灰岩（茶园石）。该坊下枋当心间较两次间稍高，不同于三间下枋等高的四柱三间三楼檐楼式石坊。现存石坊中，约从明成化年间开始出现此种造型，如绩溪县冯村进士第坊。石坊方柱抹角，有侧脚，日月掩象鼻靠背石。上、下枋以茶园石作半混雕，镌龙、狮、麒麟、鲲鹏、凤凰，以及人物、山水、楼阁等图案，造型生动，技艺精湛。斗栱用昂。歇山顶，正脊皆透雕为菱形图案，用鳌吻，当心间正脊中置火焰宝珠。正楼坊额刻“恩荣”2字，盘以浮雕双龙戏珠。南北字碑，分别镌“奕世尚书”和“奕世宫保”。其书法遒劲流畅，为明代书法家文徵明书。

(九)双寿承恩坊

双寿承恩坊位于歙县许村水口，明隆庆二年（1568）建。四柱三间五楼檐楼式，高9.75米，宽7.25米，红砂岩石质。字碑刻“双寿承恩”4字，传为明代书法家董其昌书。坊为“征仕郎许世积孺人宋氏”夫妇立。许世积，生平多义举，乐善好施。妻宋德容，歙县上丰人。夫妇双臻高寿。坊额刻“恩荣”2字，雕双龙，上、下枋半混雕“狮舞绣球”“龙凤呈祥”“松鹤延年”“猴献寿桃”等12组图案，靠背石圆雕倒爬狮，全坊雕工十分精美。

(十)大司徒坊

大司徒坊位于尚书坊斜对面，明万历五年(1577)建。四柱三间五楼檐楼式，宽9.55米，高11.00米，凝灰岩石质。靠背石为倒爬狮，石坊布满精美华丽雕刻，额坊雕半混“双狮抢球”“双鹤翔云”“双凤朝阳”“麒麟曜日”等图案。生动细腻，技艺精湛。字碑刻“大司徒”“赠兵部右侍郎加赠咨政大夫户部尚书殷頫，封兵科左给事中赠兵部右侍郎加赠咨政大夫户部尚书殷鐄”。坊额刻“诰赠”2字，大司徒为官名，由《周礼》地方官司徒演变而来。唐代改称户部尚书，宋至清沿袭唐制。该坊由殷正茂为其祖殷頫、父殷鐄所立，极尽雕琢之能事。

(十一)荆藩首相坊

荆藩首相坊位于世界文化遗产地黟县西递村口。该坊建于明万历六年（1578），为表彰村人胡文光而立，属纪念性牌坊。牌坊西向，宽9.95米，高12.3米。四柱三间五楼檐楼式，采用当地出产的质地坚实、纹理细腻的东源大理岩——“黟县青”建造。

荆藩首相坊方柱抹角，边长60厘米。当心间用梓框，未设云墩，雀替下却置一横梁，类门枋。柱座长2.8米，宽0.8米，高1.6米。当心间二柱靠背石为高达2.5

米的倒爬石狮。两边柱靠背石为日月掩象鼻纹式，高2.8米。斗栱六铺作，一、三跳华栱偷心，二跳计心，出令栱，用枫栱。柱前后悬加官牌，雕镂八仙、文臣武将。柱表面雕菱花图案，当心间下枋雕五狮戏球，次间下枋雕“凤戏牡丹”“麒麟虎豹”“鹿鹤同春”等吉祥图案。字碑刻“登嘉靖乙卯科奉直大夫朝列大夫胡文光”。普拍枋上字碑东西两面分别刻有“荆藩首相”“胶州刺史”擘窠楷字。坊额“恩荣”2字两侧刻浮雕龙纹，屋面鳌吻、锡须。整座牌坊设计精巧，雕刻华美，寓意深刻，允为佳构。

黟县西递村（明）荆藩首相坊（张建平 摄）

（十二）员公支祠坊

员公支祠坊位于歙县昌溪村，员公支祠前，清嘉庆年间建，四柱三间三楼檐楼式木构牌坊，宽9.3米，高8米。牌坊为祠堂头门，单独设置，边柱外接有砖细清水短垣。木构为清中期做法，颇类徽州的元末至清代祠堂的五凤楼形式。坊圆形直柱，柱下为石柱座，前后用素板靠背石，不用北方木牌楼的戗柱。石作皆用凝灰岩（茶园石）。构架用通柱造，下枋琴面梁，有挖底，其上置单栱。明间正楼下枋上装木匾，上面镌阳刻“员公支祠”4字。正楼和边楼均在平板枋上置外檐斗栱，正楼双补间，边楼单补间。六铺作，两昂一杪，45°斜栱，里外跳同。一跳出枫栱，三跳出云头。假昂，连接于华栱头上，昂嘴作象鼻状。铺作承托罗汉枋、橑檐枋，枋上支檐。木作采用柏木，并刷生桐油防腐。屋顶皆为歇山，嫩戗发戗。黏土青瓦，檐口用勾滴花沿，三条正脊皆如意漏花砖一道，垂脊、戗脊为万字漏花砖一道，鳌吻，用走兽。边楼与明间夹山处用木博缝板，实雕福云，其上垂脊为缠枝牡丹，镂空砖雕，柱间安装槫柱，类梓框，上门额下地栿，木栅门，明间6扇，次间4扇。木坊为标志性牌坊，兼有门坊功能。整体比例协调，端庄简洁。木坊外为水池，内为祠屋，布局紧凑，相得益彰。元以后，徽州牌坊为石坊所替代，员工支祠坊作为清中叶木坊遗存，十分难得。

歙县昌溪村（清）员公支祠坊

二、冲天柱式牌坊

(一)金殿传胪坊

金殿传胪坊位于歙县城东桂林镇芳塘村中，始建于明弘治十五年（1502）。为褒奖当年胡煜考中二甲第一名进士，钦点金殿传胪选为翰林院庶吉士的荣耀而立。

坊面阔 8.35 米，高 10 米，四柱三间三楼冲天柱式，是徽州现存明清此类型石坊中属年代较早的。白砂岩石质，乾隆十七年（1752）重修时，一些构件易为茶园石。该坊当心间附以梓框。坊额刻“恩荣”2 字，字碑题“金殿传胪”4 字，下枋上字碑镌“进士第”3 字。据此推测，此坊后应有胡煜的进士宅第。该坊当心间下枋、次间下枋雕刻有太狮、少狮、莲花、鹭鸶、螃蟹、芦苇等半混雕，太狮、少狮，寓太师、少师；芦与胪同音，与莲花、鹭鸶、螃蟹雕刻在一起，寓意为一路连科、二甲传胪。半混雕粗犷、雄浑，构图强调对称，讲究装饰趣味。上枋等构件高浮雕喜鹊登枝、飞鹤祥云等图案，形象亦十分生动。

(二)尚书坊

尚书坊位于歙县桂林镇殷家村，建于明万历四年(1576)，四柱三间三楼冲天柱式，宽12.2米，高11.5米，凝灰岩石质。字碑刻“忠实勋庸”“尚书”“玉音”，为户部、兵部尚书殷正茂所立。殷尚书坊靠背石用素板，是徽州现存石坊中最早出现的做法。

(三)棠樾牌坊群之官联台斗坊、矢贞全孝坊、脉存一线坊、人钦真孝坊、乐善好施坊

位于歙县郑村镇棠樾村东首，古代有道路通往徽州府城。牌坊群共有7座石坊，按入村方向由东至西依次为官联台斗坊、人钦真孝坊、脉存一线坊、乐善好施坊、矢贞全孝坊、慈孝里坊、孝行坊。前五坊为四柱三间三楼冲天柱式，后二坊为四柱三间三楼檐楼式。其中明代建造的三座，清代建造的四座。最早的是慈孝里坊，约建于明初（1420后），最迟的是乐善好施坊，建于清嘉庆二十五年(1820)，前后历经300余年。明、清时期，棠樾村口建筑蔚为大观，尤其是清代乾、嘉年间(1736 ~ 1820)，徽商荣归故里而大兴土木，鲍氏一家三代盐业巨商——鲍志道、鲍淑芳、鲍均，成为这时期棠樾建设的最大投资者，乐善好施坊即为旌表鲍淑芳、鲍均父子义行所建。牌坊群南临棠樾水口，长堤一线，牌坊矗立，古梅夹道，平畴绿绕，形成气势恢宏的村口景观。牌坊表彰“忠、孝、节、义”，形象地反映了儒文化对徽州的深刻影响。

棠樾鲍氏家族虽为巨户富商，仍俭朴自奉。所建牌坊不事奢华，甚少雕琢，多为素平。但规模之大，气势壮观，现存牌坊，无出其右。2000年，孝行坊落架大修，2002年官联台斗坊、矢贞全孝坊和慈孝里坊相继落架大修。

官联台斗坊，为鲍象贤立。始建于明天启二年(1622)，清乾隆六十年(1795)重修。除立柱为白砂岩外，其余为茶园石。四柱三间三楼冲天柱式，宽12.08米，高11.84米，字碑正、反面分别书“官联台斗”“命涣丝纶”，下枋上字碑书“赠工部尚书鲍象贤”“明天启二年秋八月建”“大清乾隆六十年秋七月，裔孙宜瑗修”。这是一座旌表鲍象贤的功名坊。

矢贞全孝坊，清乾隆三十四年（1769）建，茶园石质，四柱三间三楼冲天柱式，宽10.93米，高10.5米。坊额题“敕建”，字碑上正反面分别书“矢贞全孝”“立节完孤”，此坊为“旌表故民鲍文龄妻汪氏节孝”。

脉存一线坊为鲍文渊继妻吴氏立，纪念性节孝坊。茶园石质，四柱三间三楼冲天柱式，宽12米，高12.12米，字碑上正、反面分别书“节劲三冬”“脉存一线”，

下枋字碑上刻“旌表故民诰赠朝议大夫鲍文渊之继妻诰封恭人吴氏节孝”。清乾隆三十七年（1772）旌表，乾隆五十二年（1787）建坊。

人钦真孝坊始建于清嘉庆二年（1797），茶园石质，四柱三间三楼冲天柱式，宽12米，高12.12米，字碑上正反面分别书“人钦真孝”“天鉴精诚”。下枋上字碑刻“旌表孝子鲍逢昌”。是一座纪念性旌孝坊。旌表时间为乾隆三十九年（1774）。

乐善好施坊为旌表鲍漱芳、鲍均父子而立，是纪念性义行坊。茶园石质，四柱三间三楼冲天柱式，宽11.95米，高11.7米。字碑正反面书“乐善好施”，下坊上字碑题刻“旌表诰授通奉大夫议叙盐运使司鲍漱芳同子即用员外郎鲍均”。嘉庆十九年（1814）奉旨旌表，嘉庆二十五年（1820）建，距今近200年。

(四)三朝典翰坊

三朝典翰坊位于歙县许村镇许村的村口，建于明崇祯十四年（1641）。花岗岩石质，四柱三间三楼冲天柱式，宽8.39米，高10.44米。该坊是为明朝泰昌、天启、崇祯间的中书舍人汪伯爵和汪德章父子而立。三朝典翰坊栱板已分两块制作，上为最后一跳及云头，呈三角形，屋面支承其上，表现出明末石坊斗栱分块拼装法的特点。坊表面素平，简洁大方。当心间坊额刻“恩荣”，南面当心间字碑刻“三朝典翰”4字，北面当心间刻“奕世承恩”4字。

(五)圣朝都諫坊

圣朝都諫坊在徽州区唐模村水口。建于清康熙二十五年（1686）。茶园石质，高12.23米，宽9.16米，四柱三间三楼冲天柱式。明间柱靠背石为混作（圆雕）石狮，边柱靠背石沿用明日月掩象鼻纹样，额坊饰以线刻写意花纹图案，风格秀丽，别具特色。坊额题“恩荣”，明间上下平板枋间字碑东题“圣朝都諫”，南题“同胞翰林”。

(六)洛闽溯本坊

洛闽溯本坊，位于屯溪区篁墩富仑山麓程朱阙里祠前，清乾隆二十五年（1760）建。四柱三间三楼冲天柱式，牌坊采用凝灰岩(茶园石)，基础采用红砂岩。总面阔9.1米。明间面阔4.2米，边间2.45米，明间总高11.675米，边间总高为10.375米。下枋为断面椭圆形冬瓜梁，有雀替，素板靠背石，下平板枋压于露明柱顶，明间冲天柱与上平板枋榫接，有中柱。檐楼置栱板、花板，屋面置檐板、金板、脊。下平板枋上字碑两面乾隆御笔题“洛闽溯本”4字，坊额龙纹中篆刻“宸翰”2字。石坊基础为红砂岩方整石，埋深均在2米以下，最深处达2.62米。

2018 年《篁墩村志》谓洛闽溯本坊，原为明万历四十年（1612）建于歙县湖田古圣堂之程朱阙里坊，清乾隆二十五年（1760）移至篁墩，并易北面字碑为“洛闽溯本”。然考诸历史文献及近期考古发掘资料，此说证据不充分，有待商榷。该坊毁于 1976 年，2019 年 80% 的构件被发掘出土。2021 年，石坊按“不改变文物原状”的文物保护原则，以原形制、原材料、原技术、原工艺完成修缮。

(七)松虬雪古坊

松虬雪古坊位于歙县溪头镇蓝田村水口，清乾隆二十七年（1762），叶天赐（扬州盐纲总商）为母汪氏诏旌而建的节孝坊。四柱三间三楼冲天柱式，宽约 8 米，高约 11 米，凝灰岩石质。该坊靠背石为日月掩象鼻纹样，与众不同的是，两边柱外侧各增一靠背石，共 10 块，增加了石坊稳定性。坊额刻“圣旨”，平板枋下字碑正背面各题刻“松虬雪古”“梅冷冰香”4 字，下枋上字碑题刻“旌表叶熙鼎继妻汪氏节孝之坊”，左右次间字碑刻当时有关请旌及监造牌坊官员题名。

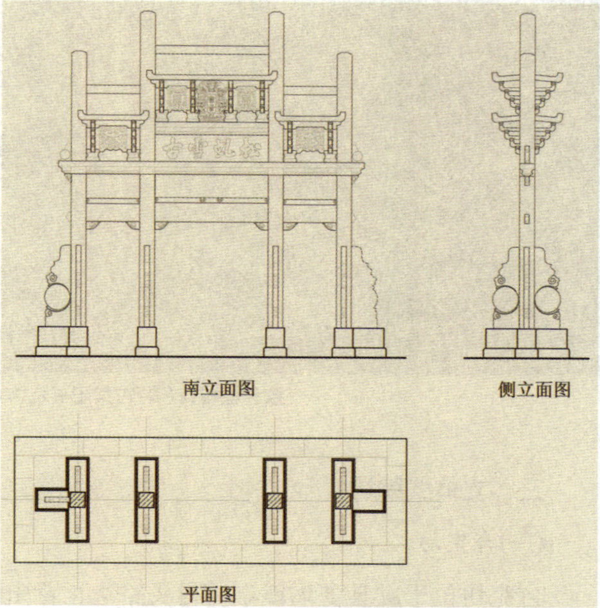

歙县蓝田村(清)松虬雪古坊实测图

与松虬雪古坊相邻的水口尚有石经幢、文昌阁、松谷亭等传统建筑（构筑）物，以及古树虬枝，共同构成古雅的蓝田水口景观。

(八)古紫阳书院坊

古紫阳书院坊位于歙县城东华屏山南麓，建于清乾隆五十六年(1791)。坊宽 4.4 米，高 6.5 米，二柱一间无楼冲天柱式，这是徽州明清遗存石坊中唯一一座此类型的石坊。该坊檐石上置葫芦形宝顶，替代火焰宝珠。形制古朴，外观简洁素雅，无累赘的装饰，摆脱了木结构的固有形式，具有石结构本身的特征。

歙县徽城镇（清）古紫阳书院坊（张建平 摄）

三、立体式牌坊

(一)台宪坊

台宪坊位于歙县富堨镇丰口村头路边，背山面水，骑道而立。该坊为四面四柱立体式石坊，口字形平面，每面均作二柱一间三楼檐楼式，边长 3.8 米，高 11 米。梁、柱用花岗岩，枋、板用砂岩。斗栱承檐，雀替雕饰花卉。柱下有础，不用靠背石，仿佛石亭。其形象丰富，比例良好，是石坊造型的一个重大突破。

台宪坊建于明嘉靖年间（1552 ~ 1566），南面字碑上刻“台宪”两大字，小字为云南按察司佥事“郑绮”。北面有“敕赠”“廷尉”“大理寺左寺副郑廷宣”等字，廷宣乃郑绮父，因子得封赠。西面有“恩荣”“进士”等字，东面无字。

(二)大学士坊

歙县大学士坊,俗称“八脚牌楼”,位于歙县徽城镇中和街,明万历十二年（1584）十月为里人许国立。大学士坊石质为沉积含砾凝灰岩，当地称“茶园石”。石坊平面呈“口”字长方形，为明中叶出现的立体构架式石坊，是牌坊造型上的一个突破。其南北柱中长 9.13 米，东西柱中宽 4.45 米，土衬石至明间冲天柱顶高 11.26 米。

四面八柱立体式，南、北二面作二柱一间三楼檐楼式，南面向许国府邸所在的打箍井街；东、西二面作四柱三间三楼冲天柱式，西面向徽州府衙东门。石坊骑街而立，形成街景的重要组成部分。该坊明间、次间下枋四面等高交圈，抹角方柱断面下大上小，且重心逐渐向中心微偏，故结构稳定，造型丰满。总体比例上，由于开间增大，明间、次间下枋等高，相应使楼、枋等组成的“实”部分构图高度下降，占柱高约 50% ~ 60%，而此前徽州明代檐楼式牌坊相同部位的比例约 70%，因此石坊造型更趋稳固得当。

大学士坊石刻花纹，仿木构建筑彩画，图案典雅，刀法娴熟。石刻彩画主要集中在额枋，构图分枋心和藻头两部分。枋心雕“瑞鹤祥云”“鱼跃龙门”“祥麟瑞凤”“龙庭舞鹰（武英）”“双报（豹）喜（鹊）”“三报喜”“凤穿牡丹”等。冲天柱雕锦纹、云纹，缀以姿态各异的翔鹤。12 块靠背石（抱鼓石）为狮子圆雕，形态生动活泼，部分狮子做倒立状，以增加石坊稳定性。柱座侧面皆镌各式獬豸图案。

大学士坊所采用的冲天柱式，无论在屋顶结构还是细部处理上，都比檐楼式牌坊有所简化，因此有较强生命力，也是顺应时代潮流的必然趋势。促使简化的原因大约有三：一是明中叶以后，建坊数量增多，不可能每坊皆从事繁杂的仿木雕凿；二是檐楼式石坊构造复杂，构件易损坏塌落，需探求更能符合石料受力性能与构造特点的形式；三是工匠艺术风尚有所改变，细部的处理不似明初至明中叶时那样推

歙县徽城镇（明）大学士坊

敲入微，创作思想趋于程式化。因此，大学士坊建成后，成为当地四柱三楼冲天柱式石坊的模式，影响垂范明清数百年，在牌坊发展史上作出了重要贡献。陈从周先生认为当地牌坊中“最著名者当推（歙县）城内明万历年间许国八柱石坊，为明中叶之典型代表作，据此可作其他建筑考订年代之证例，做法雕刻工整，而石狮尤生动。此种形式在全国近似孤例”。

大学士坊是纪念性建筑，作为记功，字碑题有“大学士”“少保兼太子太保礼部尚书武英殿大学士许国”“先学后臣”“上台元老”等表彰内容。

大学士坊建成至今已有 400 余年，除石质表面局部有风化现象外，由于保养维护得当，保存基本完好。20 世纪 90 年代，曾对石坊周围环境进行整治，并结合城市道路建设，将石坊处街道降至明中叶的路面标高，露出石坊柱座以下构造。2020 年 1 月，清洗石坊表面，对表层进行加固预防风化保护。

第四章　新安宗教建筑

新安江流域地理环境得天独厚，北有黄山，南有齐云山，中为盆地。新安江蜿蜒其中，自东南罅口而出，下游地区河流纵横分割特征较明显。这种独特的地理环境决定了新安宗教信仰的四大特点，即山区性、道场性、道学性和政教性。[①]新安地区的宗教文化主要有黄山的文殊菩萨信仰、齐云山的玄武信仰、新安程朱儒教信仰，以及民间的五显灵顺信仰。宋罗愿《新安志》云："新安多佳山水，又有前世许、聂遗风，以故人多好仙。"东晋大兴二年（319）僧天然在休宁万安水南村建南山寺，佛教开始传入。至唐宋时期，逐渐形成上述宗教信仰局面，并最终在新安地区形成了一个以儒教为主、以佛道为辅、以民间信仰为基础的复杂宗教信仰体系。

宗教建筑是具有宗教意义的文化景观，祠庙寺观是新安宗教最具代表性的物化形式之一。本章重点分析新安儒释道三教的建筑形制，即儒教的文庙，佛教的寺院，道教的宫观。儒教的祠堂，在本书第二章"新安祠堂"中有所叙述。佛塔，则在第六章"新安古塔"一章中有专节，故均不再赘述。

关于儒教是否为宗教，一般认为儒教非宗教，但具有一定的宗教性。新安儒教的宗教形式主要有坛壝、祠堂和庙学。其中庙学是祠庙与儒学的结合，最能体现儒教的宗教性质。本章儒教部分主要叙述其固定的祭祀场所，即新安地区府县庙学的文庙。另外，不少书院也祭祀新安地方先贤。这些祠祀使新安庙学带有浓郁的地方特色，体现了当地的程朱理学信仰。[②]

---

① 丁希勤著.古代徽州宗教信仰研究[M].芜湖：安徽师范大学出版社，2012.6.

② 同注释①。

第一节 儒教建筑

一、概述

(一)程朱儒教信仰

子曰："祭如在，祭神如神在。"丁希勤先生认为："神的维度就是宗教的维度,因而祭祀也就意味着宗教之成立"。[①]"原始儒文化的最基本表现形式就是祭祀"。[②]元明时期，孔庙属于国家祀典内容之一，各级所司必须在"每岁春秋仲月上下释奠行礼"（民国《歙县志》）。庙学是祠庙与儒学的结合，最能体现儒教的性质。在地方上，儒教存活于具体的宗教形式之中，单纯的儒学只是一种学术，并非宗教。高寿仙先生在《徽州文化》一书中指出,有些学者已注意到有必要将学界讨论的"儒学",与普通百姓中践履的"儒教"区分开来。他引用张鸣翼先生的观点："儒家文化在长期的社会传播中，实际上形成了三种既一脉相承又有明显区别的价值层面……分别称之为士林儒学、官方儒学和世俗儒学"。[③] 世俗儒学是官方儒学在民间的延伸和运用。

汉代定儒学为一尊，使其成为中国思想文化的正宗。元明以后，程朱理学被定为"国教"。此后，程朱理学成功地从官方儒学转为世俗儒学，迅速深入民间，彻底主宰新安人的思想和行为。清雍正年间的《茗洲吴氏家典》说："我新安为朱子桑梓之邦，则宜读朱子之书，服朱子之教，秉朱子之礼，以邹鲁之风自持，而以邹鲁之风传子若孙也。"新安理学是程朱理学的重要分支，它崛起于南宋，元代是发展时期，明代达到鼎盛，至清初衰落。程颢、程颐兄弟祖籍歙县篁墩，二程"胄出中山，中山之胄出自新安之黄墩，实忠壮公（即程灵洗）之裔"（明程昌《祁门善和程氏谱》）。朱熹,字元晦,别号紫阳,祖籍婺源县。南宋年间,朱子之学被改造为地道的官方儒学。明清时期，在歙县篁墩建"程朱三夫子祠""程朱阙里"和"洛闽溯本"坊。清康熙、乾隆帝还先后为歙县紫阳书院御书"学达性天""道脉薪传"匾额。

---

① 祭祀祖先的时候,便好像祖先真在那里；祭神的时候,便好像神真的在那里。(《论语·八佾篇第三》)杨伯峻编著.论语译注[M].北京：中华书局,1958.6.

② 柳肃撰文；摄影.文庙建筑[M].北京：中国建筑工业出版社,2013.10.

③ 高寿仙著.徽州文化[M].沈阳：辽宁教育出版社,1995.4.

南宋咸淳五年（1269），诏赐“文公阙里”于婺源，标志着新安儒教的形成。明万历年间三夫子祠的建立，标志着程朱理学信仰的最终形成。[①] 程朱理学信仰，因此成为新安儒教的重要内容。在朝廷推崇下，朱学在新安臻于极盛，徽州获得了“东南邹鲁”的称誉，朱子祠建于新安各府州县孔庙之东遂成为惯例。

（二）地方庙学与书院文庙

庙学是我国一项古老的教育制度，《礼记·文王世子》云：“凡始立学者，必释奠于先圣先师。”先圣、先师是中国古代思想家、教育家孔子的追谥号。文庙是专门祭祀孔子的祠庙，在长期的历史发展中，形成了统一的建筑形制和一整套祭祀规格。“自宋迄明，地必有学，学必有庙，而礼乐亦渐次明备，及至国朝（清），崇奉之隆、祀典之盛，超轶前古，彬彬然称大备矣”（清道光《徽州府志》）。据学者考证，我国最早的庙学约出现于东晋孝武帝时的“庙屋”。[②] 到唐贞观四年（630），诏令全国州县皆立孔子庙，凡办学处就有文庙。宋罗愿《新安志》载歙州的“先圣庙及学，自唐至国朝（宋）在城之东北隅”。宋绍兴十一年（1141）重建，“左庙右学，规制雄丽，愈于他郡”。嘉定十一年（1218），“增置祭服二十余袭，每释奠，环珮肃然”（明弘治《徽州府志》），有一整套祭祀礼仪制度。明万历《严州府志》载：“睦州（后改严州）文庙旧在府治东南隅，宋雍熙二年，知州田锡迁西北隅。景祐中，知州范仲淹建堂宇、斋庑。”这也许是开了“庆历办学”之先河。除歙、睦二州外，新安各县亦相继建庙学：歙县始建于南唐保大八年（950），休宁县、婺源县同建于宋庆历年间（1041 ~ 1048），祁门县建于宋端拱中（988 ~ 989），黟县建于宋初，绩溪县亦建于宋，建德县建于宋嘉定八年（1215），淳安县建于宋至道三年（997），遂安县建于宋嘉祐中（1056 ~ 1063），寿昌县建于宋崇宁中（1102 ~ 1106）之前。[③]

中国古代的教育和办学体制有官办和民办区别，各地的府学、州学、县学属官办，即学宫；书院属民办。两者的建筑设置和祭孔形式不同，学宫文庙和书院祭孔的殿堂也有所区别，前者不仅具有祭祀和纪念意义，更重要的是学宫文庙为国家颁布伦

---

① 丁希勤著.古代徽州宗教信仰研究[M].芜湖：安徽师范大学出版社，2012.6.

② 据台湾高明士《传统庙学制的特质及其现代意义——“文化中心”地的再思考》，我国最早的庙学大约出现于东晋孝武帝时的“庙屋”，到北魏孝文帝时开始在国子学中建立孔子庙，唐太宗贞观四年诏令全国县学皆建置孔子庙。详见丁希勤著.古代徽州宗教信仰研究[M].芜湖：安徽师范大学出版社，2012.6.

③ [清]丁廷楗，卢询修；赵吉士等纂.影印本.[清]康熙徽州府志[M].合肥：黄山书社，2009.10.徐吉军主编.严州文献集成.第一册[M].杭州：杭州出版社，2020.1.

理政教的象征，故其讲堂多称作“明伦堂”，而后者祭孔纯粹是崇拜和纪念孔子。在建筑上两者区别亦很明显，学宫文庙是当地最高等级的、最壮观的建筑，享受皇家建筑的礼仪待遇，超过地方政府衙署规格。而书院祭孔，在礼制等级上不能与官式建筑相比，一般都是在书院内专辟一殿堂祭祀，规模小的书院则在讲堂内设孔子牌位。

从唐宋开始，官办的地方学校中均须建文庙，到清末，全国有文庙1560多座，这些都属于地方文庙，一般有府、州、县三级。庙和学建在一起，故称庙学。庙学功能区有二，即供师生祭祀先师的孔庙和教学、住宿的学校（府学、州学、县学）。孔庙是学校的信仰中心，学校是文庙存在的依据。地方文庙的性质是学庙，曲阜孔庙和衢州南宋孔庙则是孔子家庙。地方文庙的发展可以分为三个阶段：第一阶段，汉至唐、五代的初创阶段。唐代各地庙学合一的格局基本形成，因学设庙，庙在学中。第二阶段，宋至元的发展阶段。孔庙和学校的功能更加明确，逐渐形成前庙后学布局。第三阶段，明至清的定型阶段。文庙到明代中后期已基本定型，并从学宫中分离出来，形成一个单独的院落。[①]

我国书院在唐五代已初具规模，到南宋发展成熟，进入制度化的确立阶段。明正德、嘉靖年间和清乾隆、嘉庆年间是新安书院发展的两个高峰。清康熙《徽州府志》云：“新安讲学书院较他郡为多。”据《徽州教育》一书统计，徽州共有书院93所，严州府的建德、淳安、遂安、寿昌四县亦有书院26所，总计明清时期新安有书院119所。其中歙县紫阳书院、西畴书院，休宁县西山书院、柳溪书院、秀山书院，祁门县白杨书院、淳安县瀛山书院等是当时新安理学家讲学之地。而休宁县还古书院、天泉书院，歙县斗山书院，黟县中天书院则是阳明学派中心。书院可分为民办和官办两类，而以民办书院为主体。从主创者、经费来源和经营管理方面来看，除徽州府属紫阳书院等少数几所书院可称官办书院外，其余书院大多皆为民办性质。书院是民间教育机构，兼有讲学、藏书、供祀三大职能。其中书院祭祀活动深受佛教礼佛和古代学校中释奠、释菜之礼的影响。祭祀的对象有三类：一是儒家先圣、先师、先贤，二是本学派的创始人或代表人物，三是对本书院有贡献的相关人物。新安朱子之学的繁盛使朱熹进入了与孔子并肩的圣人行列，因此新安各地书院都设有专祠祭祀朱熹及其弟子，构成了新安书院祭祀的灵魂和核心。对于书院教

① 张亚祥著.江南文庙[M].上海：上海交通大学出版社，2009.

育来说，祭祀是一种榜样的示范。

二、新安庙学的形制

(一)庙学布局

地方文庙一般位于府、州、县治所城中，大多邻近地方衙署。文庙中孔庙与学宫的平面布局主要有以下三种 ：

1. 前庙后学

明代以前的县庙学多为这种布局。新安地区的严州府，以及歙、祁门、淳安、寿昌等县庙学，皆为前庙后学布局。如严州府庙学，明万历《严州府志》载 ：

> 其庙制，中为先师庙，翼以两庑，前为庙门、泮池、棂星门，左为名宦、乡贤祠，右为启圣祠、敬一亭。学前二坊曰礼门，曰义路。由学门而入，中为明伦堂，东西四斋曰时习，曰近思，曰克己，曰笃志。后为奎壁联辉堂、魁星楼、教授廨，左训导廨，旁为学仓，右训导廨三。

民国《歙县志》载歙县庙学大略为 ：学宫依山建筑，后为明伦堂，堂下两斋，东成德，西达材。正门外阶下为横路，路两端垣而门之，左达乡贤祠，右达古问政书院。明伦堂后为训导廨，偏左为尊经阁，堂东为崇圣祠，堂之前为大成殿。殿前有两庑，

清道光《歙县志》中的《儒学图》

前辟三门，中曰大成门。再前为棂星门。门右为儒学公署，署前辟方形泮池，架石桥以达正门。门外立科第石坊，坊前为衢，跨衢建二坊，东曰腾蛟，西曰起凤。衢南为泮池，亦称半月池。再南“风化之原”坊在焉。周围皆垣，南垣之外即圭山巅筑“文笔峰”砖塔。

2. 左庙右学

这是明清地方文庙定型后的正规布局。周礼尚左，“匠人营国，方九里，旁三门，国中九经、九纬，经涂九轨。左祖右礼，面朝后市”（《周礼·考工记》）。根据“左祖”原则，孔庙应建在学宫之左，即东侧。新安地区的徽州府，以及休宁、黟、遂安等县文庙，皆为左庙右学布局。徽州庙学在“（宋）宣和中焚于睦寇，绍兴十一年汪内相（藻）始复营建，左庙右学，规制雄丽，愈于他郡”。清康熙《徽州府志》载：

> 府学在察院西。中为明伦堂，堂东翼思诚斋、明善斋，西翼持敬斋、进德斋。堂东学仓、尊经阁、馔堂，迤南号舍。堂后教授宅一，训导宅一。……由甬道出仪门，由仪门出学门。先师庙在明伦堂东，庙前砌石为台，台前设立三陛，翼以扶栏。从以两庑南，戟门、泮池、泮桥，又南棂星门。神厨、宰牲所皆在泮池之东。……启圣祠在号舍东，敬一亭在明伦堂后……射圃亭在学东。

另该志载，朱子祠在明伦堂右，名宦祠在文公祠左庑，乡贤祠在文公祠右。

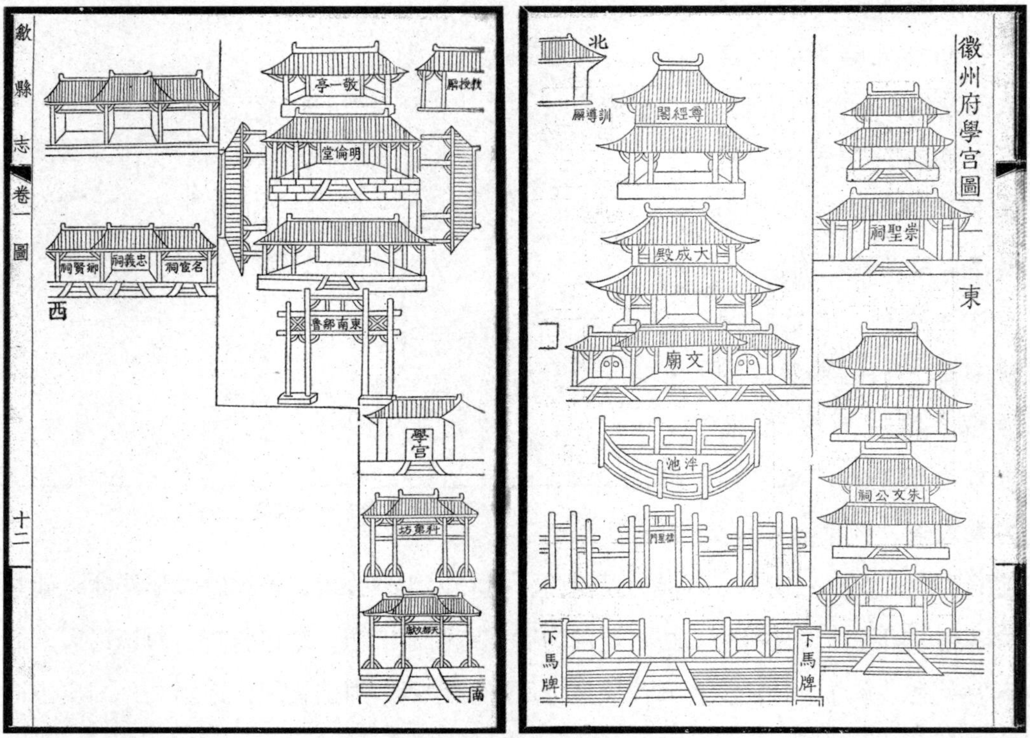

民国《歙县志》中的《徽州府学宫图》

3. 左学右庙

这种布局可能是受到曲阜孔庙、孔林中尚右的影响，孔子为殷人后裔，他从殷制尚右。南宋时的都城也是左学右庙，故此布局在南方有一定影响，新安地区的婺源、绩溪、建德诸县庙学布局皆如此。清康熙《徽州府志》载："绩溪县学在县治西，中设明伦堂，在文庙左。"

清光绪《建德县志》中的《学宫图》

(二)文庙形制

孔庙建筑经长期发展，形成了一种统一的程式，其基本形制是：大成殿居中，殿前有月台，左右为东西庑，殿南为大成门（或称戟门）。主院落前为棂星门，泮池在门内或门外，照壁（万仞宫墙）或设或不设。大成殿后为崇圣祠。此外，中轴线上设有名宦祠、乡贤祠、忠义祠、孝悌祠、更衣所、神厨、祭器库等。新安人极尊崇同乡大儒朱熹，各府县文庙内还建有朱夫子祠。孔庙平面布局一般有标表建筑、主体建筑、从属建筑三大部分。

1. 标表建筑

这是文庙的前奏部分。其主要建筑有照壁、泮池、棂星门、礼门、义路、牌坊等。照壁、棂星门和牌坊组成了庙前广场。照壁，又称"万仞宫墙"或"数仞宫墙"。典出自《论语·子张篇第十九》，子贡曰："譬之宫墙，赐之墙也及肩，窥见室家之好。夫子之墙数仞，不得其门而入，不见宗庙之美，百官之富，得其门者或寡矣。"后人将数仞改为万仞，以彰显对孔子的敬仰。照壁的功能是挡煞气和标榜文庙建筑，但并非形制所必须，设置与否，一般因地制宜。清光绪《淳安县志》载："栏外宫墙数仞。"而新安地区其他府、县多不设照壁。棂星门是孔庙中的第一道门，源于北宋，明中叶以后，文庙中设棂星门成为制度。清余兆在《圣庙通记》中认为"圣庙亦设是者，所以尊夫子通天地也"。新安各府、州、县文庙的棂星门大多是三座一间二柱冲天柱式石坊，中间连以短垣。唯徽州府文庙是三座三间四柱冲天柱式石坊并置。棂星门外由多座牌坊组成广场，具有标志性和纪念性功能。歙县文庙棂星门外"石建科第坊，邑人以鼎甲传胪、会元、解元显著者，咸镌名其上"。坊前跨街二坊，东腾蛟，西起凤，一门三坊围合成一小广场，在半月池南尚有“风化之原”坊，从而增加了空间层次。

原遂安县儒学外景（蒋其海藏）

棂星门前或门内设有半圆形水池，称为“泮池”，这是文庙的一种特有形制，是地方官学的标志。“鲁颂曰：‘思乐泮水。’释者以为天子之学曰辟雍，大礼行礼之处，诸侯乡校之宫南东西有水，以其半之，故曰泮水。后世置郡比于诸侯，是以凡郡之学亦作泮池，仿鲁之制也”。[①] 周礼制，天子所立太学，四周环水，状如玉璧，称为泮池（半壁池）。秦废诸侯分封之制，后世遂以州县文庙比拟诸侯而设半壁池。南宋时期，泮池多位于明伦堂前，平面长方形。元代仍以矩形为主。明代中叶以后，在棂星门内外建泮池已成规制，泮池为半圆形，或近似半圆形。清沿袭明制，泮池上架石桥，名泮桥，或称状元桥。新安文庙泮池多为半圆形，歙县文庙有两处泮池，棂星门前“辟方泮，架石桥，以达正门”。另一处在街衢和风化之原坊之间，为半圆形泮池。现长方形泮池及泮桥保存尚完好。

2. 主体建筑

这是文庙的核心部分，处在中轴线的中段，由大成门、大成殿和东、西廊庑围合成廊院，不同于新安的天井四合院布置形式。大成殿是祭孔主殿，大成门是此院正门。

大成殿供祀孔子和四配、十二哲，是文庙中最重要的建筑。《孟子·万章下》：“子之谓集大成。”孔子达到了集古圣贤之大成的至高境界。县文庙一般 3 ~ 5 间，府文庙可达 7 间。重檐或单檐歇山顶，县文庙用青筒瓦，府文庙尚可覆黄色筒瓦。绩溪

① 张亚祥：《江南文庙》引（元）虞集《抚州路儒学泮池记》。

县学宫大成殿，系清乾隆四十二年（1777）重建，重檐歇山，遗存至今，是珍贵的实例。大成殿前两庑是供奉配享孔庙的先贤之处，间数不等，单檐硬山顶。月台位于大成殿前，是祭孔时的乐舞场地，石砌，围以石栏。清康熙《徽州府志》载："庙前砌石为台，台阶设立三陛，翼以扶栏。"三陛，三道台阶。大成门面阔 3 ~ 5 间，多为单檐硬山顶。

绩溪县（清）文庙大成殿外景

3. 从属建筑

主祀部分之外的配祀部分，主要有崇圣祠、朱文公祠、名宦祠、乡贤祠，以及忠义祠、孝悌祠等。崇圣祠是供祀孔子五世祖的祠堂，位于大成殿北或东北，清雍正二年（1724），诏令改启圣祠为崇圣祠，为避让殿后此前已建的敬一亭或尊经阁等建筑，按尚左原则，将崇圣祠建于大成殿东北侧。

以上三部分建筑沿南北向轴线对称布置，主要建筑物皆坐北朝南，布局规则方正，中轴对称。各单体建筑通过它们的空间位置、体量大小、建筑等级和装饰色彩的差异，构成一个主次分明、秩序井然的建筑群，集中体现了儒家序、正、和的思想。孔庙以其规模之大，等级之高，装饰之华丽，往往成为一个地方最华美的建筑。

(三)学宫形制

学宫常见形制多为明伦堂居中，堂前两侧翼或堂后附以若干斋，府学四斋，县学二斋。也偶有未按此制者，如徽州州学，宋代就辟有六斋。尊经阁位于明伦堂后，成为建筑群布局上的结束。儒学门、仪门两道在明伦堂前。官学还建有儒学署、教谕廨、教授厅、号舍、敬一亭、会馔堂、庖厨、射圃亭（或观德亭）等附属建筑。

明伦堂是学宫中最重要的建筑，是讲习经典和教育学生明白人伦之道的讲堂。一般 5 ~ 7 间，单檐硬山顶。歙县县学尚遗存有明伦堂及成德、达材二斋。

尊经阁是学宫中最高的建筑，一般两层，用以藏书。

儒学门是学宫南门，仪门是二门。前庙后学布局的庙学，一般仅设儒学门。

射圃、敬一亭均创自明代，清代所建的学宫中已不设置。

(四)书院文庙

书院是民间教育机构，以学术传播为主，科举为次，常是区域性的学术中心。书院兼有讲学、藏书、供祀三大职能，与此对应产生了讲堂、藏书楼、礼殿或祠堂三种建筑单体。书院文庙即建于书院中的孔庙，一种祭祀孔子的礼殿。祭祀活动是书院的一项重要内容，除供祀孔子外，往往还供祀本书院所尊奉的先儒大师，并常建特设专祠。如紫阳书院、东山书院、碧阳书院祀朱熹，问政书院、斗山书院祀程朱三夫子。这些祠祀使新安庙学体现了程朱理学信仰，具有浓郁的地方特色。礼殿一般 3 ~ 5 间，是书院中最高等级的建筑。官办大型书院内的先圣殿，有的逐步发展为孔庙，也有一定的形制和规模。如清康熙《徽州府志》载：元至元十五年（1278），按察副使奥屯希鲁“以（紫阳）书院地与古郡学地两易”，“为先圣庙，前门后殿各三楹，而从祀之庑各倍之。讲堂东西斋庑之数，视庙制而在其西。……‘昔之书院，向挟紫阳山于其左，今之书院，若庙若祠若堂，皆南向，得紫阳山之正’”（元方回《徽州重建紫阳书院记》）。书院旁建独立文庙的在国内较少见，盖紫阳书院自宋代开始就是全国著名书院，宋理宗尊崇朱熹为书院题额。故自南宋以迄明清，紫阳书院一直都是官学化的典型。①

讲堂是书院最重要的建筑，书院大部分的讲学活动都在此举行，这和官学以大成殿为中心不同。讲堂多为 3 ~ 5 间，前置一开阔的活动场所，以便开讲前向先师行礼。藏书楼，明代多称为尊经阁，体量与普通建筑有所区别，是藏书建筑的主要形式。而人们活动最多的斋舍建筑，却是书院中最简陋的建筑物。

书院建筑形制受当地的文化背景、地理环境影响，大致可分为自由式和规整式两种布局。据学者考定，作为授徒讲学、培育人才的书院出现在唐末五代时期，新安书院始建于北宋，真正勃兴则始于南宋朱熹返婺源省墓并讲学乡里之后。陈瑞、方英二先生认为，“书院教育的成型，与魏晋以来山林讲学与山林习业的风气大有关联”（《徽州古书院》）早期的书院往往“择胜地”“依山林”，作为安静读书、讲

① 陈瑞、方英著.十户之村不废诵读：徽州古书院[M].沈阳：辽宁人民出版社，2002.9.李琳琦著.徽州教育[M].合肥：安徽人民出版社，2005.

学之地，故常作自由式布置。如休宁还古书院，明万历二十二年（1594）建成，位于休宁城东的古城岩。创建时为选院址，颇费周折，“始卜白岳，则病祷祀；继卜凤湖，则病喧隘；三卜地乃选万岁山之左麓”（转引自2010年《休宁县志》）。此地“清流激湍，襟带左右，林壑幽邃，岩石耸秀”（清陈畗鑑《重修还古书院记》）。书院分三进，依山就势，逐进升高。

清道光《休宁县志》中的《还古书院图》

明代中后期，书院逐渐规则化，产生了规整式书院，其原因是书院逐步向官学化发展。但大部分书院仅轴线及建筑组成要素明确，建筑组合仍有一定变化。书院以讲堂为中心，中轴对称，以天井庭院组合。大门、讲堂、礼殿、藏书楼等主要建筑依次排列，有的书院，如歙县竹山书院还增设文昌阁。斋舍一般分布于轴线两侧，或前或后，各成院落，少则数间，多则上百间。歙县紫阳书院，始建于南宋淳祐六年（1246），理宗赐额。明正德十四年（1519），知府张芹改建于城南紫阳山，“为堂若干楹，肖文公像，……旁为两斋，东曰求志，西曰怀德，以居学徒。又即凭虚故址为堂，以别祀书斋。复以崇正、仰高树二坊于从入之途”（清汪佑《紫阳书院建迁源流记》）。紫阳书院为全国著名书院之一，为新安官办书院的代表。

三、庙学、书院实例

新安素为教育发达之地，唐宋以降，府学、县学、书院、塾学、社学遍布城乡，以致“十户之村，不废诵读”“自井邑田野，以至于远山深谷，民居之处，莫不有学、有师、有书史之藏。其学所本，则一以郡先师朱子为归”（元赵汸《商山书院学田记》）。

(一)徽州府庙学

徽州府庙学包括文庙和学宫。据明清《徽州府志》所载，自唐至宋，学址在府城东北角。宋太平兴国三年（978），迁城内乌聊山上。嘉祐四年（1059），迁府城南门内。熙宁四年（1071）、元祐初，两次来回迁徙，宋绍兴二年（1132），迁回府城东北角旧址，郡守黄诰撰记，礼部米芾书丹。宣和（1119～1125）中毁于兵燹。

南宋绍兴十一年（1141），知州事汪藻始复营建。左庙右学，学宫中设知新堂，辟殖、懋、益、裕、毓、定、觉、浩八斋以处学者；藏御书《周易》等48卷。淳熙十四年（1187）重修，文庙棂星门处有大池，如泮水之制，水上架石桥，长50步，约60米。又创建御书阁。淳熙十六年（1189），其中六斋名称改为上达、致道、适正、笃志、成德、资深。东西侧设教官办事处，中建有炉亭，专供岁末或冬季安放火炉，修习课业的学舍分列左右，并续增从善、时习两斋。时习斋后为讲堂，知新堂改称明伦堂。绍熙二年（1191），在学官当值房后开辟学圃，紧靠城墙建风雩亭，种松百株，并杂植花木，作为生徒课外休憩之所。嘉定十一年（1218），增置20余套祭服，每当举行祭奠时，佩玉叮当，严整恭敬。端平元年（1234），修缮学门和当值房。德祐元年（1275），因战事庙学被拆毁几近一半。元初，生徒解散，书版、祭器一类都不复存在。从礼殿到贡院，都成了军营。元至元十五年（1278），江东按察副使奥屯希鲁迁出庙学中所有驻军，以恢复学舍的原来礼仪，修建所有殿宇、讲堂、楼阁、斋庑，创建先贤阁。至元二十八年（1291），恢复了军营所占府学贡院的30亩基地，砌筑高墙为界，在空地上建文庙棂星门。大德四年（1300），重建讲堂，其他如修建小学、文公祠、景濂亭、思乐亭，整理祭器、祭服、大成乐，绘饰配享的先贤，聚集书籍，重刊《九经要义》等书，所有恢复工作全部展开。教授厅基址在清末文明坊侧。至正年间，教授陆得明用己资建大成殿。十二年（1352）火灾，房屋皆毁，唯此殿独存。十九年（1359），重建两庑。后二年两次火灾，大成殿犹幸存。二十三年（1363）重建两庑，次年（1364）建戟门，二十五年（1365）建讲堂。元至正二十六年（1366）建棂星门和门屋，缭以周垣，增建讲堂东西四间斋居。学宫后辟射圃以习弓箭，而门廊、斋舍、庖厨尚未具备。明洪武八年（1375），新建大成殿前的乐台，重建棂星门及泮池桥。次年（1376），再次装修两廊和思诚、明善、持敬、进德四斋。丹墀、戟门、道路、墙垣都进行了完善加固。射圃东建观德亭，大成殿后还建有三间仓廪。正统八年（1443），修复大成殿扩充用地，创建一新。正统十年（1445），知府孙遇相继完成前任未完的工程，并捐出己俸建府学仪门、东西两斋，砌筑讲堂前的泮池，以及礼殿侧祭器库的门墙、道路。原来的射圃在府学地块后，逼近城墙根，此次改建于学府东侧。成化四年（1468）知府周正修复大成殿，在殿后筑5舍安置教官居住，建楼房9间安排诸生徒住宿，又立科第题名碑。九年（1473），拆除明伦堂重新建造，堂东辅建3间，额曰“会友”。堂西下临荷池也建3间，额曰“观莲”。其两侧建楼3间，命名为奎光楼。三门四斋，鳞次而起。十八年（1482）府学重修。然而30余间号舍，低矮狭窄，坍塌毁坏，大部分生徒没有寄居的地方。殿中祀奉的塑像、门、庑等日渐损坏。弘治十四年（1501），彭泽节省不必要的开支，以及根据盐业专卖规定要求来往各地贩盐商人纳税，用以拓展用地。迁移射圃到府学之东，布置一亭，额曰“观德”，建馔堂，以及绘饰圣贤像，增建号舍100余间。正德九年（1514），因文庙逼近民居，而且正门开在侧边不合规制，于是迁移民居和当值房，径直经过中门，并疏浚泮池。嘉靖间，因大成殿前客寓墙高，而泮池低矮，棂星门内又窄又斜，于是将客寓迁到廉惠仓基址，棂星门则移建于横向高地上，又疏浚泮池，使池宽与棂星门相称。十一年（1532），诏增建启圣门、敬一亭。清康熙三年（1664），修府学，并建尊经阁、师儒等斋舍。九年（1670）修戟门，十二年（1655）重修大成殿。五十四年（1715），歙县人项宪、项絪父子捐资重修明伦堂、两庑和仪门。雍正三年（1725），项絪子道晖重修尊经阁和宫前东南邹鲁坊。十年（1732），重修崇圣祠、乡贤祠和棂星门等处。乾隆三十四年（1769），众绅士劝捐重修。嘉庆十二年（1807），盐运使鲍漱芳、掌四川道御史鲍勋茂等重修庙学，费赀白金1.4万余两。歙县人大学士曹振镛作记。嘉庆十六年（1811），鲍漱芳子均又捐资重建尊经阁和教授、训导两衙署。咸丰间，毁于兵燹。同治初，地方士绅组织筹工局重建。民国年间，毁于火。

府学机构设置为：宋置教授、学正、学录、直学；元增训导；明置教授一人，训导四人；清置教授、训导各一人。生员分廪膳生员、增广生员、附学生员三种。宋、元生员无定额。明洪武三年（1370），生员定额40名。清代廪膳生员40名，增广生员40名，附学生员每年在学政掌管的全省岁、科两次考试时，每次选拔25名，武学生每年一次考试，取20名。

府学学田，有地方捐入学产，计20户。每年教授、训导收租，以为薪水之费。清道光二年（1822），此项收入尽行充公，以为岁修之用。

(二)绩溪县庙学

2011年《绩溪县志》载：县庙学在城内良安路西段。北宋庆历四年（1044）兴学，原址在县治东。南宋绍兴二十五年（1155），知县滕膺增建，白州试艺给官田5顷。淳熙六年（1179），县令张杰建两庑三门讲堂直舍。嘉定中（1208～1224），知县王柟辟地重建直舍3间。宝庆中（1225～1227），知县赵时份重建大成殿，知县胡岩肖重修东西庑，知县俞任重立学门。元至元十三年（1276），毁于兵火。十四年（1277），教谕胡遂孙买民屋安奉圣像，后迁县治西。至大元年（1308），县尹张纲重建庙堂门庑斋舍。延祐五年（1318），县尹刘亨晋重建棂星门，甃讲堂地，造石泮桥。至正八年（1348），县尹孔文学捐俸辟两楹。

明洪武五年（1372），知县蔡美修棂星门，增建明伦堂，射圃等。天顺元年（1457），主簿黄俊重修大成殿5间，两庑各6间，中门5间。成化元年（1465），县丞臧昶修棂星门，易以石柱，泮池周遭甃石栏。成化十四年（1478），知县吴珏移射圃于学后西山，旧射圃立宰牲房。成化二十一年（1485），郭纴与主簿李延寿建馔厨、号房于两斋隙地。正德元年（1506），知县王育英重建朱文公祠。正德七年（1512），教谕敖钺详请迁建明伦堂，以旧堂址建文庙3大间，两庑各13间，庙前尊经阁5间，阁外两旁有斋明所各5间，宰牲所3间，神库、神厨各房2，外有泮池、石桥，桥前有泮宫坊，坊前有棂星门。正德九年（1514），熊侯修绩溪县庙学成。庙有大成殿，殿广15米。庑东西各13楹，庑南北神库各4楹。庙门5楹，门上有尊经阁，外左右有斋明所，中有泮池，池前有泮宫坊，坊前则棂星门。同年，殿悬“万世师表”匾，设孔子牌位龛座。嘉靖四十四年（1565），教谕周光重葺大成殿及两庑。万历六年（1578），知县陈嘉策重修文庙、尊经阁，并建东斋。万历八年（1580），知县郭四维重修大成殿。教谕端茂杞《重修圣庙学记》：“绩邑于徽属弹丸，而学宫宏敞巨丽几甲江南。”

清康熙十年（1671），知县刘滋重建大成殿。雍正九年（1731），教谕汤显忠重葺大成殿及两庑、戟门、棂星门。乾隆四十二年（1777），知县孙银槎倡议重建文庙。至乾隆四十八年（1783）建成殿堂5间，前筑露台，砌石栏。东西庑各7间，庑旁各2间，戟门5间，门东2间为斋明所，西2间为宰牲所。重浚泮池，修泮宫坊及石桥、围墙、棂星门。嘉庆九年（1804），邑人程鹤年重修戟门及东西围墙。庙前通衢东有储俊坊，西有毓才坊。

民国三十年（1941），县政府重修大成殿。民国三十一年（1942），孔庙遭侵华日机轰炸，幸存正殿15间、两庑18间、下堂5间、棂星门9间，祀器无存。民国三十五年（1946），县政府修复孔庙。抗战胜利后，庙为县医院所用。殿基260平方米。院内旧时植金桂、丹桂两株，长势盛旺。泮池、石桥尚存。

县学宫明伦堂，明洪武五年（1372），知县蔡美始建。正统十三年（1448），知县刘志扩建。嘉靖三十九年（1560），邑人胡宗宪捐资，知县林应雷重建堂7间。万历《绩溪县志》："明伦堂在县治西……东有进德斋，西有修业斋，前有仪门，匾曰行远登高。"清顺治十五年（1658），知县李之韡重修。雍正九年（1731），教谕汤显忠扩建。道光间（1821～1850），在其南增建考棚。光绪八年（1882）三月，修考棚，碑记尚存。光绪三十三年（1907），改设明伦两等小学堂，考棚改教室。民国二十九年（1940），改设县立初级中学。后几经改建，存考棚门楼与厅堂。门楼阔15.2米、进深5.8米，天井阔15.2米、进深5.7米，厅阔15.2米、进深8.2米。总建筑面积近300平方米。

大檠乡有孔庙香灯田2.7公顷，归教育租息项下统收。

(三)淳安县庙学

清光绪《淳安县志》载，庙学"在县治东南，中为大成殿，旁为两庑，前为戟门。戟门之左为菁莪祠，右为土地祠，为省牲所。前为崇台，台下故有泮池，今平之，而环其南以石栏。栏外宫墙数仞。东为云路，西为蛟腾凤起坊，棂星门则折而西向临街。街之西为泮池，前邑令杨公所改作也。棂星之旁，曰义路，曰礼门。殿后为明伦堂。其东为龙门，西为斋房，为谕宅。龙门北为诸生学舍。舍之外三元宰相旧额在焉。堂后为尊经阁。云路北为黉门。临于黉门之东者魁星楼。楼东北为崇圣宫。宫之左为忠义孝悌祠。楼后为训宅。又东为三祠堂。堂后为义学，为射圃"。

庙学沿革历史，清光绪《严州府志》则述之甚详：宋至道三年（997），县令孙说建。淳熙六年（1179），令陈晔构讲堂斋舍。嘉定九年（1216），令应与权拓地建棂星门。淳祐四年（1244），令赵崇皤辟二斋。五年（1245），邑士汪自明建魁星楼。宝祐二年（1254），知县石孝闻尽撤其旧。新之。置东西斋，方逢辰为记。元至元元年（1264），县尹杜明显重建礼殿。至正十一年（1351），达鲁花赤不刺金建明伦堂、两庑、戟门。明洪武十一年（1378），知县韩钝建堂庑，徐尊生为记。宣德三年（1428），教谕王端重建魁星楼。正统六年（1441），县丞王永为射圃，知县洪渊市地为尊经阁，未就。景泰四年（1453），知县刘著踵成之，即阁下为待问堂。成化元年（1465），知县邓廷瓒建观德堂。六年（1470），魁星楼毁，知县王衡重建，商辂为记。嘉靖三年（1524），知县姚鸣鸾重建名宦、乡贤祠。九年（1530），知县林峃建启圣祠、敬一亭。三十八年（1559），知县海瑞重建棂星门，增号舍。崇祯戊寅（1638），知县萧鸣美重修大成殿，茅坤为记。甲申（1644），教谕曹三仕、训导杜朱佐、汤有望鼎新堂构。

清顺治间（1644 ~ 1661），教谕冯绍元重建明伦堂。康熙间（1662 ~ 1722），知县刘可仕易殿栋梁，又于栋如重建两庑。康熙五十四年（1715），知县杨廷杰修葺殿庑，改浚泮池。雍正八年（1730）。知府张芳倡捐，委员董修堂殿，教谕成廷楫记略曰：“淳为睦州名邑，山川灵淑，代钟伟人。是以曩时泽宫较他邑特为宏敞，迨后兴废屡更，规制渐失其旧。楫于雍正六年（1728）莅事，见学中斋舍尽圮，弦诵旧址鞠为蔬圃，大成殿、明伦堂椽倾瓦泐，雨漏如注，殆涔涔难支。因于七年（1629）四月状白修葺，幸际郡侯张公力为仔肩，除割俸外设法经营得费若干，俾楫承令奉役。遂转任诸生及敦事者，鸠工选材，吉蠲兴作。计经始迄告成，凡八阅月，工虽巨而费不烦。向之忧危顿失，而弦诵亦可安矣。”其“教谕署在明伦堂后，训导署久圮。雍正三年（1725），训导朱士濂、生员方正宗等于魁星楼后建屋五间，今为训导署。射圃在学东”。

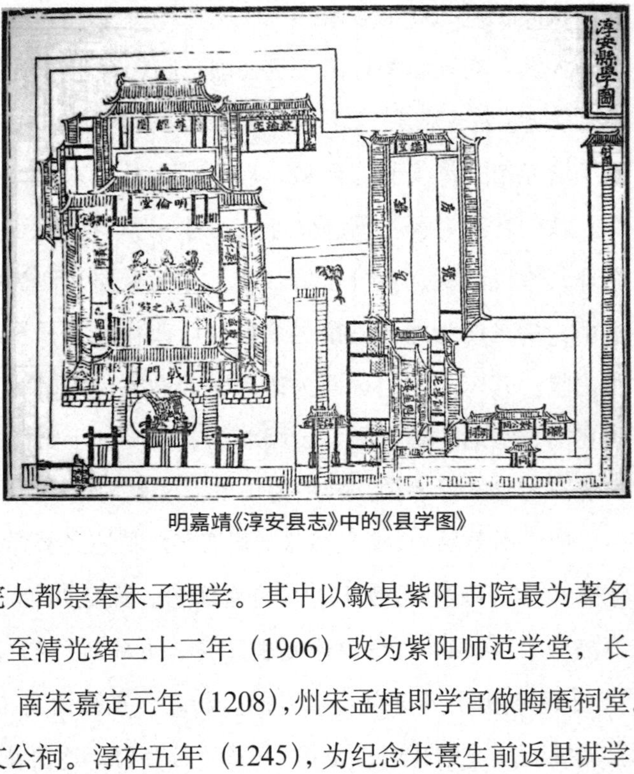

明嘉靖《淳安县志》中的《县学图》

(四)歙县紫阳书院

新安是朱子故里，所创书院大都崇奉朱子理学。其中以歙县紫阳书院最为著名，自南宋淳祐六年（1246）始创，至清光绪三十二年（1906）改为紫阳师范学堂，长达 660 年，始终为新安理学中心。南宋嘉定元年（1208），州宋孟植即学宫做晦庵祠堂。十五年（1222），县令彭方改建文公祠。淳祐五年（1245），为纪念朱熹生前返里讲学，郡守韩补在徽州府城南门外创建紫阳书院，宋理宗御题“紫阳书院”匾。盖朱熹父朱松故家婺源，少学于徽州郡学，去闽后治“紫阳书堂”印，熹遂以印文榜其所居之厅事。故后之学者称朱熹为紫阳夫子，因以紫阳名书院。

据方志载，韩补初创始，略如左庙右学之制。外为门，西向，入门为风泉云壑轩，内为祠堂。堂左为御书碑亭，堂后横入为明德堂、左右斋舍六。堂前为看书楼，后为宸奎阁。又上为披云阁。庖湢廪庾在左右夹道内，宝祐二年（1254）修，德祐二年（1276）毁。元至元十四年，改建于府城南门内。十五年（1278），江东道按察使奥屯希鲁建，有先圣庙、祠、讲堂，皆南向。先圣殿三楹，门三楹，两庑六楹。庙西为讲堂，堂三楹，东西斋六楹。又西为重屋三，又别为小重屋三，西向。方回记。延祐二年（1315）复迁南门外。至正二十年（1360）迁于东关县学西，建殿三楹，两庑、三门。元至正二十三年（1363）修讲堂，移御书碑。明洪武十二年（1379）全面修理。正统九年（1444）移于射圃，中为堂，肖文公像。左右两庑，前为重门，后为学舍。天顺三年（1459），又移于县学西。成化四年（1468），改建于旧文庙址，后废。成化十八年（1482），改为南向，面向紫阳山。弘治十六年（1503）修。正德七年（1512），知府熊桂修建，中为堂，南向，两庑东西向。两庑后为讲堂二，曰尊德性、道问学，南向。堂四周为学舍，祠阶之前为台，台前为塘，架石桥贯通内外。内门外有御书碑、朱子诗文碑，外门外为横道，路尽头稍曲，有坊。正德十四年（1519），知府张芹改建于紫阳山中，中为堂，祀文公，堂之旁为求志斋、怀德斋，堂之后为文会堂，后为韦斋祠。嘉靖四十三年至崇祯六年（1564 ~ 1633），曾 7 次修缮。

清顺治七年至雍正十二年（1650 ~ 1734），又 6 次重修。乾隆十四年（1749）邑人徐士修增置号舍，又捐银 1.2 万两以赡学者。康熙五十一年（1712）又修。乾隆五十四年（1789）邑人项琥捐银 1200 两，修葺前后祠宇。五十五年（1790），两淮商人捐资重建，邑人曹文埴倡其议，鲍志道协其筹，程光国董其事，即文公祠旧址复建书院，名曰古紫阳书院。中为朱子堂，近北东西两舍，以为山长绅士憩息之所。后堂为韦斋祠，祠旁两舍分奉卫道衍绪神主。堂上堂下两旁分作四舍，曰志道、据德、依仁、游艺，以为生童肄业寝食房间。大门南向，外有围墙。五十六年（1791），于大门外建古紫阳书院坊。嗣又于墙围之下作一考棚，分上下堂以为会课之区。延请名师讲授，其膏火经费库平银 3720 两，由歙县教谕按季赴司请领。乾隆五十九年至嘉庆十九年（1794 ~ 1814），歙、黟商绅又多次捐输巨资，并聘桐城姚鼐讲学两紫阳书院。咸丰、同治年间（1851 ~ 1874），紫阳山紫阳书院和城中古紫阳书院均遭兵毁。约同治中（1868 前后），邑人设筹工局修葺古紫阳书院，并改为校士馆。清末科举制废，邑人许承尧返歙，于光绪三十一年（1905），创办新安中学堂，借紫阳校士馆之书院设校，翌年迁出，院址改建紫阳师范学堂。民国一年（1912），师范学堂停办。第二年省立五师设于古紫阳书院，同年迁屯溪。民国十七年（1928），书院为县师范讲习所使用。抗战期间，时有流亡师生借书院办学。民国三十五年（1946），徽州医院创办于古紫阳书院。1949 年，更名为歙县人民医院。

1956年医院迁新址。

书院山长，宋代由官充任。元、明、清三朝，聘学者充任。

新安原有两所紫阳书院，一所在歙县，是全国各地以“紫阳”命名的书院中规模最大者；另一所在朱熹故里婺源，元至元二十四年（1287）创建“晦庵书院”，明嘉靖九年（1530）易名为“紫阳”，1968年拆毁。而歙县紫阳书院又有二，上文已述。山间书院，咸同兵燹后不存。城内书院，即古紫阳书院，劫后犹在。古紫阳书院为规整式布局，除藏书部分建筑可能在兵燹中随楼阁消亡而难确认外，讲学部分的斋舍和供祀部分的朱子殿尚存，而尊道堂（讲堂）、韦斋祠遗址尚在。古紫阳书院原建有考棚，这是为书院课考而设，与官学几无区别，科举制度对新安书院教育影响之深于此可见。古紫阳书院以每月初五、二十为大课，初六为小课，大课一般由地方官员临考棚督考，点名后扃门面试。考棚设有公堂、文场（亦称号房）等，文场与书院斋舍一样作条形布局，现已无存。

歙县徽城镇(清)古紫阳书院鸟瞰图

（五）淳安县瀛山书院

瀛山书院位于淳安县郭村（今姜家镇）西北的瀛山，古称银峰，东南距原遂安狮城 40 里。民国《遂安县志》载，瀛山书院“宋熙宁间（1068 ~ 1077），邑人詹安辟建于山之冈，凿方塘于麓。其孙詹仪之与朱晦庵往来论学于此。岁久圮。明隆庆三年（1569），知县周恪访先贤遗迹，建书院二十四楹，龙溪王畿记。后为祠，祀晦庵、仪之二先生，绪山钱德洪记。祠后建大观亭，复方塘旧址，构一鉴亭”。志中王畿（1498 ~ 1583）为明嘉靖十一年（1532）进士，南京兵部郎中。他在所撰《瀛山书院记》中云：“山下凿池，引泉注之为方塘，以便游息。厥后，其孙仪之，始慨然有志于学，举绍兴二十一年（1151）进士，累官吏部侍郎。淳熙中，与朱晦翁相友善，常往来山中，论格致之学，因为题方塘诗以见志。但世远芜废，仅存书院之名而已。明隆庆戊辰宛陵周子恪来令遂，……以振起斯文为已任。每携同志访瀛山方塘之旧，锐意兴复，聚材鸠工。经始于七月望，再越月而落成。凡为屋二十有四楹，仍匾曰瀛山书院。中为格致堂。前为登瀛亭，后为三贤祠。”志中另一人钱德洪（1496 ~ 1574），明嘉靖十一年（1532）进士，王阳明的主要教学助手。他在其《瀛山三贤祠记》中亦曰：

> 邑尹周子恪来莅遂，访求方塘遗址，心悦之。乃谋于诸生，创复书院，而亭其上。又筑祠于书院后，安朱子位于中堂，以崇祀事。……继见吾师阳明夫子，省然有得于良知，追寻朱子悔悟之言，始信朱子学有原本，达圣道之渊微矣。故尝增刻朱子晚年定论，使晦庵之学大显于天下。观其方塘之咏，一鉴澄清，云影天光，上下掩映，想见其胸中空洞，万象森列。

方塘之咏，即朱熹《题方塘诗》：“半亩方塘一鉴开，天光云影共徘徊。问渠那得清如许？为有源头活水来。”

瀛山书院之规模，见诸清乾隆《瀛山书院志》之《瀛山图》和《瀛山书院图》。图中书院选址“择胜地”“依山林”，瀛山“矗立平畴，绿野中有坪如掌，厂三四庙。凭高一望，方塘似鉴，瀛溪若环。昌峰拱笏，公山列屏，诰轴前峙，笔架右耸，周遭数百里，锦峰绣岭，毕萃于前”。书院布局规整，主体建筑置于中轴线上。过贤关，门额书院名。“有门而入，曰豁然处”。中堂三间，八椽，额曰“格致”。左董陶，右丽洒，两所相对。“由堂而入，曰双桂堂”。左为邑贤侯祠，右为乡先生祠。历级而登为朱文公祠，两侧有厅事，左为方先生祠。祠后为大观亭，祠前为仰止亭。书院有石阶下达山下平原，方塘上建亭，额得“清亭”，后改名为得源亭。书院境界萧疏，林皋明瑟，自然风景足称大观；而水活源头，山藏缥帙，人文胜迹尤堪仰止。

综上所述，瀛山书院始建于北宋熙宁间（1068 ~ 1077），有堂曰双桂，池曰方塘，即朱熹作方塘诗之处。明隆庆三年（1569），扩遗址为祠宇三楹，为堂二，即双桂三楹，格致十七楹。门三重，缭以周垣。建亭三：仰止、大观、方塘。万历三十年（1602），疏浚方塘，葺亭，改名得清。乾隆间，又改名为得源。明天启二年（1622），修格致堂，周以垣墙。清顺治十年（1653），修筑鼎复书院，为之一新。十七年（1660），整双桂堂之左为邑贤侯祠，右为乡先生祠。康熙年间（1662 ~ 1722），六次葺缮。其中四十四年（1705），修文公祠、方先生祠、格致堂并门坊。六十一年（1722）重建双桂堂，辟两旁为二厅事，雍正二年（1724）竣工。乾隆三十八年（1773）“重建格致堂，九架，以两旁为东西厅，改两廊为东西序，皆三楹。新筑墙外护基并厨房基石”。民国十二年（1923），“先建大观亭，续修院屋，又开浚了方塘”（王立斌《瀛洲书院的前世今生》，刊《杭州文博》第 19 辑）。后仅存大观、得源二亭、碑刻七

清乾隆《四刻瀛山书院志》中的《瀛山书院》图

道及方塘。2019年书院复建，翌年竣工。

“格致堂西，登瀛亭畔。水活源头，塘开蓬观。二十四楹之精舍，潋滟栏干；六百余载之高吟，徘徊曲岸。”清严州著名理学家郑禹畴所撰的《方塘赋》对书院做了生动描述。清词人、顺治十五年(1658)进士毛际可(1633～1708)有《解连环·瀛山书院怀古词》一阕，笔调遒宕，诵之可知书院大概：

烟峦丛峙，有平芜似掌，一拳擎起。看讲舍、远胜精蓝，想当日、规模武夷堪拟。丽泽相期，但怕隔、迢遥千里。自天都振策，欻合云龙，喜可知矣。

詹公故居初徙，叹秋风桂树，谁攀芳蕊。听夜鹃、啼月凄凉，更春陌何人，吊他遗址？万古称扬，总分付、紫阳知己。向山中缅怀，杜若誓心白水。

(六)黟县南湖书院(以文讲塾)

南湖书院在黟县宏村南湖北畔，建于清嘉庆十九年（1814），由村人汪以文、汪授甲、汪家驹捐资倡建。因汪以文在建造书院过程中，亲为监导，付艰辛最多，众人提议用以文名字为学堂名，故南湖书院又名“以文讲塾”。翰林侍讲梁同书题写匾额。清乾隆四十年（1775）进士、国子监祭酒吴锡麟（1746～1818）撰《雷岗汪氏家塾记》云：

徽州黟县宏村，自南宋时汪氏聚族而居。其北有山曰雷岗，因称雷岗汪氏。村南有湖曰南湖，广百余亩。居民以时蓄泄，灌溉之饶，环食其利。堤植花柳，浓阴翳如。夏则芰荷殷然，弥望一碧。游迹之盛，比于浙之西湖。堤外有溪，曰西溪，清风徐动，沦漪自生，湖光映带，与之同白。今其族父老于南湖之滨捐赀建立“以文讲塾”，以为子弟肄业课文之所。洁其修脯，延名师以教习之，其于古人家塾之义，固有合焉。

南湖书院占地6000平方米，院前南湖澄碧，荷花映日，环境十分清幽。书院坐北朝南，位于湖弦中轴，清宏村人汪肇基《庚申纪事》载：家塾分四部分，一为志道堂，二为光烈祠，三为祇园，四为乐彼园。志道堂于清嘉庆十八年（1813）动工，翌年建成。第三年光烈祠、祇园、乐彼园竣工。清光绪年间（1875～1908）以来，族人约定俗成，称讲塾为南湖书院。民国初，曾改称南湖小学校。讲塾中为忠烈祠，祀唐越国公汪华，三间二进。祠东为志道堂，三间二进，是讲塾讲堂。祠西为祇园，其南为望湖楼，北为会心不远阁。阁于20世纪中叶拆除，其址上建小学校舍。以上三部分建筑位于讲塾南部，北部则为乐彼园。园乃讲塾附设的园林，用以藏修游息。清末民初，宏村雷岗五才子之一的汪祖懿在《南湖闲话》（发表于1925年《皖江日报》）一文中描写祇园和乐彼园景致："亭有小楼（望湖楼）可以俯瞰全湖风景，时见鸢飞鱼跃，生趣盎然。后有'乐彼'之园，植白皮松一株，松干凝雪，斑剥离奇，其种来自粤东，殊不易得。"乐彼园于20世纪中叶被改成小学操场。

新安宋代即有私塾，元代十分普遍，明清时期已极兴盛，俗称"村（族）必有学，家必有塾"。以文讲塾是族塾的代表。

第二节　佛教建筑

一、概述

许承尧在《歙事闲谭》一书中说："徽俗不尚佛、老之教，僧人道士，唯用之以事醮耳，无敬信崇奉之者。"新安是程朱理学的故乡，"道脉薪传"，儒家价值观影响深入人心，社会生活基本遵循朱熹所倡导的礼仪和准则，加上族居生活之故，宗教发挥的作用受到限制。但新安人并未摒弃作为传统文化组成部分的佛教和道教，人们普遍将信佛拜神视为祈福免灾的主要手段之一。清代歙县人方士庹《新安竹枝词》云："观音大士著慈悲，诞日烧香远不辞。逐队岑山潜口去，相随女伴比丘尼。"新安崇拜观音的热烈程度，从诗中可见一斑。佛教于两晋时期传入，此时佛法初兴，仅少量寺院见于记载。唐宋是新安佛教大发展时期，寺院新建、赐额、敕改的数量大量增加。以徽州为例，唐代新建寺院达119所，宋代新建寺院达107所。元末丧乱，新安大量佛寺在至正壬辰兵变中毁坏严重，新建寺院仅23所。明代新安寺院进行重修、归并，管理更加规范，名山佛教得到快速发展。仅徽州一地寺院，据弘治《徽州府志》记载，就增至260余所。延至清前期，是新安佛寺数量增长最快的阶段，道光《徽州府志》载徽州时存寺院430余所。他如淳安县，明清两代亦先后建寺院290余所，其中庵堂260余所。乾隆以降，特别是在“咸同兵燹”之后，因各种天灾人祸的影响，新安佛教日趋衰弱。遗存至今的寺院尚有黄山景区慈光寺、歙县徽城镇太平兴国寺、屯溪区黎阳镇龙山寺和鬲山寺、黟县宏村镇梓路寺、祁门县祁山镇金粟庵、建德市大同镇万福寺、梅城镇玉泉寺和报恩禅寺、歙县绍濂乡小溪院、歙县徽城镇圣僧庵和雄村慈光庵等。

佛教建筑是有宗教意义的文化景观，寺院作为佛教三宝之现实所依，是佛教最具代表性的物化形式之一。宋代以来，佛教与儒教、道教的关系日益密切，佛教寺院的构成与性质随之发生变化，表现出相应的世俗化色彩。明代实行丛林制度，一寺管十院，一院管十庵，合数寺立一丛林。寺和院等大刹伽蓝形制已成熟与定型，新安地区的禅寺，如黄山慈光寺，有山门、毗卢殿、藏经楼等；建德万福寺，原有山门、天王殿、大雄殿、观音殿、钟鼓楼、藏经楼等56间。小刹一般由佛殿与僧院构成，如歙县圣僧庵。不少小型的庵堂，类似新安住宅，其地域特征更为明显，如歙县慈光庵。明中叶以后，一般禅寺在中心轴线上出现了两座以上的大殿，如黄山梓路寺。佛殿地位因此进一步加强，法堂虽仍位于中轴线上，但其地位已趋衰微。同时，寺院前端两侧钟鼓楼对峙，构成了明清两代寺院的新格局。

新安佛寺遗存不多，其构成形式与当地传统住宅、祠堂木构建筑类似。佛殿平面多取方形，这是南宋以来禅宗佛殿的一个重要形式。[①]一般大型禅院方五间，如黄山慈光寺，小型禅院方三间，如歙县小溪院。内部梁架为穿斗式和插梁式，装修比较简洁。

二、佛寺实例

(一)慈光寺

在朱砂峰下，旧称朱砂庵。明嘉靖年间玄阳道人旧居，名“步云亭”。万历三十年（1602），僧普门入山后，玄阳之徒福阳以庵畀之，改为法海禅院。万历三十九年（1611），万历帝赐额“护国慈光寺”。太后及两宫赐藏经、毗卢如来佛像、大悲金佛，以及建寺帑银。其四面毗卢鎏金佛像，七层，每层四尊，共28尊。高四尺，有莲花座，座有七準提居叶中，一叶一佛，佛以万计。普门将构四面殿，手削木式，四阿四向，不失毫发。清康熙五年（1666），歙人黄僎捐金鼎，建大殿，四

① 张十庆等.中国江南禅宗寺院建筑[M].武汉：湖北教育出版社，2001.

黄山慈光寺（1929年摄，资料来源：日《亚细亚大观》）

年建成。康熙帝御书“黄海仙都”匾，悬于大殿。一时香火鼎盛，为当时徽州、宁国二府梵宇之冠。乾隆二年（1737），藏经楼焚毁，大雄殿亦坍塌。咸丰年间，毗卢佛像毁于兵火，僧人流散，寺院颓废，景象萧条。民国年间（1912 ~ 1949），仅存山门，后殿及耳房。1965年，董必武题额“慈光阁”。1986年，在原址重建藏经楼。后续有新建，1991年，辟为黄山风景区博物馆。相传黄山佛教在南北朝时传入，唐宋以后，道教、佛教在黄山先后崛起，至明清时，黄山佛教异军突起，成为江南著名的区域性佛教名山。明末清初，形成了以禅符寺、慈光寺、翠微寺和掷钵禅院为中心的“四大丛林”，黄山佛教显赫一时，“峰峦环秀，甲于江南”。慈光寺占地面积逾7000平方米，选峰麓为址，三面环山，伽蓝布局规制具山地寺院特色。当时建有山门、前后大殿、三进庭院、藏经楼等。大殿清中叶已毁，1914年黄炎培考察黄山，同行人员所摄影像中的慈光寺，当系清中叶以后所建，今亦不存。清康熙六年（1667），制墨家曹鼎望任徽州知府，其次子曹鈖随行。康熙八年（1669），曹鈖游黄山时慈光寺大殿刚落成，在其所撰《游黄山记》中云：“之慈光寺，礼四面佛像，庄古缥碧鎏金，凡七级，级万像，高四丈许，若浮屠然。殿宇雄丽，规模类金陵之报恩，而阔逊之。”据曹文分析，毗卢如来高四丈许，以清初尺长31.97厘米换算，约12.79米，大殿空间当十分高峻。曹文中做比较的南京大报恩寺，乃明永乐十年（1412）于原址重建，历19年竣工，《金陵梵刹志》有载。该殿面阔7间，进深5间，毁于清咸丰四年（1854）。据文献所载，大殿“高七丈一尺五寸，深十一丈四尺三寸，长十六丈七尺五寸”。以明永乐间尺长31.73厘米换算，大殿高22.69米，进深36.27米，开间53.15米。2007 ~ 2010年，南京市考古研究所对遗址北区进行了发掘，大殿尺寸数据与发掘实际状况基本吻合。由此可知，慈光寺即使“阔逊之”，其规模亦可观。明万历四十二年（1614），文学家谢兆申游黄山，时寺未建，谢问普门“殿将安构？”普门展示殿式（模型）：

> 式高不盈四尺，面皆有极有宇，有栋有榱，其柱百二十有四。其中殿高四面有丈，其柱不至地，丽而构之不使离，盖而摄之不使吐，方而匡之不使侧，亘而比之不使挠。视其阿，四阿不病阿焉；视其堂，四堂不病堂焉；视其门四向，向不病向焉，盖竭五木之精矣。其度若筵若雉，而广而高，若雉而宣，崇而寻，杀而咫，莫不校如发焉。

模型有 124 根柱，如将蜀柱计算在内，再结合上文曹鈖所云，大致可知平面为方五间带副阶。若将副阶空间包入，与殿身空间形成整体，实际上成为方七间的形式。关于该殿址，戏曲评论家歙人潘之恒（约 1536 ~ 1621）在所撰《敕建慈光寺记》中目测过：“拓地从炼魔场上百步许，开方广十丈地，可置堂五楹。”大殿造型为四面殿，庑殿顶，规格很高，这与万历帝敕建的身份相称。

(二)太平兴国寺

唐称兴唐寺，俗称水西寺，位于歙县府城外西干，唐至德二年（757）建，北宋太平兴国四年（979），敕名太平兴国寺。寺共有 24 院，南宋淳熙中（1174 ~ 1189）尚存十五、六，明仅存 10 院，因名水西十寺。清咸同兵燹后，十毁其八。十寺除太平兴国寺外，其余九寺为应梦罗汉、如意、经藏、等觉、福圣、五明、长庆、净名、妙法。民国《歙县志》谓兴唐寺“寺门踞两峰间；下瞰练江，邑中胜处也”。（近）许承尧谓寺“为新安最古名刹”（《披云峰建亭造路修塔记》）。寺中设有戒坛。唐代以来，文人墨客多有题咏，如唐诗人李白、杜牧、许浑、赵嘏、张乔、杜荀鹤等皆留下佳句。十寺中的五明寺，是风景最佳的一处，清程埙诗云：“萧斋十个尽临河，门外滩声树色多。鸡犬悄然衫被绿，五明更在最高坡。”清初新安画派创始人之一僧渐江示寂于此，葬披云峰下。十寺今皆不存，唯长庆院方塔尚在。

(三)龙山寺

原名仁寿寺、仁寿尼寺。民国二十六年（1937），薛岳题“小龙山”寺匾。寺位于屯溪区黎阳镇小龙山南麓。唐始建，明弘治十五年（1502）和清道光年间

（1821 ~ 1850）两次重修。民国三十五年（1946），皖南行署主任张宗良募资重建。1986年，原屯溪市人民政府进行修复扩建，更名为龙山寺。寺后小龙山立有明嘉靖三十九年（1560）建造的八角形经幢（如来柱）。

（四）鬲山寺

位于屯溪区黎阳镇南鬲山北麓，始建于明万历二十三年（1595）。清嘉庆二十三年（1818），僧众募资大修。民国二十六年（1937）重修，后毁坏严重，今存古居禅院、地藏洞及摩崖石刻。鬲山寺依崖壁而建，原有上、下两殿，上殿有鱼篮观音摩崖造像，下殿为观音殿。两殿之间乃地藏洞，石窟内雕有地藏王等佛像。鬲山寺是新安地区为数不多的石窟寺。

（五）梓路寺

又称子路院，位于黟县宏村镇横川村梓岭。始建于唐会昌三年（843）。元延祐六年（1319），僧绍复募缘在原址重建。明洪武二十四年（1391）归并广安寺，后又复建。民国二十年（1931），前殿倾圮，此后逐渐荒废。原寺院至少四进，有灵官殿、山门、钟鼓楼、殿、左右配殿、法堂，以及准提宫、关帝殿等。山门额“雷音古刹”。由于年久失修，20世纪80年代后期全部倒塌。2003年，经安徽省宗教局批准，由北京中坤投资集团无偿捐资，迁建宏村奇墅湖。

（六）金粟庵

原名重兴禅寺。位于祁门县城西北隅。始建于五代吴天佑十年（913），北宋宣和四年（1122）重建。南宋诗人、邑人方岳（1199 ~ 1262）题门额，外院曰“重兴”，内院为“觉庵”。元至正年间（1341 ~ 1368）毁于兵燹。明万历二年（1574），五台山僧真川于原寺旧址上建庵，改称“金粟”。三十二年（1604）真川坐化，其徒筑佛塔藏师遗骨。清光绪元年（1875），邑人周菊溪捐资重建。

（七）万福寺

旧称石佛寺。位于建德市大同镇溪口村西竺山。清光绪《严州府志》载：“寿昌县万福寺，在县西七都，唐大历中建。相传时有石佛随地涌出，今石佛犹存。”唐大历间，易名为万福寺。原有山门、天王殿、大雄宝殿、观音殿、钟鼓楼、藏经楼等56间，寺僧百余人，为原寿昌县最大的寺院。万福寺历经沧桑，现尚存大雄宝殿和寮房3间，为清乾隆年间所建。其他遗存有石佛寺初建时的释迦牟尼石佛头像一尊、明崇祯六年（1633）七宝如来经幢一座、清康熙十二年（1673）立的《翁氏燃灯碑记》

一块、清乾隆六十年（1795）立的《青田碑记》一块等。碑文记录了当年寺院鼎盛时期的情况，保存了很多历史信息。1993 年以后，寺院进行了重修。

建德市溪口村（清）万福寺

（八）玉泉寺

位于建德市梅城镇龙泉村五龙山中，又名玉泉庵。始建于唐德宗贞元十年（794），为净土宗王祖少康大师创建。清光绪《严州府志》载："玉泉寺在城北乌龙山麓，宋时有陈学古隶书'玉泉寺'三字。寺西有泉如喷玉，建亭其右，寺之上有石佛，岁久渐长，所谓息石也。明万历二十三年（1595），邑人蔡良士于石佛左建一静室，修憩于上，僧人遂大改建。三十五年（1607），知府毛志尹即山泉之上建官厅三间，题曰'源头活水'。顺治年间，僧深谷重建。"寺中保存完好的唐代阿弥陀佛石像和一批早期摩崖石刻极为珍贵。佛像通高 2 米，头高 0.65 米，肩宽 0.9 米，呈全跏趺坐式，穿袈裟袒右体，手印为法界定印，台座为金刚座。

（九）报恩禅寺

位于建德市梅城镇南峰村南山。清光绪《严州府志》载："报恩寺，在府城内，宋庆历中沈文庆舍基建，僧如实开山。元末毁。明洪武二年（1369），僧智德重建，岁久倾圮。景泰元年（1450），僧文斌募新之。弘治四年（1491），知府李德恢命僧宗广重修。嘉靖十五年（1536），改为严陵祠。万历年间，祠移于建安山麓，仍于山门葺小屋以识古刹焉。康熙二十二年（1683），僧普敬建大殿。”此后至民国，屡有修建。寺原有三进，屡建屡圮，1990年重修。

（十）小溪院

又称“桂溪寺”，为歙县第十丛林所在。位于歙县绍濂乡小溪村东南。唐大和五年（831）创建，宋宣和四年（1122）徙建，明天启六年（1626）大修。清嘉庆五年（1800），建山门、精舍（拈花庵）、僧寮方丈（义严堂）、香积厨等，并整修大雄殿。清同治七年（1868），又重修。小溪院现仅存一殿及部分僧堂。佛殿方三间殿堂平面，面阔、进深均为10.08米，当心间与次间比为1.88，是唐、宋以来江南中、小型佛殿的最基本形式。构架分草架与明栿两部分，间架为厅堂造的“八架椽屋、前后乳栿用四柱”。殿内采用素平镜面天花，七铺作重栱，并彩绘云龙图案，强调室内重心，颇具地方特色。照壁屏风墙后有水墨壁画。殿后壁、侧壁绘有水墨观音、罗汉像24幅，多为圆形构图，每幅径67厘米，清道光《歙县志》谓明休宁丁云鹏所作。丁云鹏

歙县小溪村（清）小溪院

（1547～1628），深研佛学，擅画佛道神像，得吴道子法。

（十一）圣僧庵

位于歙县徽城镇旸村。唐武德年间始建，明隆庆中歙人司马汪道昆增建，万历四年（1576）、万历三十一年（1603）两次重修。庵门额“慈济精蓝”。前殿后堂，围以廊院，通面阔9.22米，通进深29.35米，占地面积270.61平方米。庵内般若台叠涩座，题“众中尊”，束腰上刻有28块《金刚经》，为明万历初国史编修余伯祥所书。寺内遗存有壁画4幅，作者为明代画家黄柱。黄柱，歙县人，善画花鸟人物、佛像，皆入妙品。所作圣僧庵壁画，许文穆、龙膺、王寅、方承郁等均有题记。壁画其一为南海观音，明万历五年（1577）作。宽3.52米，高3.7米，画于前殿照壁屏风墙背面，屏风墙砌在当心间后檐内柱处。殿西壁画降龙定性尊者等9罗汉，东壁画伏虎驱魔精进尊者等9罗汉，明万历六年（1578）作。每幅画各被山柱隔成三部分，均可独立成幅，为折屏画表现形式。后进东廊内画古柏一株，并题有一绝句。与古柏位置对称的苍松图已毁。壁画构图生动，用笔洒脱，十八罗汉神态各异，极富个性。在流传至今的明代

歙县旸村（明）圣僧庵（鲍雷摹自明万历《圣僧庵志》）

寺庙壁画中，黄柱壁画别开生面，很接近明代文人的写意人物画。

(十二)慈光庵

民国《歙县志》称“慈光尼庵”。位于歙县雄村乡雄村之竹山西麓，西临渐江。建于清乾隆年间(1736 ~ 1795)，为曹文埴女修行之所。庵中路为佛堂，北为信女用房，南为“姑娘阁”，阁侧有庭院，建筑形式类当地民居。

第三节　道教建筑

一、概述

新安历史上的道教信仰非常兴盛，宋罗愿《新安志》云：“新安多佳山水，又有前世许、聂遗风，以故人多好仙。”由于受新安理学影响，新安道教融儒、释、道于一体，积淀成为地方民俗文化现象。晋至唐宋时期，新安民间道教信仰形成。宋以后，齐云山道教开始兴起，并在明清时期形成著名道场。明鲁点《齐云山志》载：“如齐云旌甲江南，与黄山并峙，其山水之英姿，神灵之感应，宇内莫不仰而宗之。”丁希勤先生论徽州道教的发展，认为可以分为三个时期，即晋以前的早期道教、唐宋民间道教和明清齐云山道教。[①]扩大及新安，亦大致如此。齐云山是我国著名道教圣地之一，以玄武为主，玄武与明朝皇室的关系密切，道教活动日趋兴盛。

齐云山，古称白岳，属典型的峰丛式丹霞地貌。群峰竞秀，云烟缭绕，自然环境极富神奇色彩。唐乾元年间（758 ~ 760)，道士龚栖霞隐居于此。南宋宝庆二年(1226)，方士余道元建佑圣真武祠于齐云山。明诸帝尊崇道教，世宗赐建“玄天太素宫”，御制碑文，从此齐云山成为新安道教文化中心，跻身于我国道教四大名山之列。清代，齐云山道教渐趋衰落。清咸丰、同治年间，战事频仍，香火凋零，宫观以及登山石阶相继倾圮。民国初年，设管理委员会和整理机构整修齐云山。“文革”期间，齐云山幸存的宫观毁坏殆尽。1981 年以后，才逐步得到修复。

齐云山道教活动历史悠久，其道规道制、宫观布局多效仿武当山。在执行道教

① 丁希勤著.古代徽州宗教信仰研究[M].芜湖：安徽师范大学出版社，2012.6.

规制方面，以“全真”为宗，形成全真、正一两派并存格局。其中以月华街太素宫为中心，属正一道，俗称“火居道士”，亦称“居宗道士”；玉虚宫、洞天福地祠等为全真道，俗称“清修道士”。齐云山宫观道院众多，明清之际有大小殿宇 47 处。清晚期，道教事务由各院房道众公推的道士任总道长，后改为各院房事务自理，太素宫则由各房头轮流掌管，大房三年，小房一年。民国中期，恢复道长负责制，道士家眷随住院房，形成一户一房局面。

中国道教宫观建筑的基本形制多有模仿佛寺之处，采用传统的庭院式和木构架等。但受时代和地域影响，其建筑形制亦有不同。新安道教建筑主要有两种，即宫观与道房。

新安宫观，有敕修和募修之别。凡敕修者基本规整，轴线对称，如休宁县齐云山玄天太素宫。而募建的多因地而异，平坦处尚有轴线可寻，山地布局则依山就势，轴线不明显，甚至无轴线，纯属自由式。如建德市澄溪道院、休宁县齐云山玉虚宫。宫观一般设宫门、主殿、后殿、配殿、斋堂之类，总体布局采用传统的院落式，主体结构为木构。以单体神殿为中心组成庭院，多进庭院组成建筑群。建筑融于自然环境，追求“神仙境界”。在建筑审美方面体现了道教“天人合一”、“返璞归真”的思想。因此，新安道观多设在齐云等名山胜境，结合奇峰异壑、悬岩洞穴、巨石古木，以及山泉溪流等自然景观，灵活布局，因势而筑，而不以恢宏取胜。

新安道房，主要指休宁县齐云山道房，这是齐云山道教文化的特殊载体。据 2011 年《齐云山志》所载，从南宋宝庆年间（1225 ~ 1227）创立后的四大道房，到清乾嘉年代（1736 ~ 1820）已发展为 36 个。1949 年以后，道士家属迁入道房，正式形成了道教村。道房修建资金过去均由募化而来，现在已由居住的道士等人自行筹资。道房建筑的外观多为新安民居形式，室内空间布局则因道教建筑独特功能要求，介于新安居住和祠祀建筑之间。由于道房是道士修行、住宿和为朝山香客提供食宿及做道场的场所，所以道房一般面积较大，房间较多。大道房可日接待三五百人，小道房也可接待百人以上。除了有客厅、香房（即客房）以外，道房最突出的特点，就是还有法事厅、百子堂（又称功德堂、香火楼、祖宗楼）。法事厅内有神台供奉祖师神像，是道房为香客举行斋醮科仪活动之处。而百子堂等是道房供奉历代羽化祖师牌位的地方，这里不仅是道士日常供奉香火之所，也是香客必须朝拜之所，历称“认香火。”齐云山月华街的梅轩道院、春谷道院、东阳道院等是较典型的道房。

二、道观实例

(一)玄天太素宫

位于休宁县齐云山月华街中心。背倚玉屏峰（齐云岩），左为钟峰，右为鼓峰；前临香炉峰，峰下数泉下注，山势极佳。始建于南宋宝庆二年（1226），原为佑圣真武祠，余道元始创。明嘉靖十一年（1532），世宗敕命正一嗣教大真人诣山建醮祈嗣，果获灵验，遂拨内府银两，效仿武当山太和殿和龙虎山三清宫格局，“修建真武正殿，并左右配殿，添设供器、钟鼓楼等项。复创建三清殿一区，规制宏丽，仪物备饰,更题曰玄天太素宫”(《御制齐云山玄天太素宫之碑》)。嘉靖三十年(1551)建成。宫址占地面积1600平方米，“殿宇入云，红墙绿瓦，建筑宏伟，塑像庄严”。太素宫坐南朝北，轴线对称布局，规整严谨。轴线上设石坊、宫门、正殿、后殿、两侧设配殿。宫前玄天金阙坊，五间六柱三楼檐楼式。宫分三进，第一进宫门单檐，五间三门，内立御制碑。出宫门经神道，跨虚危池上渡仙桥，入第二进正殿，殿为重檐歇山，九间。出第二进殿为绿地，中为神道，两侧立历代修建太素宫碑碣。神

休宁县齐云山玄天太素宫鸟瞰图(资料来源:明《齐云山志·岳图》)

道左植柳置水井，右植杨置火井。第三进后殿为重檐歇山，中奉玄天上帝鎏金坐像，左右为钟鼓楼、廊屋。太素宫曾被毁坏殆尽，仅存遗址。1994 年以后，陆续进行了修复。

(二)玉虚宫

位于休宁县齐云山紫霄崖下。明正德十年（1515），紫霄道人汪养素与徒方琼真广募众缘，倚紫霄崖斜壁深窟，建玉虚宫、天乙真庆宫、治世仁威宫，嘉靖二年（1523）落成。宫内一体，外辟三门，建筑雄奇，门楼壮丽，与紫霄崖浑然一体。崖巅之上，飞泉下泻为池，池上建钟楼以司晨昏。鼓楼之右为风虎关，凿天衢 26 丈，起星台于插剑峰；钟楼之左为云龙关，凿天衢 120 丈，筑雷坊于展旗峰。华林坞种果树百株，凿塘垦田，为住宫香火之资。宫西侧立有明唐寅所撰的《齐云岩紫霄宫玄帝碑铭》。玉虚宫现保存完好。

休宁县齐云山（明）玉虚宫（张建平 摄）

(三)桃源洞天祠

位于休宁县齐云山，倚紫诰峰，前临桃花涧，古木参天，林荫蔽日，环境十分幽静。明正德十六年（1521）建，万历二十三年（1595）道人黄无心重修。祠坐南面北，明大学士施凤来（1563 ~ 1642）撰《桃源洞天记》云："其正殿之北向者曰金阙，祀上帝也。后为寥阳，祀三清也。寥阳之左，南向者曰大通明，祀玉皇也。檐外时洒飞泉焉。通明之背，轩曰煮石。面煮石而阁，曰生元，祀斗母也。寥阳之右，向北而宫曰青羊，祀老子也。前淩虚累重台，而颜曰应元府，祀累祖也。背青羊而宫，曰三元，祀三官也。前岩厓㕒而中虚者，曰混元洞。洞右泉涓涓不涸者，曰华池。前二坎，甃为八卦池。通明西，石突兀如螺，迳蜿蜒而上者，曰翠微天。折而北，望一室耸突兀之上，曰静明居。上有石，方如棋枰者，曰礼斗台。"建筑群依山就势，凿岩为阶，垒石为基，植树栽竹，构成胜境。后香火凋零，终至荒废。2017 年以后进行修复。

(四)澄溪道院

位于建德市梅城镇龙泉村乌龙山南麓，占地约600平方米。此地景色清幽，有山林泉石之胜，被誉为“小齐云”。道院后有一跌水岩，岩下有二十丈飞瀑，极为壮观。祖师殿下，山势颇陡，其上更甚。崖前细泉若箭，大雨时则汇为水帘，如银河飞白。院右有澄溪潭。明祝允明有《跌水帘》诗：“万仞高岗一脉涵，奔腾日夜自无厌。藻洄涧壑流偏冷，灌溉松苓味更甜。雨峡乱鸣苍玉佩，晴峦忽下水晶帘。主人自是山溪逸，时听涓涓足养恬。”澄溪道院，又名奉真道院，因供奉道教吕洞宾而被称为祖师殿。道院最初为佛教寺院，名澄溪庵，创始于唐代，宋代名澄溪院。清嘉庆

建德市龙泉村(清)澄溪道院(资料来源:《建德古韵》)

中，道士蔡合龄修葺，道院历史可能始于此。清光绪《建德县志》载："澄溪道院，在乌龙山大坞。《万历府志》:唐韶国师开山，后废。宋绍兴五年（1135）僧道照重建。明洪武八年（1375），僧怀信改建于乌龙庙之左，匾曰清凉寺。旧志作青莲寺，李文忠移建。《道光志》：后仍移建故所，年份无考。旧有董其昌题额，今为道院。嘉庆中，道士蔡合龄重修，置息产立碑。"殿宇因山势而建，山门在西侧，正南面墙院当路而立，登山路径需从左侧绕行。墙上镶嵌着"奉真道院"四字楷书。庭院中左右原各有一株桂树，已有百年以上的树龄。正殿名真武殿，供奉太上老君和吕洞宾。殿久圮，残存梁架为清晚期木构。路经澄溪道院有一条约 2 公里长的山路，青石铺筑，宽 0.8 ～ 1.5 米。据碑记所载，古道为清雍正前所建。

(五)吕仙宫

又名"洞宾祠""遇仙室"。位于歙县富堨镇沙溪村。宋、元时始建，倾圮岁久。明万历四十一年（1613），里人太常卿凌子俭"重建祠宇，新置铁井栏，镌吕仙诗字于壁"(清凌应秋《沙溪集略》)。清康熙二十九年(1690)，扩建廊房。宫开间 5.05 米，进深 4.37 米。当心间后檐墙上嵌吕洞宾造像石，高 2 米，线刻，明万历歙县画家柳廉绘。宫东有井院，井名"仙井"，相传吕仙以丹投井，又号"丹井"。生铁井口石，高约 70 厘米，上部高 56 厘米。井口石外八角形，外接圆半径 39.2 厘米；内圆形，径 69 厘米。井口石外壁铸有明万历四十一年凌子俭所撰《重修仙井新置铁栏记》。

(六)梅轩道院

位于休宁县齐云山月华街太素宫西，属孙叔一房。始建于明代，改建于清初，坐西朝东。依山势构筑，层层递进，前低后高，共五层。院内分接客厅、香房、经堂等。该院房现由其徒宋振华（燮民）居住。

(七)春谷道院

俗称天官府，位于休宁县齐云山月华街东首，坐东朝西，属汪太符房。明朝嘉靖年间建为天官府，道光年间扩建为春谷道院，门庭保留了明代原貌。院内原有香房、客堂、应元宫等，现尚存明代门楼。

休宁县齐云山(明)春谷道院

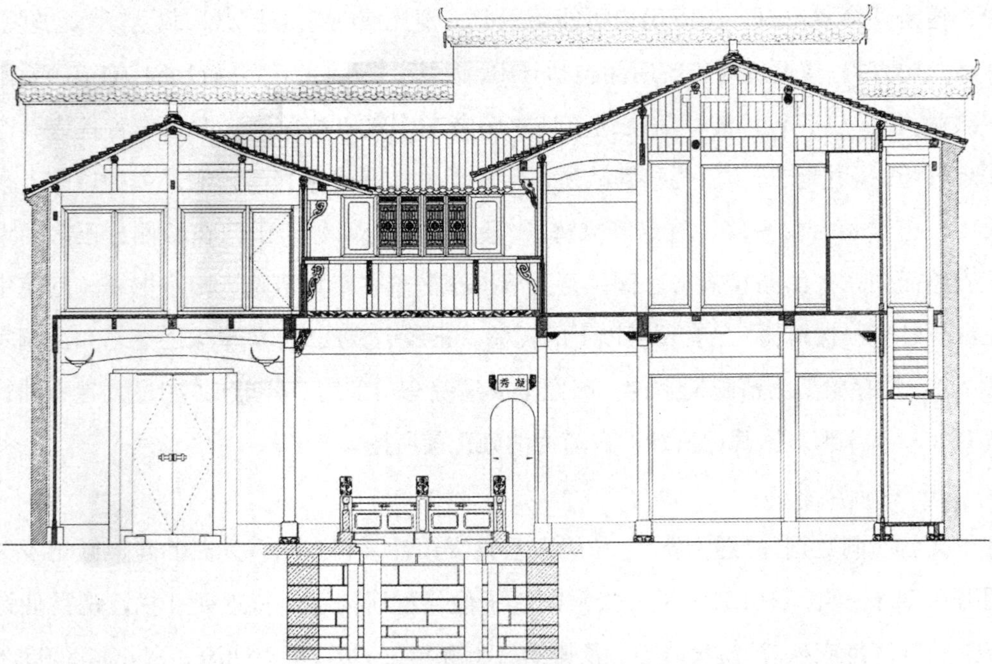

休宁县齐云山（明）东阳道院纵剖面图

（八）东阳道院

属长生房，位于休宁县齐云山月华街太素宫西，坐西朝东，下临宜男宫和小壶天石室。正房为明代所建，古朴雅致。天井水池深达 1.83 米，在新安建筑中颇为少见。厢房为清代扩建，二层。院内设接客厅、香房、功德堂等。现由程长生后裔居住。

第五章　新安理景

第一节　概　述

一、理景类型

所谓理景，"'理'者，治理也。"园林之景是"造"，自然山水风景是依山就水，巧于布置。两者都是理的方法,景则是理的中心内容。潘谷西先生在《江南理景艺术》一书中提出"理景"一词，"目的是想对景观建筑学的内容做更本质的概括，进而能更全面和更深刻地加以把握和探求"。他认为："我国的'理景'可以按其规模与特点分为四个层次：庭景、园林、风景点和风景名胜区。"

在理景概念提出之前，还有其他一些意见，如周维权先生在《中国古典园林史》中按照园林的隶属关系，归纳为三个主要类型：皇家园林、寺观园林、私家园林。汪菊渊先生在《中国古代园林史》中依据我国园林历史发展及其内容上的变化，将园林划分为周代素朴的圃，秦汉的建筑宫苑，魏晋南北朝的自然山水园和自然园林，隋代的山水建筑宫苑，唐宋的写意山水园，北宋的山水宫苑，明清的文人山水园，清代的自然山水宫苑等。按照潘先生理景的分类方法，新安江流域传统园林可划分为庭院、宅园、邑郊风景点、村落水口四类。至于传统风景名胜区，如黄山、齐云山等，既有自然景观之美，又具人文景观之胜，但限于篇幅，不在本文讨论范围。

"园林"一词，最早见于北魏杨衒之《洛阳伽蓝记》："龙华寺，……而此三寺，园林茂盛，莫与之争。"又，"司农张伦等五宅。……园林山池之美，诸王莫及"。汉许慎撰《说文解字》："园，所以树果也。"与园林相关的几个主要字《说文》也作了解释："苑，所以养禽兽也。""囿，苑有垣也。""圃，种菜曰圃。"故"园林"一词外，遂有园、苑、圃、园池、山池、园圃、宅园、别园等名称。新安江流域的徽州亦有"园亭"之称。《中国大百科全书》则对园林做了如下界定："在一定的地域运用工程技术和艺术手段，通过改造地形（或进一步筑山、叠石、理水）、种植树木花草、营造建筑和布置园路等途径创作而成的美的自然环境和游憩境域。"

庭院是建筑物的外部附属空间，在庭院中凿池、置石、莳花、种树，人工创造少而精的自然景色，即庭景，它不具有对外单独使用的功能。就其性质而言，有住宅庭院、园中庭院、寺观庭院和公共建筑庭院等，本章集中讨论住宅庭院理景。

宅园属私家园林，是第宅的扩大和延伸，是可独立使用的自然景观区域。它依附于第宅，也可单独营造，是园主人日常游憩、宴乐、会友、读书的场所。宅园和庭院的不同之处，在于前者可独立使用，有单独供出入的门；而庭院则完全从属于住宅中厅堂斋馆之类的建筑物，自身无独立性。新安衙署园林和书院园林一般也向游人开放，具有公共性质，但内容大多类似宅园。

邑郊风景点是规模较小的区域性景观，是利用邑郊或城区某一处佳山水而形成的游览胜地，它向所有人开放，具有公开性和公共性。邑郊风景点一般都有楼台亭阁、寺观祠庙等建筑。

村落水口是新安江流域古村落结构的一个主要构成要素，是村落外部空间的重要标志，也是村落内涵的灵魂。村落理景是在山水林木等自然景观之外，再“障空补缺”，增以亭阁塔桥等人文景观，构成一村的公共绿地。

二、新安理景的发展简史

中国园林约产生于先秦、西汉，江南私家园林出现相对较迟，早期记载有西汉张长史的苏州“五亩园”，其真正兴起要到六朝时期。两宋至清初，趋于成熟。清中叶至清末，达到中国园林的最高水平，同时也暴露出某些衰颓倾向。清末民初，随着封建社会的解体，中国园林结束了它的古典时期，进入现代园林发展阶段。

新安地处江南，为新安建筑文化圈，造园的发展历程大致可分为宋元时期、明清时期两个阶段。

(一)宋、元时期的新安造园

北宋时，江南已是跃居全国之首的繁华之地，至南宋，则成为全国政治、经济、文化的中心。此后一直是私家园林的最盛之地，被称作“中国园林的江南时代”。南宋定都临安府（今杭州），高宗大兴土木，建造宫苑，仅御花园就达 40 多处，其他贵族大臣竞相效仿，见于记载的私家园林有近百所。新安等地毗邻京都，受其辐射影响，园林兴盛，势所必然。并且南宋时新安理学崛起，人文之盛，远迈前代，从而刺激了文人士大夫的造园活动。北宋新安园林见于史载的主要有崇宁年间（1102 ~ 1106），休宁县汪若楫的秀山书院，汪氏有“秀山十景诗”。政和年间（1111 ~ 1117），绩溪县许润的乐山书院，内构天月亭、南楼数楹，可望览。南宋新安园林较多，著名的有黟县碧山汪勃别业培筠园、休宁县商山吴儆的竹洲吴氏园亭、淳安县蜀阜钱时的新亭。休宁县尚有朱权的首村朱氏园亭，内有芳洲景星楼、濯缨亭、拂云亭等居休游乐之所；赵弥忠的龙源赵氏园亭，内有云屋、省心亭、翠侍亭、问道亭、有有堂，多名士题咏；吴钦的璜原吴氏园亭，内有延桂楼、临清桥、花圃、观化亭，吴氏自宋亡即营此自娱不仕。两宋新安宅园大致有简远、疏朗、雅致、天然的特色，造园以水木为主导，置石已较普遍。

黟县碧山村(宋)培筠园遗址

元代为异族统治，社会经济受到严重破坏，士大夫文化受到沉重压制，新安园林发展也处于滞缓状态。明弘治《徽州府志》仅载数处：婺源县庆源圆镜山房，詹復心隐居之所，有八景，其婿诗云："镜峰园林尚如昔，苔源石径迷行迹。"休宁县朱伯初建月潭朱氏园亭，有石门、临清阁、观澜亭、钓雪舟、平林小隐、桔隐堂；休宁县尚有岭南黄一清所建秋江钓月楼、会里程天经所建醉经堂等。

(二)明清时期的新安造园

明中叶，社会风气日趋奢靡，新安商业经济空前繁荣，商人经营致富后，受叶落归根观念支配，将巨额财富中的部分输往桑梓故里，为建设家乡作贡献，以此报答当地父老乡亲。他们助建村镇公共设施，热心公共事业，修桥建祠，营造住宅，大兴园林，促进了村镇的繁荣。新安的世家大族和富商大贾多居于乡，新安商人在建设家乡公益性建筑以振兴家族的同时，“渐治第宅田园为终老之计”，并以贻后嗣。他们“造华堂广厦”“广园林，侈台榭”，希冀以这种“富而显贵”的法式来体现自身价值，“润身润屋，两美兼收”。由于新安商人是新安建筑、园林艺术的赞助人，新安文化的世俗性在新安园林文化形态方面表现出重要的主导作用。这一时期新安园林回归繁荣，尤以歙县丰南等地最为突出。

黄山市徽州区西溪南村（明）果园假山

丰南山水平远，风景秀丽，吴氏家族世代业盐，在故里筑室卜邻，“园亭树石，错落分布于其间”，[①] 园墅麇集，十分繁盛。歙县《丰南志》载有园林41处，著名的有曲水园（十二楼），果园、清晖馆、高士园、钓雪园等。曲水园为吴良屿建。内有中分榭、万始亭、御风台、向阳馆、止止室、藏书楼、十二楼、群玉山、曲池诸景。果园相传为唐寅、祝枝山所规划，花木敷纡，泉石幽邃。园内有仙人洞、观花台、石塔岩、牡丹台、仙人桥、芭蕉台诸景。其他名园有淳安县蜀阜万花草堂，明嘉靖十七年（1538）进士徐楚建，自为《蜀阜十景赋》。董其昌有诗云：“游人归兴浓如酒，却负山阴雪夜槎。”以及歙县遂园，休宁县荆园、季园、遵晦园等。明晚期建造的休宁县坐隐园，是汪廷讷倾力营建的精美园林。园内有环翠堂等83处景点，几乎囊括了当时的所有园林元素，在园林观念、山水营造、建造经营、植物配置等方面具有鲜明的地域特征，将以生活享乐为主要目标的市民园林与重在陶冶性情的士流园林融为一体。

清中叶，新安当地有歙县的潜口水香园、雄村非园、西溪不疏园等。非园，为乾隆年间曹文埴建，有欲榜斋、排青榭、旷如亭、水香台等十二景。不疏园，为乾隆初汪泰安经营创建，有勤思楼、黄山一角、六宜亭、山响泉、不浪舟等十二景，园内有丰富的藏书。淳安县方菉阿建皆山楼，知县于栋如（1633 ~ 1698）为题诗

① [清]胡赓善：《水香园记》。

黄山市徽州区潜口村(清)水香园(资料来源:清康熙《歙县志·古歙山川图》)

12 首。于另有《宿皆山楼》诗云:“取次层层入翠微，参差楼阁空中起。锁户玲珑四面开，群山拱揖环相峙。”清诗人方士颖为作《皆山楼赋》。晚清国运渐衰，尤其是太平天国之役，新安园林遭到近乎毁灭的打击，从此一蹶不振。“楼台荒废难留客，林木飘零不禁樵”。[①] 诸多名园、水口荡然无存。

在新安本土以外，这一时期扬州造园异军突起，乾隆时有“扬州以园亭胜”之誉。而“扬州之盛，实徽商开之”(陈去病《五石脂》)。陈从周教授在《扬州园林》一书中也说:“明代中叶以后，扬州的商人以徽商居多。”他们“所获得的大量资金并没有积累起来从事再生产。他们除了把金钱花费在奢侈的生活之外，又大规模地建筑园林和住宅。由于水路交通的便利，随着徽商的到来，又来了许多徽州的建筑匠师，使徽州的建筑手法融合在扬州建筑艺术中”。徽商侨寓扬州，园林多为其所建。

① [清]阮元跋《扬州画舫录》，见[清]李斗著;周光培点校.扬州画舫录[M].扬州:江苏广陵古籍刻印社，1984.10.

虹桥瘦西湖一带，风景佳丽，徽商筑园墅于其中，星罗棋布。据李元庚《山阳河下园亭记》载淮安河下的园亭有65处，其中徽商程氏所建即占三分之一。明末江南名园中的影园、休园、嘉树园、五亩之园，园主皆为歙籍郑氏四兄弟。清康熙年间扬州八大名园亦近半数为歙籍人所建。其中最著名的是郑元勋(1603 ~ 1644)的影园。郑氏祖居歙县长龄村。郑元勋，字超宗，号惠东。明崇祯十六年（1643）进士，官至兵部司主事，工诗善画。影园面积仅约五亩，园以水池为中心，湖中有岛，岛中有池，园内外水景浑然一体。东面以连绵土石主山障隔城墙，北面小客山替代园林界墙，其余两面敞开借景园外远近山水。景域划分亦利用山水、植物手段，不取建筑围合的手法。园内建筑密度低，散点布置，疏朗质朴。讲究植物造景，花木繁茂。影园整体风格雅致恬淡，以简寓繁，以少胜多，情景交融。正如《园冶》所说："略成小筑，足征大观。"影园是园主人郑元勋和造园家、《园冶》作者计成，相契合的共同成功创作，它是我国首部造园理论著作《园冶》成书后的一次重要实践，同时拉开了明清园林建设的序幕。该园布局合理，技法精湛，为同时期的典范。孟兆桢先生称其具有"公共的属性"，这是新安园林的重要特点在扬州园林中的体现。

明清新安造园的发展历程是复杂曲折的，经历大致相同：初期经社会巨变、陷于低迷；中期渐复元气，转向极盛；明代晚期空前辉煌，园林理念及造园方法，发生重要变化；而清代晚期则进入最后发展历程，渐成绝响，开始了民国时期的"公园"阶段。就造园技法而言，明清时期，受新安画派影响颇深，叠山关注画意，与置石从结合到分离；理水则关注形态，由方池改为曲岸；花木偏向姿态欣赏，"四时不断，皆入画图"；建筑数量增多，作用增强，尤其廊在园林中的大量运用，使园林总体效果大为改观。

三、新安理景的地方特征

新安园林和我国其他各地园林相比较，有着很多相同的共性，这种共性即《中国古典园林史》所概括的中国古典园林四个特点：第一，本于自然、高于自然。这是中国古典园林创作的主旨，这个特点在人工山水园的掇山、理水和植物配置方面表现得尤为突出。第二，建筑美与自然美的融糅。建筑无论多寡，也无论性质、功能如何，都能够与山、水、花木三个造园要素有机地组织在景观之中，彼此协调，互相补充，达到人工与自然高度和谐的境界。第三，诗画的情趣。中国古典园林是时、空综合艺术，它运用各个艺术门类之间触类旁通的原理，熔铸诗画艺术于园林艺术，使园林包含着浓郁的诗情画意。第四，意境的含蓄。中国古典园林将文学艺术、书法艺术与园林艺术直接结合起来，寓情于景，见景生情，达到高度情景交融的境界。

新安园林作为江南园林中的地方园林之一，还具有独特、鲜明的地方风格。主要表现在以下四方面：

第一，充分发挥新安大好山水的优越条件，因地制宜，巧于因借，将天然风景裁剪入园

新安理景富有新安江流域特色，其宅园风格似与天然山水园相近。中国古典园林如果按照园林基址的选择和开发的不同方式，可分为人工山水园和天然山水园。前者以城镇居多，基址平坦，以丰富多采的造园手法，创造性地模拟天然野趣，所谓“城市山林”“虽由人作，宛自天开”。后者建在城郊或村野，基址选天然山水片段，因势利导地改造地形、地貌，适当配置造园诸要素，“自成天然之趣，不烦人事之工”。[①]

新安江流域一年四季如画，“春雨则濛濛滃滃，烟波隐现；夏则岫浓翠合，洪涨绿畴；秋则黄云丹叶，掩映晴江，湍縠生纹；冬则寒陵竞涌，风濑清浅，寸鳞米石，洞视无碍。日入则金竺倒影中流，如捧员峤；夜则渔火连绵，如星河秋而烂，昭昭其未央。至于雪之霁，月之夕，长风之翏翏，无一而非趣者”（明吴士奇《丰南溪山记》）。“其地势坡陀荦确，拥崖据壁，溪流萦折，溽岸相错。…溪水清激如矢，或濆沸如轮。文石错落，深浅见底。百里之内，天容沉寥，云物鲜华”（清钱谦益《游黄山记》）。清歙人胡赓善在《水香园记》中亦云：“吾县（歙县）西山水平远，居人复工选胜，园亭树石，错落分布于其间，与川岩相映发。”吴定（1744 ~ 1809）在《娑罗园燕集序》中，记清初歙县娑罗园云：“园之木既古，而地尤旷，北临丰乐之溪，水鸣锵锵，石露拳拳。遥望黄山天都、云门诸峰，如堂如防，游者多爱之。”而新安“士夫巨室，多处于乡”，或乡村，或村郊水口，或山麓田间，“村村入画”，新安园林如珍珠般散落其间，将水容山态，村霭墟霏，尽收园内。关于选址，各种园记述之甚详，如清代王灼《游歙西徐氏园记》：“园之外，田塍相错，烟墟远树，历历如画。而环歙百余里中，天都、云门、灵、金、黄、罗诸峰，浮青散紫，皆在几席。盖池亭之胜，东西数州之地，未有若斯园者。”明代汪承《玩芳亭记》：“筑别墅于富资之阳，构

① 张家骥著.园冶全释——世界最古造园学名著研究[M].太原：山西古籍出版社，1993.6(2002.8重印)

祠宇数楹，后倚岗阜之隆，前挹溪山之秀。祠下辟蔬圃，畦町秩秩，如布棋局。圃前凿方池，引流蓄鱼，横亭其上，为临眺之所，环植群木，列奇众卉。周围数里缭以垣墙，俨然一林苑也。”明代吴肇南《清晖馆记》：“阻巨浸而遥对众山……右天竺，左天马，或巉岩苍郁，或萦青缭白，皆隐隐云间。前山则岗联陇属，……横亘如带，中多良田，沟渠绮分。主人凭虚而眺，则五谷垂颖，田家之至乐也。”清《岩镇志草》记“莱园”建亭台上，“名曰问稼。一望西畴，波平绣错，秧针濯雨，麦浪乘风，倚槛课耕，可与农人劝相”。

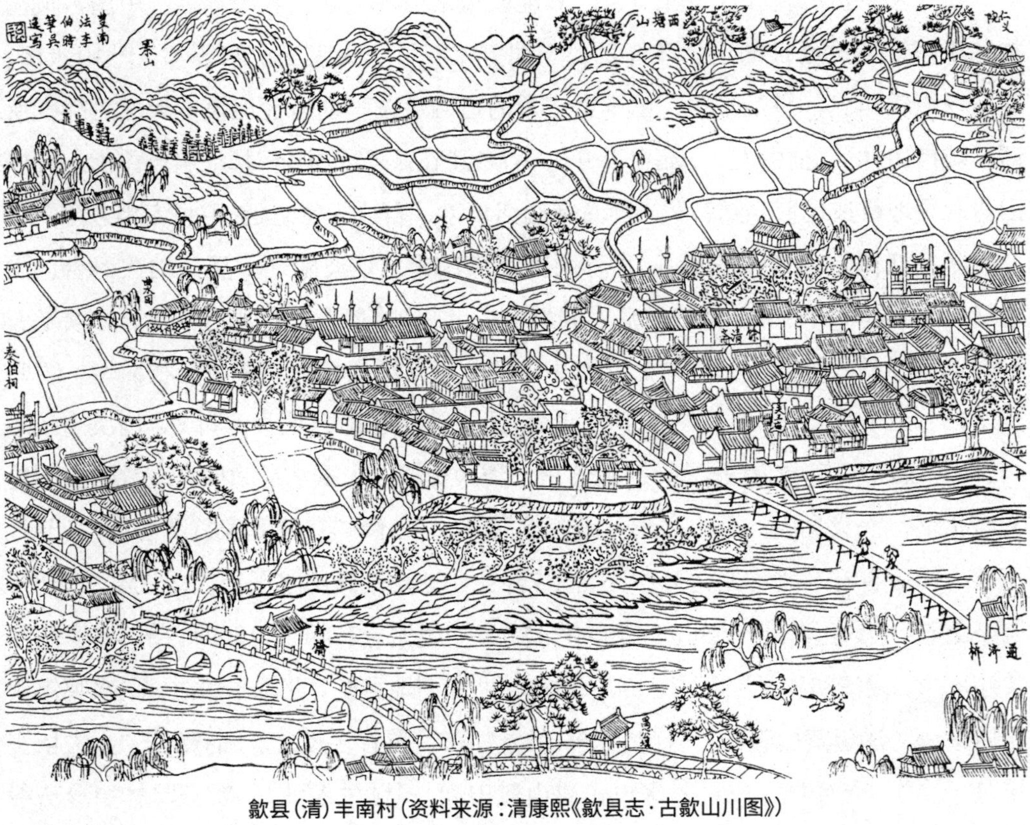

歙县（清）丰南村（资料来源：清康熙《歙县志·古歙山川图》）

第二，中和典雅，“中制”“中度”的园林美学观

汉代戴圣《中庸》云：“喜怒哀乐之未发，谓之中；发而皆中节，谓之和。中也者，天下之本也；和也者，天下之达道也。致中和，天地位焉，万物育焉。”中国园林强调中和，“先执其中”，不偏不倚。明代嘉靖年间诗人、剧作家歙人汪道昆（1526 ~ 1593），官兵部左侍郎。其文主复古，简而有法，有《太函集》，记述新安

名园甚详，如《曲水园记》《季园记》《遂园记》《荆园记》《遵晦园记》等。他评诸园云：

> 遂园约矣，取其蜕于市嚣；曲水沉沉，取其都雅；季园巨丽，庶几盖州；七盘夹道有�，曲折而有直体；乃若荆园之费不訾，一脔则皆上腴，靓而疏，迩而遐，纡而无邪，亦一奇也。

汪道昆还根据古代天人和合、文质彬彬、华朴兼美的哲学和美学思想，并结合自身“周游四方”，观赏各地园林特别是新安园林的审美经验，提出“中制”“中度”的园林美学观。他认为通常简朴的园林或“俭于文”，即文采不足；华美的园林或“害于雅”，即有伤大雅。吴氏曲水园“乃得中制”，有可取之处，“有足术者”。又称吴氏季园兼得人力与天胜，“其制最为中度”。又以“人不胜天，文不灭质”来评价、赞许蒋氏黄山裙中之园。汪氏阐述了园林的华朴、文质、天人关系，很有见地。

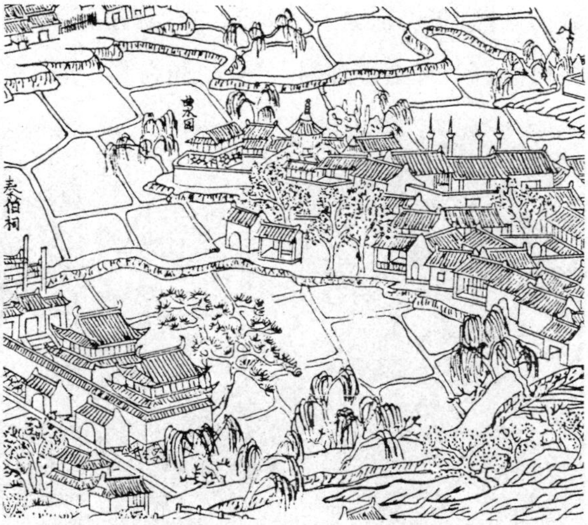

清康熙《古歙山川图·丰南》中的曲水园

汪道昆曾比较过新安、苏州两地园林，他在《季园记》中说：“夫吴会以名园盖当世，则山诎而水赢。新都保界群山，水诎矣；其不诎者，皆人力也，卒莫能胜天。”吴地水多，园以水胜。新安山多，常借山景并掇假山以取胜；水少则凿池引水，终不及天然之水。新安宅园往往承载着太多功能，居住、耕读、游观、祠祀、礼佛等。故相关建筑也多，密度较高，势必挤压园林空间，因此富丽有余，淡雅不足。汪道昆的“中度”“中制”美学准则，对新安造园实践颇具指导意义。荆园的“靓而疏，迩而遐，行而无邪”，曲水园的庳而文、美而雅，都很好地诠释了这一美学准则。

第三，村落水口是新安古代的公共绿地，是新安理景的一个重要特征

清康、乾年间，歙人方西畴的《新安竹枝词》中有两首描写水口：

故家乔木识梗楠，水口浓阴写蔚蓝，更着红亭供眺听，行人错认百花潭。

烟村数里有人家，溪转峰回一径斜，结伴携钱沽夹酒，虹梁水口看昙花。

新安村落景观之美，是建立在与自然和谐的基础之上的。水口是徽州村落形态中传统观念、文化气息和园林情调表露最集中、最突出的地方，对村落环境及景观的改善尤其重要。水口组织了村落入口富有变化的序列空间，通过自然景观和人文景观的和谐交融，布置了一条入村风景走廊，“山重水复疑无路，柳暗花明又一村”，欲扬先抑，匠心独运。水口理论和营建有效地改善了村落的环境和景观，形成了“绿树村边合，青山郭外斜”“全村同在画中居”的村落总体环境特征。

淳安县芹川村水口

淳安县芹川村王氏祖先百拾公自元代迁居于此，该村坐落在一条相对独立的山谷之中，地势北高南低，呈葫芦状。北侧为大堂山、续岭，东西两侧山峰呈北南纵向排列。从北到南，东侧依次为玉屏峰、高银峰、低银峰、文笔峰、象山，西侧依次为猪腰岭、蕉岭、蛇峰、麻车岭、狮山。芹涧发源于北侧山地，经谷中蜿蜒而下。山谷中段，东侧象山和西侧狮山形成一个狭窄的水口，上游谷地为芹川聚落，下游谷地为芹川村农耕田地，耕居基本分离。芹川村的自然景观与人文景观呈现出丰富层次。水口外地形开阔平坦，田畴连片，一派田园景象。走过田畈，便是村庄的水口。一座廊桥架在溪流之上，两山对峙，狮山、象山山麓上水口林黛色参天，浓荫匝地，五株500岁的古樟盘根错节，苍劲古朴。樟树高约25米，平均胸围约4米，树冠60多平方米，郁闭度达85%以上。行人至此，烦襟顿消。穿越古樟林，溯溪而上，则别有洞天。四山环抱之中，一座座古老典雅的新安建筑，井然有序地分布在芹涧两岸，小桥流水人家，人们仿佛到了武陵源。唐代王维诗：“山口潜行始限隩，山开旷望旋平陆。遥看一处攒云树，近入千家散花竹。”可作为芹川水口的生动写照。

芹川村自然景观十分优美，芹川八景做了高度概括，八景为银峰耸秀、芹涧澄清、象山吐雾、狮石停云、玉屏献翠、金开腾辉、餐霞滴漏、沙护鸣钟。新安水口还为村落提供公共活动场所。封闭的居住空间环境和隐居的传统，使村民安于自己的小空间，因此，新安村落中没有真正的大规模聚集场所。于是，村外的水口成了"父老兄弟出作入息，咸会于斯"的公共绿地，"不堵而垣，不蕃以篱，俾吟啸者得憩焉，是为游观之最"（清《胡心泉集·丰南环碧亭》）。人们在此交流他们淳朴的感情，芹川水口正是这样一处公共绿地。

第四，重视营造花木植物"游"的境界和"观"的对象

新安江流域地处亚热带，水热条件良好，植物种类丰富，故园林植物特色明显。以徽州为例，据不完全统计，在册园林古树有 800 余株，1300 余种。在属种数量上，以松科、柏科、樟科、壳斗科、蔷薇科为主。园林古树数量较多的品种有银杏、黄山松、柳杉、圆柏、南方红豆杉、榧树、樟树、枫香、枫杨、苦槠、槐、三角槭等。其中，树龄超过 1000 年的唐宋园林古树有银杏、黄山松、南方红豆杉、樟树等近 10 种。明清时期，村落水口常用的乔木类型有银杏、樟树、苦槠、枫香、槐树、朴树、黄连木等。如祁门县拜堂石村水口有 400 多年的天然林 140 亩，疏林中古树 3520 株，包括枫香、青冈、栎类、马尾松等 20 多种。其中古香果树、古檫树、古光皮桦、古臭椿 4 株都是树龄 100 ～ 300 年的古树。[①]

新安宅园则多为比德植物，如柏、杉、牡丹、梅、石榴、梧桐、桂花、竹等。南宋休宁吴儆《竹洲记》："静香之东有杉，甚直而秀，其枝下垂如倚盖，可数人容膝其下，因名之曰直节庵。……庵之西有梅，旧为灌木所蔽，枝干拳曲，苔莓附之，与会稽之古梅无异。……因名之曰梅隐庵。"其植物配置以丛植为主，虚实相衬，于幽奥中见平旷。明中叶，歙县曲水园花木百品千章，林木翳然。《曲水园记》中多次使用"穿薄"一词，可知园景苍古深郁。清中叶杰出思想家、诗人龚自珍随父赴任徽州府，离开徽州时撰写了《别辛丈人文》。他在序中云："新安郡斋古桂，唐时植也，尊之曰辛丈人。"并亲植梅花 30 株。明晚期休宁县坐隐园的植物类型选择，比德是重要观念，直接以植物作为景点的多达 15 处，其中松、竹、梅、桂、菊是重要品种，在选景中具有重要意义。配置方式有点植、列植和群植。该园还有多处花屏，起到

① 王锐等著.徽州树木文化图考[M].北京：科学出版社，2013.3.

限定园林空间的作用，并通过园艺手法将植物处理成建筑形态的构筑物，如树牌坊，不过这种植物构筑物不符合画意，明末以后便不再流行。清道光三年（1823），麟庆（1791 ~ 1846）赴徽州府任，在其所著的《鸿雪因缘图记》中记述有郡圃园林的花木：

宋洪适在雉堞上倚古木构亭，今移城下。亭前有玉兰、海棠各一，牡丹数本。

甲申春暮，园花盛放，……碧琼飞雪，不让蕃釐，红玉垂丝，俨同香国。……时庭前植黄山野卉四钵：一旌节花，藤作碧华鬖髿璎珞；一石兰，一花一叶，颖擢彤霞；一囊环，叶吐单片，花弄双环；一鹅群，白洁如鹅，黄蕊作目，形状尤为奇似。

新安郡署紫翠楼前，有桂二株，大可合抱。其西轩又老桂一，乃六朝物也。干留半片，皮皴肉厚，秋来著花无多，而古香馥郁，迥异凡葩。

徽州盆景是我国主要盆景流派之一，“古松怪柏，蟠曲如龙”，以苍古、遒劲为其特点。故新安建筑庭院中多喜用盆栽，麟庆所植黄山野卉 4 钵，殊不易致。

清麟庆《鸿雪因缘图记·与春同咏》中的徽州府衙郡圃花木

第二节 新安宅园及庭院实例

潘谷西先生在《江南理景艺术》一书中说：

> 纵观江南园林的发展历程，其主干当属官僚、富豪的私园。而这些私园的实质，则为园林化的别墅。无论其地处城郊或市区，目的都是为了在居常生活之中，寻找一片天然净土，供作调剂精神和寄托情赏之用。

新安宅园常紧靠住宅，设有单独出入的园门，园林空间较一般庭院大，由多重空间构成。主景区多有假山，水池之设，全园活动中心厅堂也在此处。庭院是建筑的外部空间，早期它多着眼于实用，一旦需求具备观赏价值，则产生庭院理景。新安住宅庭院多设在前院或别厅、书房前后，庭景题材，“无非是水、石、花木、亭榭”四者。庭院不妨视为单空间理景，宅园则是空间序列的理景，其园林布局手法，潘谷西先生简要归纳为主题多样、隔而不塞、欲扬先抑、曲折萦回、尺度得当、余意不尽、邻借远借，所论颇为精当。

新安宅园除少数遗存至今外，大多湮灭。代表性的宅园，主要有黟县培筠园、休宁县竹洲吴氏园亭、淳安县蜀阜新亭、休宁县坐隐园、扬州影园、歙县曲水园和水香园、建德县留耕山庄等。代表性的庭院，主要有黟县西园前院和德义堂水院、淳安县芹川王宅水院、歙县笑梅书屋等。

一、新安庭院实例

(一)黟县西园前院

西园，位于黟县西递村，清道光四年（1824）曾任开封知府的胡文照建。西园为天井式楼宅，这种形制的住宅分布于皖南、浙西、赣北等江南山区，以徽州住宅最具代表性。清代新安商人大宅，常在正门前另加一前院，原正门位置朝向按古代风水要求设置，改称二门，前院门则直通街巷。前院轴线大致与住宅正屋纵轴垂直，两栋住宅以上并列时，前院深仄。西园并列三栋住宅，同为一个家族，宅前贯以一狭长空间，以花墙分隔成三个相对独立的小院，并辟地穴相联系。庭院仅130平方米，进深不足5米。但就在这样一个很小空间里，通过花墙、漏窗、地穴等手法的运用，成功地扩大了景域空间，丰富了景观层次。第一进庭院中点缀花木、盆景、鱼缸、石几，尺度宜人，洋溢着雅致的园林情调。此进庭院景观丰富，但毫无局促之感，作为空间导向，颇具礼仪品位。第二进庭院是生活空间，券门上额黟县青石匾，上镘阳刻摹印篆“西园”，砖雕拐子纹边。院内仅一隅花台，两案盆景而已，质朴无华，简洁疏朗。此院供家人室外活动用，儿童嬉戏，老人负暄，其乐融融。唐白居易诗曰：“杲杲冬日出，照我屋南隅。负暄闭目坐，和气生肌肤。”第三进庭院券门上额“井花香处”匾，院内水井一眼，为庭院平添了浓郁的生活情趣。此院虽为杂物小院，却透露出浓郁的书卷气。西园的漏窗、匾额制作十分考究，尤其是“松石”“竹梅”两石雕漏窗，构图生动，雕工精湛，增加了园林婉约多姿的艺术气息。西园不仅将住宅冠以“园”名来传达意境信息，并运用景题，将文学艺术与造园艺术完美结合起来，虚实映衬，妙趣横生，意境蕴藉，回味无穷。“种春圃”“井花香处”“云林送思”等匾额文字表达和深化了庭景意境内涵，获得象外之旨。清中叶以后，邸宅在一定程度上园林化，居住建筑和园林更密切结合，使“咫尺山林”的园林审美意识进一步升华，西园正是这一时期的佳构。

黟县西递村（清）西园前院

(二)黟县德义堂水院

黟县宏村德义堂，建于清嘉庆二十年（1815）。住宅北向，二层三间，面阔 8.47 米，进深 7.84 米，一层建筑面积 66.4 平方米。宅前有水院，平面直角梯形，44 平方米。贴长边凿方池 11.2 平方米，并筑有一间水榭，直角梯形平面，面阔 4 米，进深 2 ～ 3.2 米，建筑面积 10.4 平方米。水院西原建有花园，堂前廊步有门可达，现已辟为菜圃。水院分两部分，东部为绿地，局部卵石铺地，南植桂树一株，绿荫匝地。西部为水池，榭浮于池北，临水设飞来椅。绿地、水池之间，有石板甬道通向户外。德义堂坐落在村西茶行弄口，上水圳南侧。水池卵石驳岸，砌暗沟与院外水圳相通，有源活水，涓然不穷，深才尺半，澄澈可鉴。金鱼十数尾，往来翕忽，与主人相乐。水圳是宏村的血脉，自然水系和人工水系相结合，形成水系网络，丰富了村落景观。清代西递村人胡成浚《宏村口占》诗句："家家门巷有清泉"，道出了水系妙处。村内住宅因水成趣，凿池引流，营建了不少水体各异的小院，理趣交融，别具特色。德义堂水院以池为中心，池北水榭玲珑精巧，凭栏可知鱼乐。池西筑花墙一堵，攀满皖南猕猴桃藤，绿色壁毯中开月洞窗一樘，平添景深。春天晴烟澹满之时，窗外夭桃满

黟县宏村(清)德义堂水院

枝，其华灼灼，美不胜收。墙南端置小扉，有阶入池，当为汲水灌园所设。墙东侧临水筑花台，莳牡丹两株，枝叶低亚，娉婷袅娜。池周东南两侧则置石案，盆栽数十，姹紫嫣红，赏心悦目。东岸亦设石阶三级，人可亲水。此院规模不大，可称袖珍，但善用水景，构思巧妙。透过堂屋门窗柳条格子，可见“山禽拂席起，活水入庭流”(唐奚贾《寻许山人亭子》)，人居画中，心旷神怡。

(三)歙县笑梅书屋

笑梅书屋在本书第一章已做简单介绍，现就庭景创作手法略做补充。该宅原系歙县徽城斗山街许宅的花厅，建于民国时期，1956年王氏从许姓“万卷斋主人”处购得花厅等部分。书屋一层面阔24米，进深23.8米，占地571平方米。南向，正屋一层，三进二间，前为四合，下堂廊屋无地房。后为三合带吸壁天井。正屋两侧布置有厨、厕、贮藏等用房，大门设于东侧临街，经门道进入前天井。书屋木构架沿用穿斗式，但木装修却别具一格，略施雕饰，于绮丽之中出清新之意，质朴自然，亲切典雅。门、窗样式新颖，手法洗练，嵌以大面积玻璃，简洁明快，克服了徽州传统民居“多作重楼峻垣，屋中空地太少，开窗亦隘，严密有余，而光气不足”的短处（民国《歙县志 · 风土》）。其余如飞来椅、栏杆等，均雕镂精巧，尺度宜人。花厅正屋南有套院，西院建半边俏小楼一幢，东向，为别厅书房。院内卵石铺地，楼前植桂树，树下置石桌凳。每年八月，金粟花开，芬芳馥郁，小楼如在香国。东院有水井一眼，亦植桂树一株，连同西院桂树，符合厅堂前传统双桂之数。两院间以漏花墙分隔空间，花影婆娑，平添雅趣。在新安住宅中，别厅是形制变化最多的建筑。它们一般建于住宅旁边，但相对独立于正屋，自由精巧，建筑质量很高。别厅兼有读书、起居、会友功能，常用作新安商人养老场所。它们多临小园，推窗凭轩眺望山水，与自然交融，是村镇景观中的风雅点缀。

二、新安宅园实例

(一)黟县培筠园

培筠园位于黟县碧山之麓，清嘉庆《黟县志》载：“培筠园在三都（黄陂，今碧山村），宋汪勃别业，双桧童童为古物，今归族裔汪元祐。”此园经900年沧桑，遗迹尚依稀可寻。园约160平方米，已非当年规模，唯大小二池，碧水汪然，山石嶙峋，绿竹猗猗，引人遐思。青石叠成的假山，俗呼梳妆台，藤蔓毵毵，下有幽径。旁立残碑，高1.6米，刻张九成《碧山访友》七绝，风雨剥蚀，幸未埋没。相传此园曾有白鹤馆、湖心亭诸景，清初程锦《游培筠馆》诗描写甚详："麦畴夹径绿苔肥，暂住篮舆扣竹扉。到耳鹤声清款客，入门池影翠浮衣。低昂石布峰环立，疏密花编架曲围。曾订石台宵醉月，秋风初起主人归。"清乾隆时曾任四川清溪知县的邑人孙学浩诗云："野花蔓草障清池，为问培筠竹几枝？双桧依然青似染，更无人读子韶诗。"现在"童童双桧"早已无存，摩挲诗碑，不禁喟然。此园遗存，徽州可能无两，且宋碑犹在，史迹可考，实属难得。

汪勃，字彦及。宋高宗绍兴二年（1132）进士，宋孝宗乾道七年（1171）卒，享年八十四岁。汪勃退居乡里时，居培筠园，教训子孙，关心农事。与勃同榜进士之宗正少卿、权礼部侍郎张九成（开封人，字子韶），因反对秦桧力主抗金而被罢免。张远道来访，见碧山有林泉之胜，流连数月而返，并写七绝《碧山访友》以赠："万仞巍然叠嶂中，泻来峻落几千重。森森桧柏松花老，又见黄山六六峰"。诗成刻碑立培筠园内。汪勃对老友来访十分高兴，赋诗《喜张子韶学士见过》酬答。"故人江上来，顾我万山中。别久十余年，相见颜若童。契阔言宿好，叹我已成翁。虽从忧患后，道气荡人胸。碧山春自霭，湖水映天空。鸢鱼欣若觏，永日畅和风。山中足鸡黍，为我开眊蒙"。

(二)休宁县竹洲吴氏园亭

竹洲吴氏园亭，位于休宁县商山村，南宋淳熙五年（1178）前后吴儆建。吴儆（1125～1183），初名偁，字益恭。绍兴二十七年（1157）进士，与兄吴俯并以诗文著名，有"眉山三苏，江东二吴之称"。后以双亲年迈请祠，主管台州崇道观。著有《竹洲集》。其《竹洲记》描写景观甚详，摘录如下：

> 乃即旧居，稍稍葺治。居之前有洲，广可数亩，旧有竹千余个，因其地势洼而坎者为四小沼，种菊数百本周其上，深其一沼以畜鱼鳖之属，备不时之羞。其三以植荷花菱芡，取象江村之景，且登其实以佐觞豆。既又乘地之高，附竹之阴，为二小亭。其一面溪，溪之上有山，山多松杉楮樟之属，葱蔚蒨茂，贯四时而不变，尤老人之所乐而数休焉，以"流憩"名之。其一曰"静香"，以其前有竹后有荷花，用杜子美"风摇翠筱娟娟静，雨浥红蕖冉冉香"之句为名。亭之南为堂三间，环以岩桂、万年枝及诸后雕难老之木。东西二室为洞牖，使子弟之未胜耕者读书其中。堂之北视，上庠炉亭之制，为小斋堂，名"仁寿"。

斋名“静观”，取明道先生诗“万物静观皆自得，四时佳兴与人同”之意。

“静香”之东有杉，甚直而秀，其枝下垂如倚盖，可数人容膝其下，因名之曰“直节庵”。盖木之类至众，而至直者莫如杉，苏少翁“直节堂”以杉名也。庵之西有梅，旧为灌木所蔽，枝干拳曲，苔莓附之，与会稽之古梅无异。盖梅之隐者，老而甚癯，如山泽之儒。……乃断木如鼓之状，可踞而坐者十辈列于其下。冬仰其花，夏休其阴，渴想其味，不施栋宇，而梅之美具得俯仰之间，因名之曰“梅隐庵”。庵之西种桃、李、卢橘、杨梅之属。

桃蹊之外，借地于邻，复得一亩许，杂种戎葵、枸杞四时之蔬，地黄、荆芥闲居适用之物。

庵之西开小径，旁贯竹间，夹径植兰蕙数百本周其上，与地相宜，颇茂。循径而南，有堤如荒城，高出氛埃，旁临旷野溪流，其下潺潺然与风疾徐，登之令人心目俱豁。复据堤为二亭，曰“遐观”，曰“风雩”，于以见天空地大万物并育之趣。柳子厚谓“凡游观之美，奥如也，豁如也”。是洲蕞尔之地，而高下曲折，幽旷隐见，殆具体而微者。

此园不以筑山取胜，而以水景、花木见长，体现了宋代园林简约、疏朗、雅致、天然的风格特点，简约，是宋代艺术的普遍风尚，吴氏园亭受其影响，景物以少胜多，整体性强，不流于琐碎。园内建筑密度低，且多单体，无游廊连接，不以建筑围合或划分景域，植物配置亦以丛植为主，虚实相衬，于幽奥中见平旷。由于造园诸要素删繁就简，从疏布局，益见景观开朗。吴氏园亭景题多取义诗文，寓情于景，直抒胸臆。如以杜甫诗句命名的“静香”亭，以袁明道诗句命名的“静观”斋，以及寓意操守的“直节”“梅隐”等。景题的诗化，拓深了园林意境，点出了象外之旨。该园尚“有竹千余个”，并大量种植菊荷兰蕙，作为园林雅致格调的象征。吴氏园亭因山就水，利用原始地貌，稍事改造，即臻其妙。园内并设果园菜圃，既表现了园林的天然野趣，也增加了浓郁的生活气息。作者徜徉其中，“忘贫贱，安农圃”，奉亲课读，以闲适为乐。

(三)淳安县蜀阜钱时新亭

“竹径阴阴曲透墙，岩花相倚弄秋光。颓檐坏砌无人到，不废西风满院香。”此为南宋钱时的《登蜀阜》诗。钱时（1175 ~ 1244），淳安县蜀阜人，门人尊为融堂先生。淳祐元年（1241），钱氏离史馆回乡，在蜀阜修建了岿然亭、岁寒亭、咏归亭、山翁亭、野翁吟亭等，次年建光风霁月亭，又创经史阁。其故宅原有亦亭、可亭、沧浪亭。清光绪《淳安县志》载："蜀阜书院，在县西招贤里。宋儒钱融堂聚徒讲学之所。"该志并载：

> 钱时宅，在县西七十里永平乡招贤里。融堂先生所居。其讲学著书之所，为斋者曰高斋、冬窝、安素、蜀阜，为堂者三，曰此山、敬止、庆光。登临吟咏之所四，为亭者五。

钱时门人，景定三年（1262）特奏名进士吕人龙撰《新亭记》述其景观。

> 入门，竹萧萧夹道迎人，坡陀而上不数步，便觉清风有掖我尘外意，亦可少驻以自慰，曰亦亭。从亦亭而上，折而东去，又西南跻，以至山椒，修篁万个，环幽斋数十重，曰敬止。敬止之西，势隆然中起为一山，最高处亭八柱，冠其上曰岿然。
>
> 又西去数武，有大栎可数十围，高不知几千尺，势薄霄汉，方茂而未老也。古梅数株，淡然离立，花时而往，犹竦然敬爱。想绿阴覆地，鸣禽上下之时，使人恋恋不忍去，亦可亭矣，曰可亭。出可亭转西，路达山，隐隐然坡翁之旧隐也，有诗五章。先生后名达观堂，对峙名此山堂。
>
> 蜀阜佳境至此尽矣。登山之履，自此止矣。此山堂后，墙门两柱，见者知其为山境，歧道左辟双扉，则见大舟轩然，势欲飞动。
>
> 自亦亭至山隐，大抵皆竹木森映，左右蔽亏。惟此亭浮空外寄，招引别山。西南当空一望楼，十里对面有山凝然，默与主相拱揖。先生自谓尤爱此。吟咏方殷，特号野翁吟亭。而下转山春，历牧庄，抵月池，徘徊咏归亭。晡晚，乃憩广塾，穷日之力，乐而忘归。

细读吕文，可知钱宅（蜀阜书院）园林大概。蜀阜山水自然景观甚佳，山势起伏，坡陀逶迤，园外蜀溪，三涧合注，"并泻于蜀阜之三峡"，所谓"三峡壮瞿塘之胜"（明徐楚《蜀阜十景赋》）。钱时《新亭薄暮》诗云："读罢羲经笑倚空，蜀溪溪上蜀溪翁。诗成断雨流云外，人在光风霁月中。”园内置水景，“曲径方池竹几竿”（钱时《筑岁寒亭》），池曰月池。建筑营造亦颇有特色，除斋、堂等类型外。建亭九座，“层出蜀阜之奇而揭之亭”（《新亭记》）。山麓有揖客之亦亭，山巅有八角之岿然亭，林薄建可亭，空旷处建野翁吟亭，归途尚可憩于月池畔之咏归亭。《园冶》说：“《释名》云：亭者，停也。所以停憩游行也。”蜀阜之游，“穷日之力”，亭于“游观”之趣，作用十分突出。蜀阜“竹木森映，左右蔽亏”“修篁万个”“绿阴覆地，鸣禽上下”“万竹深围一草庐”“庭前庭后绿婆娑”。竹林之外，尚有栎、古梅等花木。

宋鼎南移，江南地区成为全国政治、经济、文化中心，中国园林主流从北方转向了南方，开启了“中国园林的江南时代”。淳安为南宋京畿，受都城园林文化影响，私家园林以清丽、典雅的士人审美理想为主调，简远、疏朗、天然，在具体营造中，山水、植物居主导地位。蜀阜钱时宅的景观规划，正是南宋时期新安造园地方特征的反映。

(四)歙县曲水园

“溪南好，曲水旧名园。老树阴连看奕馆，藕花香绕读书轩。元龙榻自眠。”“溪南好，十二有高楼。碧槛暗随朱阁转，红灯遥映绿窗幽。花底夜藏钩。”这两阕《望江南》小令是清初诗人、歙县溪南吴绮所作。曲水园，位于歙县丰南村，明中叶（约1546 ~ 1550）吴良玙建。汪道昆有《曲水园记》，描摹如画，并有曲《水园杂咏》22 首以记其胜。① 全园以水榭为中心（榭，即曰“中分”），环池再错杂使用走廊、林木、假山等手法，分隔成三个景区：“池南则‘万始（亭），尽‘御风’（台），池北则自

① 西溪南十二楼系曲水园内一景，抑或两园，颇存争议。潘君亭等人经遗址实测，认为十二楼为曲水园的一部分，详见：潘君亭，尧鸿飞，赵兵．明代中后期西溪南曲水园初探[J]．园林，2019．(4)。

曲水园建造者吴良玙，字叔美，鸿胪寺庠班，西溪南二十二世。十二楼，俗称“葫芦门”，《吴氏宗谱》言系吴公逸造。公逸，字无逸，西溪南二十五世。又明万历《歙志》云，十二楼为“明中书吴养春别业”。养春，亦西溪南二十五世。以上内容参见：吴吉祐辑．丰南志[M]．合肥：黄山书社，2012.5.汪道昆《太函集》有《曲水园记》，并载曲《水园杂咏》21首(《丰南志》载22首)，其第十三首为《江干十二楼》，显见十二楼为曲水园景点之一。汪所交吴守淮(字虎臣，西溪南人，收藏名家，《歙志》有载)有《曲水园十二楼寻许太初不遇，怅然二绝》，玩味诗题，十二楼似亦为曲水园一部分。

初步分析，曲水园约建于明嘉靖年间。明万历、天启年间，吴公逸重修园内十二楼。清初，园、楼尚在。吴之骥有《望江南》词咏之(吴之骥，西溪南二十九世，久寓扬州，工诗画)。康、乾年间，可能园废楼存，钱塘学者汪沆(1704～1784)《新安纪程》云：十二楼“墙外旧有外园，今易为菜圃矣”。文中“外园”，当为除十二楼之外的曲水园大部分。另，许承尧在《歙事闲谭·溪南曲水园》一文中记载：“今其遗址，吾曾游之，惟奇石与一方池存耳。”潘君亭等人测得葫芦门水塘遗址为方池，亦与许氏所见曲水园方池吻合。

步櫊（即走廊）尽‘藏书’（楼），东自‘高阳（馆）’尽‘止止’（室），三分鼎立”，又联为一个整体。“选石萦深岛，分流甃曲池”（明丰南人吴守淮《早秋偕王君公、许太初集太守弟曲水园二首》）。曲水园以水景见长，园“修广不啻十亩”“其中凿池，坼南北为天堑”，引甽水，经涧入池，“句如规，折如磬”，曲折有致。水面处理，有聚有分，涧上跨桥，池中筑堤，并布置矶、屿、与桥、堤一起分隔水面，使水面等空间相互渗透，似断而续，曲折深邃。明代园林叠山中石料运用日渐增多，新安私家宅园亦莫能外。

曲水园山景主要有四处：万始亭北，“累白石”为群玉山；洞房北“当户一卷石”，特置孤峰；三秀亭南“累黝石为小山”；高阳馆南“聚美石为山，震泽产也”，即以江苏太湖石掇山。这座湖石假山临水而构，山水相互衬托，疏茂相属，高下相错，峰峦回抱，洞壑幽深。曲水园建筑与山、池、花木相互协调，有机联系，共同组成园景。屋宇类型有堂、馆、楼、阁、亭、台、榭、廊、阁道等，这些建筑环池布置，互为对景，形成完整的构图。而且长廊这一建筑类型在该园中已成为活跃的造园因素，《曲水园记》中“步櫊”（檐下走廊）一词就出现了 5 次，修廊蜿蜒，为园林的景观增加了浓郁的人工美。曲水园花木配置也颇具特色，百品千章，林木翳然，这从园记中多次使用“穿薄”一词，可知园景苍古深郁。

明代园林传承两宋而继续发展，由于文人参加造园实践，私家园林更多地追求雅逸和书卷气，以抗衡园林的“市井气”和“富贵气”。新安私家宅园虽多为富商巨贾所建，但新安商人亦儒亦贾，文化素质较高，有些还延聘著名文人为之擘画经营，所以园林风格雅而不俗。如和曲水园同时、同地而建的果园，“花木敷纡，泉石幽邃”，相传为唐寅、祝枝山所规划，事见乾隆二十六年（1761）程读山《雨窗绝句》。园林风格的这种微妙变化，汪道昆已敏锐察觉，他在园记中指出：“若王公贵人，游闲处士，诸所建置备游观者，大较可得而言，已庳则苦而俭于文，已美则甘而伤于雅，鸿胪君（吴良玙）乃得中制，不有足术者乎。且也，新都什九山也，水居一焉。曲水以水胜闻，斯善用奇也已。”正由于吴氏“得中制”，曲水园虽“佳丽甲于吾土”（明吴肇南《清晖馆记》），却庳而文、美而雅，达到了很高的艺术水平。20 世纪 30 年代，诗人、方志学家歙县许承尧曾游是园，其遗址“惟奇石与一方池存耳”。一代名园，惜乎不存。

(五)休宁县坐隐园

明代文学戏曲家汪廷讷的坐隐园在休宁县汪村，汪氏在《坐隐先生集 · 随录》

中曾描述：“余家松萝之麓，恍琅夹源，远门如带，沿堤桃柳参差，雨过千峰，俨列画图，遂名其堂曰环翠，园曰坐隐。”此地环境幽美，林峦蓊翳，泉壑飞流，小园倚金鸡峰而面松萝。坐隐园始建于明万历二十八年（1600），约六年后落成。园主汪廷讷（约 1577 ～ 1625），字昌朝，号天如，别署坐隐先生等，休宁县人。汪氏是版刻商，开设环翠堂书坊，为新安儒商的一位代表，修建坐隐园是其追求士人高逸品格的表现。

坐隐园选址在“层峦献碧，林薄青葱，翠色可餐”的“悠然胜境”（明袁黄《坐隐先生环翠堂记》）。“北枕松萝，西眺白岳，川原映带，欲吐烟霞，先生于其最胜处构堂，额曰‘环翠’”（明顾起元《坐隐先生传》）。坐隐园因借周边自然山水，结合较高的地势营造白藏冈与眺蟾台，在地势低洼处凿奋翮池，并拓宽河道形成昌公湖，于是形成了园内宅院区、园林区和园外昌公湖区的整体空间结构。该园掇山理水的手法突出反映了 17 世纪明末造园手法变革前的特征，园内假山堆叠以置石为峰与叠石成山两种方式相结合。九仙峰散置九处峰石，高耸独立，抽象模仿真实峰壑，拳石聚山，小中见大。万石山直接取法自然山水，强调石山整体和游观。另外，坐隐园还运用了独立置石的方式，如昌公湖中砥柱石的特置，长林石几处山石的竹下对置，五老峰的石峰列置，奋翮池中的三岛散置等。这些置石以及山石器设，与园中植物、水体等景观关系密切，但尚未出现常见的山石与建筑的结合。坐隐园的理水包括园内开凿奋翮池，以及多处小池和水景，园外则开挖昌公湖以改造自然水系。出于功能和造景考虑，方池与曲池的结合，成为坐隐园突出的理水特点。坐隐园位于村落，有条件挖湖堆山，营造真实自然山水。昌公湖是园外环境中最主要的水体，功能与造景兼备，不仅有防洪、灌溉作用，同时完善了坐隐园环境的自然山水格局，也成为游憩聚会的主要场所。奋翮池是园内最主要的水景，与万石山、白藏冈等山体共同确立了园内的山水结构。奋翮池因循地势建成曲池，模拟葫芦形态的葫芦池也是曲池。园内还造了方池，如洗心池、羽化池等，体现出深受朱子理学影响的新安人对方池的审美趣味。降至晚明，方池造景模式已逐渐减少。坐隐园建筑景点约占全部景点的四成，其重要性不言而喻。堂、轩、亭、馆、楼、阁、庵、室，类型丰富，功能齐全。建筑营造因山就水，因境成景。在园林区内，百鹤楼与素亭利用较高地势形成良好的观景点，无无居为奋翮池水岸主要的观景点，全一龛、玄津桥与紫竹林相结合，营造出佛教意境。在园外昌公湖区内，有观赏湖景的天放亭与湖心亭，也有体现农作意境的竹篱茅舍与周边田圃等。园林区内的建筑之间均以

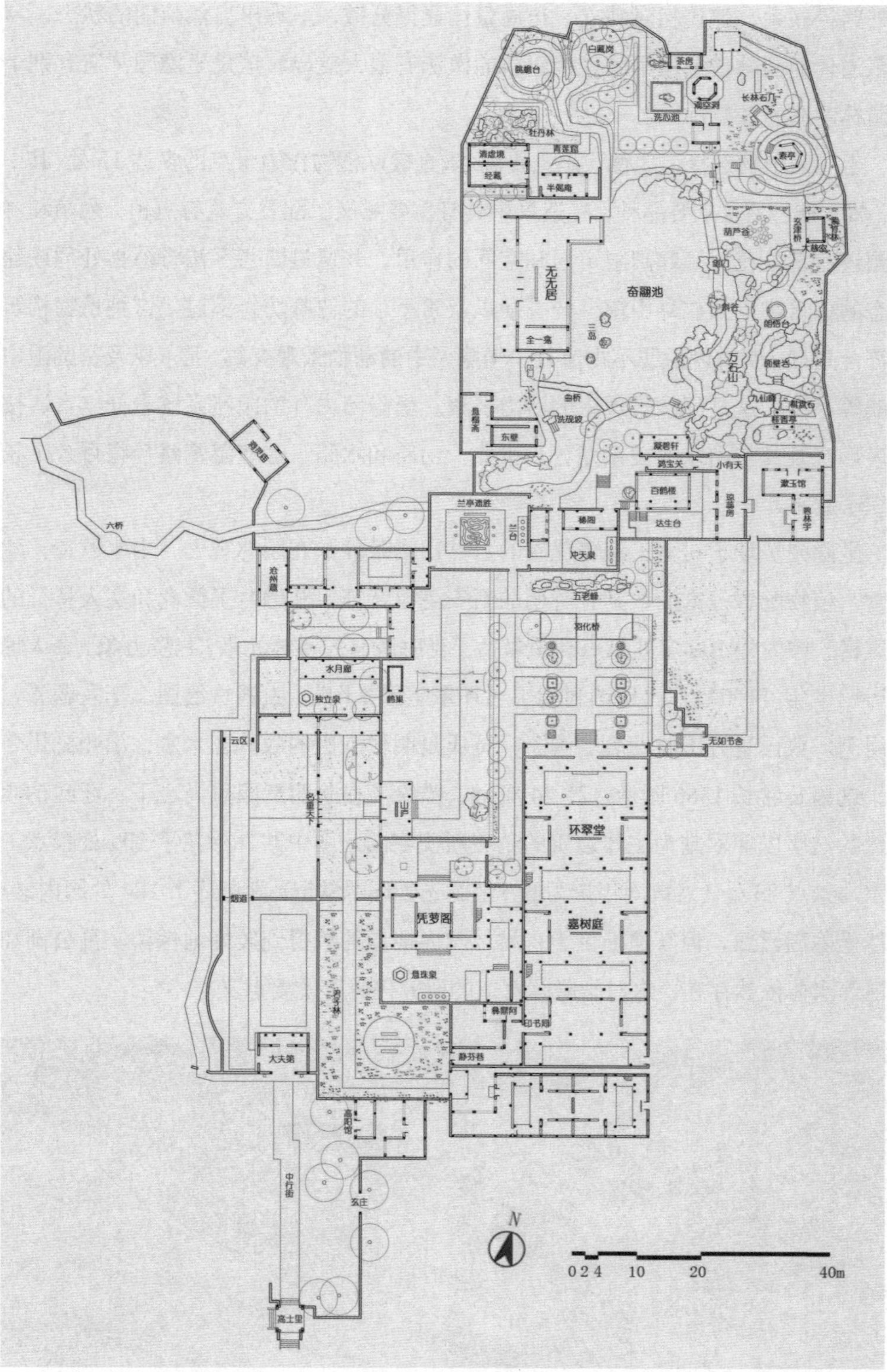

休宁县汪村（明）坐隐园平面图（资料来源：王冉《从〈环翠堂园景图〉看明代休宁县坐隐园及其环境的营造》）

室外路径联系，建筑相对独立，布局整体显得分散，呈现出自然疏朗的状态，与晚明至清代的园林普遍运用廊连接建筑的做法有很大差异，这是坐隐园营造有别于其后园林营造的重要特征之一。

坐隐园植物选择，“比德”是重要观念，直接以植物作为景点的多达15处，其中松、竹、梅、桂、菊是重要品种，在造景中具有重要意义。配置方式有点植、列植和群植。该园还有多处花屏，起到限定园林空间的作用，并通过园艺手法将植物处理成建筑形态的构筑物，如仁寿山前、桂香亭以及素亭前的树牌坊。不过，这种植物构筑物不符合画意，明末以后便不再流行。坐隐园中的动物景观有鹤、鹿，以及奋翮池中鹅、鸂鶒等水禽，这是园林景观中的活力要素。坐隐园内外的园路系统十分丰富，按照地表形态及其与山水的关系划分为平路、山路和水路，这些游览路径将百余个景点组织了起来。

坐隐园选址于村落，有着优越的自然山水条件，在园林观念、山水营造、建筑经营、植物配置等方面，具有鲜明的新安宅园特征，并融合了徽商和文人特征的特殊风格。园内外100多处景点几乎囊括了当时所有的园林元素，包罗万象，令人惊叹。万历三十年（1602），汪廷讷刊刻了《环翠堂园景图》，由钱贡绘图，李登题签，黄应组刻。钱氏是万历时期著名画家，黄氏是明代杰出的版画艺术家、徽州虬川名刻工。这幅长卷长1486厘米，高24厘米，描绘了在晚明造园风尚之下，汪廷讷倾力营建的这座以环翠堂为主体建筑的精美新安宅园。图中共计标注了109处景点，其中园内景点83处（袁黄同年撰写的《坐隐先生环翠堂记》则记述了104处园内景点）。虽然坐隐园已毁，但其遗址位于乡村，园内地形地貌得到较好地保留，昌公湖和奋翮池等水体依然存在，这对坐隐园营造的研究仍具有重要意义。

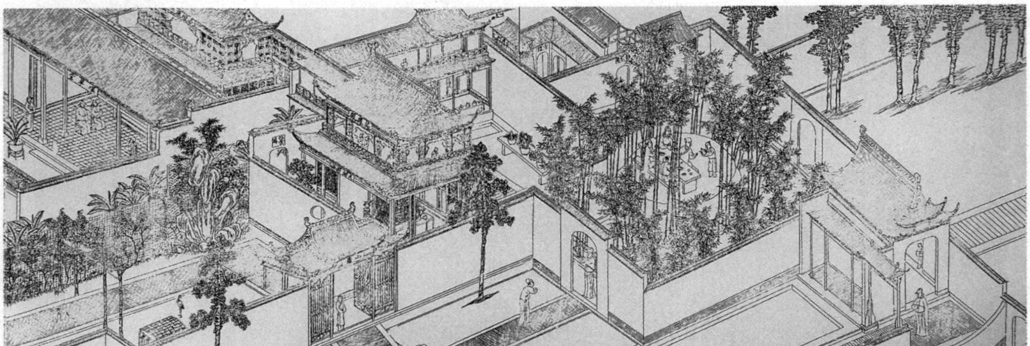

（明）《环翠堂园景图》局部

(六)歙县水香园

水香园位于歙县潜口紫霞山麓，里人富商汪度（1602 ~ 1673）建于清康熙初年。据今人汪大白先生考证，自汪度创建水香园后，度仲子沅、沅仲子梓琴、梓琴季子朝燮，都曾拥有此园，嗣后为族亲汪应庚孙立德所有。在清前期至中叶，水香园由潜口汪氏世代传承，并曾多次维修。同治三年（1864），太平军与清军在歙县岩寺、潜口一带鏖战多日，水香园极有可能毁于此际。至民国时期，仅剩断壁残垣了。

清代歙人胡赓善（1725 ~ 1799）《水香园记》载："吾县西山水平远，居人复工选胜，园亭树石，错落分布于其间，与川岩相映发。而水香园为最著，载在邑乘。"水香园巧于因借，"紫霞山倚其肩，阮溪水流其背"（《水香园记》），"槛外诸峰错峙屏立，岚阴积翠，晓夕百变"（清汪朝燮《重葺水香园记》）。明计成《园冶》说："凡结林园，无分村郭，地偏为胜"。水香园选址紫霞山麓，阮溪水滨，"其西当紫霞山之法镜台，又西北为轩帝炼丹台，日月双泉滃然仰出于芙蓉峰下。沿溪而东，距渊明旧里迢递相望，若桃花涧，若栗亭，则映带旁流"。园址"山水平远"园主工于选胜，深得《园冶》相地之旨。

水香园规划"相地合宜，构园得体""涉门成趣，得景随形"。清代著名画家梅清（1623 ~ 1697），于康熙二十九年（1690）水香园"庚午聚会"时写下《水香园记》，生动摹写了该园规划布局：

> 园在紫霞峰下，门临阮溪；入园即见方池，池四面皆古梅，不可以数计，铁干婆娑，蔽空扑地，或横或斜，万状无端，令游者不能骤行，不能停视。由霞山草堂左折为索笑轩，又左折为宛在亭。石栏环绕，夹水为桥，桥下溪流淙淙有声，右折数十武为碧汜楼，楼三面皆梅，一面则为霞山之法镜台也。梅花虽落，流水犹香，予与东岩坐卧其下，何异入罗浮梦中。

汪朝燮在《重葺水香园记》中亦形象描述了园内的造景手法：

> 营别墅于溪侧，引水周堂下，堑若巨浸，叠石挖流，古梅四际，横斜盘屈，出干以延其亭，升其台，与楼之高下参差，虚白离离，疏影缘堤，缭以短垣，渊洄澄澈，芳浮青霭，名曰水香。

以上两记，使人仿佛置身于名园胜景之中。清吴逸（1642 ~ ?）曾作《古歙山川图》刊于康熙《歙县志》卷首，其一绘有水香园图，俾今人尚可一睹350年前之名园胜景，幸如何之！

水香园景观特征是“花香水淑”，即梅清所说：“梅花虽落，流水犹香。”该园景观建筑主要有霞山草堂、索笑轩、苑在亭、碧汜楼等，其命名多与梅、水有关。“索笑”为梅之典故，杜甫诗云：“巡檐索共梅花笑，冷蕊疏枝半不禁。”陆游诗云：“不愁索笑无多子，惟恨相思太瘦生。”“宛在”，典出《诗经·蒹葭》：“所谓伊人，在水一方……溯游从之，宛在水中央。”“碧汜”，亦见于《诗经·召南·江有汜》：“江有汜，之子归，不我以。”“宛在”“碧汜”两名均关乎水，而“汜”，《毛传》有“决复入为汜”，是由干流分出又汇合到干流的水，十分贴切地将该园理水之妙做了概括，即“引水周堂下，堑若巨浸，叠石挖流”，结合地形、水系，利用外水造景，园因水而活。园名“水香”，乃景观特征的高度概括。

南宋江湖派重要作家之一，祁门人方岳（1198 ~ 1262）有《汉宫春》词云：“江南春早，想梅花，不肯欺吾。疑便是，孤山之北，水香月影林逋。”唐李贺《月漉漉篇》有句云：“秋白鲜红死，水香莲子齐。”该园肇造者可能在赏梅时，引起与乡贤方岳相同的诗思，抑或由于“嘉莲出水”，而吟诵出李贺佳句。命名由来实际无关宏旨，要在其园林意境是通过“水香”得到深化，这是园主主观思想、感情的抒发。《重葺水香园记》说：“此园之奇，独中皋澹焉虚止者也。”文中有一段话十分精辟，揭示了新安园林意境创作中的奥秘。

> 斯园也，以性情问学融注山川，袭造化精英而罗于几席。若画家之有右丞北苑，蕴深涵万，妙极自然，天籁从风，清截云表，欲迹其所之不得也。

“以性情问学融注山川”“意在笔先”，思想情趣与景象统一，是高级审美范畴意境产生的前提。“袭造化精英而罗于几席”，景象再现自然，景象创造中重在有取舍、加工的概括性。

水香园是研究新安宅园的一个重要实例，其理水和植物配置尤为突出。如该园理水不仅利用当时水系，引水挖流，而且沿袭了明代方池的营造风格。“中两方沼，通以石梁，环沼植梅百数十本”（胡赓善《水香园记》）。明代中期前后，园林中“方池”“曲水”并行，而方池理水由于白居易、司马光的“适意”，以及朱熹“半亩方塘”的“求理”欣赏方式，而尤为盛行。如明万历年间建造的徽州休宁的坐隐园中就有方池形象。明末，园林中以往重视个人修身、需要深厚涵养的“适意”“求理”的欣赏，逐渐让位于对实在山水形态的关注和对直接感官体验的重视，方池形式被认为不自然而“易以曲岸回沙”，这种理水形态一直延续至清代。但理水观念与技法的变化并不彻底，明末清初的造园实践中，方池多有营造，以往的欣赏方式仍为一些文人精英所推崇。这种以方池理水为园林主景的方式在顽强保持传统的新安亦未绝迹，“疏枝亚方塘”的水香园，即其一例。

第三节　新安衙署园林与书院园林实例

唐宋以降，官衙中大量建造“郡圃”，儒学中出现“学圃”，一般的书院也都营建园林或庭景。这些“郡圃”“学圃”、书院园林，内容虽大多类似宅园，但它们都具有显著的公共活动性质，不同于私家园林仅供少数家庭成员使用。郡圃，即衙署园林，在府县衙后堂设置山池林木，以为官吏宴集、待客及游观之所，故楼堂斋馆数量较多。南宋诗人范成大绍兴中任徽州司户参军期间，南楼宴集、倅厅赏梅，在郡圃写了不少诗篇。严州郡圃后乐园，明万历《严州府志》载：“潇洒园池，在府治后，旧名后乐园。郡图之总会也。”清光绪《建德县志》亦载：“潇洒园，在府治后。《舆地纪胜》：郡治圃之总会也，旧名‘后乐’。”万历《续修严州府志》所载较详：“后乐堂，在本府正堂衙西，原有后乐园，独存遗址于草树间。万历三十四年，知府毛志尹即址为堂，题曰后乐堂。前为门，题曰成趣。亲为之记。”同时修建的还有遐观亭，以及万历八年（1580）建的学圃亭。万历《严州府志》卷四《经略志二 · 宫室》小序云“郡城潇洒，楼阁亭台”，对严州园池景观做了概括。学圃，即儒学园林，“为师生游息之所”。淳安县明成化三年（1467）重修学宫尊经阁，明朝中期名臣、邑人商辂（1414 ~ 1486）记曰：

偏东得隙地，复建楼三间，以资游息。直前建两厢，以便肆业。于是杰栋峥嵘，层檐翚飞，重门轩豁，八窗明朗。阁之中，典坟盈几，牙签满月。阁之外，峰峦环拱，如屏如障。风晨月夕，衣冠登临，可以涤烦襟，消尘虑，使人神闲气定，心静性恬，诚学宫之伟观也。

书院园林较儒学园林布局自由，新安书院园林的代表主要有歙县竹山书院、黟县南湖书院等。

一、新安衙署园林实例

(一)歙县徽州府衙清心阁(静治园)

清心阁（静治园）是徽州府衙郡圃，始建于宋咸淳中（1265 ~ 1274），重建于明弘治十六年（1503），民国《歙县志》载："府廨后自唐以来，旧有黄山楼，嗣改为堂。宋宣和中，又建紫翠楼。咸淳中，又建清心阁。岁久皆圮。"清康熙《徽州府志》载："静治堂，在府治，宋建。"明弘治《徽州府志》记清心阁较详：

弘治十六年（1503）癸亥四月，知府何歆到任，访遗胜欲复焉。视地势有限，乃构楼三间，启窗四面，手题曰清心阁，仍旧扁也。北望黄山，层峦滴翠，秀气可掬。阁之下又凿池一方，天光云影，与黄山相映耀。

郡圃旧址除清心阁、黄山堂、紫翠楼等园林建筑外，宋代曾建风月堂、浮邱亭、与春亭、三瑞亭、四宝堂、芙蓉堂（宋淳熙《新安志》载徽州知府洪适"改后圃双杏堂，曰芙蓉堂"）、静治堂、燕香堂、驻屐亭（南宋诗人汪莘有《题新安郡圃驻屐亭》诗）等，宋末元初文学家、书法家仇远（1247 ~ 1326）《新安郡圃》诗描写其景致曰：

亭榭凌空眼界宽，得闲来处独凭阑。
春浮练水蒸城润，雪被黄山入座寒。
古树巢空群鸟散，荒池沙洲碎藻干。
白云在望归期定，不见青油护牡丹。

府衙位于今歙县徽城镇，宋宣和三年（1121），歙州改徽州，建治于城内西北隅。明中叶，府衙重修，规制益见整肃，气势雄壮，聿成伟观。岁久，府衙颓败。

2009年开始修复，清心阁（静治园）等同时重建，四年后竣工，郡圃乃以完整风貌面世。

重修后的郡圃占地6亩，在府衙左、中、右三路北端，平面呈U字形，园内景点有一阁（清心）、一堂（黄山）、三亭（紫翠、与春、井亭）、三桥（双桂、芙蓉、曲桥）、一廊（燕香），山曰浮丘，水曰明池。府衙中路知府廨北门向园内开启；西路设内门，砖匾曰“静治”；东路的“露篱”（宋式做法，一种以木框架填以编竹的藩篱）分隔，有门。园东侧设外门，两柱，匾曰“静治园”，俾可春秋佳日对外开放。园倚西北隅明代城墙而建，中部为主景区，“凿池一方”，东、西两翼叠石为山，以曲水与中部水体相通。明代中期，新安园林追求游观乐趣，郡圃则更是官吏修身、宴集、待客及游观之所，“散衙无事爱池楼”（明歙县知县张涛《秋夜邀贾明府饮王总戎白云楼》），“得闲即诣，随行携游”（明计成《园冶》）。

静治园理水，“方池”和“曲水”并行不悖，总称“明池”。中部方池延续了传统模式，临水倚栏，得静观之趣。东部置泉瀑，表现为源流，落水沿溪涧，经曲桥、自然石梁，平桥（双桂桥），然后潜流于甬道之下，跌至中部方池。西部水体以芙蓉桥与方池分割，作山池处理，西池又与叠山相结合，布置半岛，将水体一分为二，水口处以山石搭建平桥，借以含蓄水面，使其深远莫测。半岛竦峙水中，西部处理成濠濮景象，增加山高水深的效果。驳岸处理亦颇见匠心，方池规整，砌以条石，绕以石栏。曲池自然，叠以山石，并置钓矶、水洞。

明代中期，徽州园林叠山风气颇胜，取法自然，重视登游，静治园山石选用当地产的石灰岩，简称灰岩。灰黑色，微风化或中等风化的山体表层灰岩叠池涧驳岸效果更佳。山名“浮丘”。南宋诗人范成大绍兴中曾任徽州司户参军，有《浮邱亭》诗云：“碧城栏槛偃双旌，笑挹浮邱为坐客。”因名山为浮丘。山自东向西依弧形城墙蜿蜒而筑，东端为连接清心阁二层阁道的峭壁山，西段作半岛伸入明池，上建紫翠亭。中段岩崖，下凿临水盘道，上建“与春亭”；垣有门至明城墙顶，可远眺西干诸峰和练江。半岛与陆地接壤处以山石钩带，作拱券结构洞隧，供穿行。岛上叠有山径、谷涧、石梁等，模拟真实山水，细致入微。山腹营建石室，条石收顶，不同于后期的券拱。室外步石为桥，与盘道相接，饶有野趣。所谓“就水点其步石，从颠架以飞梁，洞穴潜藏，穿岩径水；峰峦缥缈，漏月招云”（明计成《园冶》）。山南麓另置散兵石，掇山与置石相结合，这是我国从唐宋一直延续到明代中后期的特征。黄山堂南测也有一座散兵石峰，弹窝圆润，以供游观。

明代中期，新安造园，建筑对于景观欣赏有着不可或缺的作用，并提供休憩、宴集场所。清心阁位于府衙中路轴线北端，南面临池，与知府廨相望。阁二层，面阔三间，深六椽，四面启窗。阁外观类徽州明代中前期住宅，不厦两头，两山披檐，板壁或编苇抹泥造围护。楼阁出挑，底层以插栱外挑方柱于其上，下以飞来椅支托。顶层以底层大梁出挑插入顶层悬挑之虚柱中。阁采用通柱造做法，于“露岩”陆地和水池中立永定柱，支撑平坐。外移的平坐斗栱则保留着层叠式的特征。顶层构架为厅堂式，前后劄牵对四椽栿，四柱；山面分心乳栿对前后劄牵，五柱。二楼亦可从自然蹬道式的室外楼梯，经木阁道进入。该阁是全园制高点，登楼俯瞰，园景尽收眼底。西眺则“平楚无云秋望宽”（唐歙州刺史韦绶《郡治楼望黄山》），“黄山深处见三峰”（唐刺史任宇诗）。黄山堂在清心阁东侧，前临池，驳岸凸入池中，成临水月台，堂一层，面阔三间，深四椽。亭榭两头造构架，劄牵对三椽栿，三柱。两次间用角梁，转一椽。芙蓉桥在清心阁西侧，为一孔石拱桥。以上阁、堂、桥，以及池南的知府廨，环池而建，因水面势，成为郡圃主体景象。

园中“亭”的作用亦十分重要，郡圃东部流水蜿蜒，旁为景亭。西部浮丘山上有二亭，西山“与春”亭，南半岛山上“紫翠”亭。与春亭，原名“浮丘”，宋绍兴年间，州守洪适建于雉堞上，范成大有诗咏之。清道光三年（1823），知府麟庆复易以“与春”，“垒石为阶，翼以朱栏”（清麟庆《鸿雪因缘图记》），并纪以诗曰：“衙斋高敞傍城隅，退食登临兴不孤，每为看云携叆叇，偶然沽酒问胡卢。万家烟火征生聚，一片溪山展画图。自笑书生无治术，迂疏空领六州符。”亭六角攒尖，单檐，小式无斗栱，为新安清式做法，柱础则保持新安明代櫍形础式。西端半岛山上骑山径建紫翠亭，亭类明中叶新安路亭，“下洞上台”，亭下山腹建石室。亭方形平面，单开间，深四椽，亭榭厦两头造木构架，四椽栿兼做趴梁。石柱有侧脚，柱上置普拍枋，枋上施铺作，出跳作斗口跳，单补间，开间方向用单栱造，转角铺作用角昂，昂身较长，昂尾插于四椽栿上蜀柱。屋脊有生起，角梁有生出，但仅梁头稍弯起，无小角梁。

新安明代中期园林，植物成为园林的主要内容之一，相对于以往经济性、象征性的作用，植物造景地位是主要的。静治园浮丘的花木配置从景象艺术构成出发，在营造园林“游观”效果方面作用突出。植物陪衬建筑，装点山池，补足和加强山水气韵，丰富山林空间层次，加大景深，成为描写生态环境和渲染景象季相的主要手段。紫翠亭、与春亭之间的空间直线距离较短，静治园采用“屏”的手法，乔、灌木相互遮掩，林冠线起伏错落，水平轮廓曲折变化，从而划分和营造空间。紫翠亭附近采用混交密林形式，郁闭度达约 0.7，造成嘉木葱茏的山林气势；与春亭附近采用疏林形成，郁闭度达约 0.5。两亭掩映于林间，植物起到屏的显著作用。郡圃树种规划也很有特色，以乡土树种为主，体现地带性特征，适地种树，突出季相变化演替。

明计成《园冶》论“城市地”云：“市井不可园也。”但郡圃筑于徽州府衙后院，园外“市井碎春声”（宋范成大《次韵温伯城上》），因此只能“闹处寻幽”。静治园“开径逶迤，竹木遥飞叠雉；临濠蜿蜒，紫荆横引长虹”。园西北以城墙为垣，园外“练溪环绕东南隅而下歙浦，因以为池”（明弘治《徽州府志》）。北邻黄山，“青来郭外环屏”。静治园幽致层出，却旷若郊野，自然天成。遥想古代府衙中，众多官吏有此六亩园亭，“得闲即诣，随兴携游”“足征市隐，犹胜巢居”。潘谷西先生在《江南理景艺术》中说：“可惜这类郡圃，随着历代衙署的不断被改造，至今未发现较为完整的遗例。”静治园的修复，庶可小补此憾。

徽州府衙郡圃方池

二、新安书院园林实例

(一)歙县竹山书院

“老桂盘庭气郁苍，玲珑石笋枕回廊。低垣远眺无遮眼，历历桅樯来往忙。”这是村人曹靖陶（1904 ~ 1974）《雄村杂咏十四首》其四。曹氏曾任《时事报》编辑，善诗，尤以五言蜚声诗坛。此诗描写的是竹山书院园林，书院在歙县雄村水口桃花坝上，清乾隆二十四年（1759）曹干屏、曹暎青兄弟所建，占地约 2150 平方米。清代诗人沈归愚撰有《竹山书院记》。书院东临渐江，遥对竹山，南为讲堂，北为园林，园东隅增辟一门。由东门入园，至眺帆轩，轩滨江。园三面由建筑围合，形成主景庭院。西为清旷轩、百花头上楼，轩、楼之间隔以小天井，以廊连接。轩前有露台，置石雕低栏。轩南为“千竿滴翠”，循廊南行，则为牡丹圃，姚黄魏紫，极尽妍丽。圃一隅掇石山，旁逸古梅；另一隅植山茶，楚楚动人。这一组建筑延纡园的西及南面，曲槛回廊，敞轩小阁，虚实相间，错落有致，构图生动活泼，极富变化。

清旷轩为园中主要厅事建筑，金柱悬板联曰：“畅以沙际鸥，兼之云外山。”里人、清乾隆戊辰（1748）进士曹学诗则以联语为韵，撰《所得乃清旷赋》，嵌于厅事照壁。园北耸峙凌云阁，上祀文昌，书院园林主题隐喻其中。园东作开敞式处理，面山临江，仅以矮墙分隔内外。数峰扫黛，一水揉蓝，绛云绕园，风帆入座，极尽借景之能事，相传短垣是采纳清代诗人袁枚的设计构思。族人曹锡朋《桃花坝杂诗》其四记其故事：“傍岸逶迤到短墙，不拦空翠度帆樯。剪裁传出随园叟，毕竟前人擘画详。”清旷轩庭院正是通过外在场所的“清旷”，以达到内心的“清旷”。清旷轩露台下有池曰“秋叶”，池畔植杏，池水蜿蜒流经凌云阁前石桥。园内平岗叠石，浅溪驾梁，金粟飘香，风铎悠扬，与园外景致浑然一体。

从乾隆到清末，私人造园活动遍及全国，从而出现各种不同的地方风格。竹山书院是清中叶江南园林中较有代表性的地方园林，故《中国古典园林史》一书将其作为清中叶至清末江南园林的 13 个实例之一加以介绍。其园林艺术主要特点是：构图的天成之趣，意境的象外之旨，以及技法的简远之致。

竹山书院选址雄村水口，“于溪干建文阁，创书院，修社祠，筑园亭，植花木。每一登眺，则云山苍翠，俨若画屏。暮霭朝岚，俯仰万态”（《所得乃清旷赋》）。书院南接“雄村上社”，社之南旧有“崇功报德祠”，祠前有“光分列爵”坊。“崇报祠”为曹氏先贤祠，除享堂外，内有园圃。祠右有低阜，上建方胜亭，曰“连环倩影”。

亭右一松如盖，巨樟如幕，四周夹植桃花、紫荆。书院滨江而建，石栏逶迤，遍植桃花，暮春花放，灿若霞锦，称“十里红云”。竹山上的慈光庵，则隔江相望。竹山书院处此佳境，周围景物，俱成借景，这正是新安园林的重要艺术特征。所谓“相地合宜，构园得体”（《园冶》）。新安村落水口是村落形态中园林情调表露最集中、最突出的地方，雄村水口“缘溪之曲，筑平堤，艺佳树，苍翠无际，隐隐为画图”，并建有祠、社，亭等建筑。一座仅2余亩的园林，因此获得无限深远的观赏效果。尽管园内建筑物较多，凌云阁体量又大，但由于选址巧妙，巧于因借，书院成为雄村水口的园中园，故并不感到建筑密集，体量厚重，而以奥取胜，园林空间的经营达到了很高的境界。正因为旷奥兼有，故歙著名诗人、清光绪甲辰（1904）进士许承尧《游雄村竹山书院三首》其二诗曰：

丛桂缘庭结薄阴，开窗听水逼春岑。
强将奥曲言清旷，莫会词人作赋心。

竹山书院对借景技巧的运用已臻极致，《园冶》云：“夫借景，林园之最要者也。”书院虚其临江之面，以“延山引水”手法，将新安大好山水景致摄取入园，作为主要观赏对象。而园林本身的山池仅稍事点缀，与优美的自然环境融为一体，“自成天然之趣，不烦人事之工”。清光绪年间歙县知县谭复堂记竹山书院：“缭以短垣，面新安江，峰壑如屏。帆缆上下，擅胜在远，山泽之姿，可以坐啸”（《歙事闲谭》），谭氏深谙此园之妙。江南园林重意境含蓄，不仅借助造园要素来传递意境信息，还采用词赋、匾额、刻石、楹联等文学艺术方式深化意境内涵。竹山书院以多种手法表现意境，将书院园林的主题发挥得淋漓尽致。栽杏象征杏坛讲学，植桂以寓折桂蟾宫，壁间刻赋，廊内嵌碑，文思优美，书法精妙，与园林情景相互交融。

竹山书院园林由于受明末清初形成的新安画派影响，保持了宋、明以来园林轩爽清秀的风貌。园内建筑采用新安住宅传统形式和处理手法，饰以高古的砖、木、石建筑三雕，质朴自然，雅健明快，颇类境界开阔、寓伟峻沉厚于清简淡远之中的“新安四家”作品。如清旷轩与百花头上楼之间的小天井，面积不过四五平方米，叠壁山却甚峭伟。所谓以壁为纸，以石为绘，“收之圆窗，宛然境游也”。竹山书院园林是硕果仅存的清代新安书院园林，价值自是珍贵。

歙县雄村（清）竹山书院清旷轩

第四节　新安邑郊风景点实例

城市近郊风景点的建设，称邑郊理景。新安江流域的城镇多依山傍水，林木茂密，风景秀丽，自然条件优越。而且一般都有亭阁、寺观建筑，既可近游，又可登高眺远，安步可至，往来任意。近便、公开特点之外，邑郊风景点还具有文化兼容的特点，佛道同山，雅俗共赏。因此，邑郊风景点能获得各方面的关注而持续发展，不同时代风格的历史人文景观十分丰富。歙县西干、星岩寺，以及建德县西湖是新安邑郊风景点的代表。明万历《严州府志》载：

西湖，在城西南和义门外，广袤五百四十二丈，上有宝华洲，唐刺史侯温开置。宋靖康初，知州凌堂佐申乞充放生池。景定二年，水冲坏，知州钱可则亟堤之。

明年正月祝尧之日，放生于湖，邦人乐其有爱君之心。东阳楼晏记。范纯仁有《西湖四景诗》，一云："万顷琉璃蘸翠林，日迟风暖物华新。"二云："白鹭文鸳鉴里飞，红桥朱阁影参差。"三云："深堂高阁启清风，舟泛荷香柳影中。"四云："夕阳照水晚登楼，皎月涵波夜泛舟"等句。又嘉靖间，分守参政张子弘、知府张任重修，于湖州上建涣文堂。万历间，知府陈文焕垒石坚筑，实郡中之佳景也。

明以后，清代亦屡有修葺。作为邑郊"宦圃游观地"，地方官员认为风景建设"事关形胜，政体攸存，兹役良不可已也。"

一、歙县西干

西干在歙县徽城练江西，"所谓河西之干也"。许承尧在《西干志》序中说：

吾歙城西南练江所经，萦回如带，自太平桥竟紫阳桥，缘江夹岸，旧称西干。其水清澈见底，磷石纤鳞，荇藻不隔。其山峭拔阻深，重岚叠碧，骀荡襟抱。而又近在郭外，安步可至，无远涉之劳。夙号胜区，代增伟构，化城郁然，与贤关邻比，弦诵钟梵，若应和焉。穿云樵子，题壁诗仙，文藻绘饰，恍聆謦欬。旧时山月，标举紫阳，丛树断岩，渊乎古味。宋、元以降，觞泳尤繁，每贲嘉宾，命舟邀笛，洄溯之迹，历历堪征。

许序中的西干景象，表现了新安邑郊理景的特点。首先，"近在郊外，安步可至"。清中叶黄钺有《忆紫阳山堂兼怀同学诸子》其八诗曰："五里山城不算遥，河西桥接紫阳桥。"河西桥，即太平桥。西干距徽州府城很近，"无远涉之劳"，游览、宴饮、朝拜等活动一日之内便可完成。其次，具有公共游览地的性质。"练溪清澈，宜于洄溯，画船箫鼓，昔称盛焉。每贲嘉宾，流连觞咏，恒集于此"（许承尧《披云峰建亭造路修塔记》）。邑人游客，可随时赏游，具有开放特点。再次，佛道同山，雅俗共享，文化兼容，包含了中国传统文化的丰富内涵。西干披云峰"尤负郭之秀，其南翠微峰，许宣平之所栖止；东紫阳山，朱韦斋父子读书处也"。许宣平隐于山之南坞，乃其得道之所，李白寻之不遇。"穿云樵子，题壁诗仙"，即其故事，见《太平寰宇记》卷一〇四。朱韦斋乃宋理学家、儒学集大成者朱熹之父，"先是山有紫阳观，又有许仙宫，韦斋先生自婺源来歙，甥馆于祝氏，故读书观中"（清道光《歙县志》）。明代，改观为紫阳书院。朱熹尝题祝氏山庄，有旧时山月之感。故许承尧赞其“旧时山月，标举紫阳”。披云“峰麓旧有兴唐寺，唐至德二载（757）建，有院24。僧房经阁，飞跨岩谷。”至明代仅存十院，因名水西十寺。明末清初，新安画派开创大师渐江上人墓在五明寺左，莳梅数十本。佛寺南邻紫阳书院，“与贤关邻比，弦诵钟梵，若应和焉”。西干“平衍渟蓄，竟川含绿”“云峰塔影，倒射中流。而长堤弱柳，荫带城郭，循澜进艇，如镜中行”（清康熙《歙县志》）。“夙号胜区，代增伟构”，不仅风景秀丽，又适当增人工建设，书院、佛寺、道观，三教共存，并有诸多传说掌故，留题篇什。如李白、杜荀鹤、范成大、张可久等，“名章丽句，流晖岩壑，多不胜记”。最后，西干乃新安大好山水，由于上述三种原因，更能获得社会各方面关注，不断修建增补，“后之人善承其故，踵事增饰”，无遽废坠，不致湮没。

歙县西干（资料来源：清康熙《歙县志·古歙山川图》）

综上所述，西干具有新安明代邑郊理景的主要特点，其自然风景和人文景观特别丰富，历史的延续性与不同时代风格的综合性尤为丰富。汪道昆《溪西秋望》诗描述了西干风景地特点：

乘兴登危倚化坛，微霜昨夜渡江干。
五溪水落鱼梁急，双树林开法界宽。
空谷泉声飞雪窦，中流塔影截风湍。
翠微深处通樵径，招隐谁来碎月滩。

诗中的渔梁坝、雪窦泉、长庆院塔、碎月滩，亦皆西干景点。另外，尚有诸天阁、浣纱埠、相公潭、石淙、禹庙、披云亭、太白楼、张公堤、练影桥、天都书院、白云禅院等景。明末诗人许楚（1605 ~ 1676）有《西干词》十三首，分咏西干名胜甚详。元代散曲家、剧作家张可久有《霜角·新安八景》咏新安风物，其六《水西烟雨》云：

沙堤波平，孤舟长日横。淡墨潇湘八景，谁移向、富山城。净名，疏磬声，暮归何处僧。明日披云峰顶，呼太白，赏新晴。

富山，即徽城乌聊山。净名，维摩诘经之异名。这首小令和上录汪道昆的七律，读来令人向往。可惜诸景年久圮毁，旧观已难恢复。

二、歙县星岩寺

歙县星岩寺，建于渐江中的岑山上，北距岑山渡半里许。民国《歙县志》载：

星岩寺在岑山，郁然孤岑，立渐江中，溪水环绕，嘉木经冬不凋。旧名周流寺，五代吴天佑八年（911）建，俗名小南海。郑师山（郑玉）名曰小焦山，有钓石在焉。康熙八年（1669），里人程族请御书星岩寺额，并题柱联十字，因改今名。

岑山“环广占十亩”（2010年《歙县志》），西部峭岩，东部缓坡。里人程哲（1668 ~ ？）《蓉槎蠡说》描述岑山：“如青赢，苍藓荟蔚，虬松插天，……北壁稍下曰郑公钓台，上有云根石，汪仲淹篆，字径六寸，最为胜处。唐天佑中建梵刹，或亦称为普陀。”元郑玉（1298 ~ 1358）尝结屋以居，有《岑山》诗记其胜：

巉岩出尘世，孤立泛层波。
树色连溪色，樵歌和棹歌。
水流分夹屿，冈断起重坡。
仿佛蓬莱境，真成跨鹤过。

星岩寺因山就势而建，被覆山体，与自然山林密切结合。从岑山渡埠头乘渡船可直达山趾，有石阶盘旋而上至山门殿。佛殿三进，前为大雄宝殿，供佛三尊，中释迦牟尼佛，东药师琉璃光佛，西阿弥陀佛。中进三大士殿，观音居中，文殊、普贤分居左右，观音岩背后尚有千手千眼观音坐像。后进供奉肉身菩萨，民国《歙县志》载，清同治年间，“有应山和尚远来卓锡，静修禅理，戒律甚严，外人罕睹其面，……而和尚圆寂，金身未坏，龛供寺中。”大雄宝殿右侧有门，上书“海天佛地”四字，甬道引客至茶堂。堂悬空架于峭壁上，倚栏可俯瞰波光帆影，远山近水，美不胜收。清康熙年间，里人程且硕《春帆纪程》记岑山：“殿右小阁曰昙汎，境最清幽。”迦蓝配置除以上建筑物外，尚有僧房、禅房、经库、香积厨、斋堂、云会堂、宣明等。岑山最高处则有文昌阁，清早期建。后山为松林，万木森郁，密掩烟甍，胜景潇洒。明歙人王善庆有《过周流寺》诗，描写寺院景致：“云埋殿阁周流寺，春水冲撞复到山。僧衲桂枝庭树老，禅床措石洞云闲。久无山鬼吹灯火，时有渊龙护法坛。我亦长歌来徒倚，满襟清思隔尘寰。”

岑山北岸为岑山渡，北宋末已建村。明万历《歙志》记载，沿袭宋、元制，岑山渡属二十八都九图。岑山东距雄村二里，明清时期，雄村因曹氏宦显而名著于徽。许承尧赞曰：“吾乡昔宦达，首数雄村曹。”岑山又靠近徽城，陆路十五里，水路溯江而上仅五里。由于岑山既擅山水之胜，更有超尘出世之境，“去城不数里，而往来可以任意”，市嚣在耳，村烟在目，交通近捷，礼拜布施方便，佛寺生计无虞，是一个非常理想的建寺地点。岑山兀立江中，山体很小，“环广六十亩”，殿堂、僧房、斋厨等由山趾到山腹，依次布置在岛上，峰巅则置文昌阁，从而形成寺院被覆山岛的格局，寺中藏山，故民间有“寺包山”之说。这是一种以佛寺或道观为主要内容而与山林有机结合的邑郊理景类型。天下名山僧占多，徽城西干的山林亦建有兴唐寺、紫阳观，但西干岗岭连绵，气势磅礴，寺观仅占一岩一谷，“半坞春回藏十寺”（清乾隆进士、邑人江权《西干十寺》），这则是“山包寺”的格局了。

歙县岑山渡村星岩寺(资料来源:《岑山渡村志》,1930年摄)

"山灵钟瑞气，溪色映祥光。"康熙帝的这副题联概括了星岩寺的风景特点。遗憾的是，这一著名邑郊景点，1958 年以后，林木遭伐，殿宇毁圮。至 1970 年，寺院所有建筑被拆除。2005 年，旧址始得到保护。

第五节 新安村落水口实例

清乾隆时，歙人吴梅颠《徽州竹枝词》描写新安村落："祠堂社屋旧人家，竹树亭台水口遮。世阀门楣重变改，遥遥华胄每相夸。"

水口是"一方众水所总出处也"，一般距村数里。此处两山夹峙，水流潆回，竹树亭台，自然、人工景观俱佳，是一村景观精华所在。新安村落水口结合功能性要素进行理景，与邑郊景点出于纯粹游观目的不同，无论桥、亭、祠、坊，这些人工增筑都有某种实际需要。因此，其风格质朴简洁、雅俗共赏，自然山水与田园村舍融为一体。

一、歙县唐模水口

歙县唐模村创建于唐，定名于后梁，清康、乾年间（1662 ~ 1795）最为鼎盛。"人谓唐朝规模，故名所居曰唐模”（明汪茂升《吾宗敬思流芳集序》），转引自《汪世清谈徽州文化》）。此地环村皆山，荒园山、狮子山、杨村岭、古塘岭、后圃山、后坞岭，由东而南，顺时针成拱卫之势。丰乐河、胡村河流经村南北，两水之间，由西而来的�谷水和上川水于村西口汇为檀溪，自西而东纵贯全村，形成水街。村东水口的核心部分为檀干园，干为水边。民国《歙县志》载：

檀干园，在唐模。昔为许氏会馆。清初建，乾隆间增修。有池亭花木之胜，并宋明清初人法书石刻极精。鲍倚云馆许氏双水鹿喧堂时常宴集于此，题咏甚多。程读山诗注言："檀干园亭涵烟浸月，大有幽致。"鲍瑞骏题二额，俗称"小西湖"。

许承尧在所撰的《歙事闲谭》一书中述及檀干园景观，大意是：吾村水口园亭，依山抱水，中有池亘十亩，池心为镜亭，壁间列宋、元、明人石刻。镜亭之北隔水，旧俱种松。旁有小榭，以许丁卯“花香洞里天”句颜之。四周皆长堤古树，老梅最多。南山西麓，旧有神祠，旁室临流，沈归愚额曰“清听”。今所存者，只镜亭、笠亭、小榭、花汀数处。后补建肇淳堂、鹤皋精舍、幽溆亭，而南山上亭台，未能修复。较之从前，殆仅其半耳。此记前录歙县岩寺人鲍薇省乾隆二十九年（1764）《首冬游檀干水口周览新葺园亭同诸生作得船字》诗云：“亭北湖波阔，堤边近有船。补栽花外柳，横拓月中天。一带松屏旧，平桥画阁连。参差迷向背，点缀白清妍。墨妙前贤聚，诗仙几辈传。高台还左杭，曲径又斜穿。文宴尊盘敦，春游洽管弦。考工冬可了，梅蕊逗新篇。”

一诗一记，已约略透露出水口序列空间特点。它恰似清奇的诗篇，起承转合，极富韵律节奏。唐模水口空间的展示程序，有起景、高潮、结景的空间，又有空间的过渡，主次分明，开闭适当，动静结合，大小相宜。序幕初开，有亭翼然。亭曰“沙堤”，明正德年间（1506 ~ 1520）始建，清乾隆间（1736 ~ 1795）改建。亭方形平面，边长柱中 5.88 米，高 10.02 米。双围柱，重檐，外围一圈石檐柱，里围一圈木金柱，金柱向上延伸作为上层檐的檐柱。歇山顶，小青瓦屋顶上又设歇山顶小阁一座。沙堤亭作法类似带楼层的亭，小阁形成二层廊步，更为壮观。过亭即达水口林，荒园山上数百株橡树遮天蔽日，沙堤道畔古樟树绿荫如盖。繁枝密叶掩映中，石坊穿薄而出。坊为四柱三间三楼冲天柱式，南北宽 9.69 米，明间冲天柱高 12.23 米，为沉积含砾凝灰岩石质。坊东题“圣朝都諫”，西题“同胞翰林”，清康熙二十五年（1686）建。石坊遍刻浮雕，十分精美。

经石坊，空间变换过渡，长而稍曲的石板路将视线前导，形成聚景。缘溪而行，渐入佳境，涧渠送响，林木葱郁，步移景异，目不暇接。檀干园以水面为中心，三塘相连，绵亘十亩。梅欹堤上，松屏池北，形成闭合空间。林木间透进山色村景，又产生了虚实变化效果。经响松亭入园，鹤皋精舍西为外湖，有长廊通往水榭，额“花香洞里天”。北折沿堤过玉带桥，即达镜亭，此处是全园中心，亭壁镶嵌宋、元、明名家书法 18 块。玉带桥分水面为二，镜亭以东为内湖，在空间收放和层次变化上，起着十分重要的作用。内湖亦有笠亭、石舫等景。外湖南岸即缘溪古道，紫荆、檀树枝繁叶茂，纷乱交错，春季花团锦簇，芳香远播。在饱览水容山态后，经环中亭，度灵官桥，尚可乘兴登魁星楼，游文昌阁，然后西谒许氏宗祠，这已是结束景观的尾声。

黄山市徽州区唐模村檀干园老照片

但意外的是，溪水不放人行，经过许氏宗祠，青石板路继续向前延伸，双孔的高阳桥架于溪上，两个券门通往水街。村内路随溪转，带敞廊的铺面临水朝街，一曲未终，另一篇绝妙好词又开始铺叙了。1909 年，黄宾虹画檀干村图寄赠许承尧，许氏题诗曰：“村树如瓮深，堤穷忽清异。小山扫眉黛，约略含远意。缘溪喜疏旷，婉曲入幽翠。”许氏生于斯，隐于斯，躬亲檀干园修葺事，故其所咏深得水口序列空间规划之三昧。

唐模水口将村落理景作为村镇规划的有机部分综合考虑，运用诗人画家意匠，剪裁真山真水，“宜亭斯亭，宜榭斯榭”（明计成《园冶》），造园手法之高，几与今天的公共绿地规划思想暗合。“镜亭”内悬挂有许承尧的一副长联，联云：

喜桃露春浓，荷云夏净，桂风秋馥，梅雪冬妍，地僻历俱忘，四序且凭花事告；
看紫霞西耸，飞布东横，天马南驰，灵金北倚，山深人不觉，全村同在画中居。

上联描写了唐模村周边四时季相，下联描述了檀干园周围的自然环境，证明了“相地立基”是园林绿地规划的首要问题。最后一句“全村同在画中居”，形象地道出了新安村落的一个重要特色。全联巧妙地构成四季与四方的时空对应，充分展现了唐模水口秀丽优雅的自然环境，真诚袒露了唐模村民悠然自得的人生体验，这正是新安村落水口的精髓所在。

二、歙县许村水口

许村位于歙县西北部，地处黄山主脉箬岭南麓，富资水上游，沿昉、升二溪而建，形成长约10里的带状聚落。汉代许村称为富资里。南梁天监年间（502 ~ 519），新安太守任昉隐居于此，村名为昉源。隋大业十三年（617），汪华开通箬岭古道。此后，这里逐步发展成为歙北的交通枢纽。五代时，许氏迁居于此，嗣后许氏日盛，遂更名为许村。许村地处山区，山多地少，农业收入仅够温饱，从事商贸是增加收入的重要途径。南宋时期，许村已经出现了富商许克复、许著和许宏甫。由宋至明，代有富商。明弘治至清道光近400年间，许村发展到了鼎盛时期，富甲郡县。“徽州六邑，而称富庶，歙为最。歙之名乡，虑数十，昉溪为最”。许村商人凭借箬岭古道的交通优势，以两淮和江浙为核心，不断向外延伸，东入大海，西至川藏，北达东北，南到南洋，足迹遍及海内外。他们把在外获得的商业利润反哺许村，办书院、建园第，筑亭造桥，促进了许村社会、经济和文化的发展繁荣。许村山川灵秀，人文荟萃。许氏本为“中原衣冠”，避地江南后，凭借深厚家学渊源，依靠科举入仕来光耀门楣。由宋及清，许村见载于志乘的就有25位进士，20位举人。另有程元凤、方回、许国等历史名人，早年都曾在许村求学。文风之盛，“族冠新安”。

许村双溪环清，群山拱秀。《许村赋》（传为明代许可复作）有句云：“凤麟环水口之滨，龟蛇守回澜之岸。”许村，北枕箬岭支脉四角尖为来龙，南迎天马山，东有文峰，西有武岫。昉溪、升溪从东西两侧环抱，在村中汇合，形成倒水葫芦形。形家言汇合点属金，二水合流即“二水合金”。清代编订的《许氏东支敦本堂谱 · 许村山川形势说》中描述许村山川形势云：

> 许村自吾祖知稠公始迁篁墩，来卜居中之麓。左文峰，右武岫，迎天马，倚金屏，双溪环清，群山拱秀，碧钟黄海，脉衍练江。由天都莲花峰东行一百里起，为箬岭，分三干，南下几四十里。中干庄重，至中山而结祖墓；西干蜿蜒屈曲，右旋而结环里沙堤；东干龙凤飞舞，左旋而开青山。东西别出一支，交会于妙崖，为内庭之门户，形若葫芦，势成二谷。两溪汇流至此，西折南行犹有灵峦环嶂，地脉既绵，水口自多重复。东流有狮象互峙，跳石有日月交辉，丰口有龟蛇盘纠，直行回转，折抵凤凰台雨粟庵，两大收而拥护形势。故以烟村十里，甲第联翩，王季、唐、宋、元、明及国朝，家声无替，族望新安。因祖宗识卓于开基，亦山川之灵秀也。

清道光十四年（1834）编的《广陵高阳许氏宗谱》中《村居》一节，则从五行的角度介绍了许村的地理："（许村）属歙邑北境，脉自黄山，据箬岭、良源，二水之会，盖其形胜，黄山毓秀，灵嶂回环，左文峰，右武岳，双溪汇流。蒲山木为居东，丁峰火为居南，武山金为居西，四岳水为居北，中山土为居中。五行归垣，地脉绵亵，诚为族居。"古代许村人十分重视村落风水，通过古代风水学中踏勘地形的觅龙、察砂、观水、点穴，找到了许村风水的理想模式。其中"观水"，就是考察水流的走势。许村的"昉""升"两溪汇于石板坦前之"妙崖"（俗称石塔），恰似两条金带将村落环抱于怀中。水主财，"左右环抱有情，堆金积玉"；水是财源的象征，"环流则气脉聚"。可见"昉""升"二溪环抱于怀的是"满堂金玉"，故宗谱上将两溪汇合处命名为"二水合金"。"观水"就必须提到水口，"水口者，一方众水总出口处也"。它是一地之交通要点，"入山寻水口"是相地之要诀。由于徽州地形为西水东流，所以水势西流，常被视为吉地，俗称"倒流水"。许村有两处"倒流水"，第一处是天马山下，"二水合金"以后，水流至此而西行；第二处是东石壁下，水流西折而过西石壁，出水口而南去。除"去脉"要回环往复以外，在水口之处要有两山对峙，还要形成一个狭窄的水流通道，构成"狮象把门"之势，如此才为"形势之妙"，村落方可聚拢财气。许村在经营水口方面，可谓煞费心机，依据地势，共营造了三处水口：第一处在"二水合金"处，即许村"内庭之门户"。《许村山川形势说》描述："东西别出一支，交会于妙崖，为内庭之门户，形若葫芦"。第二处位于古山下之水口庵，这里恰好处于上许村至沙堘的过渡之处，"两溪汇流至此，西折南行犹有灵峦环嶂"。第三处位于沙墢之“东西石壁”，东、西石壁山构成“狮象互峙”之势，看护着许村外庭之门户。总之，许村是“地脉既绵，水口自多重复”。为了能更好地留住“财气”，挡住“邪气”，许村人在三处水口处还增加“关锁”，以便彻底扼住关口，保佑全村兴旺。《许村山川图记》中写道：“卜食兹土，增其式廓，为子孙万世之业。”“增其式廓”的主要方式，就是桥关辅以树、亭、堤、庙等。在“内庭之门户”处建高阳桥、大观亭，树“五马坊”“双寿承恩坊”，植杨树、柳树。在水口庵处建文昌阁（已毁），修永济亭，筑拦河堤（木堨），种枫香树，以此为第二层“关锁”。最后，在外庭出口处的西石壁山上修建寺庙，传说有18处石窟，迄今存有3处遗址。石窟寺修凿于崖壁，前建窟檐。东石壁山北岸山上，并建有明王庙。

许村明代嘉靖、隆庆年间才子许可复所撰《大观亭记》描写水口甚详：

富资里，古称善地，水山佳秀。东曰文山，凝重端拱，如儒生墨士倚几危坐而春风融融。西曰武山，壮耸奇突，如武人仗剑壁立，势雄万夫。余山迢遥迤逦，若奔马，若列屏。左右二川，溶溶包络，沛然合出。一曰昉，一曰升，以梁太守故而识之也。中有高岗，嵚然冲立，群仑璇向，故曰中山。环中山而居者数百室，室前有道，盖通达焉。过客逕缉，车声辚辚不断，颙然一郊之会也。

其中第一处高阳桥水口，但见“石桥横架飞虹，旁松屈曲偃仰，如龙如虬。松顶月上清光，透重榻莹然可掬。其下水流急涧沧沧，疑奏琴瑟。四山出没隐见，若远若近。春风送暖，野鸟喧晴，来助游物”。桥东“跨道葺亭”，匾曰“大观”。亭“外周曲槛，可凭眺瞭远。中虚而敞，堪列筵几，召宾客赋诗醉月。左邻古刹，有钟鼓声以供朝夕”“启户四顾，见萦青缭白，迩延野绿，远混天碧”。文中的高阳桥架于西溪之上，为石拱廊桥，二孔，上建廊屋七间。明、次间悬山，与梢、尽间屏风墙硬山形成叠落屋面，中高翼低，参差错落，外观类新安祠、宅门屋。北檐墙明间开圆形空窗，窗外分水尖上有焚帛炉，其他各间设漏窗。廊内两侧置坐凳，明间南侧设紫铜莲座，供奉观音。中三间有龙凤彩绘天花，余四间为彻上明造。

大观亭建于明嘉靖三十年（1551），清康熙二十二年（1683）重修，是一座三滴水亭榭建筑。亭底层作八边形，二层，跨道而建，南、北辟门，“通行旅。牖凿离坎，窍玄虚”。亭结构为明清通柱式楼阁型，可看作八边形平面的厅堂混合式楼阁上加建重檐歇山顶。一层有副阶周匝，内柱与二层通联，为通柱造。亭楼梯设在东北角，二层檐柱间原设有飞来椅，内柱间装有格子门，中部以内檐铺作承托平綦。大观亭外檐使用插栱。小青瓦屋面，正脊以双层万字花砖叠砌，正吻用鳌鱼。垂脊为单层花砖，兽头为一圆雕力士，戗脊用小鳌鱼。翼角下悬铁制风铎。大观亭一、二层月梁上施以包袱彩画，“楹楣葱葱，丹雘蔚然”，极具地方特色。

这组水口建筑中的高阳桥和大观亭在本书第六章中有较详描述，另水口尚有两处明代石坊，其中一处为五马坊，该坊原为木坊，明成化间焚毁。明正德二年（1507），重造石坊。石坊为四柱三间五楼檐楼式，宽 7.83 米，高 9.75 米。白砂岩石质，雕工十分精美。该坊为村人许伯昇立，旌其德政。许伯昇（1332 ~ 1383），明洪武十三年（1380）任福建汀州知府。生质粹美，学问渊源，识远量洪，才高行卓，敬贤爱士，恤寡怜贫，去暴惩顽，擲奸剔蠹。在汀州知府任上，劝课农桑，宣教化民，力除苛政，洪武十六年（1383）以勤劳卒于官。另一处为双寿承恩坊，建于明隆庆二年（1568）。坊为四柱三间五楼檐楼式，高 9.75 米，宽 7.83 米。红砂岩石质，雕工亦颇精美。这种荣寿坊十分罕见。该坊为许氏东支二十五世许世积夫妇建，许妻宋德容，歙县上丰人。许乐善好施，夫妇双臻高寿。明隆庆年间倡导“瑞侣”，其时许夫妇皆寿登耄耋，获“人瑞之侣”旌表，建荣寿坊。

许村三处水口，在新安村落中不多见，高阳桥水口尤具特色。撇开风水学中的所谓吉凶祸福，这组水口的自然景观与人文景观和谐交融，极大地丰富了村落景观，成为新安水口营造范本，被誉为古代村镇公共绿地的代表之作。

第六章　新安塔、桥、路亭

第一节　新安塔

一、佛塔与文峰塔

中国古代建筑类型中原本缺塔，就连“塔”字也造得较晚，从始见于晋代葛洪的《要用字苑》一书，至今仅流传了1700余年。塔是依附于佛教的一种特有建筑物，佛教源于印度，随着佛教传入我国，也引入了塔这种建筑形式。由于印度佛教的中国化，塔不可避免地渗融着华夏民族特有的气质和审美观念，表现出中国传统建筑的本质特征，成为中国佛教建筑的一个重要内容。宋以后，佛教中禅宗一家独盛，江南禅刹中不重立塔成为趋势，此制宋元一脉相承。宋元祐八年（1093）建造的祁门县伟溪安丰塔、重和二年（1119）建造的歙县西干长庆院塔和建炎三年（1129）建造的歙县新州大圣菩萨宝塔，是宋代新安佛塔中硕果仅存的三例。

唐、宋时期，风水理论中的“水口论”“四灵说”流行于东南地区。至明、清两代，由于受风水观念的影响，新安地区所建文峰塔数量之多，影响之大远胜佛塔。这些文峰塔、文笔塔，弥补自然环境之不足，障空补缺，增其锁钥气势，并供奉文星，兴昌文运，具有心理作用。①明嘉靖二十三年（1544）建成的徽州区潜口巽峰塔就是因为“水口山低，拱卫峰远”，巽位建塔，“增其形胜，益荫一方”。潜口村旧有十景诗，其《巽峰夕照》云：“日沉络狮山，夕阳洒落霞。塔影贯日过，田干闻鼓蛙。”

徽州学家、潜口人汪世清（1916 ~ 2003）亦有忆江南词咏巽峰塔，并附注：“潜口村南有七级巽峰塔一座，西邻真武庙。坝上乔木参天，与塔影相映，亦为游憩之胜地。”

文峰塔选址讲究方位，清代高见南《相宅经纂》总结“文笔高塔方位”说：

凡都、省、府、州、县、乡、村，文人不利不发科甲者，可于甲、巽、丙、

① 殷永达撰文；赵开蒂摄影．安徽古塔[M]．北京：中国建筑工业出版社，2013.10.

丁四字方位上，择其吉地，立一文笔尖峰，只要高过别山，即发科甲。或于山上立文笔，或于平地建高塔，皆为文笔峰。

新安文峰塔皆遵其理论而建，方位选东南者居多，或水口，或山巅，与佛塔选址主要取决于佛寺布局不同。新安遗存古塔约32座，大多为明、清文峰塔，其中明代尤多。除上述徽州区潜口巽峰塔外，明嘉靖二十六年至二十七年（1547 ~ 1548）重建的建德市梅城南、北峰塔，明嘉靖三十四年（1555）建成的徽州区岩寺神皋塔，明隆、万年间（1567 ~ 1619）建造的淳安县汾口龙门塔，明隆庆元年（1567）建成的休宁县海阳巽峰塔，明万历四十六年（1618）重建的婺源县凤山龙天塔，以及清代乾隆元年（1736）建造的黟县柯村旋溪塔、清乾隆四十七年（1782）建造的黟县碧阳云门塔等，都是具有代表性的文峰塔。

新安墓塔一般很简洁，有覆钵式与幢式，如黄山景区的檗庵大师塔、松谷祖师塔、狮林开山和尚塔等。黄山慈光寺原有塔林，计20余座，半个世纪前已毁。

二、新安塔的形制

《中国大百科全书》依结构和造型将中国塔分为楼阁式塔、密檐塔、单层塔、喇嘛塔和其他特殊形制的塔。遗存的新安古塔按性质分，有佛塔、墓塔和文峰塔；按结构和造型分主要为楼阁式塔，也有用作墓塔的单层塔；按所用材料分，有砖塔、石塔，砖塔尚可分为纯砖塔和砖木混合塔。方志中载有明中叶歙县千佛庵铁塔，现已不存。新安塔主要为宋、明、清时期所建，为新安地区古代的高层建筑，构造手法巧妙多变，外观精致秀丽，是典型的南方古塔。

中国塔一般由地宫、塔基、塔身、塔顶和塔刹组成。文峰塔多无地宫，新安佛塔地宫亦未见实例。但从明万历年间歙县令张涛记霞山神柱塔诗句“其上迩阳乌，其下洞舍利”来看，地宫结构是存在的。新安楼阁式塔平面有方、六边、八边诸形，层数多为七层，徽州区岩寺神皋塔64米为高度之最。这类塔楼层辟门窗，门多券门，大多有塔梯，可以登临眺望。每层塔身都砌出柱、额、斗栱、门窗形式，不同程度地仿木构建筑。腰檐出挑用菱角牙子。少数砖木混合塔建有平坐，如徽州区岩寺神皋塔，平坐已毁，未修复。台基一般简单，歙县西干长庆院塔一层有叠涩基座。楼阁式塔顶部有窣堵波式的刹。“窣堵波”是古印度梵文音译，原意是“坟”或“宗庙”，它是实心建筑，包括台基、覆钵、宝匣、相轮四部分。中国塔刹形制由窣堵波演化而来，通常有须弥座、仰莲、覆钵、相轮和宝珠，也有在相轮之上加宝盖、圆光、仰月和宝珠。新安塔塔刹有石刹和金属刹，前者多为石塔，有相轮式、宝珠式；后者由铜和铁两种材料制作。[①]歙县西干长庆院塔为铜刹，清代著名学者、歙县人程瑶田《修辞杂钞》有诗文记载。清佘华瑞《吴慎斋义士造塔顶纪略》(《岩镇志草》)记徽州区岩寺神皋塔塔刹：

> 初一层曰覆盆，其重四百余钧；次二曰鼓墩，重三百四十余钧；奠鼓墩之上者曰仰盆，重五百余钧；由是环绕而上曰蒸笼套、曰相轮，其数以七，其重以百八十余钧；又其上曰天水缸，而幕之以荷叶盖，二事共百一十钧。冶铁为凤咮者八，各衔璎珞直下，以悬檐之八角。其璎珞以铁绳八条，条重四十钧。统诸器计之，约为铁五万六千余斤。又其中有天王扳及八角撑支之铁捍其数不与焉。于盖上复立鼓墩，安顶光曰宝珠，范铜千斤成之，高九尺二寸，围十九尺余。

一钧为30斤。又刹杆长九丈，以杉木制作，“中立以为诸铁器之干”。刹柱是塔中支撑塔刹的直柱，塔刹高昂，重量巨大，在塔中心伸出刹柱，塔刹安装其上，方策安全。徽州区潜口巽峰塔塔刹中尚置天宫，此形制较为少见。建德市梅城北峰塔自顶到底中心处砌有砖柱，当是仿木塔塔心柱古制，我国宋元以后的砖石塔，塔心柱已蜕代为刹柱，砖塔保持塔心柱做法，也是十分罕见的。

中国南方塔多有塔室。内部空间除塔室外，从宋代起多为双重塔壁，两壁之间设有梯级和走廊。新安塔一般每层都有，但徽州区潜口巽峰塔外观七层，内部仅四个塔室空间。究其原因，可能一是塔为潜口汪道植独资所建，不欲外人登临；二是连岁大侵，以工代赈，并塔室以省开支。新安塔的塔室一般白灰素面。设壁龛，佛塔奉祀佛像，也有的文峰塔仿佛塔在龛内绘佛像，如黟县柯村旋溪塔。嵌砌佛像砖于塔壁是新安佛塔常用的手法。祁门县伟溪安丰塔每层设佛龛，全塔嵌砌佛像砖400余块，计佛像一千余尊。休宁县榆村辛峰塔有砖雕佛像659尊，现尚存三分之一。砖塔造像强化宗教色彩，是一项成功的创造。灯龛、供台，以及碑刻，亦是塔内常

① 中国大百科全书出版社编辑部编.中国大百科全书·建筑·园林 城市规划[M].北京：中国大百科全书出版社，1988.5.

有的设置。塔的楼层有穹隆式和木板几种，前者如徽州区岩寺神皋塔，后者如祁门县伟溪安丰塔。

新安塔结构形式大致可分为空筒塔室式、壁内折上式及实心式等。空筒式结构自砖壁楼阁式塔产生之日起，延续至宋代，数量虽然减少，但仍有运用，如安丰塔。壁内折上式结构始自宋代，新安明清楼阁式塔多用此式。此式塔梯藏于壁体之内，或砖梯，或石梯，或木梯。石梯耐久，防水、防火性能好。《华严经 · 净行品》："右绕于塔，当愿众生，所行无逆，成一切智。"顺时针右绕三匝，表示诚敬之至，故塔梯均为右旋。实心式有歙县西干长庆院塔和新州大圣菩萨宝塔。

三、新安佛塔实例

(一)安丰塔

位于祁门县祁山镇塔下村，北宋元祐八年（1093）建，在原安丰庵内，佛寺已毁。明永乐《祁阊志》："安丰庵，邑北二十五里，在六都。立浮屠塔。元祐癸亥建，今废。"癸亥，疑为癸酉。若癸亥，则元丰六年（1083）矣。楼阁式佛塔，砖结构，平面六角形，底层外接圆半径 2.85 米。五层，高 23 米。塔刹已毁。塔内空筒式结构，各层木楼板及塔梯亦毁。塔基石砌，高 0.8 米。砖砌外壁，底层厚 1.48 米，塔砖 36 ~ 37 厘米 ×17 厘米 ×6 ~ 7 厘米，黄泥浆砌，施木壁体枋和木过梁，腰檐混合运用砖叠涩与菱角牙子。每层火焰式塔门 6 樘，每面上下相对。塔内外整齐嵌有 400 余块佛像砖，砖看面尺寸 20.5 厘米 ×20.5 厘米，浮雕造像，结跏趺坐，合掌印，坐于莲座之上，火焰背光。

祁门县塔下村（宋）安丰塔

(二)长庆院塔

位于歙县徽城镇披云峰麓，原太平兴国寺长庆院旧址西。宋重和二年（1119），歙县黄备张应周创建。明万历末，黄备张大晋复倡族人重修，并题识勒石塔内。清乾嘉年间（1736 ~ 1800），邑人程光国重修。塔为楼阁式佛塔，砖木混合结构，平面方形，犹袭唐制。底层为叠涩座，边长5.28米，高2.34米。叠涩座束腰部分较高，0.66米，有间柱、角柱。七层，高23.1米。塔身实心，以黄土胶泥砌砖，塔砖为31厘米×17厘米×5厘米。塔每层边长由下向上逐层递减，形成自然圆和收分，呈现出秀丽舒展的卷杀轮廓。檐口用砖叠涩出五层菱角牙子，叠涩砖上为木构腰檐，翼角下悬铁风铎。塔一层有回廊，各面辟有券门，用叠涩砖砌成，当初应为圭角形塔门，后代维修时砍成发券形状。门洞内有石雕莲瓣佛座，塔壁有彩绘佛像。第二座以上每面均隐出假窗。塔身四角有方形倚柱，柱头作方形栌斗。葫芦刹，由覆盆、宝瓶组成，宝瓶上大下小。清邑人程瑶田《修辞余钞》记太平十寺塔顶二文大意云：长庆寺浮图铜顶于清乾隆四十一年（1776）堕山下练江之中，被牵筏人盗去，遗其顶末，长7寸余，重8.2斤。六年后，铄金凝土予以修复。刹有拉链。整座塔表现出鲜明的南方宋塔风格，形象端庄秀丽。2002年修缮叠涩底座时，曾探查其基础，发现塔下大方台基内有木梁、条石，然后砌砖为塔身。[①]唐诗人杜牧曾投宿长庆院，有诗云："南行步步远浮沉，更近青山昨夜邻。高铎数声秋撼玉，霁河千里晓横银。"宋诗人范成大亦有诗状塔之雪景云："水西万株树，玉塔照银阙。"

歙县徽城镇（宋）大圣菩萨宝塔（张建平 摄）

(三)大圣菩萨宝塔

位于歙县徽城镇新州。建于南宋建炎三年（1129），村人为祈求后嗣捐建。明朝时，叶姓村人相继重修。原有古塔庵，今庵圮塔尚存。塔为佛寺中的供养塔，[②]楼阁式，以石材雕凿。平面八角形，底层外接

①《中国古代建筑技术史》总结了已发掘的砖塔塔基的五种做法：夯土基础、木桩灰土基础、木桩砖基础、岩石基础和砖石混合基础。长庆院塔的基础形式综合了宋代以来常采用的木桩砖基础和砖石混合基础两种做法，在垫木上筑条石，然后砌砖，类似于石桥的"睡木沉基"。

② 宋代佛塔是属于佛教的一种供养建筑，除楼阁式塔、实心塔两大类外，还有一部分塔，表面为楼阁式，实际上是一件石雕作品。这类小石塔来源有二：一是佛教徒请石匠制作的，一是善男信女布施的。大圣菩萨宝塔是一座小型塔，但和寺内可以随意放置的供养塔有所不同，该塔位置是固定的。详见：张驭寰著．中国塔[M]．太原：山西人民出版社，2000.12.

圆半径0.72米，高4.6米，塔身实心。塔原为五层，现遗存三层，第一层和第五层，以及塔刹形制有改动。1935年出版的《浙江省立图书馆馆刊》第四卷第五期刊有原照片，可供比对。

(四)辛峰塔

位于休宁县榆村乡富溪村，明万历年间（1573～1619）里人程爵建。辛峰塔为楼阁式佛塔，砖结构，平面六角形，底层外接圆直径7.8米。七层，高36米。每层施圆形倚柱，并于重楣上用七皮砖叠涩出檐，叠涩层上置砖转角铺作和双补间支承腰檐与平座，影栱为单栱。铁塔刹，盔状。塔室六角形平面，壁内折上式，白灰墙面。塔内有砖雕佛像659尊，现尚存三分之一。

四、新安文峰塔实例

(一)神皋塔

位于徽州区岩寺镇东水口，西临丰乐河。明嘉靖二十三年（1544）肇建，嘉靖三十四年（1555）落成，历时12年，乡贤郑佐倡建。塔七层，明、清相继维修，清末腰檐两次被焚，民国三年（1914），塔刹毁于风暴。神皋塔为楼阁式文峰塔，砖木混合结构，八角形平面，底层外接圆（倚柱中）直径8.5米，高约64米，现残高54米。砖塔身，白灰砌筑，塔砖为34厘米×15厘米×6厘米。转角有圆形倚柱，上部穿出2个麻叶头。木构腰檐、平座已毁。每层开4券门，另有4假券门，各层券门均45°相错，四层以上每券门有2个灯龛。塔为壁内折上式结构，每层塔室有八角穹窿顶。底层檐出1.44米，逐层递增，至七层檐出2.82米，清佘华瑞《岩镇志草》说神皋塔“上丰于下，是以高耸秀拔，远视匀停”，有很强的艺术表现力。塔刹已毁，据《岩镇志草》记载，刹用铜、铁制作，重达30吨，由覆盆、鼓墩、仰盆、相轮、宝珠等组成，各部分金属构件穿套在木刹柱之上，刹柱高约29米，径近45厘米。施工时，以数千根杉木搭设80米高的井字脚手架，上架设“天车”“天秤”等起重工具，利用杠杆原理将塔刹逐件吊装就位。①

(二)巽峰塔

位于徽州区潜口村东南的下水口，里人汪道植捐建。始于明嘉靖二十三年

① 砖砌高塔脚手架技术要求很高，最困难的施工环节则是安装塔刹，刹柱是最长的起重件，铁刹是最重的起重件。参见：中国科学院自然科学史研究所主编.中国古代建筑技术史[M].北京：科学出版社，1985.10.

(1544)，落成于嘉靖二十七年（1548）。巽峰塔为楼阁式文峰塔，八角形平面，外观七层，内共设四塔室，底层外接圆直径 11.50 米，总建筑面积 450 平方米，总高 39.90 米。各层对径、边长、壁厚见下表：

	一层	二层	三层	四层	五层	六层	七层
对径(米)	10.62	10.62	9.92	8.60	8.20	7.56	7.04
边长(米)	4.40	4.40	3.81	3.56	3.40	3.13	2.92
壁厚(米)	3.01	3.01	2.80	2.50	2.30	1.98	1.87

砖塔门窗均为拱券式，有明窗，也有盲窗。除顶层外，凡明（门）窗，均分布在东南西北四个方向。详见下表：

	北	东北	东	东南	南	西南	西	西北	(门)窗洞宽(米)
七层	开	开	开	开	开	开	开	开	0.70
六层	–	–	–	–	—	–	开	–	0.70
五层	–	–	开	–	开	–	开	–	0.75
四层	开	–	开	–	开	–	开	–	0.80
三层	开	–	开	–	开	–	开	–	0.87
二层	开	–	开	–	–	–	开	–	1.15
一层	开	–	开	–	–	–	开	–	1.27

塔基外沿较一层塔身大 25 厘米，可承托倚柱柱础。砌体按一顺一丁方法砌筑，砖规格同上部塔砖。方形台基，墁青砖，为近代维修；塔身须弥基座，在身内通圈设置。塔为七层八面楼阁式砖塔，内设四个塔室，底层对径 10.62 米，以上层层收分；塔壁从二层起，厚度亦逐层缩减。塔身全部用 330 毫米 ×160 毫米 ×70 毫米的青砖，表层 16 厘米厚墙体一顺一丁用石灰浆，内墙体错缝拉结，用泥灰浆。通体抹以 0.3 厘米厚的石灰膏。塔身各层墙角均砌倚柱，每面形成单间，各面设明窗或盲窗。柱头置阑额雀替，上为叠涩腰檐，仿木楼阁做法。一层立面，倚柱宽 34 厘米，隐出墙面 17 厘米，抹角 6 厘米。柱脚设红砂岩柱础承托抹角倚柱，柱头距地高 4.82 米，角向出梁头，似霸王拳，柱间施阑额，下为由额，由额两端下设雀替，上下两额间单栱造双补间。柱头之上设普拍枋，上置重栱，承隐出的檐枋，檐枋两端生起，仿

生头木做法。重栱双补间，柱头铺作转角处出层叠的卷头，并刻云头素线纹饰。

二层以上各立面做法较为简单，倚柱间仅施阑额一道，两端下设雀替，柱头角向亦出梁头。阑额上不施斗栱，其上则为叠涩腰檐。塔身尺寸详见下表：

	一层	二层	三层	四层	五层	六层	七层	合计
对径（米）	10.62	9.92	9.2	8.6	8.2	7.56	7.04	–
收分	–	0.7	0.72	0.7	0.4	0.64	0.52	3.68
收分率%	–	93.4	92.7	93.4	95.3	92.2	93.1	–
塔壁厚（米）	3.01	3.16	2.8	2.5	2.3	1.98	1.87	–
层高（米）	7.98	5.15	4.75	4.04	4.12	3.85	3.81	—

注：收分：上下层对径尺寸差值；收分率：上下层对径尺寸比值；层高：外观上下层之间高度

塔外观七层，内部则为四个塔室空间，平面亦均为八角形。一层和七层各独立一个塔室，二、三、四层并为一个塔室，五、六层并为一个塔室。各塔室均为穹顶。塔室做法，由下而上，分别为：塔室一内对径4.6米，高7.56米。立面由下至上为基座、须弥座、塔身、单栱、普拍枋、半混叠涩穹顶，均为仿木构造。砖基座高0.38米。须弥座高0.5米，由下枭、束腰、上枭组成，表面素华，其做法与宋《营造法式》垒砌须弥座之制基本一致，束腰，上、下枭比例各占1/3。枋上下出混线及皮条线，上为普拍枋，枋上每边单栱双补间，斗栱及材高比例较大。斗栱之上则为八棱锥式穹顶，高2.3米，由单混砖层层叠涩，向上收拢，计45皮，其叠涩砖较塔壁砖规格小，每层带灰缝厚约5厘米。穹顶正中收为明镜，设铁质灯钩。底层南壁正中设壶门式佛龛、下制供台。龛莲叶三瓣出牙子，中间莲顶雕摩尼珠图案，面北而设，正对潜川。塔室二内对径3.6米，高13.9米，通高三层。下亦通设须弥座。塔室东、南、西、北各面设门窗洞，余均为素面。其中北面下层为券门，上有碑刻两通。南面下层设供台，台口为混枭砖叠涩砌筑，下为台身，中间隐出两间柱。供台之上为登塔的唯一通道，需借助活动梯方可登临，此做法罕见，不辨缘由。下层塔门各通道处，绘制有佛像图案。塔室三内对径3.6米，高5.95米。西北、北、东北三面塔壁分别设佛龛，均绘制菩萨图案，跏趺坐，背有圆光，塔室内壁绘制协侍菩萨等图案。塔室四内对径3.3米，高4.03米，为独立塔室。因八面开窗，未设佛龛，但穹顶等处亦绘制佛教题材图案，已漫漶不清。

该塔交通为壁内折上式，一层入口位于西侧券门处，其梯宽 1.1 米，顺时针登梯，达二层北侧券门出口，相当于 1/4 周，计 25 步。二层往上则需要从南面供台上方券门处，借助活动梯登临上部塔室。即供台上先起 4 步，再顺时针 10 步至三层西侧券门出口，其梯宽 0.94 米；继续向上 35 步，至五层东南角出口，其梯宽 0.76 米；再从南侧券门处，顺时针向上 27 步，至七层西北角出口，其梯宽 0.67 米。塔梯砖砌，顺砖为踏面，丁头为踢面，侧砌。为符合层高和面宽的需要，一到二层踢面高 330 毫米，踏面宽仅 210 毫米，用 330 毫米 ×160 毫米 ×90 毫米的青砖砌筑。二至七层略缓，踢面高 240 毫米，踏面宽 290 毫米，用砖规格同一层。

黄山市徽州区潜口村（明）巽峰塔剖面图（资料来源：王洪明《潜口巽峰塔修缮工程报告》）

塔刹为铁质铸造，笔锋造型，净高 5.3 米，刹和塔高比为 1:7.5。塔刹立于砖塔顶端刹基之上，其构造由两部分组成：一是外部的金属塔刹，二是内部的支撑系统。外部塔刹自下而上分别由刹基、覆钵、宝珠三部分、共 8 个分件组合而成，层层相扣；内部支撑系统由刹柱、上下石盘、铁骨架组合而成。刹柱直径 0.28 米，高 5.8 米。下石盘直径 1.4 米，厚 0.2 米，重 0.55 吨，上石盘直径 0.92 米，厚 0.1 米，重 0.15 吨。由下部砖刹基穿石盘中心圆孔直至刹尖，刹柱与石盘中心圆孔间隙内插入木楔牢牢固定。铁骨架随刹内空间呈锥形，由 4 厘米宽铁条及铁肋组成，铁条贯穿上下石盘，直达仰盆口沿处铁肋上，此举可防铁条脱扣。其顶端宝珠内即为上下石盘隔离出的独立空间，为天宫所在。天宫内摆放文物 9 件，计铜像、铜镜、铜炉、铜豆、锡斗各一个，烛台、觚各一对。塔刹构造极为机巧，是不可多见的塔刹工艺实物。

腰檐屋面采用叠涩出檐法，先砌混砖，再出菱牙砖，上下交错层层出挑。一层各出 12 皮、二至三层各出 10 皮、四至六层各出 8 皮、七层各出 6 皮，为塔之出檐。檐角生起，塔檐呈弧形造型。塔檐采用青瓦铺盖。底层屋面每边平出 1.2 米，至六层逐渐收至 0.8 米，屋面举折约 5 分；塔顶屋面每边平出 2.5 米，总举高约 1.5 米。屋面均略带曲线，出戗角，压八青砖制戗脊。底瓦铺灰，上覆瓦，檐口则收以勾滴，瓦脊之上从塔身挑出披水砖一道，当沟抹灰筑脊，以防雨水渗漏。

塔内外存碑刻（含匾）4 通，一层塔室内北侧券门上方嵌有石匾，上刻“巽峰”2 字。二层塔室内嵌双凤麒麟图砖雕一通；其四层位置嵌红砂岩材质建塔记略碑一通，碑身设下台上檐挑砖，颇具匠工。以上碑刻均嵌在塔室东壁而面西。五层塔室南侧墙壁上设圆额款识碑一通，此碑下有碑座，疑其原先位于塔外，后迁移镶嵌至塔室内。

本例参照《潜口巽峰塔修缮工程报告》撰写。

(三)龙门塔

楼阁式文峰砖塔。位于淳安县汾口镇龙门村龙耳山麓，传为明隆庆至万历年间（1567 ~ 1599）侍御余四山所建。砖塔六面七层，塔刹已毁，残高 27 米，塔身筑有飞檐，腰檐以菱角牙子叠涩出挑，一层 6 皮，二、三层 5 皮、四至六层 4 皮，七层 3 皮。条石砌筑塔基，高 0.45 米，上为砖刻须弥座，座高 0.7 米。塔门拱券，宽 0.86 米，高 2.28 米，厚 1.74 米，额书“南海蓬壶”4 字。塔各个层面均有拱券窗，有全封闭、半封闭和全开三种形状，二层拱券窗上横额书“天光云影”4 字。全开拱券窗在各层回廊外墙一边，全封闭拱券窗、各层壁龛、半封闭拱券窗在各层踏道中部。踏道位于内外墙之间，盘旋而上，宽 0.64 米，可直达塔顶。塔门朝向为南偏东 25°。

淳安县龙门村(明)龙门塔

(四)巽峰塔

位于休宁县海阳镇汶溪村玉几山。始建于明嘉靖四十一年（1562），落成于明隆庆元年（1567）。塔砖有阳文“汪团”“天龙”等字，疑为捐建人名。巽峰塔为楼阁式文峰塔，砖结构，八角形平面，底层外接圆直径 3.89 米，七层，高 35 米。塔梯 168 级，可登顶。砖穹窿式楼板，拱壳曲率均匀平整。塔刹葫芦状。塔内饰有壁画。

(五)南峰塔

坐落在建德市梅城镇南峰村南山，地处新安江、兰江、富春江三江交汇处的巽峰顶上，与梅城隔江相望。巽位为东南方，故名南峰塔。宋《景定严州续志》载："南山，与城对峙，马目山之支也。光孝禅寺居之，有浮图七层。"宋代陆游，曾守严州，其于绍熙四年（1193）所撰的《严州重修南山报恩光孝寺记》中亦提及南峰塔。现巽峰之上的南峰塔，为明嘉靖二十五年（1546）重建，重建二塔目的是祈求文运。明万历《严州府志》载："南塔在府治五里巽峰，古有浮图七级，相传谶云：'卯巽二峰重建塔，状元从此冠群英。'然倾圮久，莫考矣。明嘉靖丙午，巡盐鄢懋卿，参议谭棨、知府张标重建，鄢懋卿记。"现底层立有鄢撰文的《重建卯巽二塔记》石碑。南峰塔为八面七层楼阁式砖文峰塔。塔身通高 35 米，塔基直径为 8.6 米。底层 4 个券门，二层以上各层有 4 个发券窗洞，错开排列。层高逐渐降低，每层略有收分。塔体外壁，菱角牙叠涩檐，檐角微微起翘。塔顶中心为复钵，钵上为两个重叠圆形葫芦，再上为宝瓶，整个塔刹为金属制成。塔梯逐层盘旋而上，可达第七层。登高远眺，三江口美景尽收眼底。

(六)北峰塔

位于建德市梅城镇龙泉村东郊之高峰山上，北依乌龙山，南临"三江口"。高峰山，即卯峰，系乌龙山之余脉，峙于三江口，挺拔陡峭。而塔又凌其巅，塔与山尖浑然一体，极其雄伟壮观。明万历《严州府志》载："南塔在府治南五里巽峰。古有浮图七级，与卯峰对峙，岁久倾圮。嘉靖丙辰，知府宿应麟重建，知府韩叔阳踵成之，有记。"北峰塔为六边形七层楼阁式砖塔，总高 29 米，外观七级，内分六层。塔中心自顶到底砌有砖石塔心柱，明塔保留砖塔心柱做法较罕见。塔心柱与塔内壁构成过道，由第一层南门而入，向西折北，按顺时针方向，可从过道 盘旋而上至顶层。现存砖塔乃明代嘉靖三十五年（1556）重建，至今已有 400 多年历史。南、北峰塔屹立在梅城三江口两峰之上，隔江相望，上下相伴，合称"双塔凌云"。两塔始建时为佛塔，反映了严州历史上佛教的兴盛。后以文峰塔重建，是古严州历史变迁的见证，蕴含着民俗，积淀着文化。它是古代严州建筑艺术的代表，又为严州历史上水路交通起导航定向作用，是水上交通发达和军事要道的见证。

建德市龙泉村（明）北峰塔

（七）龙天塔

位于江西省婺源县浙源乡凤山村水口。始建于宋，明万历四十六年（1618）里人重建，清同治年间（1862 ~ 1874）重修。龙天塔为楼阁式文峰塔，砖结构，六角平面，外接圆直径 6.8 米，七层，高 37 米。内有塔梯，铁塔刹。

（八）云门塔

位于黟县碧阳镇碧西村。建于清乾隆四十七年（1782）。云门塔为楼阁式文峰塔，砖木混合结构，六角形平面，底层外接圆直径 4.8 米。五层，高 36.4 米。砖砌倚柱、重楣、斗栱，叠涩砖上承木腰檐，无平座。相轮式塔刹，高 6.4 米。塔梯宽 0.50 米，壁内折上式。龛内饰彩画。

（九）旋溪塔

位于黟县柯村乡三合村孙村，该村原属池州府石埭县。建于清乾隆元年（1736），清咸丰元年（1851）孙村合族集资重修。旋溪塔为楼阁式文峰塔，砖木混合结构。六角形平面，五层，高 18.9 米。砖塔壁，外墙无仿木构砖饰，菱角牙子承叠涩砖七皮，上承木腰檐。底层塔门额“溪山钟秀”匾。宝珠式琉璃塔刹，高 3 米。砖砌塔梯，壁内折上式。每层壁龛有雕塑或彩绘佛像。

五、新安墓塔实例

(一)黄山墓塔

据《黄山志》(2008 版）记载，黄山景区遗存墓塔 10 余座，择要于下：

檗庵大师塔 在云谷寺。覆钵式塔，花岗岩砌筑。由基座、圆鼓形塔身，仰莲、相轮和宝珠组成，通高 2.9 米。清康熙年间建，民国二十四年（1935）重修。檗庵（1599 ~ 1676），俗姓熊，名开元，字鱼山，法名正志。明天启五年（1625）进士，崇祯四年（1631）殿试第一名。后因直谏入狱，出狱后入佛门，晚年开堂黄山掷钵禅院，康熙十三年（1674）在苏州圆寂，遗命归葬黄山。

黄山(清)檗庵大师塔(资料来源;黄山风景区博物馆)

狮林开山和尚塔 在北海。花岗岩幢式塔，平面六边形，柱体塔身，塔顶出檐，上覆半球形塔刹，塔高1米。开山和尚或为高僧一乘。明万历四十年（1612），一乘从山西五台山寻访至此，遂开辟狮林，结茅定居。

慈明塔 又名慈愍塔，在西海。塔高2米，上圆下方，塔下为墓。三层相轮，上为宝珠。慈明为明万历年间高僧，创建西海慈明庵。

松谷祖师塔 在松谷庵。幢式塔，高1米，塔下为墓。石柱塔身，平面六边形。塔顶出檐，葫芦状宝珠塔刹。清闵麟嗣《黄山志定本》载："松谷寺，在叠障峰下。张真人初居太平南乡花山寺，后迁此。松谷，其别号也，遂以名庵，今为寺。……真人塔在殿后。"张真人（1244～1300），俗姓张，名尹甫，号松谷。革职后学道，在黄山建松谷道场。元大德四年（1300）卒。

李法周居士塔 在北海、西海之间，民国三十年（1941）建。幢式塔，高1.5米，塔身为花岗岩石柱，平面六边形，塔顶出檐，宝珠刹。李法周为俗家弟子，民国十二年（1923）捐金重建狮子林。

(二)悟空禅师塔

位于祁门县城金粟庵内。该庵主持僧真川，法号悟空，于明万历三十二年（1604）圆寂。其徒如圆筑塔藏骨。清光绪元年（1875）重修。单层塔，塔身砖砌，平面六边形。地上一层供真川佛像，地下一层以大釜藏真川佛骨。

(三)西峰寺石塔

坐落于歙县许村镇北村西峰寺后山坡，覆钵式花岗岩石塔。六层相轮，塔刹已毁，仅存一仰莲状构件，疑为伞盖。圆鼓形覆钵，中空，一侧有佛龛。通高近3米。西峰寺始建于唐至德二年（757），倾圮已久，遗址尚存。该石塔应为墓塔，建造年代不详，或在宋、元以后。

第二节 新安古桥

新安江流域川谷崎岖，峰峦掩映，几千年来，新安人在长河急流、风涛鼓荡之间，架起了一座座坚固美观的桥梁。新安古代桥梁，数量众多，据民国《歙县志》所载，清末仅歙县就有各式桥梁441座。这些桥梁建成时间自宋至清，至今仍有许多古桥在继续发挥着利涉济渡的功能。

新安桥梁形式主要有梁桥、拱桥和浮桥三种，包括了除索桥外的中国古桥主要形式。其中以石拱桥最为常见，留存了不少名桥佳构。

一、新安梁桥

梁桥在我国历史上较其他桥型出现为早，[①] 新安主要有木梁桥和石梁桥两种。

(一)木梁桥

木梁桥又有木梁柱桥和木梁墩桥之分。

木梁柱桥 木梁柱桥见于清初版画《古歙山川图》，其中《丰南》一图所绘的丰乐河上通济桥为多孔木梁柱桥，八字木排架。直到今天，在新安农村还能看到这种天然有致的木桥，当地称“板凳桥”。这类桥多系以铁链，固定于两岸，即使桥被洪水冲倒，也不至于流散，水退后尚可重新架设。绩溪县龙川村与浒里村之间的木桥称官桥，架于登源河上，明正德年间（1506 ~ 1520）建。桥长 80 余米，宽 1 米，一根长 100 多米，直径 6 厘米的铁链连接 24 块桥板，支在 23 个梯形木脚架上。当地订立了护桥规约，历代对桥均进行妥善维护。

绩溪县龙川村(明)官桥

木梁墩桥 由于木柱不能持久，于是出现了石墩。我国早期的石墩记载是唐初洛阳的中桥和天津桥。[②] 新安地区方志中也载有不少“石垛木梁”桥，即木梁墩桥。如婺源县清华镇彩虹桥，桥架于婺水之上，南宋初邑僧人胡济祥募建，近年水毁后重建。彩虹桥为石墩木梁廊屋桥，长约 95 米，宽 3.1 米，2 台 4 墩 5 孔。石墩船形，

---

① 《尔雅·释宫》:“隄，谓之梁。石杠，谓之绮。”《户志》:“独木之桥曰榷，亦曰彴。”独木的木梁桥“榷”“彴”，或“杠”，是最原始的桥梁。茅以升主编. 中国古桥技术史[M]. 北京：北京出版社，1986.5.

② 茅以升主编. 中国古桥技术史[M]. 北京：北京出版社，1986.5.

婺源县清华镇(宋)彩虹桥

宽约 6 ～ 6.6 米不等，长约 14.2 米，其南端分水尖长约 6.3 米，北端高出分水尖 1.23 米，长约 7.8 米。桥墩北端上架 20 根长 10 ～ 13 余米、径 0.5 ～ 0.6 米圆木梁，梁上铺 5.5 厘米厚杉木桥板。墩上建廊屋，三开间，东西端桥台上亦建廊屋，单开间。墩、台廊屋间分别架廊四至五间。墩间廊四架椽屋，四椽栿和橑檐枋下用斜撑，彻上明造。墩上廊屋在墩间廊屋北檐柱位置立中柱架脊槫，北侧增四椽，穿斗架，南侧用草架，复水椽。墩上廊屋不厦两头造屋顶，墩间廊屋穿插其间，两部分进深不一，故正脊高低错落，形成此起彼伏的十一段桥廊。廊屋设木坐槛，东起第二墩廊屋北侧部分以砖墙围合，奉禹王以及胡济祥等三人栗主。另如位于屯溪区奕棋镇蟾川村蟾溪河上的乐寿桥，明万历年间（1573 ～ 1619）始建，清光绪三十二年（1906）和民国三十七年（1948）两度重修。乐寿桥为石墩木梁屋桥，长 18.02 米，宽 4.97 米，1 墩 2 孔。桥墩上架圆作木梁 8 根，梁上逐层铺 7 厘米厚杉板，3 厘米厚箬皮、炉灰，以及薄砖、细砂，桥面铺 8 厘米厚石板。桥上架廊屋七间，深七檩，明、次间与梢、尽间屋面叠落，悬山，中高翼低，类新安祠、宅门屋。明间前后凸出于墩上，后檐砌封护墙，照壁屏风板上绘水墨云龙，祀关帝。桥西堍“拴马亭”已毁。再如淳安县云溪桥，位于瑶山乡何家村云溪河上，始建于明嘉靖年间。桥北端石碑刻有“……道光六年拾壹月……”的字样，但已漫漶不清，疑为后世修桥碑记。桥上有廊，桥头有屋，皆绘彩画，当地人称“花桥”。桥 4 段 3 孔，全长 32.6 米，桥面宽 2.5 米。石桥墩 2 个，墩长 4 米，宽 3.4 米。墩间跨度各为 9.2 米，架枫树巨板 4 块，桥板

淳安县何家村(明)云溪桥

距河床高 4.5 米。每个石墩上建廊屋，木构架，4 柱，置飞来椅。

(二)*石梁桥*

石梁墩桥 此类桥上部结构有石板、石梁，以及石梁、板结合三种。这种梁桥我国宋代极盛，[①] 新安各地也不少。遗存的石梁桥如建德市南浦桥，该桥位于寿昌镇南浦村西。据民国《寿昌县志》载："南浦桥，在县南十五里，明景泰四年（1453）邑人徐永淳建"，距今已有近 600 年的历史。南浦桥呈西南至东北走向，横跨于清潭溪上。6 孔 5 石墩，全长 27.51 米，桥面宽 0.97 米，桥高 3.22 米，桥面每段并列 3 块条石，6 段共 18 块条石，石长 1.63 ~ 3.87 米之间，宽 0.32 米。桥墩以加工规整的条石砌筑，两侧均设有船形分水尖。同时，为减缓水流对桥墩的冲刷作用，桥上游约 34 米处建有一座水坝。该坝的截面成梯形，块石砌筑，长约 23 米，宽 1.8 米，西北高东南低，落差约 0.4 米。另如洪桥，位于徽州区岩寺镇后街颖溪之上，又名洪福桥。明成化五年(1469)，里人郑彦荣建石墩木梁廊屋桥。清康熙五十九年(1720)火毁重修。雍正十年（1732），族人郑为翰重建。民国九年（1920），歙县岩寺方德重修，以石易木为梁。现为石梁墩廊屋桥，二墩三孔，船形墩，桥上建廊屋五间，两侧置飞来椅。桥中北侧设佛龛祀观音。桥东埦有小屋额"香积"。

---

① 古桥中的板和梁，其界限很难予以严格区别。《中国古桥技术史》认为："梁宽大于梁高一定倍数（二或三倍）者为板，否则为梁。也有从梁的厚度绝对值来区分，以厚度在25厘米以上者称为梁，薄于此数者为板。"详见：茅以升主编．中国古桥技术史[M]．北京：北京出版社，1986.5．孔庆普著．中国古桥结构考察[M]．北京：东方出版社，2014.5.

石伸臂梁桥 此类桥在一定梁长下，石伸臂自桥台或桥墩上挑出，可增大桥的净跨。这种砌筑方法称“叠涩”，各层伸臂直接相压递出，与墩身浑然一体。建德市航头镇的曲斗桥，“在县西南二十五里，累石为三道，宋中兴后建，上有石栏，为寿龙通衢”（民国《寿昌县志》）。该桥建于南宋初年，距今已有800多年的历史。桥南北横向跨于乌珠河上，3孔，由19块长约3米的条石分三段铺砌。桥长12.34米，桥面宽2.57米，桥高2.65米，两墩间距离为3.4米。桥墩下部面向水流方向，用一大块石琢成分水尖。再如徽州区呈坎村前街漈溪上的环秀桥，元初里人罗环秀妻程氏始建，罗东舒以巨石助建。明嘉靖四十四年（1565），善士罗杲宗妻吴叶复造。清道光九年（1829）罗亨忠重修。桥原为5孔，廊屋如亭居桥中。明弘治十一年（1498）里人罗弥四率族众筑漈川坝，辟前街水圳，建文昌祠，截弯取直，河道变窄，湮二桥孔，廊屋于是偏居桥西端。现存廊屋系清同治二年（1863）兵燹后里人罗福俊妻郑氏重建。环秀桥为亭桥，现遗3孔2墩，系石伸臂梁桥，花岗岩构筑，长26.65米，宽3.85米。石梁长10米，方0.4米，石墩单尖，每侧各相压递出二层石伸臂梁。桥上廊屋木构，三开间，五檩，金童柱与檐柱间立一柱至三架梁，并以短枋与檐柱连系，二柱础石一体，廊敞四面，两侧置飞来椅。悬山，小青瓦屋面。

黄山市呈坎村（明）环秀桥

五边石梁桥 折边石梁桥是介于梁、拱、刚架之间的结构，由三边而五边、七边，石梁桥便转化为石拱桥。建德市乾潭镇下梓洲村西山桥为五边石梁桥。该桥坐落在梓州小溪之上，东西走向，原是建德、桐庐通往浦江的大路。桥上石刻“咸淳岁在乙丑”6字尚能辨认，当建于南宋咸淳元年（1265），至今已有700多年的历史，为我国现存为数不多的宋代桥梁之一。桥单孔，全长12.7米，净跨11.2米，桥面宽4.5米，桥高6.3米，矢高5.5米。桥两端各6级台阶，石板桥面。西山桥采用横联分节并列法砌筑，桥拱呈五边形，每边以6根与桥体走向平行的券，2根与桥体走向垂直的券石为一组，共5组，38根石条构成肋骨拱，然后用青石铺砌而成。

建德市下梓洲村（宋）西山桥

折边栱始于汉代，两宋时期大量运用于桥梁建筑中，北宋汴梁的虹桥便是木构折边形拱桥，折边石梁桥多见于浙江省，东阳称“三踏犨”，透露出结构受力情况。[①]

特殊梁桥 此类桥一种是桥与渠结合。民国《歙县志》载跨颖溪之口的岩寺后街石梁桥洪福桥，“桥下旧有木枧，为永丰堨水道”。歙人称屋檐下的水霤为水枧，桥下木枧亦即悬挂桥腹的木制水渠。另一种是栈道。栈道是中国古代在深山危崖边缘开凿的人工通道，其名始于秦。新安这条栈道位于绩溪县东南，经清凉峰，“径通江浙”，故亦称徽杭栈道。栈道辟于宋宝祐五年（1257），“凿去巉岩，甃成阶级”，

① 折边形拱桥是浙江古桥中的一大特色，现存保留有宋元形制的浙江折边形拱有4座，包括三折边拱和五折边拱，其中建德西山桥为五折边拱。《中国古桥技术史》将三折边桥列入石梁桥范围，认为是由梁桥向拱桥过渡的一种特殊桥式。2000年出版的《中国科学技术史·桥梁卷》则将三折边桥列入折边拱桥，并提出“折边拱演进说”，提出“由折边而演进为曲线拱，拱愈趋成熟”的观点。冯倩对此推理提出了不同看法，认为：“折边形拱桥很有可能是浙江地区形成发展的一种特殊的拱桥形制，它大致与弧边形拱桥同一时期出现或稍晚，并一直延续至明清，乃至民国时期。桥梁拱式发展进程不同于墓葬，似乎并未经历由三折边到多折边这一从简单到复杂的顺序过程，而是当地工匠因地制宜，合理选择桥梁形制的产物。”（冯倩．浙江宋元时期桥梁研究[D]．杭州：浙江大学，2011.5.）

在峭壁上凿槽，嵌入石板，遂成 1 ～ 2 米宽的栈道。

二、新安拱桥

我国东汉时期（25 ～ 220）出现拱桥，《中国古桥技术史》认为石拱是由折边石梁所演进，这是一个合乎逻辑的推理。[①] 新安石拱桥与北方石拱桥相似，都属厚墩重型。石拱桥的孔数以单数为主，偶数孔石拱桥国内外不多见，而歙县太平桥就是 16 孔。淳安县姜家镇下郭村的济大桥双孔，婺源县中云镇横槎村仁寿桥 4 孔，绩溪县华阳镇下三里村徽溪桥 6 孔，这些桥梁均显得高大雄伟。石拱桥桥两头均用石级相连接，多孔孔径大小相差不大，拱顶填石（土）比较薄。石板桥面，桥栏有石望柱栏杆、罗汉石栏板等。桥面宽度均在 5 米以上，桥纵坡很小。新安代表性的石拱桥有：

（一）太平桥

位于歙县徽城镇练江之上。宋端平元年（1234），郡守刘炳创浮桥，“亘五十丈”。元末毁于兵燹。明初架木为梁，弘治年间（1488 ～ 1505）知府何歆易以石。清康熙五十六年（1717），休宁人程建重建，规模闳厂。道光二十二年（1842），桥圮重建，历 7 年告竣。太平桥是我国著名的联拱长桥，16 孔、2 台、15 墩，单孔净跨约为 12.5 米，全长 279.8 米，宽 6.9 米，高 9.5 米。上部结构主拱圈为沉含砾凝灰岩等截面实腹式半圆拱，拱圈厚 0.5 米，宽 7.4 米，矢跨比 1/2；下部结构为厚墩和缓冲护墩的分水尖，桥台及桥身均采用粉红色砂岩砌筑，早期桥面和栏板为沉含砾凝灰岩。桥两端有石阶，民国《歙县志》：“立东西津两门，榜曰庆丰。”桥心旧有亭及碑，现已不存。桥西石阶下至太白楼一层，由南、北二门出入。康熙《歙县志》载：“太白酒楼在太平桥，李太白访许宣平于此，因此名焉。”清晚期诗人、书法家、歙人鲍瑞骏（1808 ～ 1883）诗曰：“流水犹鸣万古愁，满桥风月属高楼。半城白屋吞荒堞，两岸青山勒去舟。”

歙县徽州镇（明）太平桥老照片

① 参见前文“五边石梁桥”。

楼二层，“石桥千步楼百尺，远视城郭何迢迢”（清洪亮吉《河西桥太白酒楼歌》）。长桥高楼，“颇据一邑之胜”（《楮山诗话》）。

（二）镇海桥

位于屯溪区横江之上。始建于明弘治初年，当为石垛木梁。嘉靖十五年（1536），隆阜人戴广宪易为石拱桥。清康熙年间(1676 ~ 1699),率口程子谦父子两圮两建。① 桥 7 孔，全长约 131.2 米，桥面宽 7.53 米，厚墩横联拱券，净跨径 12.89 ~ 14.8 米不等。6 个桥墩宽 4.15 ~ 4.7 米不等。这些做法可与清官式石桥类比，不同的是桥型比清官式石桥轻巧，其过水面积大。墩宽与大孔净跨之比，清官式石桥为 10:19=0.526，而镇海桥为 4.7:14.8=0.318，桥墩薄得多。这样处理完全符合在新安山区排泄山洪的实际需要。镇海桥为半圆形拱，全拱圈宽 7.41 米，桥墩上游向分水尖特别长，达 5.45 米，为拱圈宽的 74%，以阻挡夏秋季的山洪，保护桥梁。松木

黄山市屯溪区(清)镇海桥(资料来源:清道光《休宁县志》中的《屯浦归帆》图)

① 镇海桥的形制和结构，潘洪萱《皖南石桥》一文分析较详，见潘洪萱.皖南石桥[J].古建园林技术，1988.(1).

睡木基础。拱券石宽52厘米，厚约30厘米，长不等。拱券厚与中孔净跨径之比为0.08%，比清官式石桥的16%小得多。桥面为石板桥面，两边悬挑出仰天石。桥栏杆原为望柱栏杆，民国年间改为罗汉石板，厚27厘米，高89厘米，长160～180厘米。栏板底每隔160厘米有一个长10厘米、高1厘米的如意形排水孔，为中国古石桥中少见。每个桥墩下游处都刻有“禁止取鱼”4字。桥两端建有桥亭，亭一侧有十数级石阶；桥中央亦有一亭，名霞标亭，已毁。2021年重修时，尚发现有如来柱、铁蜈蚣等构件。如来柱，即石幢，当地往往置于桥头或桥墩上，如歙县徽城紫阳桥、祁门县历口利济桥。铁蜈蚣，则是古代工匠将民间“物象互制”原理应用在桥梁建筑上，祈愿镇蛟驱洪。湖南、江西古桥上镌刻蜈蚣较普遍，浙江余杭积善桥、万庆桥拱券石上也刻有浮雕蜈蚣。

（三）夹溪桥

亦名“千秋桥”，位于休宁县海阳镇夹源河上。明嘉靖四年（1525），知县李开命邑人程一募建，历时6年完工。明、清至民国年间多有修葺。夹溪桥为11孔厚墩联拱石桥，横联拱券，全长189米，宽6.6米。原有桥亭等建筑物，于民国二十三年（1934）拆除。

（四）白佛桥

位于淳安县临岐镇菖蒲村口，横跨十都源，据传建于明嘉靖年间。桥单孔，长15米，宽5米，高6米，跨度10米。锒边横联拱券，一侧券面石刻有“白佛桥”3楷字。原桥头有8级台阶。石栏中望柱高0.9米，宽0.24米；边望柱高0.8米，宽0.24米。柱头雕荷花，有仰莲、覆荷。栏板外侧雕有麒麟和马，形态自然生动，工艺精湛。

拱桥以材料分，有石、砖、竹、木数种，以石拱桥最为普遍。砖强度较低，易风化，故现存砖拱桥为数不多。位于婺源县秋口镇李坑村水口的中书桥，是新安少见的砖拱桥。中书桥建于北宋大观三年（1109），明景泰四年（1453）重修。桥单孔，长10米，宽3.9米，高3米，砖拱上铺石板。

新安石拱桥多造厚墩，单孔拱集合为厚墩联拱。在新安东部某些水流不太湍急处，也修建薄墩石拱，[①] 建德市大同镇上马村的霞雾桥即为3孔薄墩联拱。民国《寿昌县志》载：“下马桥，原名霞雾桥，在县西。桥之两旁护以石栏。明时建，清嘉

---

① 所谓薄墩，一般指相对于主拱券来说，刚度较小的桥墩。近代称为柔性墩。

庆间重修。为寿邑最巨之桥。”该桥南北横向跨于上马溪上，全长 27 米，桥面宽 3.4 米，桥高 5.2 米；拱券镶边横联，净跨 23 米，矢高 4.2 米。两侧落坡略呈喇叭口状，设有台阶 4 级。桥面由石板分节铺砌，栏板上刻桥名。桥南侧原有亭，内有历次重修的碑记，后悉移至北桥头。

建德市上马村（明）霞雾桥

三、新安浮桥

和梁桥、拱桥相比，浮桥的建造比较简单。古人因为技术条件不足，难以在长江大河中建筑桥墩，故常修浮桥。在水深流急的中小河流上，一时对桥址的水文情况不够了解，或对于修筑墩柱没有把握，亦常先建浮桥作为过渡，待掌握水文情况后，再建木桥或石桥。如太平桥即先建浮桥，后易以石。新安未见遗存浮桥，仅文献有载。如《古歙山川图》中《篁南》一图所示，浮桥以两头尖的小木船作为浮体，桥面铺木板，铁缆维系木船。铁缆为巨型铁链，用专门打造的铁环连贯而成，不仅牢固耐用，而且以其本身重量稳定桥体。主缆一般置于舟船首尾，岸上有地锚，当为铁柱或石柱，供主缆锚系。这种不把舟船直接锚碇于水中而锚于岸边的方法比较特殊，优点在于可以在岸上调整缆的长短，以控制舟船位置，且拆撤加设都很方便。岸边并立有八角形石幢。桥头河身砌石泊岸加固，“以防水激”，并砌有台阶式码头。这种浮桥在设计上考虑周密，是新安古代典型的浮桥设计。明代吴中明诗云“直插青霄擎玉柱，横施铁缆锁江涛”，形象地描述篁南浮桥。

四、桥梁建筑艺术

新安古桥有其交通实用功能，但它又是艺术作品，桥梁置于新安大好山水间，多姿多态，协调地融合于自然风景和建筑群之中，如诗如画，情景交融。我国古桥特有的艺术风格有两个特点：一是建有附属建筑，如桥屋、亭、牌坊等；二是施以雕刻。但在石雕艺术精湛的新安，古桥却很少雕刻，这大概是由于山洪湍急，栏板、望柱等可供雕刻的部位常被冲坏，于是务实的新安人不为徒劳之功，而将对艺术的追求集中至桥梁的附属建筑。

桥上有建筑，起自木桥。功能上的原因是遮雨防腐、镇压桥基、启闭桥门等。但由于桥上有了建筑，可以休憩，可以设肆，可以供神佛，甚至可以游宴。于是，不少桥梁专为上述附加功能而修建桥上建筑，并对包括桥身在内的桥上建筑形象进行艺术加工。新安桥梁的桥上建筑大多是由此而来，有亭、廊等多种形式。

桥上建亭，一般在桥中段最高处，一亭翼然，飞动有致。新安亭桥如徽州区呈坎村的环秀桥，歙县徽城镇渔梁狮子桥和道川村口的灵米桥（桥上有鲁班亭），淳安县姜家镇银峰村的大方桥等。桥上建廊，当地称桥屋。刘敦桢先生命名为“廊桥”。[①]新安廊桥现遗存较多，前文举例有婺源县清华镇的彩虹桥、屯溪区蟾川村的乐寿桥、淳安县何家村的云溪桥。另如歙县北岸的北溪桥和许村的高阳桥、淳安县浪川乡芹口村的进德桥、徽州区岩寺镇的洪福桥（简称洪桥）等。举数例于下：

北溪桥 位于歙县北岸镇北岸村棉溪河上，清康熙四十九年（1710）建。北溪桥为石拱廊桥，3孔，高约5米，桥面宽4.95米。桥上建廊屋11间，通面阔33米，进深4.83米，檐高3.2米，屋面举架四二举。明间较大，西墙原有佛龛。木梁架，内二金柱五架梁，前后檐柱和金柱间用单步梁连系。廊西墙设水磨砖漏窗，东墙开各式空窗，明间为圆窗，使光线投向观音佛像，造成佛像背光效果。北端第二间东墙设大矩形月洞，置飞来椅。月洞上挑出披檐，有撑栱。廊屋东、西为封护檐，南、北两端有券门，建弓形山墙。

高阳桥 位于歙县许村第一水口，架于西溪之上。元初里人许友山捐建，初名“任

① 刘敦桢遗稿.中国廊桥[C]//《建筑史专辑》编辑委员会.科技史文集(二).上海：上海科学技术出版社，1979.10.

歙县许村（明）高阳桥立面图

公桥”，为木梁墩桥。明弘治年间（1488～1505），里人许胜生等易为石拱桥。明嘉靖三十六年（1557）桥遭水毁，胜生裔孙济安等率族众捐资修复，并建廊屋于其上。清康熙二十二年（1683），里人重修。高阳桥为石拱廊桥，2孔，上建廊屋7间，通面阔21米，七檩，进深5.3米。明、次间悬山与梢、尽间屏风墙硬山形成叠落屋面，中高翼低，参差错落，外观类徽州祠、宅门屋。北檐墙明间开圆形空窗，窗外分水尖上有焚帛炉，内墙开有灶口。其他各间设漏窗，并自次间向尽间依次减少漏窗面积，以调控廊内气压。廊内两侧置坐凳，明间南侧于清顺治二年（1645）设紫铜莲座，供奉观音，借北侧圆窗映入粼粼波光形成佛像背光。中三间有龙凤彩绘天花，余四间为彻上明造。

进德桥 位于淳安县浪川乡芹川村口，东西向横跨芹溪，为昔日进芹川村必经之路。据康熙《江左王氏宗谱》记载，该桥始建于清顺治二年（1645）。桥为单孔石拱桥，长10.3米，宽4米，矢高2米，跨度6.5米。桥上建亭，面积约66平方米，重檐歇山顶。

桃源桥 位于祁门县闪里镇桃源村口，明成化九年（1473）建，翌年告竣。桥为单孔石拱廊桥，长20.4米，宽4米，高5.2米。桥上覆廊屋6间，与桥同时建造，现存木构或为清同治五年（1866）前后重建。廊屋五檩，每间于东、西檐墙上置什锦窗各一樘。桥北堍旧有魁星阁，八角形平面，三层，已毁。

新安廊桥大多如北溪、高阳之制，不同的只是间数多少而已。《岩镇志草》载明弘治九至十二年（1496～1499）重建的孙翁桥，立水门者9，每洞用楠木6章，架石垛之上，木梁上“覆之以砖，上复为屋”。“其修四十寻，阔为修之十一，其为屋五十楹”，桥现虽不存，但其形象尚可从《古歙山川图》上一睹风采。此外，新安廊桥还有一些廊屋不全部覆盖桥面，置于一侧，另一侧为走道，颇富变化。如明末建造的歙县邵村长生桥和清乾隆年间建造的贤源观音桥，清雍正年间建造的徽州区唐模高阳桥等。高阳桥位于徽州区唐模村檀溪之上，许克云始建于明弘治以前（1502前），明、清多次维修。高阳桥为2孔石拱桥，石墩单尖，全长13.16米，宽7.3米，高2.43米，红砂岩砌筑。上建廊屋五间，面阔柱中11.9米，进深柱中5.7米。廊屋偏西，东檐墙外截1米宽桥面供人行，并置石栏。廊屋三面砌墙，西侧当心间用钩栏槛窗，窗下用木栏板；次间、梢间用半窗，窗下半墙做细清水砖。构架为剳牵对四椽栿、四柱，用月梁、丁头栱、叉手。西檐六铺作插栱，第二跳计心。东檐封护檐，硬山屋面。梁栿绘有包袱彩画，奉观音之佛龛已不存。

桥上建亭与廊屋，桥头也常用建筑标志出入口，衬托、拱卫着桥梁主体。新安桥梁使用较多的桥头建筑是牌坊，不仅用以标识桥梁，且起到陪衬壮观作用。如歙县万年桥，位于徽城镇扬之水上。始建于明万历元年（1573），为9孔厚墩联拱石桥，镶边横联拱券，全长147.52米，宽7.02米，高约10米，主要以红砂岩砌筑。桥东端原有石坊，额“北钥云龙”“道岸津梁”，毁于清乾隆年间（1736 ~ 1795）。另如登封桥，位于休宁县齐云山镇横江之上。原为木桥，明万历十五年（1587），徽州知府古之贤倡建石桥。后遭水毁，数次重建。登封桥为9孔厚墩联拱长桥，长148.38米，宽7.68米，高12米。桥头台阶16级，两端各有一石坊，今仅存南坊，二柱一楼冲天柱式，柱中3.46米，至冲天柱顶高7.54米，檐楼已毁，桥上亭、庙亦无存。

新安桥梁不少已成为名胜古迹，不论城镇江河之上，还是村落水口之间，石桥都是风景的有机组成部分。歙县徽城太平、万年、紫阳明代三桥构成邑郊西干风景点，但见“秋河似练天如水，十里澄江月满桥”。祁门县祁山镇“阊江双虹”，为祁门胜景，两座石拱桥，上名平政，下名仁济，均建于明，重修于清，相距数十米，宛如双虹垂地，“双桥夜月”成为祁门十二景之首。

桥梁从一开始就属于人民公用公有。修建桥梁，在新安素来被看作义行。官宰认为“桥梁道路，王政之一端”，是政绩的体现；[①] 商绅认为造福乡里，可以获得美名声誉；就连方外僧道，为了广结善缘，也把修桥作为济世渡人的功德。因此，尽

① 转引自：茅以升主编．中国古桥技术史[M]．北京：北京出版社，1988.5．另见：(清)康熙《安溪县志》(癸丑版)卷之十一·风俗人物之八·蔡清《答当路陈民情书》："夫桥梁道路，亦王政一端。"王政，犹王道、仁政。

管建桥工程浩大，日常维修繁重，但新安人向善心切，乐于输将。歙县方志中记载了几座不寻常的桥梁：汪氏八十寿辰，捐金建造的许村杨家田八十桥；朱隐贞将嫁而夫死，撤其奁资重建的渔梁望仙桥；箕工郑成仙积数十年织箕金改造的坤沙簸箕桥；业草履鲍老罄资建造的蕃村草鞋桥；还有丁胜行乞重建的五郎阁下黄石古桥，等等。这些故事感人至深，引人向善。

第三节　新安路亭

一、概述

《释名》云："亭，停也；亦人所集也。"《说文解字》云："亭，民所安定也。"清段玉裁注曰："云'民所安定者'，谓居民于是备盗贼，行旅于是止宿也。"亭作为一种建筑类型，大约出现在春秋、战国时期，最初功能是供行旅休憩。秦汉时一度作为维护地方治安的行政组织，秦制十里一亭，十亭一乡，汉高祖刘邦就当过泗上亭长。另外，汉代市场内的标志性建筑称市亭，亦称旗亭。秦汉边塞诸亭称亭燧，即亭候。到魏晋南北朝以后，亭作为点景建筑，大量出现在园林之中，故新安地区古代将园林称为园亭。这里主要讨论本义的亭，即古代设在路旁供行旅者的休憩之所，即路亭。至于游观之亭，可参见本书第五章。

古代新安通向山外的古道有多条，其中徽州约124条（段），桥梁近千座。现存尚好的有徽杭古道、徽饶古道和徽青古道等50条，总长度442千米。[①]这些古道多以石板铺筑，民国《歙县志》曰："道路皆以石成之，虽穷乡僻壤，入山小径，靡不石也。"石板就地取材，有青石、麻石等，清代康乾以后并采用淳安茶园石。为了解决行旅饥渴，古道沿途建有不少路亭。"望里亭而憩息，藉杯水以消烦"（黟县石门岭古道《茶亭碑刻》）。新安路亭数量众多，不少分布在古道沿线，其中施茶者，又称茶亭。清康熙《徽州府志》载："徽州沿途设亭以息行者，不能遍载。"仅民国《寿昌县志》和《遂安县志》所载，就分别有69座和101座之多。路亭多为乡人捐建，

① 陈琪著.徽州古道研究[M].芜湖：安徽师范大学出版社，2016.10.

民间视为善举。有些捐建人还“捐有茶田，报僧设茶”（祁门县大洪岭古道《道光元年禁止典卖茶田》）。古道路亭之外，新安乡间阡陌常建路亭，以供劳作者亭午息肩。村镇的水口亭，除“关锁”的象征作用外，亦有利于行人。随着岁月更迭，新安路亭逐渐失去了其交通、生产、生活的功能，大多也已经倾圮，但对这一传统建筑类型的研究，有必要为专业人员所重视。

新安路亭，顾名思义与道路密切相关。它沿道路设置，或丛山古道，或田间阡陌。其密度不一，相距五里十里，方便即可。路亭选址，或跨道，或倚路，或贴崖，因地制宜，不拘一格。路亭形式古朴简洁，实用为主，就地取材，坚固第一。按照上述思路，根据材料、结构区分，新安路亭大致有以下几类：

(一)石构路亭

以纯石料建造，材料多用当地的花岗岩（白麻、红麻、凤凰麻等）、石灰石（青石）、凝灰岩（茶园石）、砂岩等。石亭主要有三种：一是仿木构梁柱体系，柱、梁、桁、屋面等构件均以石制作，与木构建筑的理念相仿，但未能发挥材料性能的优势。实例如灵山古道继善亭。二是石拱券结构，多跨道而建。这类石亭摆脱了木结构固有形式，具有石结构本身特征，而且施工方便，更易就山采石。实例如豪岭驿道豪岭亭、

黄山市徽州区灵山村（明）继善亭

杨桃岭古道拱天济美亭。三是石拱洞，拱券结构。贴崖而建，后紧靠山崖，前朝道路，类窑洞建筑。实例如翚岭古道漱芳亭。

(二)砖(石)木结构的路亭

此类路亭或倚路，或跨道。砖（石）墙体，木梁架，开敞式路亭则用石柱。前者实例如通儒岭古道通儒亭、徽州区沙堤亭，后者实例如箬岭古道善化亭。新安田间阡陌路亭多采用砖墙木梁架。

建德市葛塘村(清)通儒亭(资料来源:《建德古韵》)

(三)木构路亭

类新安传统亭榭建筑，兼有点景作用。但木构不耐野外风雨侵蚀，故遗存较少，多见于村落、水口。实例如徽州区绿绕亭、箬岭古道大观亭。大观亭位于歙县许村水口，可以登临远眺，是新安路亭中为数不多的珍贵遗存。

(四)组合式路亭

亭与其他建筑组合，功能相应增加，有利于保护利用，但需一定规模，投资较大，多为亭庵一体的路亭。[①] 实例如榉根岭古道圆通庵茶亭。

黟县柯村石门岭(清)步云庵路亭遗址(陈琪 摄)

新安路亭楹联碑刻内容丰富，蕴藏有厚重的历史信息和浓郁的文化内涵。亭内设施一般比较简单，仅以木、石制作的条凳坐具，茶亭则备有灶具。少数路亭也凿池引泉，以解行旅烦渴，组合式路亭因有食宿等功能，相应设施则较多。

① 茶亭多由捐建人置山场、田地为基业，设亭户管理，或由近村各户轮值，亦有由亭旁寺庙兼管的。《榉根岭造养茶亭碑》载："乃捐资值佣，起茶臼以需望梅，设糜粥以待枵腹，树亭甃道，俾行役憩息其间。犹虑其久也，建圆通庵，招僧者守役，庶王氏之惠与佛慈俱永云。"

二、新安路亭实例

(一)灵山古道继善亭

继善亭，位于徽州区灵山村西山径上。明弘治、嘉靖年间（1488～1566），呈坎人罗元孙建。《罗氏宗谱》载："（罗元孙）建石亭以憩行人，亭名继善。"继善亭为石构路亭，柱、梁、桁、屋面等所有构件制作，均以花岗岩制作。长方形平面，墙中4.16米×4.47米，面阔一间，深四椽，柱上架四椽栿，栿上立三蜀柱承槫，出际1.06米，不厦两头造，举折平缓。檐高3.22米。正脊、瓦垅另以石制。山径穿亭而过，两柱间置门洞，上额亭名，墙四面砌至檐槫。亭内有石凳、刻石、神龛。

(二)西武岭古道石乳茶亭

石乳茶亭，位于黟县西武岭头，距县城约10公里。清乾隆五十四年（1789），古筑村人孙洪维"捐资辟险，躬自省督，阅五年竣工"。修筑了西武岭道，"又虑行旅之渴也"，于山巅以条石砌成方亭一座，"夏施其凉，冬施其温"（《邑贡生县督洪维重修西武岭记》），以供行人歇息。亭东向方门，属黟县，额"东来紫气"；西向圆门，属祁门，上额"西武雄关"。清施源《黟山竹枝词》诗云："西武岭高高插霞，西武岭平平辗车。上岭下岭踏镜面，中亭打拄吃凉茶。"

(三)浙岭古道同春亭

同春亭，位于婺源县浙岭岭脊南侧，东、西门额上石匾皆刻"同春亭"3字，额左有《乾隆丁丑年同春亭记》："此亭自乾隆乙亥（1755）买山拓址凿石，迄今丑春告竣。避北风而就南，口寒春回，庶于行人稍有裨尔云耳。又感亭隔旧庵邻口，息肩于此者矣，汲饮不便，后于亭东垒石墙并屋数椽，另置田租供茶济渴，凡此皆仰体先大夫冰心公未了之思，而免为成之者也。旧庵墙垣经先王父缔造坚固，所费不赀，于今以免飘摇。详碑记不赘。乾隆丁丑年季春月漳村王文德立。"从碑记可知，此亭原是王文德祖父所建，年久失修，王文德在乾隆二十二年（1757）重修此亭，完成了其父冰心公未竟之愿。王文德，原名淳，字晋三，号衣园，附贡生，署平阳府事，著有《衣园诗草》。同春亭为倚路亭，以青麻条石垒砌。

(四)浙岭古道继志亭

继志亭位于休宁、婺源两县交界处的浙岭北坡半山腰，额书"继志亭"，落款"漳溪王廷享立，戊申年（1788）修""嘉庆壬申年（1812）重造"。王廷享，字于庭，号愚溪，一号约斋，婺源县漳溪人，附贡生，官工部虞衡司员，著有《约斋诗集》。继志亭一层，三开间，坐东朝西，占地面积 85 平方米。全亭皆用一块块齐整的长条石砌就，每块青麻石约百十斤。亭内设有灶台，西侧有观景台。亭始建时为木构，重建时改用条石砌筑。墙体自下而上略有收分，重心稳固，条石间大小高低错落，相互勾连，形成一个整体，自重建至今已逾 200 年，墙体依旧完好如初。

(五)遥岭古道冷水亭、石凉亭

冷水亭和石凉亭，位于建德与淳安交界处的遥岭古道之上。遥岭古道原先有 6 座路亭，现保存较好的仅建德境内的冷水亭和石凉亭。冷水亭建在遥岭半山腰，墙体由块石筑成，因亭下有一股清泉而得名。石凉亭位于山顶，该亭为建德与淳安两县的分界点。民国《寿昌县志》载："冷水亭，在四灵区九都一遼岭半腰。石凉亭，一在四灵区九都一遼岭背，过此为淳安界；一在八九都，与淳、遂划界处。"石凉亭墙原长 6 米，高 4 米，穹顶高 4 米。

(六)百箩坪古道石凉亭

石凉亭位于建德市百箩坪古道，百箩坪是千里岗上一块很大的平地，据民国《寿昌县志》载："千里岗，在县北十二都内图，为北区最高之山，登岭远眺，目穷千里，故名。"凉亭由石块砌筑而成，当地称石凉亭。该亭依山岩而建，呈拱形，形似窑洞，亭内置石以供路人休憩之用。亭以西即为淳安县界，此处可以俯瞰整个千岛湖。石凉亭乃淳安、建德分界的标志性建筑，为了解旧时淳安、建德、龙游三县经济往来、文化交流、交通地理提供了宝贵的历史佐证。

(七)翚岭古道望翚亭、漱芳亭

望翚亭，位于绩溪县翚岭脚村，是翚岭古道的起点。亭倚路而建，亭脊桁上有墨记："大明崇祯庚辰年（1640）建造，大清乾隆癸巳年（1773）春月迪俊助公派下子孙重建，大清光绪癸巳（1893）年杏月章俊助公派下子孙章正赓重造。"

漱芳亭，位于翚岭古道半途。亭为花岗岩砌成的拱顶建筑，高、宽均约 3 米，其后紧靠石崖。前向朝路。额楷书"漱芳亭"3 字，字体圆润洒脱。漱芳亭正上方有摩崖石刻 4 方，距地面 4 米。由于年代久远，石刻表面斑驳，字迹漫漶。其中一方石刻为楷书"山腰余润"，前有知县李位题跋，后落款"皇明嘉靖二十九年（1550）岁次庚戌季秋九月朔吉旦立"。题写的内容大致是在修翚岭石板路时"因见此山腰出泉，令工开凿石池五，蓄泉以息行人"。石刻后侧凿有一口长 0.8 米，宽 0.4 米，深 0.4 米的引水槽，右侧 1.5 米处刻有"止渴"两个二尺见方的大字，左上侧刻有"石眼泉"

绩溪县翚岭脚村(明)漱芳亭

二尺见方大字，落款“冽泉子题”。“石眼泉”下方凿石槽盛水，尝之甘洌。第四方石刻在水槽左下侧 2 米处，有诗一首。

(八)杨桃岭古道拱天济美亭

拱天济美亭，位于绩溪县旺川村杨桃岭头。石亭利用隘口两侧山崖就势修建，上有“拱天济美”4 个大字,落款“明万历十七年（1589）仲冬月绩邑旺川曹世科立”古道由南向北，穿亭而过。亭长而高，似隧洞，后人称此亭为“世科洞”。洞门顶镶嵌有碑铭，记载了明清年间曹氏修建古道、路亭的义举。清嘉庆《绩溪县志》载其大概：杨桃岭为旌德西乡往来道路，蚕丛荆棘，行者艰焉。旺川曹世科独力修砌石板路 10 余里，建拱天济美石亭。

(九)豪岭驿道豪岭亭

豪岭亭，位于淳安县威坪镇旗山村。豪岭驿道从威坪镇陆家村南部的常垅殿起，至歙县溪口乡何家村，全长约 3 公里，其中淳安境内约 2.5 公里，路面全部用“广石”铺砌。民国十三年（1924)，邑人捐款取石铺路，至民国十七年（1928）完工，历时 4 年。驿道至豪岭顶，建有豪岭亭。驿道南北向，豪岭亭骑道而建。亭全部用青石砌筑，拱形券顶。亭内有 4 通石碑，分别位于门两侧。亭内置有长条石凳，供行人歇息。

(十)色岭古道旺子洞

旺子洞，位于歙县箬岭关东侧至旌德县的色岭古道上。据洞额碑文记载：旺子洞始建于明万历年间，江懋理重建于清道光二十九年（1849）："斯洞始自前明万历年间，我十世祖江公辉宗府君所置，迄今数百年，倾颓已久。现值我族馀庆堂修理箬岭崎岖之路，固善举也。余勉力重整此洞，岂曰敢希其踪，亦维继祖志，少助行旅憩息耳。时在大清道光二十九年岁次己酉仲夏月。"旺子洞整个洞壁都是用长条石砌筑，洞顶用拱形的石块砌成券顶。两边的洞口以石砌成简单门洞。在徽州特别是绩溪县，人们习惯在古道上依附山体用石块建半圆山洞，相当于徽州其他地方的茶亭。据当地村民说，明正德年间（1506～1521），有叶大泰者曾捐银千两，在古道沿途建亭。这些路亭傍山筑洞，供行人小憩。旺子洞以东现尚存的"靠壁洞"等茶亭，亦是因山就势，倚崖而建。

歙县色岭古道（明）旺子洞

(十一)徽州区绿绕亭

绿绕亭，位于徽州区西溪南村。里人吴起隆始建于南宋，明洪武年间（1368～1398）倾圮。景泰七年（1456），吴斯和、吴斯能堂兄弟重建。清嘉庆八年（1803）、咸丰元年（1851）裔众重修。绿绕亭为路亭，南临渔翁塘，占地面积

19.07平方米。平面近方形，柱中3.56米×3.9米，单开间，深四椽，分心三柱。柱收分有侧脚，柱头铺作用插栱，六铺作，出45°斜栱承托橑檐枋，无补间铺作。阑额作琴面月梁，顺脊串作冬瓜形月梁，梁架用料虽不大，但卷杀还保存着宋法式做法。梁栿及榑下用丁头栱，蜀柱下端收杀成鹰嘴状。屋顶不厦两头造，有生起，两山五铺作插栱支承披檐，形制颇为罕见。

1952年刘敦桢考察黄山市徽州区西溪南村（明）绿绕亭
（资料来源：《刘敦桢全集·第十卷》）

（十二）箬岭古道善化亭

善化亭，原坐落在明代歙县宁泰乡十一都杨充岭。（今许村镇下杨峰岭村），南距跳石村约五里，1984年迁建于徽州区潜口村紫霞山麓之“潜口民宅”。民国《歙县志》载：“善化亭在许村东沙堤下，明嘉靖间里人许岩建。”亭脊桁上有墨记：“嘉靖辛亥（1551）春，许村许岩保偕室宋氏喜舍杨充岭石路、雨亭，以便往来，福佑攸归者。”善化亭为路亭，南偏西约20°，方形平面，柱中3.65米×3.12米，单开间，深四椽，亭榭厦两头造木构架。四椽栿兼作趴梁。抹角石柱，有侧脚。亭高3.72米（至橑檐枋上皮），屋面举高0.93米。柱上置普拍枋，枋上施铺作，出跳作斗口跳，单补间，开间方向用单栱造，转角铺作用角昂，昂身较长，昂尾插于四椽栿上蜀柱。屋脊有升起，角梁生出，无小角梁，仅梁头稍弯起。亭内两侧置凤凰麻石长凳，铺地亦用凤凰麻花岗岩石。

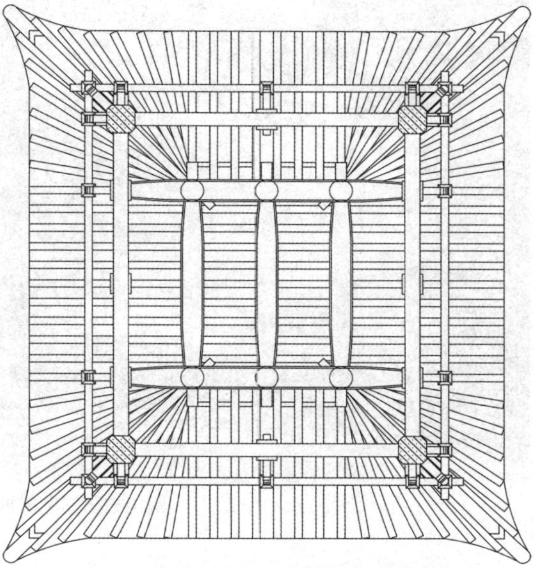

歙县下杨峰岭村（明）善化亭实测仰视平面图

（十三）通儒岭古道通儒亭

通儒亭，位于建德市钦堂乡葛塘村东通儒岭古道。古道由大小不一的青石间铺而成，原有凉亭两座、寺庙一座，现仅存通儒亭。清光绪《建德县志》载：通儒亭，“在城北四十里，通儒岭之巅，嘉庆二十三年（1818），里人何熙堂建”。该亭石柱上阴刻楷书“大清嘉庆廿三年岁次戊寅孟夏月”。

（十四）徽州区沙堤亭

沙堤亭，位于徽州区唐模村水口。明正德年间（1506～1520）始建，清乾隆年间（1736～1795）改建。沙堤亭为水口路亭，方形平面，边长柱中5.88米，高10.02米。双围柱，重檐，外围一圈石檐柱，里围一圈木金柱，金柱向上延伸作为上层檐的檐柱。歇山顶，小青瓦屋顶上设歇山顶小阁一座。沙堤亭作法与带楼层的亭类似，小阁形成二层廊步，使亭子更为壮观。

黄山市徽州区唐模村（清）沙堤亭

（十五）箬岭古道大观亭

大观亭，位于歙县许村，明嘉靖三十年（1551）建，清康熙二十二年（1683）重修，是一座三滴水亭榭建筑。大观亭底层作八边形，每边长3.5米，占地64.6平方米，

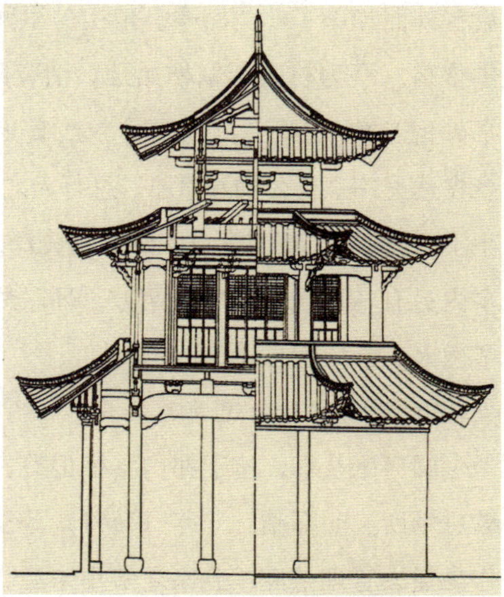
歙县许村(明)大观亭剖面图

二层，高 11.75 米（至脊榑）。亭跨道而建，南、北辟门，“通行旅。牖凿离坎，窍玄虚”。一层有两圈柱子，外围一圈檐柱，里围一圈内柱，内柱向上延伸直达上层檐又作为二层檐柱，二层楼盖上亦置一圈内柱。楼盖做法是在柱间架二道南北向月梁，其上搁驼峰，承井字形铺版方，上铺楼板，墁方砖。二层檐柱、内柱间以乳栿联系，乳栿上有穿插枋，枋上置井字随梁，调整成矩形平面，梁上立柱，外观形成歇山屋顶。大观亭原为两围柱重檐八角攒尖，有谱牒村图可为佐证。现存结构为明清通柱式楼阁结构类型，可看作八边形平面的厅堂混合式楼阁上加建重檐歇山顶。一层有副阶周匝，内柱与二层通联，为通柱造。二层为减小随梁跨度在内柱旁加建小柱，屋顶结构尚保留栿杆做法，这些均从结构上说明了从攒尖顶到歇山顶的改建过程。亭楼梯设在东北角，二层檐柱间原设有飞来椅，内柱间装有格子门，中部以内檐铺作承托平綦。大观亭外檐使用插栱，二层插栱用材为 120 毫米 ×67 ～ 70 毫米。一层外檐铺作的栌斗、普拍枋坐于墙头，五铺作，栱尾插入檐柱，形成砖墙承重的“搁墙造”做法。①铺作一跳承罗汉枋，二跳偷心，不用令栱，施斜栱共同承托橑檐枋。二层外檐铺作亦出二跳，一跳华栱上、下各加一斜撑，类清代通行的撑栱。三层挑尖梁头下隐出插栱。小青瓦屋面，正脊以双层万字花砖叠砌，正吻用鳌鱼。垂脊用单层花砖，兽头为一圆雕力士，戗脊用小鳌鱼。翼角下悬铁制风铎。大观亭一、二层月梁上施以包袱彩画，“楹楣葱葱，丹雘蔚然”，极具地方特色。一层平綦上绘云龙图案，二层平綦大部分已毁，似为凤凰牡丹图案。二层回廊上绘“瑞鹤翔云”图案。檐柱髹以黑漆，铺作枋、榑上遍刷土黄色，以黑色线脚压边，类宋代“黄土刷饰黑绿道”。

(十六)黄连凹古道茶亭

黄连凹茶亭，位于歙县白杨黄连凹岭。亭建在坡南，里面一间是早期建的茶亭，

① 潘谷西主编.中国古代建筑史 第四卷：元明建筑[M].北京：中国建筑工业出版社，1999.

后在外面加建了一间路亭。依山的里间则为施茶人的起居区域，里间隔成小间，可供炊宿。亭为村人吴宗枋始建，清乾隆五十九年（1794）族众重建。《黄连凹岭茶亭碑记》载："我乡黄连凹岭，歙绩交界，两邑通衢，行人络绎，不减名区。是以乡先达吴讳宗枋公捐建茶亭，息行人之影，解空山之渴，泽流数代，仰德百年。今者，亭宇日就倾颓，茶浆渐以不继。慨先泽之将息，思后贤之继芳，爰集同族，共成善举。"亭内另有《环连岭碑志》两方，环联岭即黄连凹。碑志载乐输芳名 700 余人，彰显了徽人乐善好施之义。

(十七)榉根岭古道圆通庵茶亭

圆通庵茶亭，位于祁门县榉根岭古道。亭庵一体，为过往商旅施茶施粥、提供歇息场所。明嘉靖三十年（1551），王寒谷（名武邵）建茶庵，"垦田五亩"与僧人，作为僧人管理茶庵、施茶之费用来源。万历三年（1575），寒谷公和子孙建圆通庵。圆通庵《肇建碑记（榉根岭造养茶亭碑）》载："独王氏有寒谷公者，目觌而心怛焉。乃捐资值佣，起茶臼以需望梅，设糜粥以待枵腹，树亭甃道，俾行役憩息其间。犹虑其久也，建圆通庵，招僧者守役，庶王氏之惠与佛慈俱永云。……凡往来此地者，凭栏而眺，酌茗而饮，空烟野雾之区，而聆清梵钟磬之声，驱驰劳苦之候，而获停肩息足之便。"旧时，新安山路迢迢，行旅艰难，民间视建茶亭为善举。古道上三里、五里一（路）亭，捐建人多置山场或田地产为基业，设亭户管理，也有由近村各户轮流当值，或者由亭旁的庵堂兼管。

第七章　新安建筑结构

喻皓《木经》云："凡屋有三分：自梁以上为上分，地以上为中分，阶为下分。"喻皓是五代至北宋初年的都料匠，《木经》是其建筑技术专著，共3卷，后亡佚。北宋沈括在其所著的《梦溪笔谈》卷十八中引用了《木经》中的"营舍之法"。喻皓将房屋分为三个主要部分，上分是屋顶，中分是屋身，下分是台阶，并规定了各种比例关系。宋《营造法式》颁行时间较《梦溪笔谈》的晚十年，书中关于"取正""定平""举折""定功"等部分，即参照《木经》写成。

一屋三分，也称为三段式。这种科学分类，是经典的单体建筑分类，近代研究古代建筑一直沿用。在梁思成先生所著《清式营造则例》第一章《绪论》中，林徽因先生写道：

> 所谓原始面目，即是我国所有建筑，由民舍以至宫殿，均由若干单个独立的建筑物集合而成；而这单个建筑物，由最古代简陋的胎形，到最近代穷奢极巧的殿宇，均始终保留着三个基本要素：台基部分，柱梁或木造部分，及屋顶部分。
>
> 但在技艺上，经过最艰巨的努力，最繁复的演变，登峰造极，在科学美学两层条件下最成功的，却是支承那屋顶的柱梁部分，也就是那全部木造的骨架。这全部木造的结构法，也便是研究中国建筑的关键所在。

揆之新安传统建筑，同样具有一屋三分的基本要素。其建筑类型亦和我国古代的主流建筑一样，使用木构架承重。用木材作为结构构架及其所有组成构件，而露天部分则使用砖石等材料，以抵受日晒雨淋。所谓"五材并举"，这也是中国古代对建筑材料选择所确立的一个基本观念。"就地取材"，是建筑发展的普遍现象，并由于材料和方法的不同，反映出独特的地方建筑特色。

中国古建筑的结构和构造，有"官式"和"民间"之区别。官式建筑是由官方营造机构或派员督造，设计、预算、施工都有法式、图纸、条例加以约束，官方营造机构还可派遣工匠施工。因此，建筑式样相对统一，在每一个历史发展时期，都具有成熟的形制特点。相对官式建筑而言，民间建筑形制受到不同地域，不同民族，不同文化背景，以及地方建筑技艺的影响，有较大差异。各地匠师根据自己经验，结合当地具体情况创造出一套习惯作法，其地域差别十分明显，江南有徽州帮、苏州帮，北方有北京帮、山西帮。

新安传统建筑是新安江流域的民间建筑，穿斗、插梁混合使用的木结构，成为新安建筑文化圈的主要特征。

第一节　上分——屋顶部分

《诗经》小雅 · 斯干》云 :“如跂斯翼，如矢斯棘，如鸟斯革，如翚斯飞。”此诗句意思是，宫室像人端正恭立，屋角有棱如同箭镞 ; 屋顶像鸟张开翅膀，五彩锦鸡展翅飞翔。这是西周的贵族在宫室落成典礼上的赞词。

曾有日本学者称中国建筑屋顶为“盖世无比的奇异现象”。[①] 上分屋顶是中国木构架单体建筑外观中最引人注目的构成要素，具有突出的艺术表现力。传统的屋顶形式有硬山、悬山、歇山、庑殿、攒尖五种基本形式，这些屋顶形式都是源于人字形双坡及四坡屋顶的变化和组合。程序化的官式建筑屋顶出檐深远，屋面凹曲，檐口反宇，所谓“上尊而宇卑，则吐水疾而霤远”(《考工记 · 轮人》)，“上反宇以盖戴，激日景而纳光”(班固《两都赋》)，具有远泄雨水、遮阳纳光等功能。新安建筑是民间建筑，定型的建筑屋顶也是程式化的，如住宅合屋 ; 一些利用边角地建造的不规则建筑，如住宅附属用房，则随着平面的变化，或穿插披屋，或升降构架，屋顶则高低错落，纵横交接。公共建筑、大型住宅、园林建筑的屋顶组合，更是丰富多彩。宋代以降，由于宅第的等级制度，民间屋顶不许用歇山转角、重檐，禁用兽首、仙人之类瓦兽脊饰，故新安住宅屋顶大多采用等级较低的悬山和硬山两种基本型。住

① [日本]伊东忠太著 ; 陈清泉译补. 中国建筑史[M]. 台湾 : 商务印书馆，1981.

宅屋顶早期常见的形式为悬山，由于砖材的普遍使用，以及建筑防火需要，硬山屋顶得到广泛运用。明弘治十六年(1503)，徽州知府何歆倡筑封火墙，自此徽州城乡“粉墙矗矗，鸳瓦鳞鳞”，普及了砖屏风墙。① 屏风墙高出屋面，如梯状跌落，或露出双坡屋脊呈折线变化，间有弓形做法，曲线与水平线柔和相接。聚落中屏风墙层层叠叠，或平行起伏，或垂直交错，水平构图中穿插折线、曲线变化，形成连续的韵律节奏和运动趋势，外观生动活泼，丰富了城镇的天际线。

黟县宏村分水弄东立面复原图

歙县徽城明万历年间大学士许国府邸的部分遗构，屋顶采用硬山做法，其北山墙与木构架完全脱开，形成 1.02 米宽过道，透露出明中叶徽州住宅屋顶由悬山向硬山过渡的信息，类似情形还见于徽州明中叶祠堂乐善堂寝堂部分。悬山和硬山都是两坡顶。悬山，亦称挑山或出山，最早时候叫“两注”。“注”意即落水，其屋面两端悬伸在山墙之外。硬山屋面不悬出山墙之外，山墙多为砖石砌筑，局部或全部高出屋面。新安建筑的屏风墙，明代常在山面仿悬山木构砌出砖搏风板。悬山、硬山两种屋顶檐口平直，轮廓单一，但悬山立面舒放，显得简洁、淡雅，具有大方平和之美；硬山顶立面耸拔，显得朴素、拘谨，具有质朴、憨厚之美。

屋面和脊是中国传统建筑屋顶构成的两大要素。新安建筑的屋面一般坡度较缓，

---

① 明弘治十六年(1503)，徽州知府何歆在城乡广泛推行“火墙”技术，下令“郡中率五家为墙，里邑转相效，家治崇墉以居，自后六七十年无火灾，灾辄易灭，墙岿然”(清康熙《徽州府志》)。火墙之筑，垂泽久远，“足以御患于千百载”。于是邑民为何歆构碑亭，勒《徽郡太守何君德政碑记》，后亭圮。1977年，何公德政碑被发现，现藏于徽州府衙碑廊。封火墙很早就零星出现在一些重要的建筑上，如皇宫、粮仓等。但何歆将封火墙这一防火技术，以政令形式推广到城乡民间建筑，这在中国建筑史、中国消防史上意义重大，影响深远。按：当地称火墙为屏风墙，可能以其墙顶阶级叠落，状如明代家具罗汉床的围子而得名。罗汉床床围式样有三屏风式、五屏风式等，屏风墙亦有三山屏风、五山屏风等式样。

有举折，明末以前檐口多不用飞椽。木基层为方椽、望板（薄砖或木板，建德叫椽板），面层为小青瓦，即蝴蝶瓦，色调青灰色，宁静素雅。方椽、望砖、青瓦是新安建筑的特征之一。我国至迟在五代时期就出现了小青瓦屋面，宋以后则成为南方常见的作法。北宋苏辙在歙州绩溪县令任上所写的《豁然亭》诗中有句云："碧瓦千家新过雨"，描写的正是新安建筑第五立面景象。当地建筑檐口施以勾头、花边、滴水，勾头用于盖瓦，椭圆形，类似于宋《营造法式》中的垂尖花头板瓦，后方瓦身仍为小青瓦。其表面以模范制作成饕餮等兽纹，工匠称之为兽面。勾头上叠置花边，工匠称之为花沿。滴水用于底瓦，尖形，出现于唐、宋，新安沿用至今。滴水表面饰以植物纹样或几何图案。屋面与屋面阳角相交构成"脊"，阴角相交构成"沟"。新安住宅正脊多将小青瓦竖排，脊端用整瓦叠砌成墩，高同瓦高。新安还有一种砌筑二、三层漏空花砖，脊端安装吞脊的鱼形吻以厌火祥，当地称鳌鱼。有学者认为此鱼源自印度"摩羯"，早期亦作"摩伽罗"，即梵文"恒河鳄"。[①]这种正脊等级较高，多用于祠堂、寺观等公共建筑。由于屋面接缝处最易渗漏，防水功能要求决定了屋脊的形式。屋沟常用于合屋天井四周屋顶转角相交，廊屋与正屋屋面相交，或叠落，或构成斜向角沟。天井四面有檐，雨水落入池中，连同两山屏风墙，通称"四水归堂（池），五岳朝天"，构成了新安住宅独特的建筑形态。

歙县徽城镇（明）尚宾坊脊吻鳌鱼

新安建筑的屋顶体现了在木构架体系条件下功能、技术和审美的和谐统一，据侯幼彬先生的论析，穿斗和抬梁式结构的特点都是"以柱梁、柱枋维系结构的稳

① 鳌鱼为南方典型的鱼形吻。梁思成说：日本田边泰《大唐五山诸堂图考》一文，"述义介禅师《旅行图记》之源委，为南宋江南禅刹之实写"（田边泰著；梁思成译.大唐五山诸堂图考[J].中国营造学社汇刊，1932.第三卷第三期）。图中可见金山寺佛殿和何山吉安寺钟楼之屋脊所用鱼形吻。杜顺宝引日本学者之说，认为此鱼源自印度摩伽罗，取其厌火以图吉利。摩伽罗，即摩羯，为恒河鳄梵文音译，是一种古印度神兽（杜顺宝.浮梁明代建筑[J].南京工学院学报，1981.第二期）。张十庆在其著作中亦说："五山十刹图记载了当时部分建筑的样式和作法，如脊饰鱼形吻形象，即江南脊饰遗存古制的表现。鱼形吻，江南俗称鳌鱼。鱼尾蜷曲向内，上海真如寺大殿（元）兽吻与之甚似，新安文化区明代建筑及石坊上亦多见。可见，鱼形吻是江南明以前的普遍作法，实际上也是南方脊饰所多见的形式。"（张十庆著.中国江南禅宗寺院建筑[M].武汉：湖北教育出版社，2001.）。

定，属于柱梁、柱枋支撑体系”。这种结构特点与屋顶形式是高度合拍的，屋面在任一柱点中断或降落都是允许的，故能适应凹曲反宇的屋面做法。[①]《周礼·考工记》载："葺屋三分，瓦屋四分。”讲的是屋顶剖面的三角形高与进深跨度之比，草屋为1:3，瓦屋为1:4，四分之一的屋面坡度沿用至今。宋称举折，明称分水，清称举架，苏南称提栈，新安则称分水、水法、水。新安传统建筑屋盖高跨比大多略小于1:4，住宅一般1:4.45左右。古代工匠定侧样（房屋坡面设计）是从确定屋顶坡度曲线开始，明代中晚期，屋顶剖面设计方法从举折之法转变为举架之法。苏州香山帮的“提栈”一词可能源于“定侧”，亦即将相邻每步架两桁之高差自下而上逐层增加，形成屋顶斜坡。《营造法原》中记载的“囊金叠步翘瓦头”作法，一直流传在新安和苏南的工匠口诀中。即在金柱处略低一点，步柱处稍叠高，而檐头则须翘起。这种屋面曲率形成的屋顶是中国传统建筑的重要部分，有其实用功能，出檐深远，屋曲凹曲，檐部反宇，可遮蔽、排泄雨水，接纳阳光。古人说“上高而宇卑，则吐水疾而霤远”“上反宇以盖戴，激日景而纳光”，此之谓也。除沿建筑横轴（即沿屋架方向）之屋面曲线外，徽州明代住宅由于在末跨槫上置生头木，所以屋面依纵轴亦向两端微翘，配合因举架而形成的横向曲线，使屋面略成一柔顺双曲面，虽不如翼角起翘的夸张，却也增添了几分“如鸟斯革，如翚斯飞”的轻盈之感。

除上述悬山、硬山屋顶外，新安建筑中的祠堂、寺观、园林等建筑，也常用歇山、攒尖屋顶，“如翚斯飞”的形象则更加明显了。如黟县西递村大夫第，其楼上小榭用歇山顶，翼角为嫩戗发戗。歇山顶，宋称九脊殿，它是由两坡顶加周围廊形成的屋面式样，由正脊、四条垂脊、四条戗脊组成。加上山面的二条博

黟县西递村（清）大夫第歇山顶楼榭

① 深远的出檐、凹曲的屋面、反宇的檐部，起到了排泄雨水、遮蔽烈日、收纳阳光和改善通风等诸多功能。穿斗架和插梁架推动和适应了凹曲反宇的屋面做法。参见：侯幼彬著．中国建筑美学[M]．哈尔滨：黑龙江科学技术出版社．1997.

脊，则共有十一条脊。歇山的山面有搏风板、悬鱼等装饰，由于桁出际，搏风板出山花面有一定距离。新安建筑山花面多显梁架，空隙处的填充材料，明中叶以前为编苇抹泥造，后期则为薄砖或木板。攒尖多用于亭、阁等面积不大的建筑屋顶，其屋面陡峻，以数条垂脊交合于顶部，形成一点。攒尖无正脊，顶点覆以宝顶。新安明清建筑中的歇山顶和攒尖顶转角一般起翘（平面圆形的例外），外观较北方建筑活泼轻快，接近苏南地区的做法。这种翼角做法叫发戗。"戗"是江南叫法，宋称阳马，明以前也称角梁。角梁上下两层，下层老戗，宋称大角梁；上层嫩戗，类似仔角梁。大角梁后尾插于脊桁下，形成稳定的嵌固，并造成梁头翘起，高于正身檐椽，如歙县许村大观亭。明中期以后形成嫩戗发戗的翼角做法，其特点是檐口至屋角处起翘很大，这是由于嫩戗斜插在老戗背上，形成夹角之故。徽州有些廊、轩建筑檐口基本平直，角部稍有微翘，没有嫩戗，中间一根老戗，放上摔网椽，苏州工匠称"老戗发戗"。构造比较简单。

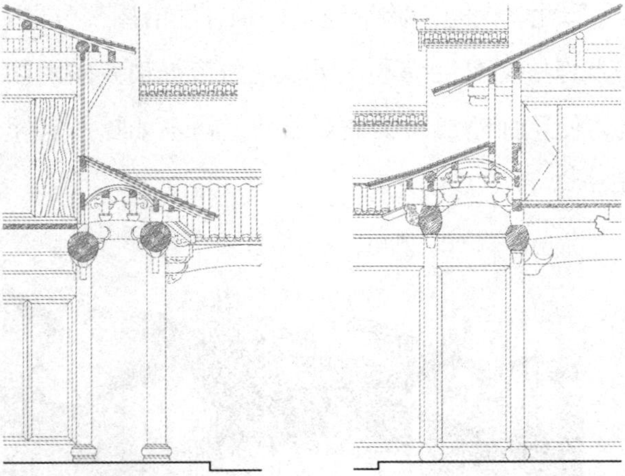
副檐轩与骑廊轩

新安住宅的天井处屋面转角相交，衍生出"冋"字形、"口"字形、"H"形、"日"字形等平面屋顶的水平组合，以及叠落披檐等。当地住宅多为楼房，一般单檐。但也有不少二层楼房每层有檐，构成了屋顶竖向的重楼式组合，处理十分灵活。这种组合主要有两种，一种步柱通顶，其前于廊柱间筑卷，即翻轩，上屋面，附连于楼阁，苏南称副檐轩。如休宁县堂源村清晚期建造的诚仁堂前进。另一种步柱通顶，于廊柱间筑卷，上层檐柱后退，支于卷上，苏南称骑廊轩。如歙县阜西村清道光年间建造的谷懿堂前进。重楼式屋顶组合，新安明清住宅皆有遗存实例，清代较明代常见。

第二节 中分——柱梁部分

“墙倒屋不塌。”这是人们对中国木构建筑的一个普遍印象，由于房屋采用柱、梁、枋组成的木框架承重，支撑屋顶的不是围护墙，因此墙倒了而房屋仍然不会塌。《淮南子·主术训》云：“十围之木，持千钧之屋。”意即两臂合围（五尺）的木材，能承载“千钧”（三万斤）的大厦。梁柱承屋，柱者，屋之主也。屋身实际就是由柱网组成。

一、间架

刘致平《中国建筑类型及结构》中言：“间架就是一座房子构成的单位。”间架，即大木构架。面宽的单位，称之为“间”；进深的单位，称之为“架”；一般合称“间架”。木构架由柱、梁、枋、桁等组成，工匠称“列”，宋《营造法式》称“缝”。房屋正面相邻两檐柱间的水平距离称“开间”，清工部《工程做法》称“面阔”。新安住宅常用三五开间，正中一间称“正间”，宋称“当心间”，清称“明间”；其左、右侧称“次间”；再外称“边间”“梢间”。房屋前后檐柱间的水平距离，称“进深”，清称“通进深”。桁与桁中心线间的水平距离，称“步架”，宋称“椽架”。进深可用侧面间数或以屋架上的椽数来表示，新安住宅一般三开间，进深四至八椽，即 5 ～ 9 根桁。

新安传统建筑间架形制主要是穿斗式构架，直接以落地木柱支承屋顶重量，柱径较小，密集的柱梁横向穿插组合，增强了抗风性能。这种木框架的原理有点像搭积木游戏，在地基上竖起柱子，盖上顶，就成了房屋雏形。傅熹年先生在论述穿斗架起源时说：

> 穿逗架，起源于古代以檩架为主的构架。这种檩架的特点主要是以纵向柱列承檩（宋代叫榑），构成纵向构架，再在横向各柱之间用构件联系固定。以后逐渐发展为用柱顶承檩，并用穿枋连成整体的一缝缝横向穿逗架。穿逗架在东汉时已见于广州明器中，甘露庵则是迄今所见最早的实物。[①]

---

① 傅熹年.福建的几座宋代建筑及其与日本镰仓“大佛样”建筑的关系[C]//傅熹年建筑史论文集.北京：文物出版社，1998.9.

穿斗架，也称穿逗架。它的特点是在房屋进深方向的每根桁（檩）下立落地柱，桁上布椽，屋面荷载直接由桁传至柱，每排柱子横穿穿枋联系，形成一间房间的构架。新安建筑穿斗架多取一柱一瓜的间隔设置，每隔一根柱落地，不落地的立柱以童柱（蜀柱、瓜柱）替代，骑在穿枋上。穿枋出檐柱成挑枋承檐，或另用软挑头承檐，清初以前多用插栱承托屋檐。新安穿斗架用材较小，柱及穿枋截面纤细，为了强化构架的空间稳定性，工匠将楼层间的穿枋和兼作承重梁使用的斗枋截高加高，或数木拼做，形成板梁，建德称“抽”。当祠堂、住宅等建筑需要较大空间，或显示气派豪华时，常将中间几列构架减去数柱，但桁仍由内柱、童柱直接承托。这种木构架通常被认为是穿斗、抬梁混合作法，其实应称之为插梁式构架。抬梁式构架是中国古代建筑木构架的主要形式，其特点是“在柱顶或柱网上的水平铺作层上，沿房屋进深方向架数层叠加的梁，各层梁两端和脊童柱（脊蜀柱、脊瓜柱）上架桁，桁间布椽。屋面重量通过椽、桁、梁、柱传到基础。插梁架兼有抬梁与穿斗的特点，它以梁承重传递压力，是抬梁的原则；而桁条直接压在柱头上，瓜柱骑在下部梁上，又有穿斗的特色。但它没有通长的穿枋，其施工方法也与抬梁相似，是分件现场组装而成。

淳安县佛岭后村（明—清）郑氏宗祠寝堂山面穿斗架

孙大章先生指出，插梁架源于宋《营造法式》厅堂式结构，厅堂造内柱不等高，各榀屋架用柱数量不同，因此大梁一端不能承于柱顶，而插入柱身，尤其是乳栿和劄牵的梁尾皆是插承的，此即为插梁前身。① 新安插梁架用料硕大，雕饰繁复，具有显著地方特色。从稳定性角度看，插梁架优于抬梁架，柱、梁、铺作多层次穿插连接，咬合成一个有机整体。这种构架形式为垂直构架横列式，构架由若干榀竖向构架纵向并列而成，注重的是构架垂直向的完整性。

黄山市徽州区西溪南村（明）吴息之宅前进堂屋楼厅插梁架

中型以上的新安住宅，以及祠堂等公共建筑山面多使用穿斗架，中间几列使用插梁架。插梁架多为进深七桁、九桁，以宋《营造法式》中“月梁造八架椽屋，前后乳栿用四柱”为基本形式，减去了山面的脊柱。其间架配置形式为“2—4—2”，即进深四柱三间，各间梁袱对应椽架数分别为二椽、四椽、二椽。② 九桁建筑心间缝二内柱（金柱）间为四椽栿（明称大驮梁，清称五架梁），梁上置童柱二，支承平梁（明称小驮梁，清称三架梁）。童柱与金柱上端之间或另加劄牵（明称上眉梁，清称单步

① 孙大章在《中国民居研究》一书中列出了若干种民居木结构的地方形制，他认为徽州民居为插梁式构架，并撰专节对这种承重结构类型作了详细分析。参见：孙大章著．中国民居研究[M]．北京：中国建筑工业出版社．2004．

② 宋《营造法式》的厅堂做法是江南传统构架的基本形式，尤其是月梁式厅堂做法。“月梁造八架椽屋”则是江南厅堂最普遍的间架构成形式。参见：张十庆著．东亚建筑技术史文集[M]．沈阳：辽宁美术出版社．2012．

梁)。平梁上立脊童柱承托脊桁,童柱两侧置叉手。金柱与檐柱间用乳栿(明称下眉梁,清称双步梁),梁两端亦插入柱身。七桁建筑进深较小,金柱与檐柱间仅用劄牵联系。插梁式梁架结构中,层叠梁栿间的支承交接多用童柱作法,这是以童柱替代宋以前叠斗的简化形式。

宋元以来,江南梁栿盛行月梁。新安建筑构架作法以月梁造为典型样式和显著特色,即使山面的穿斗式梁架亦多用琴面梁。其穿枋稍呈弯形,断面狭长,略如琴面,虽素净无华,却颇含装饰作用。在祠堂等公共建筑和较大型住宅中,插梁式构架多用雕刻华丽的圆作月梁,当地俗称"冬瓜梁"。新安清代以后还有一种五架梁截面为长方形的,如建德新叶村有序堂。由于梁架彻上明造,"凡是梁、栋、檩、椽,及其承托、关联的结构部分,全部袒露无遗;或稍经修饰,或略加点缀,大小错杂,功用昭然"(林徽因《清式营造则例·绪论》)。插梁架的主体部分由平梁与四椽栿组成二重月梁造的形式,再加上月梁式乳栿、劄牵及其与童柱、斗栱的组合变化,形制极具特色,富于装饰性。

这种彻上明造梁架上的各种节点多用大木雕件。叉手雕成卷草、朵云,状如绶带。上端若用额片,则类似宋代的丁华抹颏栱两侧的翼形构件。清代用蝴蝶木,苏南称抱梁云、山雾云。承托童柱的平盘斗,有圆、六角等形状,均雕有莲瓣与各种花卉图案,明末以后则多用方形,镂刻繁复,图案也更加复杂丰富。元代以后,童柱下端亦常以鹰嘴雕饰咬接梁栿。梁头明代雕成花卉、祥云,构图多以二三朵小云承托上部大云。明末以后梁头逐渐演变成象鼻状。其他诸如驼峰、替木等也多用雕饰手法。

新安建筑梁架中草架与复水椽做法颇具特色。明万历前后,以复水椽重组大进深空间构成的手法更为丰富,并演化成"卷"的做法。复水椽为上下两重椽,即以重椽做法遮掩上部草架,并重组露明梁架。卷则在复水椽上铺望砖,直接做卷棚天花,是集结构与装饰于一身的天花做法。卷有人字、船篷、弓形、鹤颈等多种形式,一般简洁,万历后也有华丽者。天花以上的木构架,则较为草率,故曰"草架"。草架灵活,柱、枋无固定章法,不拘格式。明中叶以后,当地住宅家庭主要活动逐渐由楼层移到底层,一些大型住宅为了显示豪华气势,有意增大底层堂屋空间高度,在楼板下采用复水椽,构建露明梁架,所谓"明厅暗阁"。如歙县徽城清代杨宅,规模宏大,第一进官厅两层,底层高 6.24 米,厅太师壁后的上部则形成暗阁。

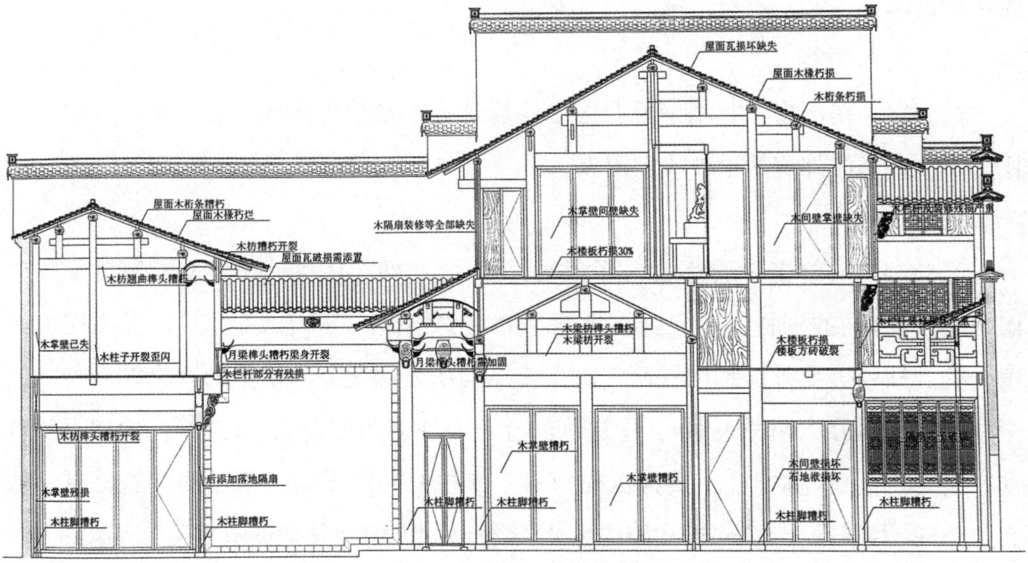

歙县徽城镇斗山街（清）杨宅官厅明间剖面图（资料来源：《斗山街杨宅维修设计方案》）

明万历间谢肇淛在《五杂俎》中说：“余在新安见人家多楼上架楼，未尝有无楼之屋也。”新安楼房住宅在明代已很普遍，就顶层屋盖而言，多层房屋与单层并无质的差异。这些楼屋在结构技术上仍属于穿斗式或插梁式，楼层上下用通柱造。部分明代住宅上下两层开间相错，楼层另立柱子与底层不对位，上层主要承重柱立于下层梁枋之上，楼层柱大多用櫍形木础。这种梁架柱网自由，颇具元代建筑遗风，清代以后则少见此种做法。实例如明中叶歙县的许国府邸（阁老府部分遗构）和方春福宅。住宅楼板做法，明代一般在承重（承托楼板重量的大梁）上架搁栅，栅上铺楼板。搁栅或方或圆，间距较密，楼板较薄，厚约2.5厘米，是为密肋式。清代则多在承重跨中或脊柱位置架扁作梁，上铺楼板，板厚达6厘米左右，当地叫天桥，是为梁板式。明清不少住宅在楼板上还常铺方砖，甚为考究。其做法是在楼板上先铺箬竹叶，然后铺砂，最后铺砖。这种构造可以防火隔音，不过加大了楼面荷载。清末建德楼上设卧室后，楼板做企口，叠铺二三层。有些还在楼板承重梁上加“梁背”或“搁整”枋以平楼板。大、中型住宅楼面外缘常突出檐柱少许，底层承重梁出跳以承上层悬挑檐柱，清代还在出跳梁头下置撑栱（徽州称斜撑，严州称牛腿）承托，撑栱多为大木雕件。建德与金华接壤，故大木雕作亦受到东阳建筑文化影响。明代常以插栱由檐口外挑，挂檐柱于其上，檐柱下再以具有斜撑作用的飞来椅支承。上述两种做法相结合，双层出挑。

二、大木构件

柱、梁、枋、桁、斗栱等是我国木构建筑的主要结构构件，它们是木构建筑的比例尺度和形体外观的重要决定因素。

(一)柱

汉刘熙撰《释名·卷第五·释宫室》训为 :“柱，住也。”《说文》释为 :“柱，楹也。”楹是柱的别称，本义为支撑屋宇的直立构件。“持千钧之屋”，说明屋的主角是柱。柱可分为外柱和内柱两大类。按结构所处部位分，常见的有檐柱（步柱）、金柱（宋称内柱，明称现柱）、中柱（宋称分心柱，明称脊柱、栋柱）、山柱（明称列柱）、童柱（宋称蜀柱、清称瓜柱）等。依柱的外观不同，常见的有直柱（一般为收分柱，柱径向上收小）。和梭柱之分，截面多为圆形，其他尚有方形、八角形（多为抹角方柱）等。圆形截面合乎力学要求，且便于木材加工。

黄山市徽州区潜口村(明)汪氏大夫祠梭柱

新安建筑檐柱常用梭柱，其外观秀丽，有较好的艺术效果。中国早期梭柱上下都有卷杀、宋代主要是上部卷杀。宋《营造法式》中载有梭柱做法，对下部卷杀已无严格要求，元以后建筑则大多用直柱。新安明代建筑犹存旧制遗意，住宅、祠堂等仍采用梭柱，其卷杀方法较《营造法式》更为古老。法式规定将柱身依高度等分为三，下、中两段直径相等，上段又分为三等分，有收杀。明代徽州柱子则等分为九，从中段开始，向上下两端收小，下四段收分略大于上四段收分，上、下端直径十分接近。如西溪南吴息之宅前檐柱高 2.79 米，下四段收分 1.61%，根部直径 265 毫米；上四段收分 0.57%，梁底柱端直径 278 毫米。梭柱两头细中间粗，形状比法式所载的梭柱更像古代纺织机投纬用的梭子。有的建筑师认为中国建筑的柱子喻以树的直干，不论是形状、材料还是功能都基本一致，此说颇为恰当。[①] 柱径与柱高间的比率，很早就采取大体合乎力学要求的 1/10 左右，依年代先后，一般从大到小。南方住宅由于屋面荷载较小，结构较轻，多在 1/15 左右。新安明代建筑柱子粗壮，约在 1/9 ~ 1/10。内外柱不等高，按照室内空间的不同要求、荷载的大小，选择长度和断面不同的柱子。有些明代建筑，檐口从当心间向二端升高，呈一缓和曲线，《营造法式》中称为“生起”。《法式》卷五《柱》规定 ：“至角，则随间数生起角柱。”西溪南老屋阁门屋山柱生起 11 厘米，边跨桁斜置，这是沿袭宋制。更多的新安明代建筑常在边跨桁背置生头木，形成双曲屋面。新安明代一些独立的、外形完整的小建筑物还保存有“侧脚”做法，如歙县许村善化亭。《法式》卷五释义 ：“凡立柱，并令柱有微收内向，柱脚微出向外，谓之侧脚。”侧脚使建筑有较好的稳定性，并可纠正建筑视觉偏差。柱的卷杀、生起、侧脚等做法，使新安建筑产生一种稳定的美感，共同构成建筑物或雄健，或秀丽的外部形象。新安建筑除木柱外、明末以

淳安县佛岭后村（明—清）郑氏宗祠柱头圆形栌斗和插梁架中的猫梁割牵

① 李允鉌著．华夏意匠[M]．香港：广角镜出版社，1984.1(2)版．

后的祠堂、书院等公共建筑，前檐柱常用石作。路亭等市政建筑也偶有使用石柱者。石柱断面正方形，或方形抹角，呈不等边八角形。明中叶以前，抹角多作微凹曲面，棱角分明，光影变化柔和。石柱利于防潮，并可增加建筑物、构筑物气势，但因与木构梁枋连接，榫卯制作要求较高。淳安、建德明代祠堂、住宅柱头上置圆形栌斗，承托桁、枋。当地工匠称柱头上没有栌斗而直接承托桁条的则为清式作法。

木柱有石础，当地叫柱磉。唐王諲《柱础赋》中写道："谓桂柱之不坚，施柱础以俾其寿考。"《说文解字》释础："礩也"；释礩："柱下石也"。柱础既可承托木柱，传递上部荷重，又能防止柱脚受潮腐烂，还可加工成各种不同样式，饰以雕刻，富于装饰性。新安明代柱础形式基本继承了宋《营造法式》作法，并有一定的变化，所谓櫍形础即其形制特色。"櫍"是早期柱底与础石之间所垫的木块，《法式》总释解释櫍："古用木，今以石。"櫍后演化为柱础的一个组成部分，而新安直至明清仍残存木櫍古制。《法式》记载櫍为石作，櫍下方是莲花、覆盆柱础。南宋以后，徽州多省去櫍下部分，仅以櫍为础，简化了唐宋柱础形式，古朴简洁，故称櫍形础。至于覆盆加櫍的做法仅见于一些明代祠堂，这些祠堂廊步较堂低一阶，前檐柱多采用这种形制较高的柱础形式，使廊与堂柱底处在同一水平面。新安明代住宅的櫍形础多为石作，也有木制的，尚有

黄山市徽州区呈坎村（明）罗会泰宅櫍形础（张建平 摄）

少数为铁制。清代住宅的柱础多用石鼓磴，常用圆形、八角形，有素面和雕花多种形式，愈近清末式样愈繁复。形状复杂的柱础，构图一般由下部的座、中部的础身和上部的盆唇三部分结合而成。不论明清，础石最简单的仅用方形石块，或对外形略加琢饰。础下清代用磉石，与阶沿石平，明中叶以前櫍形础与磉托（平磉）多为一体，与《法式》造柱础之制大致相同。歙县在徽州府衙修复工程中曾发掘出宋代櫍形础，其“上敧下平”做法与《法式》相同，下平部分尚未演变为元明以后的内倾斜面或内收弧形。新安明清有些通柱造住宅，楼上以几个木块环绕柱身制成象征性柱础，颇具巧思。柱础形式的多样和雕琢的精致，是新安建筑柱础的特点。

(二)梁

梁的外观可分为直梁和月梁。月梁为宋称，汉代文献中称虹梁，班固《两都赋》：“因瓌材而究奇，抗应龙之虹梁。”李善注：“应龙虹梁，梁形如龙，而曲如虹也。”明代称驼梁，清代江南称骆驼梁、月形梁。新安称冬瓜梁。月梁现存最早实例为建于晚唐的山西五台佛光寺大殿，唐以后月梁作法在北方几近消失，而盛行于江南。新安建筑文化圈多用圆作月梁，形状近似冬瓜，故当地俗称冬瓜梁。冬瓜梁一般用于较大型或较富丽的住宅、祠堂中，较多地表现在装饰和等级意义上，“取材宏大，

黄山市徽州区西溪南村(明)吴息之宅梁架月梁

坚固耐久”。梁身两端较低且稍细,中部起拱,作极缓和弧形。梁身上下两面略加铯平,两端梁侧卷杀雕月眉式斜项与丁头栱或雀替交接。梁眉（建德叫龙须）为一根凹形圆和曲线，下端与丁头栱呵成一气，消失于斗耳之中，十分简洁，巧妙地处理了梁端下部因嵌入斗耳所产生的断面厚薄变化。明代早期梁眉舒展有力，作新月形翘起；年代稍晚则曲线较粗而平，中间杂有雕刻，下部承托云纹；至清代曲线孤势近于满月形，丁头栱也演变为雀替了。冬瓜梁断面明早期较圆，甚至水平方向有椭圆形的，至明末断面已近扁方，与清代苏南、浙江一带扁作月梁已颇相似。冬瓜梁是经过艺术加工的梁，用于明栿，在平棋（天花）以下或视线所及之处。平棋之上不能见到的则用草栿。

新安建筑山面穿插于柱间的梁断面狭长，斧斫成弯形，梁身稍带曲线，剖面略如琴面，虽素净无华，却颇具装饰性。插梁架中月梁式的乳栿和劄牵屈曲如弓，繁简得当，是月梁形式的强化与变形。这种曲形小月梁在新安明清建筑中使用普遍，在形制上较元代浙江省宣平县延福寺大殿的劄牵稍复杂，但比清代的苏式眉穿合理。其中斜置的劄牵两端高差较大，不仅联系于梁架斗栱间，还以弓曲梁身，填补斜椽与平梁之间的三角形空间，丰富和装饰了梁架形式。浙西地区称为“猫梁”，建德或做成卷曲的蝙蝠，叫作“老鼠皮叶”。

《周易·系辞下传》第二章：“上栋下宇，以蔽风雨。”《释名》释为：“栋，中也，居屋之中也。”《说文》释为：“栋,极也。”即屋内至中至高之处。所谓“正梁”,即脊桁。栋和梁常连用，称“栋梁”，新安建筑中栋常做成冬瓜梁。

(三)额、枋

《中国大百科全书》释“额”:“中国古代木构架房屋中用在柱列上的联系构件，承托斗栱和栱间的梁架,用以增强柱网的稳定。”额有阑额、屋内额、地栿等。隋唐时，额开始用于柱头之间，插入柱身，宋《营造法式》称为阑额。阑额以上平放一厚板，称普拍枋。阑额，清称额枋、檐枋。普拍枋，清称平板枋。阑额用于内柱柱列间的，称屋内额。当建筑各间梁架用柱数不同时，无柱处内额架在梁架的蜀柱或驼峰之间。

阑额通常用枋材，新安建筑延伸梁栿月梁式作法，采用冬瓜梁阑额，在造型上别具特色，成为装饰的重要手段。作为柱头补强构件出现的普拍枋，宋以后被普遍采用，但新安建筑阑额上多不用，补间栌斗直接坐于阑额之上，形象相当独特。

枋是两柱间起联系作用的矩形木料，在水平的开间和进深两个方向，起着稳定整体构架的作用。建德叫抽，宋代称方，明清建筑中都写作枋，包括屋面枋和楼面枋。除上文阑额（额枋）外，在梁下的有随梁枋（宋称顺栿串），联系前后内柱。在桁（檩）下与桁平行的有随檩枋，依位置分别称为脊枋（宋称顺脊串），联系左右两缝蜀柱；阑额与脊枋间的桁下枋，通称金枋（宋称顺身串），联系左右内柱。联系檐柱和金柱的枋，称为穿插枋，明称步枋、眉枋。新安建筑梁架中以串枋拉系整体构架，需贯穿柱身，在柱上开贯通榫眼，这是穿斗作法的借用和变化，在结构上颇具特色。新安建筑梁架为节省木材，穿斗架中常采取小料大用形式，拼合若干小料，以木销穿连卯合，形成板梁，加高截面，工匠称之为“枋贴”。这与《法式》所记的缴背、贴类，以及江南的月梁拼帮作法相似。苏南称屋架为贴，新安枋贴之称大概也与之有关。

黄山市徽州区呈坎村（明）罗宅大门月梁阑额（资料来源：张仲一等《徽州明代住宅》）

新安一些大型住宅和祠堂，前檐阑额（黟、婺、建德等地称骑门梁）长有超过一间的，明间两缝柱向左右移开，以增大明间宽度，由于采用移柱，柱与梁不在同一轴线，这时骑门梁加长，形成大额。骑门梁以及两廊阑额（黟、婺、建德等地称过海梁）也都做成冬瓜梁，有些梁长近10米，梁高竟只有1/15～1/20，骑门梁正面开光刻灵芝纹等，显得十分潇洒。

(四)桁、椽

桁，屋盖上层的承重构件，以榫卯安装于柱头，或部分架于梁头。新安建筑多用方椽，《说文》：“椽方，曰桷。”屋椽“其形细而疏”（《释名·释宫室》），垂直钉于桁上，直接承受屋面荷载。屋椽上则铺望板，上覆瓦顶。新安彻上明造建筑多用望砖，望砖至迟始于宋代。《梦溪笔谈》记宋赵普治第：“盖屋皆以板为笪，上以方砖甃之，然后布瓦，至今完壮。”望砖用黏土烧制，为了减轻屋面荷载，后世采用薄砖，横置椽上，以石灰膏挤砖缝。望砖不糟朽，既可承托瓦片，又可防渗雨、落尘，且透风，并使室内顶面外观平整。灰砖白缝，十分雅致。《释名》在提及桁、椽之间关系时，释曰：“谓之望，言可望也。”桁上之板、砖称之望，或自此来。方椽望砖是新安建筑文化圈的建筑特征之一。

桁依部位划分，桁可分为脊桁（宋称脊槫，明称栋、正梁）、金桁（宋称平槫）、檐桁（宋称檐槫）、橑檐枋（明清称挑檐枋）。前文提及徽州明代中叶以前不少建筑在边间桁端上置生头木（明清称衬头木，苏南称戗山木），使屋面在纵轴方向也略呈曲面升起。桁下或托以通长替木，又名柎，徽州称连机，是单斗上的横木。橑檐枋，即为通长连续的替木。

椽依部位又可分为飞椽（宋称飞子）、出檐椽（宋明清均称檐椽）、花架椽、脑椽等。其余尚有前文提及的遮掩草架，并重组露明梁架的复水椽，卷（苏南称轩）上的弯椽等。明末以前，徽州住宅多不用飞椽，椽头尚沿用卷杀。椽在屋角近角梁处有平行和扇面（放射）两种角椽排列形式，《营造法原》载有摔网椽、立脚飞椽等名称，徽州多用扇面排列形式。

(五)屋架其他构件

1. 童柱

当地厅堂的插梁式结构中，多为童柱支承交接层叠的梁栿。童柱，宋称蜀柱、侏儒柱，清称瓜柱，童柱多作卷杀雕饰。在明间缝二金柱间的四椽栿上置有支载平梁的童柱，平梁上则立有脊童柱承托脊桁。明代徽州住宅插梁式结构中尚保留有叠斗支承梁栿的做法，如歙县西溪南吴息之宅门屋，在童柱位置采用十字栱承托形式。叠斗作法年代较早，由于江南多存古制，童柱做法实际上是以童柱替代叠斗的简化形式。吴宅即根据梁间空隙高度，门屋和堂屋分别采用了叠斗、童柱做法，在一幢住宅建筑中二式并用。梁上承托童柱的是大木雕件平盘斗，不用平盘斗时，童柱下端多收杀成鹰嘴形式咬接梁栿，十分别致，成为装饰厅堂梁架的趣味之处。

2. 叉手

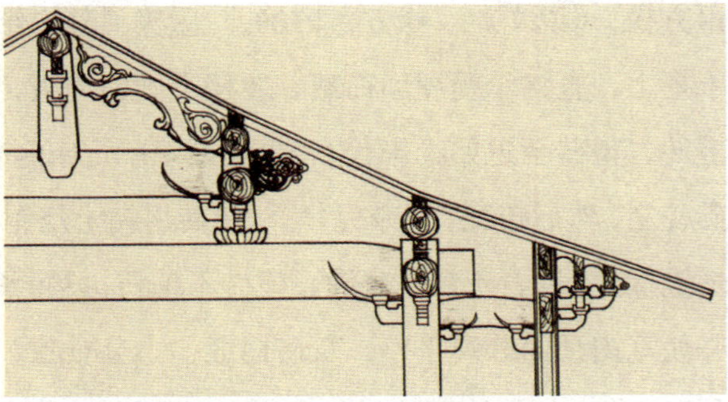

歙县徽城镇(明)方晴初宅梁架叉手详图

脊童柱两边的斜撑，稳固脊桁，防止滚动。宋称叉手，明代称叉手笆，清代江南称斜撑木。明清多不用叉手，但新安沿袭古制，明代建筑中仍普遍使用，明以后即不复见。叉手最简单的形式为一方木，与宋《营造法式》所载类似。但很多建筑将叉手雕成卷草及朵云，形如飘带，雕工极为精美。例如，歙县徽城许国府邸的雕花叉手，其山面脊柱两侧则置翼形构件，形状依山尖样式，实雕朵云，与苏南抱梁云和宋代丁华抹额栱二侧额片类似。

3. 驼峰

中国古建筑有一种形如骆驼之背的构件叫“驼峯”，一般在彻上明造梁架中配合斗栱承载梁栿。驼峰是宋称，徽州明代亦称驼峰，如歙县西溪南吴息之宅乳栿梁端下承以实雕云朵的驼峰。作为支点，近似三角形的驼峰在结构上是合理的，它使支点更稳定，将上部荷重传递到较宽面积上，以减少下梁所受的剪力。同时柔和的曲线外形，产生了丰富的装饰作用。驼峰有鹰嘴、掐瓣、笠帽、卷云等式样，多雕卷云、卷草进行装饰。徽州清代的柁橔（大斗），建德称垫木，置于住宅楼板下的承重梁上，斗口朝上，中间开槽，梁上的横枋即骑槽口之内。清代的柁橔表面多用植物花卉、螭龙狮子等图案。

4. 关键

大木构架中，横向连接的构件少，且多为平行组合，故构架整体性较弱。年久会有榫头松动，甚至脱榫之虞。为避免脱榫，新安工匠在榫卯结合处采用一锥形小构件，徽州叫关键，严州叫簪子。关键断面方形，头细尾粗，微曲。榫卯制作时凿出方孔，安装时将关键敲入尾端露出，刻作多棱状几何面，徽州明代还将其刻成银锭状。关键多用檵木，冬季砍伐，制作完成后以盐水浸泡，晾干备用，可灭虫，并提高木材表面硬度，防止开裂变形。

三、斗栱

斗栱是我国木构架建筑特有的结构构件。无论从技术还是艺术的角度看，它足以象征和代表中国古典建筑的精神。梁思成先生这样解释斗栱：

> 在梁檩与主柱之间，为减少剪应力故，遂有一种过渡部分之施用，以许多斗形木块，与肘形曲木，层层垫托，向外伸张，在梁下可以增加梁身在同一净跨下的荷载力，在檐下可以使出檐加远。

方形的斗、曲形的栱，以及斜置的昂组成了斗栱，在结构上挑出以承重，屋面荷载经斗栱传递至柱。同时，它又是上分屋顶和中分屋身立面上的过渡，具有一定的装饰作用，而且它还是建筑等级的象征和重要建筑的尺度衡量标准。

斗栱的最早形象见于周代铜器。《论语》记载孔子批评鲁国大夫臧文仲居蔡为不智，子曰："臧文仲居蔡，山节藻棁，何如其知也？"

臧文仲养了一只叫"蔡"的占卜大乌龟，为它盖了一间屋，雕有像山一样重叠的斗栱（节）和画着水草的童柱（棁），这个人怎么能说他是个智者呢？这段记载展示了春秋时代斗栱的最早模样。此后斗栱发展到宋代，已臻成熟之境，成为中国建筑最主要而且独有的特征。自宋而后，斗栱"演变的途径在外观上是由大而小，由雄壮而纤巧；在结构上是由简而繁，由机能的而装饰的"（梁思成《斗栱简说》）。斗栱上这种作风的转变，自明代开始显著，北京的官式建筑尤甚。但距北京较远的江南新安尚保存宋元古风。

斗栱是反映建筑特征的重要标志，反映了时代演化和地域差异，尤其是由地域差异所形成的时代特征演变的不同步尤为显著。元明时期，新安斗栱与梁架间的构成关系仍较紧密，并一直延续到清初。主要的特征表现在以下四个方面：

(一)丁头栱与插栱

所谓插栱，乃近代译自日本"插肘木"，日语中"肘木"即栱。[①] 在徽州明代建筑中，出檐部分一般在檐柱向外少许处立有小八角柱，上端有插栱一跳或二跳向外挑出，以支撑屋檐重量。中国南方盛行穿斗结构，插栱特指穿斗作法中的丁头栱。《徽州明代住宅》一书中概括了徽州三种不同类型的外檐斗栱：

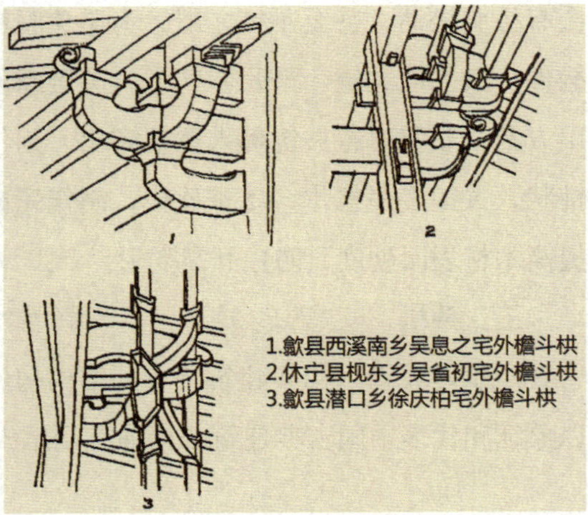

徽州明代住宅外檐插栱（资料来源：张仲一等《徽州明代住宅》）

第一类，向外出华栱二跳，第一

① 插栱，指流行于新安建筑文化圈内住宅、祠堂等建筑中的无栌斗，华栱直接插入柱中的外檐斗栱。朱光亚在《探索江南明代大木作作法的演进》一文中有具体论述（《南京工学院学报》1983）。张十庆亦谓："本无此称，应是近代由日语'插肘木'直译而来。日语中'肘木'即栱，故译作插栱，所指即丁头栱（按：即半栱，以受力方式而论，属华栱的一种特殊类型），一般指日本天竺样（大佛样）穿斗构架上连续出跳的丁头栱。又以其与中国南方建筑的密切关联，故借用插栱特指南方穿斗作法中的丁头栱。南方盛行穿斗结构，插栱的运用十分普遍"（《中国江南禅宗寺院建筑》）。

跳计心，出横栱与中央齐心斗承罗汉枋。第二跳华栱直接承橑檐枋，没有令栱。所有华栱皆单材，四瓣卷杀。橑檐枋、罗汉枋与承托它们的斗栱间置有替木。实例见于歙县西溪南吴息之宅。

第二类，共出二跳，第一跳华栱散斗上承木枋，枋头刻卷叶状。第二跳华栱上置六角形交互斗及橑檐枋，两侧出瓜子栱承罗汉枋，栱端斫成斜面。所有华栱用单材，栱端作弧线，不用瓣形折线卷杀，栱眼作ʊ形，后端海棠纹。橑檐枋、罗汉枋与承托它们的斗栱间亦置有替木。实例见于休宁县枧东周裕民宅。

第三类，斜栱，除正常华栱与令栱外，又于45°角处向外斜出二栱。斜栱在辽、金建筑中使用较多，这类斗栱形似雀窠，当地俗称“喜鹊窠”。实例见于歙县潜口徐庆柏宅，新安明代住宅和祠堂使用很多。

淳安县汪家桥村（清）汪氏家厅门楼斜栱

明代新安插梁式构架建筑中，丁斗栱用以承托插于柱身的梁尾，丁头栱表现的是十足的南方特征。所谓丁头栱，即半截栱，《营造法式》将其归于华栱类。丁头栱与外檐插栱，宋代皆为一材厚，随着斗栱用材缩小，外檐插栱也逐渐变小，支承梁、枋、桁的丁头栱于是无法与插栱保持一致关系。而且明代梁栿断面增大，丁头栱用材普遍要大于外檐插栱。住宅外檐插栱一般厚6.5～7.5厘米，而梁栿下的丁头栱厚则都在7.5～8.0厘米以上。祠堂的丁头栱与插栱的厚度差值更大，如歙县呈坎罗东舒祠寝楼宝纶阁建成于明万历年间，外檐插栱厚7.5厘米，而四椽栿下的丁头

黄山市徽州区呈坎村（明）罗东舒祠寝楼梁架雀替

栱厚达 10 厘米，享堂四椽栿下的丁头栱甚至厚达 18 厘米。丁头栱在装饰上也形成相应的特点，明中叶后栱眼内雕花，明末以后，丁头栱逐渐退化，演变为雀替，当地工匠称梁托。

(二)挑斡

斗栱由斗、栱、昂组成，其中昂是斜梁与斗栱组合的产物。昂在类型上有下昂、上昂之分，上、下昂同时可见，唐以后唯有江南。昂在演化上又有真昂、假昂之区别，南方显著滞后于北方，多存旧制。如真昂，北方元以后即基本消失，而江南直至明初仍有沿用；假昂，北方北宋初已经出现，而江南约出现在南宋之后。挑斡和下昂有直接关联，也是与铺作相关的斜向构件。从受力性质及作用大致来看，斜撑式受压者为上昂，杠杆式受弯者为下昂和挑斡。挑斡是下昂的特例，即出昂尖者为下昂，不出昂尖者为挑斡。“斡”，字义为转、旋，另有挑、负等意。词组斡旋，意为调解矛盾，扭转僵局。当梁架结构支撑出现矛盾时，如下平槫（橑桁后的一根桁条）缺少支撑，这时就加长昂直接支撑槫，这种特殊的昂为挑斡，其功能、位置针对具体情况随意灵活，不受规制约束，展现了古代工匠的聪明才智。江南挑斡作法可溯至五代，明以后渐趋变异，形成多变的地域特色，新安则一直沿用至明清，成为铺作的地方传统形式。同时，对挑斡加以雕饰，又逐渐演化成为一种装饰形式，大大丰富和装饰了彻上明造厅堂内部空间。

黄山市屯溪区上长林村(清)胡氏众厅梁架挑斡

从新安遗存来看，挑斡多用于祠堂等建筑的补间铺作里跳，住宅尚不多见。具体表现为彻上明造中补间铺作里跳昂尾承托下平槫等圆桁的做法，这一做法直到清道光年间还在使用。建于明弘治十三年（1500）的歙县潜口汪氏大夫祠享堂挑斡上承素枋，[①] 稍后的中街祠堂和黟县的韩家祠堂的挑斡上承一根小于橑桁的桁条，而清代歙县上长林众屋挑斡则上承一根与橑桁同径的桁条了。具有更多装饰意味的

① 张十庆著.中国江南禅宗寺院建筑[M].武汉：湖北教育出版社，2001.

挑斡类清代的溜金斗栱，但仍有一定的杠杆平衡作用。

(三)撑栱

撑栱，徽州俗称斜撑，严州俗称“牛腿”。有学者称其为斗栱化斜撑。斜撑是一种原始古老的结构形式，它可能引导了斗栱的演化，新安斜撑有多种做法，从简洁到繁复，极具特色。斜撑用于外檐或内柱，在与柱的交接上，直接插于柱上，亦可插于水平出跳的小枋木上。其上端或置小斗，替木，承托出跳梁头或华栱等。随时代推移，新安斜撑从长条形发展为S形、三角形，由细长而壮硕。清代中期以降，更是刻意雕饰，多用卷草、狮子、人物等题材，高浮雕或圆雕，巧夺天工，在一幢建筑中轻重有序，位置得当，反映了江南木构中斜撑装饰化特色。

建德市新叶村(清)有序堂梁架撑栱

新安清代祠堂、住宅中雕饰化的斜撑，多位于楼层和屋檐，形成视觉的焦点。歙县棠樾明代住宅毕顺生宅，出檐以斜撑直接插于小八角柱上，上端承托出挑木枋，枋头刻成卷叶状。婺源县清华镇彩虹桥，建于清乾隆年间，是清华八景之一“藻潭浸月”的景观桥。外檐挑梁头以细长斜撑支撑，其下端插于柱上出跳的小枋木。结构和构造简单明了，不拖泥带水，一幅素净的白描，表现出廊桥的结构美。可能与造桥工匠的传统工艺不同，造房工匠则在斜撑上堆砌装饰。婺源县延村清末的“早读楼”在一幢用作私塾的住宅内，装饰化的华栱插于檐柱上，檐柱悬挑的小柱支承在栱头雕花的平盘斗上。飞来椅下的斜撑插在檐柱插栱第三跳的斗上。清代黟县关麓原汪令锺宅的斜撑有S形和三角形数种，雕饰镂空螭纹、高浮雕卷草和圆雕狮子。淳安、建德有些祠堂、住宅中，上下两层撑栱和它们左右同样雕刻得玲珑剔透的梁托、替木、“帽翘”（梁枋两端之下类雀替的构件）等一起构成贯穿上下的大装饰组合，视觉效果极其强烈。

(四)丁字牌科、平盘斗、讹角斗、掐瓣栱、枫栱等

新安建筑外檐补间铺作一般仅具外跳而无内跳、其平面呈丁字形，《营造法原》

黄山市徽州区潜口村（明）金紫祠戟门外檐补间铺作

称丁字牌料。丁字牌科是斗栱结构作用充分退化的表现，新安明代已很普遍。平盘斗即无耳的斗，在梁架中起到支垫作用。新安建筑插梁式构架中承托童柱的平盘斗种类颇多，简单的，如歙县呈坎罗炳基宅的六角形花钵；美观简洁的，如歙县西溪南吴息之宅的莲瓣式；复杂的则镂刻花鸟，已成为繁复的大木雕件了。讹角斗为四角抹圆的斗，用于补间时，是为呼应柱头圆斗而形成的斗形。新安讹角斗圆角又多刻凹入的海棠瓣，秀美细腻。如歙县潜口曹门厅、绩溪县龙川胡氏宗祠、华阳镇大成殿的斗栱。徽州的华栱多用四瓣，卷杀成折线。其中尚有通过对栱棱倒角加工，使其外形出现内鰤曲线，朱光亚先生称之为掐瓣栱。这种栱在北方消失千余年后出现在新安建筑上，与上文述及的用斗盘（平盘斗）作栌斗的制度，均为当地古制。新安建筑中还常见一种翼形栱，称作枫栱。其造型玲珑，栱面雕镂纹饰，稍外倾，仅具装饰作用。枫栱处于横栱位置，它与宋代丁华抹颏栱二侧额片，以及苏南抱梁云等，可能都由有关斗栱分件退化演变而来。

四、围护结构

《书经·夏书·五子之歌》形容居处华美豪奢说“竣宇雕墙”，意思是高大的屋宇，饰以浮雕彩绘的墙壁。《释名 · 释宫室》曰：

> 墙，障也，所以自障蔽也。
>
> 壁，辟也，辟风寒也。
>
> 垣，援也。人所依阻，以为援卫也。
>
> 墉，容也，所以隐蔽形容也。

以上表述的都是房屋围护功能。新安住宅将天井庭院作为建筑实体连接的纽带，而围合天井庭院的建筑朝外一面都有墙壁，这是内外空间的分界。古书上对墙、壁、垣、墉的这些释义都不包括承重功能，负重由柱子承担。所以柱之间的墙壁，无论土木砖石，大多为围护结构，只有部分墙体兼有承重作用。新安传统建筑的围护墙，可分为自承重墙和轻质填充墙。

(一)自承重墙

主要有夯土墙、土坯墙、石墙、砖墙四种，多用于外墙，室内隔断亦用砖墙。

1. 夯土墙

《诗经 · 大雅 · 緜》:“其绳则直，缩版以载，作庙翼翼。捄之陾陾，度之薨薨。筑之登登，削屡冯冯。百堵皆兴，鼛鼓弗胜。”诗中描写的是房屋夯土墙的施工现场，朝气蓬勃，热火朝天。夯土墙，宋称版筑墙、土墙，宋《营造法式》载有版筑墙做法，夯土墙历史久远，4000年前的龙山文化遗址中就发现，当时人们已掌握了较为成熟的夯土技术。《孟子注疏》载：“子曰：舜发于畎亩之中，传说举于版筑之间。”传说殷代国君武丁的相，曾在傅岩为人筑墙。这种古老、经济的墙体不仅新安山越人使用，而且一直沿用至今。如歙县深渡镇阳产是一个依山而建的小山村，有着悠久的历史。由于群山环峙，交通不便，山民就地取材，取当地红埌版筑而居，依山就势，形成了鳞次栉比、错落有致的土楼群。阳产土楼群质朴壮观，和人们习见的新安住宅形态不同，表现出独特的建筑特色和浓郁的乡土气息。建德新叶村等地一些住宅附属用房也多用夯土墙。夯土墙施工方法是把土填入两块木板中间，用杵捣坚实。墙厚一尺左右，木版夹持在墙两侧，版具沿墙移动。墙体内埋置竹、木筋，以加强墙的整体性，考究的可用细土拍实墙面，并抹灰浆。

黟县卢村(清)志诚堂格子门裙板木雕版筑图局部

2. 土坯墙

用土坯砌筑的墙。土坯宋叫土墼，明清叫土坯。徽州也叫砖坯，但和东北的垡子稍有不同。这种砖是用黄土淋湿闷熟脱坯干燥而成，制作方便。土坯墙需抹泥灰以防雨水冲刷。我国战国时期发明了砖，制砖工艺早已成熟，但早期建筑还是习惯使用土坯砌墙，直至明代以后始有所改变。

3. 石墙

“徽之为郡在山岭川谷崎岖之中”，建筑石材分布广泛。新安建筑常用的石材主要有砂岩、花岗岩、灰岩、凝灰岩以及卵石等。用石材垒砌成的房屋，明代称石房，按照所用石料主要有以下四种墙体：

第一种，块石墙，明称乱石墙，清称虎皮墙。江南建筑中用花岗岩毛石砌筑的墙体，亦称虎皮石墙。块石墙用料一般无须加工，但砌角的石料宜作适当打荒。

第二种，条石墙，各种石料均可砌筑，如砂岩、花岗岩等。明称条石，清称块石。石材应事先加工成规格料，石料表面可打刀、剁斧、磨光等，干砌或浆砌，砖墙下碱部分也有用条石砌筑的。

第三种，石隚板，徽州传统住宅墙体下碱部分常贴砌石板，用以防潮隔碱，称隚板。清、民国时期，隚板所用石料多为淳安县凝灰岩，当地称“茶园石”。

第四种，卵石墙，亦称石子墙。就地取材，多用于简易建筑，黟县等地房屋陡板石部位亦有以卵石砌筑的。

4. 砖墙

我国战国时期发明了砖，但直到秦汉，砖还是主要用于砌筑墓室和铺装地面。受古代阴阳之说影响，国人传统习惯是：地面造房用木材，地下砌墓用砖。明代长时期地大量建造砖城墙，刺激了制砖和黏结材料——石灰生产的发展和进步，住宅等建筑类型的营建也普及了砖的使用。新安人建房喜用青砖，这种审美取向决定了新安建筑外墙以灰色为基调，粉灰亦为白色，素雅宁静，融入环境。青砖规格，各地不同，刘大可先生的《中国古代瓦石营法》整理了江南古建筑砖料名称及规格，计有 27 种。明代徽州“灌斗墙”用大号开砖砌筑，开砖较薄，厚约 2 ~ 3 厘米。砌筑用砖，清代俗称二五八砖。

新安建筑砖墙主要有以下三种：

第一种，糙砖墙，即未经砍磨的原砖糙砌，宋称叠砖墙，明、清称砌砖墙，徽州称砌墙、砌混水墙（下道工序要粉灰）。江南摆砌式样有扁砌（明、清称卧砖砌）、实滚（明称侧砖砌，清称立砌）、斗子，以及这三种式样的混砌，江南砌法保存早期痕迹较多。徽州一般为一砖墙、单墙（半砖墙）、鸳鸯墙（一扁一立，有单鸳鸯、双鸳鸯2种）、空斗墙，严州多为空斗墙。新安明代多用扁砌，明末出现空斗墙。在空斗砌法中，平砌之扁砖称卧砖，立砌之砖称斗转，斗砖垂直于墙面，则称丁砖。用大号开砖砌的空斗墙，叫“灌斗墙”。“一板（斗砖）一牵（丁砖）”砌法，空斗内填塞碎砖瓦砾及灰土，谓之“干斗”。干斗隔层灌红泥稠浆，则谓之“湿斗”。灌斗墙有防寒隔热效果，新安人认为它尚可防盗，小偷钻穴穿墉时，墙内填充物泻漏有声，可以示警。

第二种，清水墙，青砖经过简单加工后砌筑，类似北方砖作中的淌白砌法。青砖以黏土烧制而成，质地优良，使用青砖砌筑墙体，其本身已具有良好的耐风雨、抗污染性能，且外观质朴，故不需要另做面层。清水墙要求砖尺寸一致，表面平整，棱角分明；且分类细密的专门工具增多，如控制灰缝的灰缝板等。施工时较重视砖摆砌样式，灰缝较细（5～8毫米），带刀灰作法（灰挂在砖棱上，即“打灰条”），青砖白缝，粗犷简朴，颇具田园风格。近代受沿海沿江开埠城市建筑影响，新安地区城乡也建造了一些清水墙建筑，等级较高的建筑仍继续采用传统的砖细做法作为表面装饰。所谓“砖细”，即细料青砖经过精细加工后的砌筑方法，徽州也称清水作。所用细料精制青砖为澄泥砖，工匠亦称水磨砖，其泥料要先制浆，沉淀后取上面细泥制砖，故质地细致，强度较好。现在细料青砖一般不用滤浆作法，仅取质地较细的泥料制砖，类北方停泥砖。清水作采用“磨砖对缝”砌法，即明代所称“磨砌”，多用于砖细贴面、砖细门窗洞、漏窗、照壁、槛墙、砖细垛头及垛板、方砖铺地等。新安祠堂、大型住宅墙垣内侧贴砌的版壁面砖用水磨砖。砖雕门楼亦多用水磨砖。

第三种，碎砖墙，江南也叫乱砖墙。碎砖墙用规格不一的整砖或碎砖，多用于围墙等简易建筑，利用旧料，方便价廉。

以上墙体砌筑灰浆，用掺灰泥，即泼灰（生石灰泼水成粉状后过筛）与亚黏性黄土拌匀后加水制成，多用于碎砖墙。砌筑糙砖墙常用“过塘泥”，即将泼灰与经过滤的黄泥浆拌匀而成。清水墙多使用白灰膏，讲究青砖白缝的效果。为防止墙体外倾，尤其是山墙歪闪倒塌，常采用墙揽将山墙与木构架连接在一起，利用木构架拉住山墙。墙揽，徽州工匠称木牵、铁牵，严州工匠称牵子。木牵，或称木仁、木扎子。木牵安装于凿有燕尾榫卯的牵砖上，牵砖砌入墙体，木牵则有“竖牵”“扁牵”两种，分别钉在柱枋上。铁牵嵌入墙体外皮部分，呈枣核形，中部宽约2寸，长约6～7

寸，以铁杆外端与其固接，铁杆里端加工成宽约1寸的扁铁，包钉在木柱上。另外，尚有撑柱砖、撑枋砖，即以丁砖撑住柱枋，稳定墙体。墙揽是一种建筑抗震技术措施，但一旦山墙倒塌，亦可能累及木构架，所谓“墙倒屋不塌”则很难保证了。

(二)填充墙

新安建筑的填充墙主要有木板壁、编苇抹泥造等，多用室内隔断，偶见于外墙。

木板壁，明代在柱之间拼装长形板壁，拼缝压以木条，似宋代护缝遗制，当地称“一板一枨”。清代多做成片的屏门，徽州工匠亦称之为“鼓门”，严州工匠称“樘门”，屏门装配在柱枋之间，有单面、双面之分，可灵活拆卸，称吸壁樘门。有学者认为这是宋室南渡后不适于南方气候而创制的可拆卸保暖设施。木板壁一般用于室内隔断、外墙内侧的木护墙板，偶尔也用于围护墙，如明中期的歙县潜口乐善堂门屋，大门为双开实拼板门，两侧为木板壁。

祁门县祁山镇(明)某宅编苇夹泥造墙

编苇抹泥造（编苇夹泥造），类宋式的编竹造，不同的是徽州明代住宅多用芦苇，严州则用苇草或竹篾。其做法是在柱梁间的木框架内，用芦苇作横经纵纬交织而成，横经多少视编道高度而定，编苇内外两面抹以灰泥。编苇抹泥造可用于室内隔断、门窗或墙上部及门窗左右泥道，两厦造及厦两头造房屋山面的尖斜壁，以及栱眼壁等处。

新安传统建筑外观简朴，粉墙围护，侧立面用梯级形屏风墙或尖形、弓形山墙封闭屋顶。立面唯一重点装饰的地方是大门，一般砌有较简单的门罩或繁复的砖雕门楼（一种贴墙牌楼的形式）。明代外墙下部多无阶基、下碱（群肩），仅墙角处竖立护角石。清及民国则常用条石砌筑下碱，或贴砌石隚板，考究的还在垛头（墀头）、三线横排（拔檐）、垛版（大版，苏南称抛枋）等处采用清水作。

(三)格子门

格子门是木构建筑墙壁的一种特殊形式，新安沿袭宋代名称叫格子窗、格子门。格子门窗将墙虚化了，除断、采光功能之外，还具有装饰作用。明中叶以前，格子门框前后两面都做扁圆形，类似《营造法式》所载通混压边线，格眼多为方格或柳条式。明末至清，心仔花纹渐趋复杂，万川、回纹、龟背锦、冰裂等，式样不一，匠心各具。尤其在裙板、夹堂板上刻人物故事、山水楼台、花鸟禽兽。鼎彝博古，构图华美，富于文化气息。建德等地格子窗上部有横披窗，供采光，不能开启。通常左右分三段，用细棂子做全幅格子图案，中央开光镶花板或玻璃。开光大多是曲线的，如扇面、书卷、团扇等。清末民国以来，门窗使用玻璃采光，以纸糊为设计基础的心仔图案失去实用意义，而变得稀疏明朗，或为框景式、自由式图案。格子门和护净在天井周边组成了一条木雕绶带，装饰效果十分显著。

(四)栏杆

栏杆不是建筑物主体，却具有围护作用。新安明代住宅天井水池较深，往往安装有石栏杆，其做法类宋式单钩阑，如歙县柘林方宅。天井周边偶见安装木栏杆者，如歙县徽城镇民国时期的笑梅书屋。住宅面向天井的楼层窗口下也装有一周雕刻精美的栏杆，根据栏杆形式可分为普通与弧形两种，随时间推移，由简至繁地发生变化。普通形式栏杆约与一般窗口等高，取其便于凭栏眺望。这类栏杆构图早期颇类石栏杆，但简洁玲珑，如休宁县吴田村吴晓东宅的栏杆。清代有的楼层将窗台外挑

黄山市徽州区坤沙村(明)方文泰宅飞来椅详图(资料来源：张仲一等《徽州明代住宅》)

约40～50厘米，以软挑头和撑栱支承，上置矮栏，形成悬窗。黟县、建德市称“坐窗”。坐窗不用栏杆的，则在窗台外沿安装格子窗。坐窗置于“阳台”上的，堂屋前檐廊步抬高，楼层多出一步台子。弧形栏杆由传统的鹅颈椅发展而来，江南称飞来椅、美人靠、吴王靠。楼层檐柱间置有座凳，栏杆向外弯曲，位于檐柱外侧。栏杆上立有八角柱，以插栱支承外檐，格子窗则安装于栏杆上，这种做法与宁波天一阁所藏明鲁班正式图所载楼阁正式图相吻合，当是宋画中“阑槛钩窗”的承传。歙县拓林方新淦宅飞来椅构图简雅秀丽，上部弧形靠背划分若干框格，内施壸门装饰，下部衬以素净裙板，一简一复相映成趣。裙板为直板，与上部水平线条一横一竖起到对照作用。明中叶以后，飞来椅装饰复杂，堆砌过多，流于纤巧琐碎，整体已欠协调。

第三节 下分——台基部分

《释名》:“台，持也，筑土坚高，能自胜持也。”“阶，梯也，如梯之有等差也。”《汉制考·阶》:“堂涂。注：谓阶前，若今令甓裓也。”“裓”意为堂下阶前砖砌之路。以上古代文献说明了一点，即“屋内地面，恒较户外为高，设有石级，方便上下，称为阶沿”(《营造法原》)。阶沿为阶台四周之石，包括踏步。苏南所谓阶台即台基，是单座建筑物的基座，徽州亦称阶基。

一、台基

建筑下施台基，最早是为了防水御潮，后来则出于外观及等级制度的需要。清代《钦定大清会典则例》规定：

> 公侯以下，三品官以上，房屋台阶高二尺。四品官以下至士民，房屋台阶高一尺。

台基包括地下埋深和地面露明两部分。台基延伸则为月台，亦称露台。祠堂月台，亦称拜台。古代还有一种将整栋房屋架空的台基结构，叫平坐。依照功能和外形，台基一般分为普通阶基和须弥座两类。

(一)普通阶基

普通阶基以砖、石砌成平台，台中夯土。基础出土处四周砌土衬石（清亦称砚窝石），其上砌陡板石。阶基棱边（阶唇）砌压阑石，徽州称阶沿石，与室内地面相平。柱础下砌磉石则与压阑石持平。新安建筑阶基石多以条石或虎皮石砌筑，亦有用卵石砌筑的。

(二)须弥座

宋时，石作称叠涩座，砖作称须弥座。新安建筑较少使用由若干叠涩和仰覆莲线脚组成的须弥座，明清祠堂将军门、八字墙门用须弥样，即侧面上下凸，中间凹入的台座形式。[①] 将军门两旁则用抱鼓石。歙县潜口金紫祠寝堂阶基为阶陛双层石钩阑，颇为壮观。

黄山市徽州区潜口村(明)金紫祠寝堂阶陛

二、地基

宋、元、清称筑基，明清亦称开基，当地俗称“挖脚”。新安建筑基础随原生土质坚柔不同，深度亦有区别。一般刨槽至老土，夯以砖碴碎石垫层，然后在其上砌

① 侧面上下凸，中间凹入的台座形式，明代均称须弥样。参见：潘谷西主编. 中国古代建筑史 第四卷：元明建筑[M]. 北京：中国建筑工业出版社，1999.

块石或条石至土衬石。若遇软湿土层,则需打入松木桩加固地基,俗称千年桩。2021 年,屯溪区修复镇海桥，开挖旧基时发现“睡木”。据《中国古桥技术史》载，这是一种“睡木沉基”，亦称“卧桩沉基”。施工方法是先平整桥墩处河床，然后“铺设纵横二层木料作为基底，上面攒砌桥墩。随着墩身建筑高度增高，基础下沉到平衡为止”。

歙县（明）徽州府衙后堂墙基遗址

三、阶级

宋、元称踏道，明称阶，清称踏跺、台级。阶级一般以条石砌筑，两旁置垂带石，徽州工匠称阶级腿。小型住宅不用垂带石,古代称“如意踏步”。月台垂带石栏杆（明称落步栏杆）考究的坤石雕作卧狮，如徽州府衙正厅月台的明中叶垂带栏杆。

四、铺地

早在原始社会，新安的先民就用烧烤地面的方法，使居室地面硬化，以隔潮湿。歙县的新州遗址和富堨下冯塘遗址、淳安县的进贤遗址发现的大量烧土块，说明新安原始建筑已出现了铺地作法。新安建筑的铺地，清代称墁地，室内铺地主要种类有土地面、三合土地面、石地面、砖地面、木地面。

(一)土地面

用原生土夯实的地面，属简易作法，类似的还有黄土与白灰拌合铺筑的灰土地面，这种较早的铺地作法直至近现代仍然常见。

(二)三合土地面

新安建筑三合土地面，亦称砂灰地面，以中粗砂、泼灰拌匀闷透，加黄泥浆或紫砂泥搅拌，然后夯实拍打出浆，有的表面还洒上卤水，直至坚实。若掺和生桐油或糯米汁，地面则更光滑如镜。三合土地面价廉，施工方便，使用比较普遍。

(三)石地面

新安山区石材资源比较丰富，石地面就地取材，坚固耐用。不论住宅地面采用何种作法，天井多以石料砌筑，明代较早为水池，池壁雕作须弥样，中央砌条石走道，下或发券。山区雨量充沛，明中叶以前，天井缺少排水设施，屋面自由落水，天井水池可暂时积贮不及泻出的雨水，使之缓慢地从水池的泄水孔和石板缝中排去。明末清初以后，天井水池不再设置，水池由深趋浅，直至渐平，于是在天井四周砌阴沟或盖板明沟，俗称“明堂坑”，天井中央因此呈台状，叫月台。每面排水沟里卡有两块雕刻简洁的小石板，板下有过水口，上缘略低于月台，在其上可加设石或木板，以便行走。雨水从天井明堂沟排至清淤池，清淤池一般为一大缸，位于天井外侧，天井内的沟口有透雕石篦子。池水满后，经宅内迂曲的地沟排至户外，与村落排水网络连接。明末清初以后，天井四周屋面采用组织排水，先后使用了陶、砖、锡、铁等檐沟（即“承霤”，俗称“水枧”）和落水管。

(四)砖地面

室内铺地多用方砖或条砖平铺，方砖地面多为横竖缝相通的“井字格”形式，或 45° 斜铺。条砖地面有席纹、间方等多种。歙县棠樾清嘉庆初营造的保艾堂铺地则更为讲究，相传用石灰、细砂各一层，上覆以瓦瓮，紧密排列，瓮之间满填细砂，然后墁砖，地面因此十分干燥。

(五)木地板

住宅卧室多为木地板，先砌地垄墙，然后架木搁栅，其上再铺钉木板。地板下空间四周做通风口，一般一间 2 个，装有通风的透雕石篦子。黟县等地有些住宅堂屋不仅前金柱间安装有可拆卸的格子门，三合土地面上还备有活动木地板模块，冬季可以进行铺装。

第八章　新安建筑的装饰、施工、匠师

第一节　新安建筑装饰

新安建筑文化圈具有鲜明的地域特征，其中建筑装饰是特征之一。诸如上分屋面的瓦兽脊饰，中分柱梁的艺术加工和大木雕件、门窗棂格的小木装修，以及砖木石雕件的大量使用，下分台基的须弥座、栏杆石作等。新安工匠应用建材的天然颜色和油漆、彩画的不同色彩，采用对比、调和、渗透等手法，造成了新安传统建筑具有浓郁地方特点的色彩环境，同时又巧妙地将新安绘画、雕刻的不同内容和工艺应用到建筑装饰里，加强了建筑艺术的表现力，从而使新安建筑具有了艺术的外观形象和思想文化内涵。

本章集中讨论新安建筑装饰中的砖、木、石建筑三雕和彩画。

一、建筑三雕

新安建筑三雕是建筑砖雕、木雕、石雕的总称，[①] 其中建筑木雕数量最多，内容最广。但从全国范围来看，新安又以建筑砖雕最负盛名，新安建筑三雕的采用，提高了新安建筑的可视度，增加了新安建筑的个性特征。

(一)建筑砖雕

建筑砖雕是在细泥青砖上进行雕刻加工的工艺技术，旧称“硬花活”。新安砖雕可分为烧活、揼烧、凿活三种。烧活，宋以前即已出现，是以泥塑或在湿坯上模压成型，入窑烧制而成。揼烧，是对烧活进一步雕刻加工。凿活，以细泥青砖为材料，通过雕凿制成，是真正意义上的砖雕。砖雕装饰历史较晚。汉代画像砖，是以线刻为主，也有浅浮雕，强调平面感，与绘画关系密切，是半画半雕的艺术。

秦汉两代都有不少铺地砖被发现。砖多方形，上有凸起的图案。简单的只是乳突，复杂者有几何纹、文字、动物及其组合。还有不用来铺地的长方形砖或空心砖，也

---

① 新安建筑三雕是砖雕、木雕、石雕三类雕刻的总称，是附丽于新安传统建筑的装饰艺术，亦可称之为附加艺术。建筑三雕为建筑装饰所独有，不同于单纯用作摆件、挂件欣赏的工艺三雕。新安建筑三雕的采用，提高了新安建筑的可视度，增加了新安建筑的个性特征。

祁门县塔下村（宋）安丰塔砖雕佛像

饰有图案。唐宋以来，由于佛塔的广泛建造，在须弥座的壶门、栱眼壁、门侧天王等部位的砖雕已是浅浮雕或高浮雕。祁门县塔下村安丰塔，建于北宋元祐八年（1093），塔为六边形砖石结构，每层均设有佛龛，塔身内外6面镶嵌佛像砖400余块。菩萨造像面相端庄，肌肤丰腴，双手合十做跏趺坐式，身后缘饰火焰背光，莲座为高束腰须弥座。宋《营造法式》一书于砖雕记载甚少，书中对砖雕的加工称“斫事”，斫事内的“事造剜凿”即完全雕凿而成的砖雕。砖雕样式分地面斗八、龙凤、花样、人物、壶门、宝瓶等类。地面斗八用在殿堂内，其他所用部位如阶基、城门座、砖侧头、须弥台座之类。

明代以后，建筑用砖量大增，同时出现的屏风墙硬山顶建筑垛头等重要部位可供装饰砖雕，凿活逐渐盛行。新安的住宅、祠堂等建筑大多饰有典雅的砖雕。如淳安县武强溪东岸琅瑁岭上，20世纪80年代尚遗存有一座六边形平面七层的琅瑁塔，该塔明万历二十九年（1601）建，砖结构。塔台基作砖雕须弥座，每层塔室壁龛中有砖雕佛像96尊。明中、后期新安风俗日侈，而限于礼制，促使新安商人将财力多用在雕刻装饰上。由于砖雕有一定耐久性，适合作外檐装饰材料，它又是立体艺术，其光影效果非彩画可比，且题材丰富，易雕凿，有淡雅的书卷气，以之装饰门庭无逾制之嫌，故新安住宅、祠堂等建筑普遍使用。明嘉靖至万历年间砖雕艺术得到迅速发展，建筑砖雕风格古朴，用刀刚劲洗练，注重整体效果。手法一般为浮雕或一层的半混雕。景物前后紧贴，多借助线刻造型，画面内容较单纯，人物也多雷同，构图强调对称，富于装饰趣味，但缺乏层次变化。

清代出现了高质量的雕凿用砖，砖雕工艺成为独立工种。明末清初，新安画派兴起，同时，构图典雅、绚丽多彩的徽派木刻在小说戏曲书籍中的插图、墨谱和年画等领域中大放异彩，这些都在无形中影响砖雕工匠的创作。砖雕逐渐改变明代质朴、单纯的古拙风格，趋向于细腻繁复，注重情节和构图。清初曾一度衰落，至嘉、道复兴，形成专门行业。清末，新安砖雕更趋于精细复杂。一块方不过盈尺的砖面上，可以透雕出多个层次，砖面的布局往往如整幅立轴和手卷的画法那样严谨。层次分明，错落有致。一幅砖雕，常采用多种雕镌手法，如前景人物为半圆雕，中景楼台亭阁作镂空雕，背景的屋宇也要刻画得有一定深度。图案边框装饰凸起的回纹、花叶枝蔓等，主体半圆雕下还衬以平雕几何纹做背景。整幅作品精细入微，刀法更臻绝妙，兼容木雕、石雕技法，刚柔并蓄，亦雕亦画。但同时也出现一些单纯玩弄技巧的作品，如门窗能摆，人物能动，类似于机关布景，繁琐纤巧。此类技艺，以技术水平论或可赞叹，艺术上则另当别论。1840 年鸦片战争之后，中国建筑转入近代时期，开始了近代化的进程，并呈现出新旧两大建筑体系并存的局面。在推迟转型的传统建筑中，砖雕工艺因袭明清，雕凿技法达到了时代顶峰，但构图更为繁琐，整体艺术效果不够完美，新安建筑砖雕已是美人迟暮了。

作为建筑附属艺术，砖雕重点使用于新安建筑的大门，其门罩、门楼、八字墙等是砖雕的主要使用部位，外墙、垛头、照墙、匾额、漏窗，以及砖塔等处亦多有使用。新安建筑的大门上面几乎都装饰有繁简不一的门罩、门楼，其实用功能可将门上部墙面雨水引开。[①] 大门又是建筑的出入口，是外观的艺术焦点，它在建筑个体和群体组合中地位突出，加上它所承载的社会文化意蕴，有人认为“中国古典建筑就是一种‘门’的艺术”（李允鉌《华夏意匠》）。新安住宅大门一般用门罩，明代门罩以砖细叠涩几层挑出墙面，顶上覆以瓦檐，手法简洁。年代稍后的住宅则用细泥青砖在门框上部砌成垂花门形状，两垂花柱间施二枋联系，檐下用砖椽支承，布置疏朗，极少雕饰，当地称“素罩”。清代门罩在枋间两端兜肚部位大多施以砖雕，枋上亦雕彩画，后期渐趋精细繁琐，当地称“荤罩”。垂花门罩及字匾门罩亦称门楼，阀阅之家、祠堂等建筑用门楼。门楼较门罩复杂，一般仿牌楼形式，一间三楼或三间五楼，以水磨砖制作，最讲究的是用石和水磨砖混合砌筑，形式与当地牌坊相似。八字墙门则外侧全用砖构，中为门楼式石库门，左右照壁向两侧斜延，平面呈八字形，有单折双折两种。宋代称“摆手”“两摆手”，清代称“撇山影壁”。双门头做法在内侧也砌筑门罩、门楼，雕镂精致程度虽稍逊正面，但内外两门楼重叠，却格外引人入胜。不少建筑前尚立有照墙，墙心做法分粉灰和方砖硬心两种，后者多使用砖雕。《徽州

---

① 新安早期以前的悬山建筑多无飞檐，明中期以后硬山建筑封护檐墙的拔檐挑出也很短，而楼房砖拔檐更不挡雨。门罩、门楼以木或砖椽挑出，具有一定的挡雨功能。清赵吉士的《寄园寄所寄》载：“（明）太祖初至徽，避雨于民屋门首。曰：‘尔民何不接檐？’民遵命，至今新安屋宇门皆重檐。”

明代住宅》一书认为："门罩与门楼的不同点是本身与门框并不联系而自成一个独立的单位。"据此标准划分，垂花门楼、字匾门楼应归为门罩。但除早期水磨砖制作的简单门罩外，其余形式当地工匠均习惯称为门楼。清钱泳《履园丛话》卷十二曰："吾乡（今无锡）造屋，大厅前必有门楼，楼上雕刻人马戏文，玲珑剔透。"新安亦如是。门楼主要有字匾门楼、垂花门楼、牌坊门楼、八字墙门楼数种。

黟县关麓村（清）吾爱吾庐字匾门楼（张建平 摄）

1. 字匾门楼

石库门做法同建筑，门上槛以上一般为砖细下枋，有些开光施砖雕锦栿。下枋上为砖细字匾或白灰墨书字匾。两侧为花板，苏南称兜肚，兜肚外围为挂耳。字匾上为上枋、平板枋，上枋施纹饰雕刻，平板枋或混面起线。再上用雕刻柁墩，偶数，两端刻卡子，栱垫板粉白灰。其上为砖细五路拔檐。简洁一些的门楼或略去下枋，或略去上枋。有一些繁复的门楼在字匾周镶以花边，或在上枋上加挂落，或在五路檐下加阳台栏杆。总之形式多样，十分纤巧。

2. 垂花门楼

明代垂花门楼下部为砖细垂花门形式，两侧各置一垂莲柱，以二层横枋联系，柱下端刻莲花。枋上置圆鼓形饰件，类霸王拳形状，檐下用砖雕檐椽支承。垂花门楼更多地仿木构，布置疏朗，雕刻较浅。清代、民国垂花门楼雕刻增多，垂花头多用花篮，但构造仍较简洁。

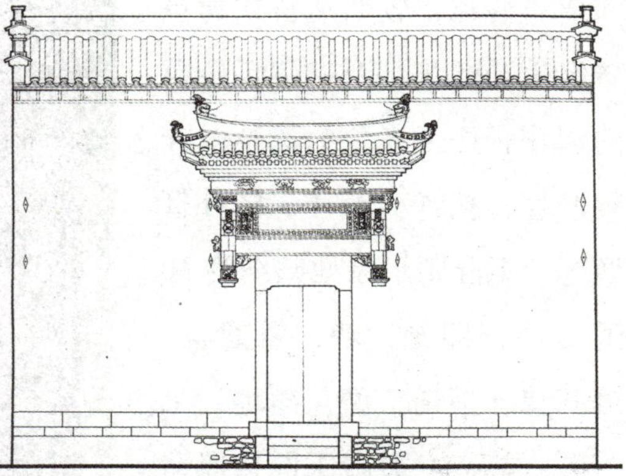
歙县瞻淇村（明）天心堂垂花门楼立面图（资料来源：龚恺等《徽州古建筑丛书·瞻淇》）

3. 牌坊门楼

牌坊门仿檐楼式牌坊，砖细作梁、柱，上加屋檐。有一间二柱三楼和三间四柱五楼，雕镂甚精，十分宏伟。明代当地有的门楼砖与石构结合，俨然如同牌坊，甚为华丽。小式牌坊门楼不施斗栱，大式则施砖雕斗栱。大式牌坊门楼于普拍枋（平板枋）上设置斗栱，或单栱，或重栱。斗栱以上桁椽等，均以细料青砖制作，其构造做法与木构相类。由于砖檐挑出不多，砖椽一般水平放置。

淳安县宏鲍村（清）鲍氏宗祠牌坊门楼

4. 八字墙门楼

八字墙门楼中部的大门一般为牌坊门楼做法，两侧则为斜延的照墙，平面呈八字形，类撇山影壁。八字墙砖细作，下碱一般利用砖或石须弥座。上部影壁心干摆，墙心为方砖硬心作法，阴刻纹饰。墙心砖雕花饰构图多为中心四岔。墙心以上为线枋、大枋，大枋上用柁墩，皆为雕件。

明代官式建筑砖雕装饰的部位已经形成规律，清代《工部工程做法》又对其做了若干规定，因此寺庙、衙署、宫殿对砖雕的使用较为谨慎。而新安建筑砖雕是民间建筑砖雕，较明清官式建筑砖雕生动活泼。新安建筑砖雕的制作程序，大致为选料、开料制坯、拓样、雕作、修补打磨等。工匠则形象地归纳为10道工序，即画、耕、钉窟窿、镳齐口、捅道、磨、净地、上“药”、打点。砖雕工匠按照造型艺术要求，探索总结出7种

黟县关麓村（清）迎祥庭八字墙门（张建平 摄）

主要刀法，即平面雕、浅浮雕、深浮雕、透雕、镂空雕、圆雕、阴刻。

1. 平面雕

类似于压地隐起。雕出的纹头和图案中凹下的底面、凸出的雕面都是平的，至多亦是在凸出的雕面上刻画出线条。凹凸深度约一厘米，例如回纹卷草、汉纹花边，以及各种装饰线条边框等。

2. 浅浮雕

类似于剔地起突。砖雕因凸出面低，不漏空，往往在其凹下的减地部分斫出匀布的点，以加粗其质感，使之与浮雕花纹产生对比。浅浮雕画面牢固、简洁、大方、雅致，且轮廓光影效果好。与线雕配合密切，一般几何纹、博古等图案常用。

3. 深浮雕

类似于半混。这种刀法有立体感，局部附着于砖材，某些部位镂空。图案突出砖面较高，起伏大，层次多，一般约三个层次。雕刻的各个部位可以重叠交错，似乎与背景分离。山水人物雕刻中人的头、手、足，或手中的执物，以及飞鸟、枝叶等，均具有高浮雕技法特征。

4. 透雕

雕透砖材，具有局部内在空间感，疏朗、通透。砖雕漏窗常用此刀法。

5. 镂空雕

砖雕多处镂空，层次在 4 ~ 5 层，有些达到 9 层。一般在约 2 寸厚的砖上雕出画面，除背面或顶部不易看见的部位以外，其余凸出部分均镂空雕刻。这种刀法可以从不同角度反映立体画面，空灵轻盈，甚至局部转动。例如，楼台亭阁上的门、窗，笼中的鸟，狮子绣球内滚动的珠等。

6. 圆雕

类似于混作。能充分体现高、宽、厚实体感，是三维雕塑。神龛、力士、鳌吻等皆用此法。

7. 阴刻

类似于平钑。以刀代笔在砖面上将图案花纹的线条凿成“V”形阴纹，其手法和效果都与绘画的白描手法相同，常用于题字和花边图案，以及单独使用的锦纹。

(二)建筑木雕

木雕最早的实物饰件是 7000 多年前浙江余姚的河姆渡木雕鱼，周身阴刻大小

黄山市西溪南村（明）吴息之宅插梁架大木雕件

不等圆窝纹，形象生动。至于建筑木雕始于何时，尚无准确记载。春秋战国时期齐国的《周礼·考纪》载："有虞氏上陶，夏后氏上匠，殷人上梓，周人上舆。"文中提及建筑宫室之工。《三辅黄图》记载汉初长安未央宫"雕楹玉碣，重轩镂槛"，表明这座2000年前宫殿建筑的柱子和栏杆上已有了雕刻装饰。宋《营造法式》单就木工分为五个工种，即锯作、大木作、小木作、雕作、旋作。其中小木作负责木装修制作，雕作要求娴熟的技艺表现各种纹样图案。新安建筑木雕和砖雕、石雕一样，是建筑的附加艺术，它与新安住宅、祠堂的形成发展密切相关。

宋元是新安建筑的形成期，其整体风貌是文质彬彬，气韵生动，讲究秩序法度，追求空间意境，少金银奢侈之气，富平淡天然之美，表现出实用朴素的审美情趣。此时的新安木雕远未达到后世无宅不雕花的程度。据记载，南宋迁都临安（今杭州），曾在淳安等地征召了一批建筑工匠，其中包括雕刻艺人，参加皇宫建造，这对新安木雕艺术的形成应有一定的影响。

明至清雍正是新安建筑成熟期，前期建筑技艺多承宋、元遗规，风格较为质朴，无敢轻慢逾制者。中、晚期建筑地方特色逐渐形成，建筑艺术从粗犷厚重走向精巧纤细，屋宇日趋高敞华丽，逾制现象十分普遍，这种现象一直持续到清前三代。此时的木雕多用于大木雕件，装饰梁架，如冬瓜梁、叉手、替木、斗栱等。后期则发展到栏杆，尤其是楼层飞来椅和底层窗栏，以及祠堂格子门等。木雕艺术古拙朴美，比较接近汉代画像砖的风格。造型浑圆结实，承袭了秦汉遗风，简朴中富有变化，用线简练挺拔，粗放刚劲。雕刻工艺也较单纯，仅浅浮雕、深浮雕、圆雕几种。题材内容也相对单纯，以花草禽鱼为主。

清乾隆至道光是新安建筑的兴盛期，从康熙中叶到嘉、道年间，是新安商业的兴盛阶段，经济的繁荣为人们精神文化需求提供了可能性，装饰主义倾向的审美观导致了工艺美术技艺的繁荣，转化到建筑上成为重要的装饰手段。乾隆以后，新安三雕广泛应用于建筑，柁墩、雀替、撑栱等大木雕件之外，格子门窗等内檐小木装饰也普遍使用木雕，其雕饰内容也是大量增加复杂的花卉、人物、戏剧等，雕刻风格较明末清初缜密精巧、纤细繁复。后期竞相奢靡，凡木构件几乎皆精雕细镂，无不穷尽其极。毗邻金华的建德部分地域，还受到了东阳木雕艺术的影响，过分的雕琢而导致力度感削弱。雕刻工艺也增加了透雕、沉雕、线刻等刀法，雕刻题材内容更加多样化，注重情节和典故、戏曲故事，民俗题材也更加普及。

清咸丰至1949年是新安建筑转化期，已开始向多元化发展。新安商业盛极而衰，但仍然耽于奢侈的享乐生活，建筑木雕虽极其精美，但那种自信的艺术感觉却突然消失。由于构图受平面绘画的影响，写实味渐浓而民间趣味相对减弱。

淳安县赤川口村(明)余氏家厅五凤楼木雕

新安建筑风格随年代先后，从质朴大气趋于华丽纤细，其附加雕刻艺术有着相同的演变轨迹。对木雕工艺产生主要影响的则是新安画派和徽派版画。明末清初以渐江为代表的新安画派，300年来名家辈出，这一个书画家群体对新安民间的建筑木雕艺术影响甚巨。另外，南宋时期，新安即出现刻书出版业，明代已经成为全国四大刻书中心之一。入清以后，徽州府的刻书业仍居全国领先地位，长盛不衰。明清小说、戏曲的插图，以及墨谱、砚谱、画谱、笺谱等都产生了不朽杰作。关于对新安建筑木雕的艺术特点，俞宏理先生归纳为八点：一是鲜明的汉风唐韵，总体风格呈现民族上升时期的自信、富足、生气勃勃的艺术格调。二是完整的构思设计，建筑的主人根据自己的心理需求，在题材、形式、内容上有明确的整体设计方案。三是大胆的构图布局，艺人善于用十分简约的手段，勾画出重大事件，给人以举重若轻的艺术感受。四是巧妙的光影造型，巧妙地利用新安住宅天井上方漫射的散光，采用不同深度的雕刻手法，借光影突出形象。五是丰富的程式语言，如夸张、隐喻、谐音等手法，熟谙民族文化的国人自能心领神会。六是优美的装饰效果，十分讲究画面的装饰美，多不加髹漆，以显示木质之美。即使有些髹漆贴金箔，其色彩也颇单纯，红、黑、金三色，不致伧俗。七是多元的雕刻工艺，几乎囊括多种雕刻手段，追求千锤百炼的雕凿功夫。八是不拘一格的材质，不一味追求木质的细腻、坚韧，柏、檀、樟、梓、椿、银杏、榧、楠、松等，都能巧妙利用。①

(三)建筑石雕

新石器时期，以磨制石器的使用为主要特征。散布于各地的原始岩画，题材多为动物和人类狩猎活动，这些雕刻刀法简练，造型简洁，形神兼备，生动有趣。梁思成先生说：“故雕塑之术，实始于石器时代，艺术之最古者也。”秦汉时期，出现了大型的墓道石雕。这些石雕作品，寓巧于拙，寓精于朴，力度感强，气魄深沉雄大。梁思成先生称两汉“为享堂碑阙时代”，陵墓表饰之风盛行，墓上建享堂，堂用石壁，刻图为画。石阙石碑，盛施雕饰。石壁上的浅浮雕被称为“画像石”。晋代为窟龛造像之嚆矢，南北朝时期，佛教始盛，佛教造像之风甚盛，石雕有很高成就。魏晋南北朝时期的石窟造像充分展示了这一时期工匠们的聪明才智和高超技艺。隋唐时期，石雕在建筑中广泛运用，窟崖造像颇多，体现出盛唐的雄壮恢宏，热烈奔放，自强奋发，昂扬向上的时代精神。宋代商业经济繁荣，促进了民间工艺的发展，宋以后的石雕艺术向世俗化、多元化发展，民间创作的建筑石雕逐渐成为石雕艺术的主流。元明清时期，石雕工艺继承唐宋遗韵，刀法细腻流畅，造型比例适宜；

---

① 新安建筑木雕在选材上不拘一格，不同于硬木雕、黄杨木雕、龙眼木雕、金木雕和东阳木雕。如徽州建筑大木雕件多为松、杉材质，其他地域木雕多弃之不用。

后期趋向精雕细镂，线条细腻繁丽，注重工艺性和鉴赏性。石雕内容，大多是反映生活习俗。清代中叶，石雕装饰在建筑中的应用更为普及，住宅、祠堂、牌坊、寺观、塔亭、桥梁、陵墓等建筑物、构筑物的台基、柱础、抱鼓、栏杆、漏窗、狮子等部位都有石雕装饰。

梁思成先生认为“艺术之始，雕塑为先”“此最古而最重要之艺术”。他还认为：“永乐、乾隆，为明、清最有功于艺术之帝王，然于雕塑之道，或仿古而不得其道，或写实而不了解自然，四百年间，殆无足述也。”但与此形成鲜明对比的则是，明清时期的新安建筑石雕却焕发出健康的、喜气洋洋的审美情调。明代前期至中期，风格古朴，刀法洗练，整体感强。明中期至后期，开始趋于精巧。到清代，则向精美繁复发展，线条细腻，气势稍逊。

1. 石坊

现存新安牌坊绝大多数是石坊，它集中了中国古建筑最有特征的物件，如台基、柱梁、屋顶、斗栱、匾额等。雕刻手法则综合了混雕、半混、浮雕、线刻、实雕等，从而使新安石坊以高超的工艺独具一格，展现出恢宏的气势。新安石坊多施斗栱。明中叶以前的石坊转角铺作由一石凿成，作 45° 斜栱及枫栱，刻意模仿木斗栱形象。其上架三角形石板象征云头以承托屋面板。这一时期的石坊斗栱十分费工，到明正德以后才逐渐简化，形式复杂的斗栱逐渐演变成分块拼装，形成出跳的偷心栱板，与正心缝方向花板相拼合的模式化作法。至明晚期，补间铺作之栱板、昂板与栌斗已分块雕凿，继而分块拼装法成熟。清代栱板则一石制成，角栱板已淘汰。

黟县西递村（明）荆藩首相坊石雕

支托柱子的抱鼓石，新安俗称靠背石，这是维持石坊横向稳定必不可少的构件。明代中叶前期，新安采用日月掩象鼻纹样，类似明《鲁班经》中的屏风桨腿样式。建于明正德年间（1506 ~ 1521）的歙县槐塘龙兴独对坊明间柱子上出现了圆雕蹲狮靠背石，蹲狮形体不利于支撑柱子，故次间边柱仍用靠背石，或将边柱狮子做倒立状，使其尾部达到一定高度以支撑石柱。明中期，靠背石形状简化，出现素板。清早期，虽尚有沿用日月掩象鼻靠背石的，但已不复明代卷曲、流畅、秀挺的线条。明代中叶前期，新安石坊多作悬山屋顶，仿木构之举折作平缓曲线，由一石或二石拼成，上刻瓦垄、勾头、滴水，下刻檐椽、飞椽。屋面吻兽多用鳌鱼，偶有使用云头的。清雍正十三年（1735）建造的歙县徽城（吴氏）世科坊，每坊底垫石上雕两头卧狮，态势生动，类宋《营造法式》所载半混雕兽形柱础和狮子角石的做法。

新安石坊绝大部分都施以仿木构建筑彩画的雕饰，借助面的凹凸取得光影效果。潘谷西先生据宋《营造法式》雕作制度总结出石雕的 8 种品类，分别为：混作——圆雕，如狮子靠背石；半混——一面贴地的圆雕；剔地起突——高浮雕；压地隐起——浅浮雕；减地平钑——线刻，去地甚少；实雕——高或低浮雕，不去地；平钑——线刻；素平——无花纹。石坊雕刻彩画主要集中在上、下枋，明间下枋是最主要的部位，且通行式样是如意头式。构图分枋心与藻头两部分，明代早期已形成如意头彩画的雏形。如歙县徽城尚宾坊上枋如意头与双凤朝阳图混为一体，枋心、藻头界限不甚分明，下枋彩画出现枋心、藻头二段结构。明弘治至嘉靖年间，彩画与石作相结合，成功运用了起突石雕，上、下枋细部做法上，还保留明早期楞线做法，如意藻头则很少见。万历年间，如意藻头彩画居于主导地位，起突石雕仅用于枋心雕刻内容。歙县徽城大学士坊二端藻头与枋心的比例各占额枋约 1/3，接近清式彩画的规格，其典雅风格可为代表。万历末，彩画日趋简单，直至清初。此后石坊上、下枋多为素作，石坊彩画日趋简化直至消亡。石坊雕刻内容早期多花卉鱼鸟，中叶几乎都是双狮戏珠、凤穿牡丹、麒麟曜日之类。石坊彩画还施于普拍枋及柱子，多作云纹、搭袱和琐文。冲天柱雕云纹、仙鹤。雕刻方法因时代和石材不同而有所变化。明中期以前，石坊多用砂岩，质地较软，故雕刻多用半混、高浮雕，粗犷雄浑，华丽大气。明末清初以后，石坊多用凝灰岩，俗称茶园石，这种火山碎屑凝灰结构具有沉积岩特征，强度较高，所以雕刻主要为浅浮雕、实雕、线刻，间施高浮雕。石坊雕刻彩画构图严谨，图案典雅，刀法娴熟，线条明快，寓意吉祥。雕刻模写彩画，反而比彩画耐看，其光影效果更胜一筹。

新安石坊的题字也是重要内容，坊名都刻在明间的显著位置上。字碑是艺术价值很高的书法刻石，大多采用镂阳手法，琳琅满目，美不胜收。如歙县徽城大学士坊题额相传为明代书画家董其昌所书，清乾嘉时期诗人吴梅颠《徽城竹枝词》诗有句云："八脚牌楼学士坊，额题字爰董其昌。"董的书法"圆劲苍秀，颜骨赵姿"，是一位综合晋、唐、宋、元各家书风的集大成者，其擘窠大字，疏朗匀称，力追古法。

2. 柱础

雕工细致和形式多样化是新安建筑中石础的特点，本书第七章大木构件中已有叙述。关于础上的雕饰，《营造法式》上归纳为："其所造华文制度有十一品：一曰海石榴华，二曰宝相华，三曰牡丹华，四曰蕙草，五曰云文，六曰水浪，七曰宝山，八曰宝阶，九曰铺地莲华，十曰仰覆莲华，十一曰宝装莲华。或于华文之内，间以龙凤狮兽及化生之类者，随其所宜，分布用之。"新安建筑遗存中的柱础，其形制和雕饰式样远远超过《法式》所归纳的，题材内容更加多样，风格手法也更自由活泼。淳安县唐村石磉（柱础）颇具特色，明清时期闻名遐迩。它纹饰变化丰富，题材多样化，有花鸟、动物、吉祥图案，以及反映风土民情的内容等，雕饰华丽，刻工精巧。当地工匠总结了石磉制作流程的8道程序：(1) 取石；(2) 凿石坯；(3) 设计，按建筑柱子的长短粗细，确定石磉形状、大小和高度；(4) 打毛坯，凿出磉的轮廓。

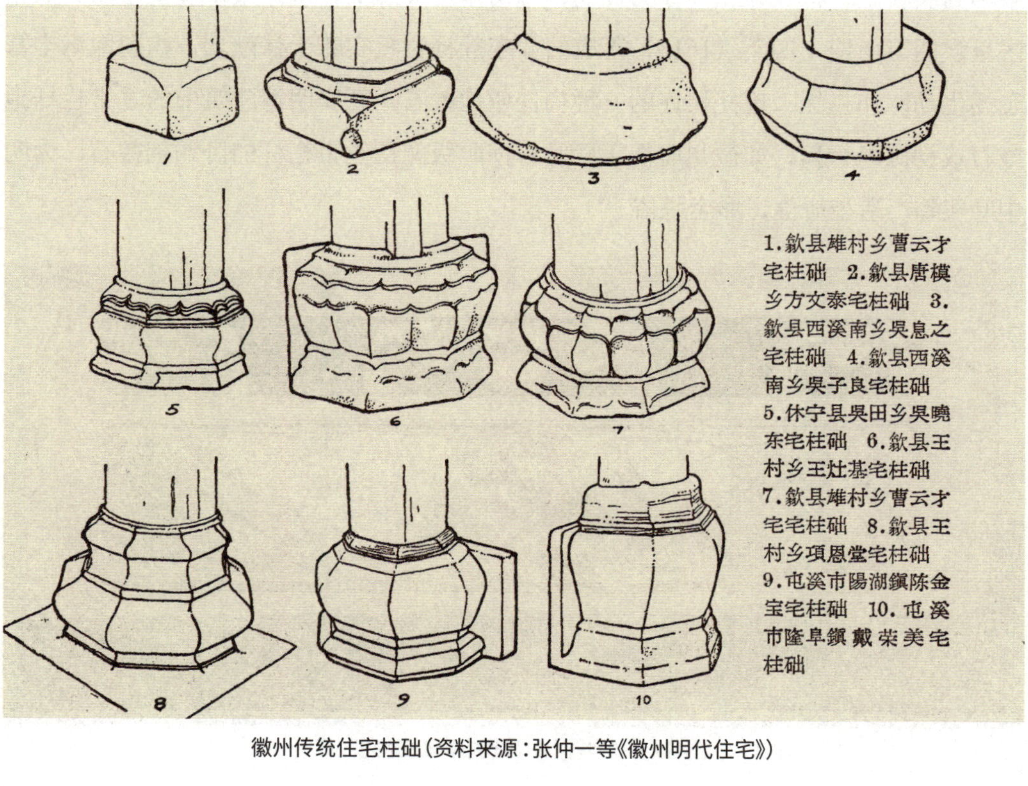

徽州传统住宅柱础（资料来源：张仲一等《徽州明代住宅》）

(5) 磨平;(6) 根据不同柱位设计图案，以统一布局;(7) 使用支凿、扁凿、阔边凿、字凿、圆凿等雕刻工具，自上而下精雕细刻;(8) 整形出细。据说雕琢一个式样繁复的石磉，用工竟达百工。

3. 栏杆

石栏杆安装在台基、池周、桥侧等处，《营造法式》所定的石钩阑式样有重台钩阑与单钩阑两种，望柱头上刻狮子等像生。钩阑上的寻杖、撮项、盆唇、束腰、华板、地栿、蜀柱、地霞等，均从小木作蜕变而来，尚未脱母体影响的束缚，并不符合石材性质、构造特点，不仅加工不易，也欠坚固。此后，石栏杆逐渐演变，望柱间距缩短，比例加粗，寻杖、栏板由整块石材制作，《清式营造则例》中可见此种勾栏图。虽然它还保留有廮项、寻杖等木构痕迹，但其形式已粗具石料本性。如徽州区潜口明万历二十九年（1601）竣工的金紫祠寝堂阶陛双层石勾栏，气势十分壮观。歙县北岸清道光六年（1826）重修的吴氏宗祠栏板刻有《西湖十景》《百鹿图》《礼器》，十分精致。明晚期至清代，新安祠堂等建筑中的石栏杆取消寻杖部分，仅用一块栏板，更符合石材特点，石雕装饰则集中于栏板和望柱两部分。新安建筑中不少栏板以卐字不到头衬地，上实雕花卉作为开光，四岔角用如意头，整体效果规整华丽。徽州区呈坎明万历四十四年（1616）落成的罗东舒祠栏板实雕天禄献瑞，构图饱满丰富，飞扬生动。和栏板、望柱相连的一种构件叫抱鼓石，新安明清建筑中的垂带栏杆抱鼓石或镌圆雕行狮，如徽州府衙正厅月台前阶级两侧垂带栏杆的卧狮抱鼓石，为明中叶实物，造型矫健，形态脱俗。

歙县北岸村（清）吴氏宗祠石雕栏板

4. 漏窗

黟县宏村（清）承志堂“喜鹊登梅”石雕漏窗（张建平 摄）

新安住宅、园林的墙上常安装有石雕漏窗，形状多样，或圆或方，还有扇面、秋叶等。较之砖细漏窗、石雕漏窗别有趣味，制作难度也大。其构图有对称工整的，也有自由活泼的，多用透雕手法镂刻。黟县西递清道光四年（1824）建的西园院墙上有两方“岁寒三友”石雕漏窗，左松石，右竹梅，神韵、雕工俱佳。同样采用透雕的住宅通风孔，又别有趣味，两者不同的是窗在砖墙上，双面做细；通风孔在石地袱上，仅需一面做细。通风孔置于房屋木地板搁栅以下部位，起通风防潮作用，面积虽小，但透雕质朴凝练。

5. 石狮

新安建筑中到处可见圆雕石狮，石坊靠背石、栏杆望柱头，以及陵墓、祠堂、寺观等场所，或蹲坐，或行走，姿态各异。狮子是外来物，古人对真狮形象是陌生的，史志记载狮子入贡，大致在西汉，但当时能见到狮子真形的人并不多。古代工匠凭借传闻，依据老虎形体和猛兽基本特征，发挥想象，运用取舍、集中，夸张和变形处理等方法，进行理想化的塑造，从而形成独特的中国型狮子艺术风格。东汉中晚期，大型立体石雕狮子出现在墓葬阙门间。唐代继续采用作为仪卫一部分的石狮子，雕刻极其威严庄重。明代石狮整体比例匀称，全身肌肉结实健美，鬃毛交卷工整成涡形半球状，胸前挂绶带璎珞铃铛，雕刻精细，纹饰富丽，富有装饰性。清代石狮头大胸窄，四肢短小，头顶肌如疙瘤，卷毛呈高突螺状，嘴扁平，眼如鸡蛋细端，无眼轮匝肌。身缠彩带，雕刻精细，但造型偏重局部，比较繁琐。至清后期，造型多不顾整体，雕刻粗糙，不足与汉唐石狮比肩。晋代以来，狮子被赋予马戏杂技娱乐开心的意义，沈从文先生称之为“醉拂菻弄狮子”。北齐佛菩萨造像，莲座前常有一对狮子同捧一博山香炉，成为后世“狮子滚球”的最早姿势。狮子由写实转为象征，失去固有的雄猛形象和精神特征，以醉拂菻弄假狮子为范本，形象逐渐与巴儿狗合流，成为一个逗人怜爱的共同体，其南方狮子造型尤甚。①

新安石狮遗存多为明清实物，它继承了“中国型”狮子造型，并从王者地位逐步迈入民间，广泛使用于建筑装饰。因此，工匠们将威猛与可爱两个对立的情感糅和在一起，雕刻成慈爱喜乐之状，玲珑多姿，憨态可掬，颇类“狮子狗”。其寓意内容不断扩大，从保吉避凶到迎福纳喜、富贵生财、子孙繁衍等，吉祥喜庆，趋向世俗化。新安石雕艺人采用以形写神的创作方法，以线画体、以体托线、体线并重，通过具有强烈体积感形体的塑造来突出作品的精神世界。故石狮具有强烈的装饰性，塑造出新安人理想化的形象，富有艺术感染力。

(四)建筑三雕的题材纹饰

新安建筑三雕历史悠久，构图复杂，工艺精细。古代工匠凭借精湛的技艺，创作出丰富的装饰造型和纹样,反映了人们的信仰及美好的愿望。建筑三雕“图必有意，意必吉祥”，它附丽于建筑物上，除了起到装饰作用外，还负有劝谕、认知、教化的作用，因“言不尽意”而“立象以尽之”。在三雕纹饰方面，新安建筑三雕的题材内容以其通俗性为新安人喜闻乐见，代代相传，沿用不衰。与力求统一在简洁、素雅和宁静之中的官式砖雕风格不同，新安建筑三雕更多地将建筑作为展示自身的舞台，刀马人物、民间传说，无所不用。它更重视纯技巧的炫示，崇尚细腻的工艺和复杂的技法，讲究玲珑剔透，美丽如画。

新安建筑三雕纹样的分类颇为困难，综合新安建筑三雕的大量遗存情况，本节将新安建筑三雕题材纹饰试分为吉祥图案、戏文人物、花鸟动物及景观山水四类。

1. 吉祥图案

新安建筑三雕是新安建筑的装饰，透露了建筑物主人的身份、地位，同时也巧妙地表达了他们的内心祝愿和心性品格。它与建筑的实用功能和谐完美统一，强化着建筑空间的环境和气氛，使其更具情感和艺术感染力。建筑三雕中的吉祥图案，彰显出古代新安人特有的文化内涵，表现福、禄、寿、喜、财、吉、安等内容。它取材广泛，主要有 8 类：(1) 龙、凤、麒麟等特殊生灵形象，如二龙戏珠、凤栖牡丹、云龙图案等。(2) 以人们喜爱的名贵花木为装饰图形，如宝相花、玉兰、海棠、卷

---

① 刘道凡. 我国传统雕刻狮子造型初探[J]. 南艺学报，1979，(2)；沈从文. 狮子在中国艺术上的应用及其发展[M]. 沈从文讲文物. 北京：北京出版社，2016.7

草等。也有成组出现的，如松竹梅等。花卉可单独使用，也可以与鸟兽、器物、锦类等组合。(3) 汉字或宗教文字组成的图案，如福字、寿字、卍字等。(4) 博古图案可仿真也可写意，“博古”是对各种古董的通称，包括青铜器、玉器、瓷器、漆器等，常采用的组合是“炉瓶三式”。(5) 宗教器物，以佛教或道教用品以及宗教生活为内容的图案，如佛八宝、道七珍、暗八仙等。(6) 选材于古代的生活用品，如琴棋书画、文房四宝等，以寄托对所寓意生活的向往。(7) 锦纹，由二方连续图案构成的花纹，如丁字锦、拐子锦、回纹锦、万字无尽头、龟背锦、菊花锦等。锦类图案可以单独使用，或作为其他纹样的衬地，还可在锦间串行花枝，如万字串牡丹等。(8) 其他，多为工匠即兴创作，内容不受程式约束，形式自由活泼。

新安建筑三雕吉祥图案表现手法大致可归纳为谐音、寓意和符号三种：(1) 谐音。即读音相同或相近转而表述吉祥祝福之意。如“平（瓶）安如意”，如意插在花瓶中，或瓶耳为如意形，寓意平安如意。“五福（蝠）捧寿”，五只蝙蝠围绕在圆形的寿字纹周围，表示五福（《书·洪范》：寿、富、康宁、攸好德、考终命）的美好祝愿。这些图案纹样大气、简洁，规整而不呆板，简单而不匠气，物体的塑造没有过多的笔墨，吉祥含义的表达恰到好处。(2) 寓意。指用借代的手法，借一物体或一画面隐喻，表示吉祥美好的含义。如“福寿三多”，佛手、石榴、寿桃共同组成的纹样，整个画面寓意多子多福多寿，这是古代华州人对尧的三个美好祝愿，亦称“华封三祝”。松、鹤合称“松鹤延年”，寓意长寿。(3) 符号。由于历史文化传承，客观对象逐渐固定化为观念的替代物，这就成为特定的符号。如“卍”不断头，“卍”字纹原为梵文，武则天定音“万”，意为“吉祥万福之所集”，寓绵长久远、富贵不断之意。如意，原为古代一种搔背器物，柄端呈手指形，因其能如意搔到手够不到之处，故名“如意”。后常以灵芝、祥云作为如意的形式和象征。

2. 戏文人物

新安建筑三雕戏文人物题材，大致可分为戏文小说、典故传说、佛道故事等三大类，内容广泛，综合了儒家礼教、程朱理学、佛道教义和民间传说。(1) 戏文小说，主要以明清时期三国、西游、水浒、红楼、封神、杨家将、长生殿、西厢记、白蛇传等作品中脍炙人口的章节作为创作题材，并结合徽剧、睦剧特点加以创作，形成具有地方特色的形象和样式，将戏中人物刻画得形神俱备，栩栩如生。(2) 典故传说，主要以广泛在民间流传的“郭子仪上寿”“百子闹元宵”“渔樵耕读”“公艺百忍”“二十四孝”等历史故事和典故传说为创作题材，反映了社会风貌和生活画面。(3) 佛道故事，但非正宗的宗教画，与原宗教内容无多大联系，而是演绎成为与民间生活息息相关的精神寄托，以满足人们多福、多寿、多子的愿望。如在新安流传甚广的“八仙祝寿”“八仙过海各显神通”等题材，都是表现八仙各带奇珍异宝赴西王母蟠桃盛会，行至东海各显神通的故事。

3. 花鸟动物

新安建筑三雕的花鸟动物纹样是以“福、寿、禄、喜、财”为五大题材展开，以民间传说或神话故事为原型，表现形式更加丰富，造型质朴、粗犷，形态单纯、生动，符合新安人的审美情趣。传统的祥瑞思想转变为吉祥如意、福寿富贵等世俗化的吉祥观念。到了清代，花鸟动物纹样发展到了极致，其应用范围也更加广泛，在建筑装饰上随处可见。梅、兰、竹、菊、石榴、牡丹、水仙、玉簪、海棠、莲、桃等植物花卉，争奇斗艳；龙、凤、麒麟、狮、象、猴、鹿、喜鹊、仙鹤、蝙蝠、牛、马、雁、鱼等动物，形神皆备。单个植物或动物纹样常采用二方、四方连续来创造变化，并把动植物纹结合起来，相互陪衬。这类建筑装饰纹样经过一代代传承，风格各异，艺术上达到了相当高的水准。常见的花鸟动物纹饰题材大致有龙凤麒麟、狮象鹿、鲤鱼蝙蝠、松鹤、梅兰竹菊、牡丹莲花、博古蔬果以及其他等 8 类。

新安建筑三雕中吉祥图的地纹和边框连续纹样也多吉祥寓意。龟背纹、卐字回纹常用作地纹，表示长寿、富贵绵长；为意纹、回纹、卷草纹常用作边框连续纹样，表示富贵如意。汉字也融入三雕，如《百寿图》等。工匠甚至以一个吉祥字如“福”“禄”“寿”“喜”“财”“富”“贵”等点明主题，空白处填充蝙蝠、卐字、古钱、银锭、如意、方胜、盘长结等，与其他纹样紧密联系，相得益彰。

4. 山水景观

山水景观纹饰是新安建筑三雕中常见的题材，艺术成就很高，其造型丰富洗练，清新典雅，不仅起到装饰的作用，还给人以美的享受。通过对新安大好山水和新安古村落的艺术刻画，可以解读到新安人热爱自然的情趣和对美好生活的向往。

新安建筑三雕山水景观的画面层次丰富，景色优美，富有诗情画意。作品多以新安山水为描绘对象，山雕黄白，水刻新安，景象恢宏，气势磅礴，画面层层深入，刀法流畅自如，表现出新安建筑三雕的高超技艺。新安传统村落也是三雕常见的题材，青山逶迤，绿水蜿蜒，水口树影婆娑，村居粉墙黛瓦，鸡犬相闻，牧歌唱晚，一派清新朴雅的田园风光。三雕构图疏密有致，透雕、浮雕、线刻相结合，简练生动，生活气息十分浓郁。新安工匠在三雕背景中尤喜采用山水园林景观，由于画面主景，如人物故事等均有具体内容，而背景部分却是工匠驰骋丰富想象，能尽兴发挥创作构思的领域。配合主景，背景或宅园一角，或水口三面，三雕工匠除了运用原有的民间手法外，还融入当时流传颇广的画谱，构图、山石皴法、树木点染，无不受到新安画派的影响。画面上“粉墙矗矗,鸳瓦鳞鳞,绰楔峥嵘,鸱吻耸拔”(清程且硕《春帆纪程》)，构图紧凑，场景丰富，情趣盎然。

云纹和水纹也是新安建筑三雕常用的装饰图案。通过精细描绘，装饰在建筑物的诸多地方，流畅、飘逸，令人心旷神怡。

新安“邑中多巧艺”，新安建筑文化圈在清代营造界形成了“徽州帮”。工匠口传身授，父传子，兄带弟，以师带徒，以族成帮，以帮传艺，代代相沿。这些工匠聚帮，既有利于互相配合，取长补短，也有利于技艺切磋交流，尤其师出同源同帮，容易形成自己的工艺特点，在技法上、题材上、审美取向上易达成默契，固定为一种审美模式。在经济推动下，伴随着文化品位提升，民间对工匠的工艺审美要求愈来愈高。新安商人营建豪华住宅时，为了达到最好的雕刻装饰效果，往往举行雕刻技艺擂台赛，客观上促进了工匠技艺的交流和审美理念的融合。不少大户人家楼居群、祠堂、戏台从开工到落成，耗费几年甚至十几年的时间，一些工匠更是几代人前赴后继，参与设计建造，精雕细刻，可谓鞠躬尽瘁。在这一漫长的雕凿过程中，技法和审美理念不断吐故纳新，风格也趋于一致。正是这样一批普通工匠，在传统文化传承中，调动着审美的情趣，丰富着审美的意蕴，创造着审美的技法，成就新安建筑三雕的“鑿花之美”。

民间工艺有更多的审美宽容性，三雕工匠根据主人意图和自己的理解来进行审美创作。对于他人评价一般并不十分在意。三雕作品需服从主人建筑、装修的总体设计方案，有的主人甚至对每一幅图案都要提出题材、构图、用工的主导意见。新安建筑三雕正是主人、工匠、画家集体审美创作和传统文化技艺的结晶 。

二、建筑彩画

(一)*宋式彩画和清式彩画*

《中国大百科全书·建筑园林城市规划》释“彩画作”言 :“中国古代建筑工程中为了装饰和保护木构部分，在建筑的某些部位绘制粉彩图案和图画的专业。”中国至迟在春秋时期建筑上已出现彩画，《论语 · 公冶长》中就有“山节藻棁”一语。彩画用的颜料以矿物颜料为主，植物颜料为辅，加胶和粉调制而成。矿物颜料覆盖力强，经久不变色，有的能起一定的防虫作用。彩画形式主要有宋式和清式两种。

1. 宋式彩画

宋《营造法式》卷十四彩画作制度将彩画归纳为 6 种形式，即五彩遍装、碾玉装、青绿叠晕棱间装、解绿装、丹粉刷饰和杂间装。画彩画处先遍刷胶水，再按所画品种分别刷白色或棕灰色衬地。衬地上先按花纹略铺底色，再细画花纹。画时颜色重叠处先刷矾水，全画完成后罩一层胶水。从色彩效果来看，五彩遍装和杂间装是五彩缤纷，鲜艳绚丽；碾玉装和青绿叠晕棱间装是以青绿为主，色调偏冷；解绿装和丹粉刷饰则是以土朱为主的暖色调。

2. 清式彩画

清工部《工程做法》中将彩画归入画作，将地仗和油饰归入油作。清式彩画大体可分为三类，即和玺彩画、旋子彩画和苏式彩画。它的风格复杂绚丽，金碧辉煌；构图、花饰内容和设色都形成了一套严格的制度，形式具有相当程度的规范化。其中苏式彩画是从江南的包袱彩画演变而来，在外檐将檐枋、檐檩和檐垫板三部分的枋心统一画成一个半圆形的大画心，称作搭袱子，通称为包袱。

(二)新安彩画

新安彩画是地方彩画，它属于江南包袱彩画一类。陈薇先生定义说：“所谓包袱彩画，是形如用织品包裹在建筑构件上的彩画。”它具有包裹的形式特征，独特的包袱图像、璎珞边饰、几何形锦纹。陈先生认为：“锦绣装饰艺术在江南不但流行普及且根深蒂固，它相当程度地反映了上层社会及一般市民的生活喜好和审美情趣，受到封建社会群众心理习惯的滋养，具有相对的稳定性，从而成为江南包袱彩画形成之先声。”包袱彩画的形成最早可推至南宋末，至明代已很完善，据民间匠人相传，当时江南彩画界有浙、皖、吴三派，徽州、严州属皖派，即新安彩画。它多饰于室内，或仅就脊桁作画，以示主人身份及审美情趣。彩画直接绘于木地而不饰油漆，重在装饰美化及标榜。[①] 其形制等级以线条做法划分为三等，即上五彩、中五彩和下五彩。“上五彩”既沥粉后补金线，又称“堆金沥粉”“中五彩”不沥粉，而是拉白粉线，

① 陈薇.江南包袱彩画考[J].建筑理论与创作,1988,(总2).

有时线条微凸；“下五彩”即不沥粉也不拉白线，仅以黑线拉边。现存的实例则以“下五彩”居多，无论“上五彩”、“中五彩”、“下五彩”，都有用金装饰的现象，在色彩和图案上与当时制度相悖而“僭越”。现存的新安彩画主要见于祠堂、住宅、戏台等建筑，但与新安建筑三雕相比，使用不够普及，这或许与明清建筑等级制度的制约因素有关。

1. 祠堂彩画

祠堂建筑堂皇富丽，气氛庄严，彩画对此起到重要作用。徽州呈坎罗东舒祠的寝楼宝纶阁可为代表。

罗东舒祠建于明嘉靖、万历年间，先后经历70余年。其寝楼两层，额“宝纶阁”，底层为嘉靖年间木构，梁架绘满彩画。彩画主景面为梁架和桁条，中三间和东三间、西三间各以其轴线对称，图案多变而有序。总体布局极尽工巧又周密慎重，梁桁图案不雷同却相互呼应。在较短的构件如平梁及乳栿上仅作箍头彩绘，长四椽的构件则作完整的包袱和箍头图案。彩画通过深、淡色的对比与冷、暖色的对比来获得庄严、肃穆的强烈效果。另一方面，由于大面积未设彩的木表为土黄色，各细部雕刻又为红、白、黑三色，加上各冷暖色之间常用白线、灰蓝或黑等来协调，故彩画又是温暖明

黄山市徽州区呈坎村（明）罗东舒祠寝楼彩画

快的，从而创造出祠堂的华贵典雅气氛。

2. 文庙彩画

文庙是儒教建筑的重要类型之一，地位崇隆，其规模之大，等级之高，装饰之华丽，往往成为地方上最华美的建筑。文庙彩画在用色的轻重程度上，比祠堂等建筑的彩画色彩浓艳得多。绩溪县文庙建于清乾隆年间，大成殿及东西两庑的梁架及天花藻井遍饰彩画，多达260余幅。枋绘包袱锦，在廊梁架上多施包袱和流云，且包袱硕大，廊的天花满绘瑞鹤翔云图案。彩画色彩艳丽、以红、赭、黑为主调，包袱的纹样大都为满地锦纹，少团花。串、枋的彩画题材广泛，有人物故事、花鸟鱼虫、福禄寿喜等，以写实题材为主，色彩鲜艳，对比强烈。不同色彩搭配直接显示出彩画的等级特征。另外从找头、箍头的形式来看，有典型的旋子彩画特征。

3. 住宅彩画

新安住宅彩画主要用于住宅中规格较高的大厅，明代中叶以前的楼厅和明中叶以后的底层官厅，以及堂屋、卧室等。明清时期的新安，经济、文化都很发达，新安人"处者以学，行者以商"（清道光《徽州府志》）。因此在建筑装饰中，较多翰墨书卷之气，有时又以商人之富而不惜工本刻雕施彩。新安住宅彩画以冷调为主，配以简洁锦纹，有些亦雕刻描金，制作精细，这种淡雅与精美的二重组合，反映了新安地区的人文风格。总的来说，新安住宅彩画明代设色清淡，优美恬静；清代活泼亮丽，乡土气息颇为浓郁。明代楼厅梁架上多为包袱彩画，梁枋桁条，从下而上，视线所及最近处的梁上彩画最复杂，往上次之。锦纹布局疏朗典雅，用笔精细，彩

黄山市屯溪区（明）程宅桁条包袱彩画

画展示面舒展清晰。底层堂屋天花则浅色衬地上绘花叶团科，素雅而不单调。后期图案题材丰富多彩，热烈而不庸俗。

屯溪区明代中期程氏6号宅楼厅梁架彩画，细腻精致，包袱自下而上包裹冬瓜梁，以菊花为题构成四方连续图案，包袱边绘小朵菊花，枝叶萦绕左右。色彩以青绿为主，黄色为辅，在梁架的叉手、替木、荷叶墩等处，以描金雕刻相配，予人以清新之感。

休宁县枧东村的明代周宅彩画也十分别致，在室内空间甚低的天花上将木地刷成白色，上绘细密的木纹，又在木纹上绘团科花卉，疏落有致，设色清丽绝俗，天花下的梁上绘包袱彩画，边饰是黑地上绘白色梅花若干朵，包袱中心部位绘有锦纹，红蓝相间形成方格，十分典雅。该宅在《徽州明代住宅》一书中称吴省初宅，可惜已拆除，改作楼房了。

黟县关麓村"八家"的建设以清道光年间"春满庭"老宅为中心，在清同治至民国初年，汪姓八兄弟除八房外，陆续建成住宅组群，各房既独立，又联成一个整体。八家在厅堂、卧室的天花上多施彩画，主要有三种构图方式：一是天花边框以回纹组成，框内先用白粉画出花瓣或"卐"字衬地，衬地上散布深色边线勾勒的圆、八角、套方、扇面、葫芦、十字、蝴蝶等形式的小幅装饰画。构图自由，互不雷同，

黟县关麓村(清)春满庭卧室吊柜彩画

形象比较规则，但不显呆板。二是在回纹边框内用白粉画水浪纹，其上写实画青、白、鲤、鳜（谐音“清白礼贵”）等鱼形象，细致生动，深浅不一，极具立体感。三是在卧室和廊屋的天花上，用回纹做边框，框内以白粉画卷草花叶做衬地，其上散布蓝、褐色花卉，间以蝙蝠、蝴蝶。整个天花彩画展开满铺，不以小梁枋分块面，扩大了空间感。另外，卧室内天花、吊柜门扇正面及门两侧板壁、窗以上及门边板壁下部，都满绘彩画。天花彩画类堂屋。吊柜彩画则连成一长幅，构图完整复杂，以人物故事为主，少数山水楼台等。门边板壁亦绘有“母子同春”图等内容，构图疏朗，人物纯真。

黟县宏村承志堂清末民初建，这是一幢大型住宅，装修装饰美轮美奂，木雕尤其精美。该宅彩画主要分布天花，以蓝、淡赭、黄色为主色调，边框图案为蓝色水纹，廊顶棚散点式图案则大都是青紫色调的重彩折枝花卉，折枝花有葡萄、菊花等。衬地中透出地仗的淡赭黄色，与重彩花卉青紫色调产生了一浅一深、一暖一冷的色彩对比。另外，雕彩结合，局部描金，更显得富丽堂皇。

从上述住宅、祠堂等实例可见，新安彩画均以包袱锦为重要内容，图案多用锦纹和宋代以来相沿使用的各种纹样，色彩则因不同建筑类型与不同建筑构件而相宜应用，用金不受限制。构图讲究变化统一、对称均衡、节奏韵律，体现了彩画的形式美。

第二节　新安建筑施工

建造房屋，有明确的专业分工，清代匠作则例初步统计有43作，如土作、搭材作、大木作、石作、瓦作、装饰作、雕銮作、漆作、铁作等，其中大木作为诸作之首，在房屋营建中占据主导地位。唐柳宗元《梓人传》描写了梓人主持兴造的场景：

> 委群材，会众工，或执斧斤，或执刀锯，皆环立向之。梓人左持引，右执杖，而中处焉。……俄而，斤者斫，刀者削，皆视其色，俟其言，莫敢自断者。

施工场景十分壮观，梓人处于主导地位。

一、建屋程式

新安建筑工匠“多奇杰异能之士”，向以“徽州帮”著称于世。当房主对拟建房屋有了较明确的要求后，堪舆师相地选址，确立房屋朝向，协调与周边环境关系。然后，房主与各行工匠协商建房合同，并由掌作匠师设计“起屋样”，制作“杖杆”。重要建筑还要制作“烫样”,如普门将建黄山慈光寺大殿,先手削木式,制成模型（“殿式”）。起屋样后，营造工程即可按事先排定的黄道吉日择期进行。新安传统住宅的建造过程的程序有：(1) 起工拆旧，如果是新建，不拆旧房重建的话，就是直接进行第二步。(2) 动工平基，依样放线，刨槽挖屋脚。(3) 架马做料。架马，明代称“马上”，是架木料用的木马。这两步有时同时进行，即破土动工的同时，木匠也开工。(4) 安立石脚，石匠开始砌房屋基础。(5) 埋磉托，即柱下磉石。(6) 画墨结榫，木料粗加工后，进行画墨结榫，这是木匠工作中最重要的一步。(7) 定磉、扇架并平水，“定磉”是将每一个石础按设计要求准确地安放在磉石之上。扇架，宋称展拽，明称扇架,俗称“排列”。即将穿斗架按纵向拼在相应石础位置,平置于地上准备竖柱，插梁架则需现场分件组装。(8) 竖柱、上梁，拼装好的屋架，竖在石础之上，并用横梁和桁条将各列屋架连接起来。(9) 屋架竖起后盖瓦封墙，封墙时首先就是要将石库门安装好。(10) 安装楼梯等，然后其他内装修再逐步展开。

二、竖屋上梁

“竖屋上梁”是建屋整个过程中最重要、最热闹的一个步骤。所谓的正梁，指的是房屋明间的脊桁。徽州习俗是在上梁前一天晚上到山上去伐树（俗称“偷梁”），梁是白天选定的，可以是自家山上，也可以是他人山上的。木匠先将梁做好，梁的下方要写上某年某月吉日建，并挂上红布，插上房主岳父家送来的“金花”。上梁的程序如下：

首先，“架梁”。正梁披红挂彩，梁的两头要包上代表五行的“青赤黄白黑”五色彩布。“架梁”即把正梁架空，唱《架梁经》，焚香祭拜。

其次，“敬梁”，俗称敬酒。

第三，“祭锤”。锤为一对八棱形的大木锤，是为上梁专门制作的。它用来敲榫卯钉关键。另外，还要按比例缩小制作若干小锤子，俗称“子孙锤”。锤染成红色，两个一对用红头绳串起。上梁后，木匠将小锤从梁上抛下，供小孩捡拾。上梁之后，大锤则被挂在梁头两端。

第四，“祭梁”。用红毛公鸡的血滴溅在正梁之上。

第五，“撒五谷”。木匠要向空中抛撒十一把五谷，众子孙用双手拉开前襟来接收五谷。

第六，“踏梁”。木匠手拿大木锤，踏上正梁，众人拉升大梁。木匠唱《踏梁经》，唱完安装榫卯，鸣放鞭炮。

2005 年《歙县志》对“竖屋上梁”习俗载之甚详，兹将该县西乡流行的《踏梁经》转录如下：

> 金斧一动天地开，鲁班先师下凡来。东家捡个好日子，要做万年大屋宇。百样材料都备足，单缺一只大正梁。鲁班先生不辞苦，寻梁寻到昆仑山。金斧响到东，文武在朝中；金斧响到西，福寿与天齐。酒祭梁东，万里封诸侯；酒祭梁尾，万担粮米；酒祭梁中太极图，世代富贵水长流。此鸡不是平凡鸡，而是王母娘娘报晓鸡；头戴凤冠六耳帽，身穿五色法宝衣，眼镶夜明珠，足踏阴阳八卦图；少年听见此鸡叫，前程得意；老人听见此鸡叫，添福添寿；东家听见此鸡啼，排列拣吉日；鲁班听见此鸡啼，人马准备齐：下有金鸡叫，上有龙凤啼，此时此刻正是上梁时！

黟县宏村乐彼堂上梁仪式

上梁仪式中，邻班木匠多说吉利话，众人皆齐声喊“好哇”，谓之接口彩。受邀的亲朋好友要送礼，一般是爆竹、红烛、礼金等。上梁当天要钉椽盖瓦，以示大木出水，即建成之意。当晚房主设宴款待前来道贺的亲友、工匠等人。屋架竖毕，封围护墙，谓之“圆工”，然后进行内部装修。这一套上梁仪式，既隆重庄严，又喜气洋洋，倾注着新安人的深情。营造祠堂、住宅是一个家族的头等大事，是其立足一方土地之根，是新安人的心灵寄托。

清《黄山志定本》载有清代歙县汪溥的黄山《慈光寺上梁文》，这是文人模仿竖屋民俗歌辞所写的作品，文采斐然，录而聊备一格。

伏以佛域弘开，莲座庄严趺瑞相；香城肇造，龙宫咫尺接雕梁。合金银世界以为山，因琉璃宝地而成殿。方丈九百万菩萨，咸拥维摩之传灯；黄山三十六峰峦，独著轩皇之仙迹。前补数千年缺陷，兹成一大事因缘。人是再来，寺当新建。

窃惟率陀天上，飞阁神官；舍卫城边，猴江灵鹫。法流震旦，金绳百丈照琼楼；花散遥空，珠网七重临绀宇。丹壑爰开宝刹，香龛聿凿铁围。西域金身，会迁于胜妙之塔；南宫画像，亦送于清源之台。是以十行法师，大弘供养之事；四依弟子，深演护持之功。北魏一万三千，尽号青牛营福地；南朝四百八十，咸称白鹤拓禅林。在先朝伏遇神宗，而兹山适辟佛土。瑶函玉检，答宇宙之隆平；宝笈珠幢，迎天人之胜福。

普公锡飞朱砂峰下，曾演金口之微言；中使奏入蓬莱宫中，获承玉毫之瑞像。紫宸赐衲，亲沾长乐之恩；白马函经，远送天都之麓。为慈闱而祝圣寿，命仁祠而榜慈光。方宣银鼓于宝坊，欲转珠轮于丈室。然而仙陀未启，玉氎久灰，时节随缘，阐扬有待。虽空王法相，渗金碧之辉煌，乃梵刹崔巍，少榱题之轮奂。所以黄金广布，全凭上善之慈心；胜果争攀，端赖檀那之愿力。

居士黄某，重悬佛日，独补梵天，筮吉鸠工，揆方树琛，松阴接连，万壑岫影，拱列虚檐。

丈六写金容，不数石林精舍；由旬排宝座，胜于香积云峰。碧瓦鳞差，瑶阶肪截。俨化城之涌出，似忉利之飞来。五百宝盖腾光，十千璎珞下坠。修修释子，眇眇禅栖，不须踢倒净瓶，始赢沩山半席。若避世人移锡，何烦茅舍深居？殿角凉生，一听鸽王栖息；阶前画静，任从鹿女经过。

凡兴同工，齐听善颂。愧非绕梁之韵，漫效题柱之才。

抛梁东

楯角檐牙映彩虹，龙持贝叶来摩竭，六时鱼梵自吟风。

抛梁南

禅心共月照寒潭，七重宝树围金界，缕缕空香出佛龛。

抛梁西

芙蓉座下负狮猊，散花变作楼台影，胜果人天树菩提。

抛梁北

法乘玲玲并龙识，黄金碧落柱承天，真相眉棱舒瑞色。

抛梁上

名山锡钵开方丈，纵然端坐似维摩，空山犹作雷音仰。

抛梁下

流铃陆续闻深夜，阇黎传得紫袈裟，曳起象王狮子跨。

伏愿上梁之后，宝线争长，天花竞落。珠璎大士，来登护法之筵，金杵神王，环夹降魔之座。

庆薝蔔之还嗅，悦优昙之更开。既广菩提之因，定结莲花之果。慈云高映，慧日长临，贤并宗雷，允推龙象。

第三节　建筑匠师

中国建筑工程的基层技术人员中有很多卓越的匠师，这些匠师都是“材力强壮，伎能工巧者”（《唐六典 · 工部》）。然而，由于传统观念所谓“形而上者谓之道，形而下者谓之器”（《周易 · 系辞上》），“坐而论道，谓之王公。作而行之，谓之士大夫。审曲面势，以饬五材，以辨民器，谓之百工”（《周礼 · 考工记》）。人们认为工匠从事的是土木结构之类活动，属于“器”，是低级之物，因此匠师地位长期卑下，名氏不传。在中国古代建筑史上，匠师的事迹真正见于史籍的极少，寥若晨星，他们的建筑成就大都归于主管官员名下。

明清时期，新安商帮崛起，新安建筑空前繁荣，获得了杰出的成就。从事营缮的匠师以师承制为纽带，也形成了具有共同地域技术特点的“徽州帮”。这一时期新安工匠众多，如明初洪武四年（1371），徽州府有匠户 6038 户，工匠 36501 名（明弘治《徽州府志 · 户口》），占当时徽州府总人口的 6.8%。赵吉士谓徽州“百工之作皆备”（清康熙《徽州府志 · 风俗》），其营造技艺具有很高水平。例如，雕工，就与苏州并称“最盛，亦最巧”（清钱泳《履园丛话》）。国画大师黄宾虹则谓徽州“多奇杰异能之士”“一技一能，具有偏长者莫不争为第一流人”。但是同样由于我国历史上的“道器分涂，重士轻工之痼习”（朱启钤《中国营造学社缘起》），这些躬亲新安营造的班匠千百年来一直湮没无闻。[①] 因此，为这些创造出新安大量优秀建筑的能工巧匠扬名立传，以彰前贤，以励后生，其意义十分重大，这也是研究新安传统建筑不可或缺的内容。

朱启钤先生在其所编辑的《哲匠录》叙例中说：“古今载籍，浩如烟海；涉猎所届，奚及万一。”著者在搜集新安匠师贡献的过程中，对启钤先生之语有了更深的感触。本节编录近40人，肇自明初，迄于1949年，生存年代跨近1500年，此前有营造活动者，则录其前期事迹。[②] 具体如下：

何可达，明休宁县人，名地师，时号国师。永乐年间（1403 ~ 1424），应黟县宏村汪辛之聘，三踏厥地，遍阅山川，详审脉络，规画引西溪以凿圳绕村屋。汪氏后人遂依言而行，并建成月沼。

游朝宗，字元礼，明婺源县济溪人。世传何可达地学至朝宗益精。永乐（1403 ~ 1424）初，卜建天寿山陵，时应诏者12人，惟朝宗尤见嘉赏。三年竣事，以老疾辞不受职。

游暹，婺源人。精青囊术，所卜皆吉壤。如婺源县治公署，皆其所扞。其后族人能世其业，俱以堪舆名家。

朱素和，宁澹然，明休宁县资川人，齐云山道士。曾掌道会司九年。致仕后，凿岩穴构真真石宝，并自岳麓抵观，鞭石为梯，围栏建亭，凡九：曰步云、登高、白岳、凌风、松月、云水、望仙、步虚、更衣。

汪溥，字渊学，歙县浯村人。明天顺三年（1459）举人，任直隶蓟州知州，在任首新庙学，躬化诸生。治理壅塞年久的城南龙池河，解除旱涝。政通人和后，修辽代建筑独乐寺，纂修《蓟州志》。

汪泰元，道号养素，明休宁县蓝田人。正德十年（1515），至齐云山紫霄崖下，

---

① 杨永生编.哲匠录[M].北京：中国建筑工业出版社，2004.

② 程硕.徽州班匠录[J].徽州社会科学，2015,(11).

结庵修道，并建玉虚宫于崖上。经十年锐精擘画，先后建一阙、二殿、三石坊、五祀楼，并倚紫霄崖飞泉筑池，池上建钟、鼓楼各一。又于风虎关辟石阶 26 丈，云龙关凿天梯 120 丈，于展旗峰上筑雷坛。尚在华林坞掘塘垦地，栽果树百棵，以供香火之需。嘉靖七年（1528）羽化。

方琼真，号雪崖，明休宁县石门人。掌道会司十三年，以清慎著称。曾主持营建齐云山廖阳殿、榔梅庵、兴圣祠，并造八亭五坊、十五里石路，及摩崖石刻多处。

汪阳熙、朱云亮。汪阳熙，歙县堨川人；朱云亮，休宁县人。皆明中叶名匠。嘉靖二年（1523）稍后，曾合刻《齐云岩紫霄宫玄帝碑铭》。汪并独镌碑阴《紫霄崖兴建记》，共费时两年，碑立于齐云山紫霄崖下，玉虚宫西侧，红砂岩，龟趺，碑身高 760 厘米，宽 140 厘米，1028 字。铭系吴门唐寅所作，记由祁门人李讯撰。

吴宽，明歙县人。嘉靖二十三年（1544），岩寺镇东水口神皋塔肇建，三十四年（1555）工竣，吴宽营其第七级及塔刹。施工前，吴亲往绍兴大禅寺考察塔顶工式，并历长干报恩，泗州僧伽，各绘为图，延访哲匠以归。遂规土范金，制成相轮。然后，伐黟县渔亭杉木一株，居人称“西峰塔”者为刹杆。于是会塔工陈泰、陈功并弟某三人，用杉木数千章，周塔身为井字架，上立天车，横施天秤，以巨木为衡，络石二十四杠为权，逐次完成刹身安装，众视之为神工。

黄成，字大成，明新安平沙人，隆庆间（1567 ~ 1572）名漆工。《辞海》载：“徽州（治今安徽歙县）人。精于古今之髹法，造剔红（雕漆）可比果园厂（明代为宫廷制漆器的作坊），其花果人物刀法，以圆活清朗著称。”黄以经验及见闻著《髹饰录》两集，共 18 章、220 条。该书为我国古代唯一传世之漆艺专著，内容广泛，涉及髹饰的历史、原料、工具、工艺技法、品种及漆工禁忌、过失等各方面，展现了我国古代丰富多彩的髹饰工艺，是漆工的经典著作。

余氏、汪氏，佚其名。明歙县人。俱精髹器，有退光、罩漆、胎锡、雕红、泥金、螺钿诸种。其上者欲追果园厂，而旁之窜入日本国，盖亦无所不有也。

程以藩，约明清时歙县人。善制漆器，精者有银胎嵌钿，红黑退光诸目。寻常器具亦必竹术为骨络，丝麻为地，布漆其上，雕镂井井，采泽鲜妍，腠理坚韧。器无巨细，至能载人其上而不摧裂。缀补旧物，无迹可寻。

汪万时，明歙县呈坎人。木工。万历年间（1592 ~ 1595），营建潜口金紫祠，遂定居于此。

郑元勋（1598 ~ 1644），字超宗。歙县长龄桥人。占籍扬州，经营盐业，工画。年17，渡江尽览金陵诸胜。又十年，览三吴诸胜过半。归以所得诸胜，形诸写意画。遂卜筑扬州城南废园，董其昌为书“影园”额。庀材七八年，明崇祯七年（1634）营造。因积久而备，又胸有成竹，故八阅月粗具，经年而竣。影园设计更得力于明代造园家计成，故无毁画之憾。园尽翻成格，有朴野之致，为清初扬州八大名园之一。

程兆彪，字慰书。清休宁县人。康熙间（1662 ~ 1722），佐相国张公治河，在河工先后二十余年，淮黄利害多所赞画。每兴筑，与河卒均劳苦，寒暑不辍，如期工竣，坚致永固。有《治河书》十八卷、《黄运两河图》二卷，皆适于用。

汪漋（1669 ~ 1742），字荇洲，清休宁城西人。康熙三十三年（1694）进士，由翰林历官内阁学士，出抚粤西，移抚江西，入为户、工两部侍郎。奉命赴远在嘉峪关外之安西，主持营建新城，方圆3000米。复修筑沙州城，建五堡，创十三墩台。后修治两淮高家堰河堤、浙江海塘。曾奉命参修《一统志》《治河方略》《康熙字典》等书。

吴继良，字君遂。明休宁县商山人。精于石桥建筑，曾独建本县小溪两座石桥，以及浙江九里、太阳、朱柳、双溪、五圣5座石桥。

黄晟（？~ 1753），字东曙。歙县潭渡人。清乾隆间，寓居扬州，与弟履暹、履昊、履昴皆以盐策起家。兄弟四人好构名园，尝以千金购得秘书一卷，为造制宫室之法。故每一造作，虽淹博之才，亦不能考其所从出。晟家康山南，筑有易园，园中三层台，称杰构；履暹家倚山南，有10间房花园，筑北郊别业四桥烟雨，水云胜概两段；履昊家阙口门，有容园；履昴家阙口门有别圃。乾隆元年（1736），改虹桥为石桥，其子为蒲，筑长堤春柳一段，为荃筑桃花坞一段。

江永（1681 ~ 1762），字慎修。清婺源县江湾人，著名经学家、音韵学家。雍正年间（1723 ~ 1735），江永设计倡建江湾汪口村平渡堨，俗称曲尺堨。汪口地处段莘水与江湾水合口处北岸，两溪合流，洄漩凶险。堨呈曲尺形，横坝长90米，直坝长30米，宽均为15米，并筑有导流坝。坝体丁砌片石。

戴震（1724 ~ 1777），字东原，清休宁县隆阜人。博闻强记，治学严谨。乾隆时，戴设计珠塘竖涵，即俗称“塘窨”者，可蓄水、排水。石坝高3丈，顶宽6.6丈，长12.9丈，坝下砌沟洫通新安江。塘库容10.88万立方米，可灌田21.5公顷。

徐履安，清歙县岩寺镇人。流寓扬州，族人徐氏任以煮盐事。乾隆二十二年（1757）

为徐氏别墅制杉木联，髹枪金法，以墨漆为地，针刻字画，傅以金箔，光彩异艳。又作水法，以锡为筒 142 伏地下，下置木桶高三尺，以罗罩之，水由锡筒中行至口。口七孔，孔中细丝盘转千余层。其户轴织具，桔槔辘轳，关捩弩牙诸法，由械而生，使水出高与檐齐，如趵突泉。乾隆三十年（1765），高宗赐名是园“水竹居”。

余香，字开山。清黟县府均村人。名石雕工，尤擅制石箫，石笛，中律合调，匠心独具。其上刻书画，工艺精绝。乾隆时，传入东南亚，华侨盛赞之。

汪善孙（1786 ~ 1847），字孟慈。清歙县古塘人，寄籍扬州甘泉县。道光十九年（1839），调东河差遣委用，悉心钻研堤工、漕运，作《河流分合考》《治河说》《沁河考》等。二十一年（1841），以知府用。宣宗召见，善孙从容力陈砖工愈于土料，其法可以坚久制游。二十四年（1844），奉命重修拦黄大坝，昼夜巡行，缺口得以修复合龙。汪疏浚济河，使复故道，又于河口备建石闸一座，随时启闭，以资堵泄。西王曲村旧河淤塞已久，汪勘察兴工，水分六道，引沁水灌溉，得水浇地 3000 亩。二十六年夏（1846），沁水、丹江并涨，善孙督吏民抢险，捐俸赶筑张庄险段砖坝。后因积劳成疾，卒于任上，民众刊石颂德。

余尚相，清黟县人，石雕艺人。道光六年（1826），歙县北岸吴氏宗祠重修，尚相镌西湖风景钩栏。

刘铁笔，佚其名，约明清时歙城人。精铸刻，能以径寸木石作种种奇器。居江村江嗣仑家三年，坐卧一楼。濒行，出白石牌楼一座以赠，方广七寸，中镂山水、树木、桥梁、楼阁，其间窗户高不盈黍，尽能启闭，下犄狮兽，外环石栏，玲珑透彻，细极毫发。

张权与，歙县邵村人。创制就景亭，有榱、柱、楹、栏，覆以棕榈，束以机钧，随时随地，可卷可舒，巧思天成。

胡学汤（1872 ~ 1944），字商岩，绩溪县荆州上胡家人。清末国学生，于土木、农桑诸事，无不精究。借磡岭、竹岭、栈岭、芦塘岭、浪广岭、灰石岭、小九华及绩城南至歙东仙茶亭等道路修筑，学汤皆主之。又督修绩岭、江南第一关、翚岭黄莲栈等道路，凡桥堨、校舍、寺庙、图书馆、路亭、社仓等工程百余项，亦皆学汤董其事。如绩城北王堨、宣城水东拦河坝、黄山洽舍集成大桥、浙西鼓岭脚石桥。著有《通俗工程图解》《乡村建筑浅说》。

汪聚有（1881 ~ 1960），绩溪县瀛洲孔雀坑人。名木工，究心于祠宇营造，授徒20余人，在徽、宁各地承建民居、祠堂百余幢，至今居人传颂。光绪三十一年（1905），设计、营建郎溪徽州会馆，布局合理，结构严整。其边房因地制宜，巧制榫卯，众称赏不置。民国三年（1914），汪村大庙柱朽殿欹，聚有施以“托梁换柱”法，葺之如旧。民国十六年（1927）绩城内胡氏宗祠享堂五架梁虫蚀，族人数征工匠修缮，无敢应者。聚有乃指挥众工，牵绳掌犁，顶柱林立，滑轮横架，新梁入榫，旧柱落磉，有司当场奖之。汪所营建工程尚有绩溪县瀛洲章氏宗祠、歙县荆村重檐亭等10余处。

罗运松（1883～1928），字承祝，号后涛，歙县呈坎村人。留学日本东京早稻田大学，1904年，学成回国，创办徽州第一所新制两等完全小学——潨川两等完全小学堂。罗运松亲自设计绘图，很快建成使用。它与桐城吴汝伦小学在当时是安徽省最早创办的两所新制两等完全小学。1915年，在潜口按日本建筑式样设计建造了一幢洋楼，开设酱油坊。

李祥顺（1885～1975），字润章，谱名奕淮。歙县凌家坞人。名木工，设计、营建之主要作品有歙南下铺姚氏宗祠、大茂朱氏宗祠、凌家坞凌氏宗祠、定潭张氏宗祠、定潭张翰飞官厅等，构思精巧，工艺精湛。

方子贵、程双喜。方子贵，歙县人；程双喜，黟县人。二人均是木雕艺人。民国初年（1912后），子贵师徒5人，双喜师徒三人为承志堂雕刻梁架、门窗、楣罩。承志堂始建于清咸丰五年（1855），宣统三年（1911）重建，位于黟县宏村，清末盐商汪定贵住宅。

詹天佑（1861～1919），字眷成，婺源县庐坑人。中国最早的杰出铁道工程专家。12岁时，被清政府选为第一批留美幼童出国求学。中学毕业后，考入耶鲁大学土木工程系学习铁路工程一科，21岁大学毕业，获学士学位。光绪十四年（1888），任中国铁路公司工程师，此后历任津榆、锦州和萍醴铁路工程师、新易铁路总工程师、京张铁路总办兼总工程师、洛潼铁路顾问工程师等职。宣统元年（1909），受赐工科进士，任留学学生主试官、邮传部顾问官、学部咨议官，并派去宜昌任商办四川铁路公司总工程师。民国元年（1912），任粤汉铁路会办，被公举为“中华工程师学会”会长。民国三年（1914），任粤汉川路督办，孙中山大总统晋升其为上大夫少卿衔，委为交通部总长。民国八年（1919），北洋军阀政府派其往哈尔滨，任协约国监督远东铁路会议代表兼该会技术部之中国代表。同年四月二十四日逝世，终年59岁。詹天佑的一生，为中国铁路建设作出了卓越的贡献，他任总工的新易铁路是中国工程师自修铁路的开端。詹天佑还先后参加或主持修建了京奉、京张、张绥、川汉、粤汉和汉粤川铁路，并仿造了自动挂钩，人称“天佑钩”。1917 ~ 1918 年，詹天佑主持制定了铁路工程标准及法规，为中国早期铁路标准化和法规建设奠定了基础。1916 年，詹天佑获香港大学博士学位。他是英国、美国土木工程师学员会员。著有《华英工学字汇》《京张铁路工程纪略》等。

俞德魁（1900 ~ 1936），休宁县上黎阳人。名漆工，擅仿明、清古漆，尤精云雕漆碗、漆盒制作。其仿明漆刻屏门、屏风，精良古雅，俨然旧物。于明《髹饰录》颇有心得，发掘徽州“菠萝漆”传统工艺，尤推绝作。

张树棠（1901 ~ 1965），名灶法，歙县小洲人。擅砖雕，工艺精湛。早期主要作品有歙南金滩方文明宅、棉溪汪观珠宅之砖雕门楼。

胡灶荀（1902 ~ 1995），字成煌，歙县安溪人。擅砖雕，山水人物、鸟兽虫鱼，无不栩栩如生。早年主要作品有深渡姚贯因宅、小阜坑吴氏宗祠等砖雕门楼。

胡锺吾（1906 ~ 2005），绩溪县荆州上胡家人。民国十四年（1925）毕业于上海群治大学。二十三年（1934），督修第十二段江堤水利工程，自马当以下荆果圩起，经广丰圩至黄湓河口裕丰圩止。工竣，旋调铜陵督修官庄圩江堤。次年，督修皖北亳县、太和、涡阳、阜阳四县水利，疏浚西淝河。二十六年（1937），修筑归德至信阳国道，任亳州段工程师。

程宗志，民国时期（1912 ~ 1949）绩溪县仁里人。名砖工，擅雕刻，能壁画，其“平湖秋月”门楼砖雕，雅致脱俗。瀛洲南观汪宅及登源一带建筑砖雕皆出自程手。

汪菊渊（1913 ~ 1996），休宁县人，中国工程院院士。民国二十三年（1934）毕业于南京金陵大学农学院园艺系，同年参加庐山森林植物园建园工作。菊渊强调传承中国风景园林民族传统，建立中国特色之风景园林学科体系，在国内、外风景园林学界享有盛誉。

附录一　新安传统建筑名词释义

本附录对本书中出现次数较多的一些新安建筑名词做了较为详细的解释，方便读者阅读。各条目首列新安地区一般通用的传统建筑名称，后对照历代称呼，如宋、清官式建筑或清代江南地区建筑名称。新安地区目前尚未收集到的传统建筑地方名称，则约定俗成，取工匠近半个世纪以来已习惯使用的宋、明、清官式建筑或清代江南地区建筑的称呼。

本附录以笔画多少为序，列出名词解释。

本附录所引主要文献如下：

1. 中国大百科全书出版社编辑部：《中国大百科全书 · 建筑园林城市规划》[M]. 北京：中国大百科全书出版社，1988.5

2. 北京市文物研究所编．中国古代建筑辞典 [M]. 北京：中国书店，1992.12

3. 王效清等编．中国古建筑术语词典 [M]. 北京：文物出版社，2007.5

4. 潘谷西主编．中国建筑史 [M]. 北京：中国建筑工业出版社，2003.（6）

5. 梁思成著．梁思成全集．第七卷 [M]. 北京：中国建筑工业出版社，2001.4

6. 陈明达著．《营造法式》辞解 [M]. 天津：天津大学出版社，2010.6

7. 潘谷西，何建中著．《营造法式》解读 [M]. 南京：东南大学出版社，2005.10

8. 潘谷西主编．中国古代建筑史　第四卷：元、明建筑 [M]. 北京：中国建筑工业出版社，1999.

9. 王世襄著．明式家具研究 [M]. 北京：生活 · 读书 · 新知三联书店，2007.1

10. 梁思成著．清式营造则例 [M]. 北京：中国建筑工业出版社，1995.5

11. 刘敦桢著．刘敦桢文集．（一）[M]. 北京：中国建筑工业出版社，1982.11

12. 罗哲文主编．中国古代建筑 [M]. 修订本．上海：上海古籍出版社，2001.12（2005.1 重印）

13. 祝纪楠著；徐善铿校阅．《营造法原》诠释 [M]. 北京：中国建筑工业出版社，2013.1

14. 本书参考文献中的其他文献。

检字

一画 一

二画 丁十力八人

三画 飞山叉土门三上下干门女万

四画 勾分中斗月天内开水五火元乌月不厅勾云瓦日文方牙木井

五画 发生正四平冬令打石包穴出外半立加号永由皮

六画 老列过关齐华讹阳阶如地寻江合吸夹戏交冲压字次考百圭伞仰

七画 两花间进步连坐杖佛束补彻护别角呆庑材甬扶坊走折鸡足串扳

八画 戗宝抬软乳驼卷承金直侧明枋昂罗枫虎剁泼拔抱明定画单官河垂杪券枭实转抹泮庙学郁垂单刹穹空现披板罗枨线浅

九画 屏举穿草挑复砖墙须挖竖架栏梁封拱重狮茶栅退阁挂复栌前贴荦祠壁宫郡亭趴栈厚亭顺阀砌栋柱

十画 通础桁栱鸳起扇烧格挨海旁浆剔素倚铁脊高

十一画 望悬副梭梁雀壶菱猫骑掐清排偷斜巢随廊棂混減琐梓副虚淌密麻鸱隐

十二画 编插童硬替琴普阑焚喇塔搁搭鲁帽落博敞裙跑朝散锓道戟牌铺

十三画 搏歇椽叠溜锦搕新蜀暖照签楼楞殿窣睡鹊缝腰

十四画 滴嫩墙遮漏墊旗劄

十五画 蝴撑磉踏影靠额墀摩横幢槽榑

十六画 壁橑磨镜衡薄

十七画 檐徽翼濠

十八画 鳌翻鹰覆

十九画 攒櫝瓣藻

二十画 灌

二十一画 霸

一画

一斗三升 坐斗上安正心瓜栱一道，栱上安三个三才升，称一斗三升。宋称单栱，江南称斗三升。

一斗六升 铺作跳上置瓜子栱、慢栱、素枋者。宋、明皆称重栱，清称重栱、一斗六升，江南称斗六升。

一板一牵 空斗墙的组砌方式。采用立砌的斗砖和丁砖垂直于墙面组合的砌法。

一板一枕 新安明代建筑一种木板壁做法。在柱之间拼装长形木板壁，拼缝处用木条压缝。

一明两暗 中国木构架建筑体系长期延续的基本型，新安传统住宅较普遍的平面布局。冂字形三合院中明间堂屋做客厅，左右次间做卧室，俗称三间两厢、一明两暗。歙县称三间两阁厢、三桁两阁厢；建德称三间两搭厢；黟县则称明三间、回廊三间。

二画

丁头栱 位于梁下的半截栱。原由串枋出头部分做成，后成为梁头下的装饰。宋称丁斗栱，明称丁字栱，清称半截栱、丁头栱，江南称实栱、蒲鞋头、丁字栱。

丁字牌科 仅一面出跳，其平面呈丁字形的斗栱。江南称丁字牌科、丁字科。

丁华抹额栱 脊部叉手上角内，横向出耍头之栱。

十字栱 坐斗上内外出跳之栱，与泥道栱相垂直。宋称华栱、卷头、跳头，明称十字栱、跳栱，清称翘，江南称十字栱。

力士 安装在转角铺作由昂之上、老角梁下的构件，宋称力士、角神，相当于清式和江南的宝瓶。

八字墙 照壁、门外斜墙、桥头、护岸等，向两侧斜延伸的八字护墙。宋称摆手、两摆手，明称八字墙、八字粉墙、八字砖墙，清称八字墙、撇山影壁、硬山式八字影壁，江南称八字墙、八字照墙。

人字顶 即前后两坡的人字形屋顶。宋称两厦、两下、不厦两头造，明、清均称悬山、挑山，江南称悬山。山墙到顶的两坡顶，清称硬山，明、江南均称人字顶。

三画

飞来椅 带弧形靠背的坐凳。宋称鹅项，明称鹅颈承坐、鹅颈，清称靠背栏杆、鹅颈椅，江南称美人靠、吴王靠，新安称飞来椅。

飞椽　在檐椽之上，伸出稍翘起，以增加屋檐伸出长度的方椽。宋称飞子，清称飞檐椽，江南称飞椽。

山花　歇山屋顶山墙部位名称。

叉手　脊桁两侧的斜杆，用以固持脊桁。宋称叉手，明代称叉手笆，清代江南称斜撑木。

土坯　砌筑墙体的矩形土块，是由天然材料变为人工材料的一种尝试。宋称土墼，明、清叫土坯。

土墙　用木板做模，其中置土，以杵分层捣实的墙。宋称版筑墙、土墙，明称土墙、版筑，清称椿土墙、夯土墙、版筑，江南称夯土墙、土墙。

三合土地面　用中粗沙、泼灰拌匀闷透，加黄泥浆或紫砂泥搅拌，然后夯实拍打出浆，有的表面还洒上卤水，直至坚实。

三线　传统建筑砖作术语。建筑物墙体顶部逐层挑出的砖檐通称，通常砌一至三层。明称飞檐，清称拔檐，江南称飞檐，徽州称三线。

三滴水　外观三重檐头的楼阁。宋称三重檐，元称三檐重屋，清称三重檐、三滴水，江南称三滴水。

上五彩　新安彩画以线条做法划分的等级之一，即沥粉后补金线，又称堆金沥粉。似宋五彩装，明称上五彩、五色装，江南称上五彩。

上照壁　堂屋后金柱间用屏门做的板壁，即太师壁。

下五彩　新安彩画以线条做法划分的等级之一，即不沥粉，也不拉白线，仅以黑线拉边。江南称下五彩。

干栏　从原始巢居发展形成，即栅居。干栏建筑以桩木为基础，底层架空，楼板之上作起居用，今西南少数民族尚喜用。又称干阑、干兰、阁栏。

门头　门框的上部横木，犹门户。宋称门额、门楣、额，元称额、楣、衡，清称门头枋、中槛、挂空槛，江南称中槛、额枋。

门亭　院门内侧的单坡建筑，檐柱多为不落地的倒悬短柱，柱头饰有莲瓣、花篮等木雕。门亭可遮雨，也是院中的重要装饰构件，故亭内空间成为新安住宅迎送亲友之处。似为明倒垂莲升斗门楼和清垂花门。

门屋　祠堂、住宅中单独成栋的屋宇。清称门屋、门厅、门座，江南称门屋、门房。

祠堂前部两侧施排栅的门屋，明代称枷梢门屋。

门道 新安住宅大门连接堂屋的一段过渡空间，类门厅、过厅。

门楼 以水磨砖或砖、石混合仿牌坊形式砌筑的建筑物大门。明称墙门、砖门楼，清称砖雕门楼、雕花如意门，江南称砖雕门楼

门罩 与门框没有联系而自成一个独立单位的构件，称门罩。早期住宅在大门上部以砖细叠涩几层挑出墙面，顶上覆以瓦檐。稍后则发展为垂花门罩、字匾门罩等，新安匠人则习称门楼。

门槛 位于槛框下部，紧贴地面之横料，其上安装大门或格子门框架。宋称地栿，元称门限，清称下槛、门槛、地脚枋，江南称门槛、门限、下槛。

土库 即储物间。

女祠 专门祭祀族中女性或仅供女性活动的祠堂。

万年台 新安祠堂门屋内支柱安装台枋，上覆台板为戏台，戏台固定，戏台底层架空，可通行。

四画

勾头 覆盖在垄缝上护椽头的半圆形或圆形瓦头，即瓦当。新安建筑筒瓦勾头为圆形，青瓦勾头为半圆形，称兽面。

分° 宋代建筑基本模数单位，现亦作份。为梁思成《营造法式注释》一书所创，以便于与尺寸之分相区别。分°值为材高 1/15。清式建筑模数称斗口。

分水 决定横剖面屋面外形轮廓之重要参数。宋称举折，明称折、分水，清称举架，江南称提栈、分水，徽州称分水、水法。

分水尖 拱桥凤凰台前方三角形部位。有迎水尖找头和顺水尖找头。

分心 以一列中柱将屋身划分为前后相同的两个空间。

中五彩 新安彩画以线条做法划分的形制等级，不沥粉，而是拉白粉线，有时线条微凸。江南称中五彩。

斗 斗栱构件名称。宋式斗位于栱心及其两端，或位于栱、枋、昂身之间，是起垫托固定或传递荷载作用的斗形木构件。一般自上而下分为耳、平、欹三部分，大致有栌斗、交互斗、齐心斗、散斗四大类。清式斗在斗栱组合中所起的作用、部位名称发生了根本的变化，如三才升，宋式属散斗之列，明称升，江南称升、小斗。

斗八藻井 施于殿内中心部位、较大的一种天花，由方井、八角井、斗八三层组成。宋称斗八藻井、小斗八藻井，明称斗以八顶、丰八藻井，清称八角藻井。

斗口跳 一种较简单的斗栱出跳方法，即梁头直接做成华栱头，出栌斗一跳，承橑檐枋。

斗枋 固定穿斗排架的枋材，似抬梁构架中的额枋。

月台 建筑物前凸出之矩形平台，较台基低。宋称月台，明称露台、出步、月台，清称平台、露台、月台，江南称月台。新安祠前亦称拜台，文庙大成殿前或称乐台。

天宫 刹座与塔身顶部之间用以供养佛教器物的方形槽室。

天桥 即天桥板。新安建筑在“承重”梁跨中或脊柱位置架扁作梁，其上铺约6厘米厚的楼板。原指秦时的复道，亦称阁道。清称楼面地板、楼地板，江南称楼板。

内额 用于屋内柱或驼峰间的枋材。

内䪴 斗欹的凹曲面，清式斗底为直面。新安沿袭古制。

开光 装饰方法之一。在构件的某一部位留出扇形、菱形等空白，然后在其中饰以图案。

水口 传统村落的门户与灵魂，一方众水所总出处。水口是一村居民生死、前程的象征。水口的理论和营建是古代风水术中具有传统文化内涵的部分，村落水口则是传统村落的公共绿地。

水枧 即承霤。用木、陶、砖、锡、铁等材料制作成水槽悬于檐口，承接屋面雨水。宋称水槽子，明称檐溜（霤）、屋溜（霤），清称水溜（霤）。

水戗发戗 翼角处只用老戗和角飞檐，以及砖作戗角，不用嫩戗。徽州老戗头微翘，称老戗发戗。

火焰式塔门 即火焰门，亦称火焰式券门。在门洞上加一大型火焰券，我国早期佛塔常采用。

火焰背光 佛像后一般安置光背，以象征佛的身光。光背常作极华丽的叶形屏风状，尚可细分为项光（俗称头光）、身光等层次。带火焰纹的屏风状项光加背光叫火焰背光，只有佛和高级有名号的菩萨才具备。

火焰宝珠 塔刹刹顶的装饰物，多用石雕。一般置于宝盖之上，宝珠上举一圆光，饰火焰形图案。宫殿、坊、庙正脊上亦常置为装饰。明代石栏杆望柱顶有花式名火焰宝珠仰覆莲座。

五凤楼 原指置于宫城前左右的宫阙。新安祠堂廊屋大门采用檐楼式木牌坊作法，借五凤楼之名以彰显祠堂壮美。

五边石梁桥 即五折边拱桥，仅见于建德市。

五彩遍装 或称五彩装饰，彩画的一种表现形式。各色并用，五彩缤纷，图案华美，色彩富丽，用于最高级别的殿堂。

元宝梁 新安住宅明间堂屋上照壁两侧掖门上方形似银锭状的连系梁，遍饰木雕，俗称元宝梁。

乌头门 古代用于官邸、祠庙、陵墓之前。两立柱冲天式出头，横木插于柱内，柱端有草本形植物乌头装饰，故称乌头门，牌坊的雏形。与宋乌头门相似，明称小门式，清称冲天门，江南称冲天牌楼门，徽州称牌坊门。

月梁 新安称冬瓜梁，天花下的明栿。梁两端下弯，曲如月牙，故名月梁。汉称虹梁，宋称月梁，明称驼梁，江南称骆驼梁、月形梁。见“冬瓜梁”。

月梁造插梁式 插梁式梁架是中国传统建筑木构体系主要形式之一，兼有抬梁与穿斗的特点，穿斗、插梁混合使用，为新安建筑文化圈的主要特征。由平梁与四椽栿组成二重月梁造形式，以及月梁式乳栿、劄牵，及其与童柱、斗栱的组合，形成富于装饰性的插梁架，称月梁（冬瓜梁）造插梁式构架。

厅事 官署视事问案的厅堂或大型住宅的官厅。

厅堂造 《营造法式》结构形式之一，按横架垂直划分结构层次，有 18 类屋架构造，是一种混合整体式构架。厅堂是等级低于殿堂的一类房屋，用材等级较低，斗栱较简单，构件用料较小，不用天花。

勾连搭 为扩大建筑物的使用空间，将二三座房屋沿进深方向连接起来，中间不做隔墙，而屋顶仍各自分开的结构形式。

云头 梁首伸出廊桁外雕云形装饰，以承橑檐枋。十字栱之栱头作云形装饰者，亦称云头。又石坊有构件称云头。明称云头、云栱、云板，清称三福云、三伏云，江南称云头。

云纹脊 以云纹装饰脊头的厅堂用脊。

云栱 位于勾栏寻杖之下，与蜀柱相对，刻有云纹图案之部分。即清式的荷叶净瓶之荷叶部分。

云墩 石坊梓框上承受雀替的构件。

瓦垄 屋面瓦件排列而成的行列为陇，按瓦件的铺盖形式，凹进的为底瓦陇，凸出的为盖瓦陇。宋称瓦陇、明称陇、瓦沟，清称陇，江南称瓦楞。

日月掩象鼻 新安明代石坊靠背石雕作，明式家具插屏浆腿（即站牙）之一式，即象鼻（古籍版式鱼尾上下到版框为止的一条线叫象鼻）衬日月圆轮式样。一说象鼻状为靠背石的卷曲图案。

文庙 即孔庙。敬奉孔子的庙宇，是中国古代重要的礼制建筑。

方三间殿 广深各三间，平面近似正方形的殿堂建筑。

牙子 小木作门扇、障水板等之上的装饰图案或构件。

木石混合柱 新安重要建筑檐柱多用石作，上端仍用木柱。石柱坚固耐久，可防雨水侵蚀，木石混合，能合理使用不同质地材料。

木梁柱桥 以木过梁为承重梁的木柱或石柱桥。

木梁墩桥 以墩台（石垛）作为桥梁承重构件，上架设木梁，桥上常建造廊屋。

井字随梁 即井字趴梁，平面呈井字形的组合梁架。

五尺杆 亦称丈杆，营建房屋特制的长度尺，分为总丈杆、分丈杆若干种。丈杆既是限定统一各工种所用营造尺之专项工程“律尺”，又替代了部分施工设计图的作用。徽州亦称五尺竿。

五画

生头木 屋面两端最外一间桁背上安生头木，长同间广，以高一材的方木斜角解为两条，使屋面逐渐增高，屋脊两端向上弯起。宋称生头木，明称衬头木，清称枕头木、衬头木，江南称戗山木。

生起 建筑物自当心间向左右转角逐渐加高的做法，即生起。新安清代建筑已无生起。

正心 柱列及其上铺作的中心线，即槽、缝。

正间 建筑物居中之一间，称之为正间。宋称当心间，明称当心间、中间，清称明间，江南称正间、中间。

正梁 房屋脊桁。宋称脊槫、栋，明称栋、正梁、栋梁，清称脊檩、脊桁，江南称脊桁、栋梁、顶桁。

正楼 牌坊明间屋顶，亦称明楼。

四水归堂 合屋天井四面有檐，雨水落入天井（明堂）池中，新安称四水归堂（池）。

四岔 照墙方砖心四岔（角）雕刻作法。

四椽栿 跨长达四架椽之梁。宋称四椽栿，明似称大驼梁，清称五架梁、四步梁，江南称四界大梁、大梁。

平坐 高台或楼阁用斗栱、枋等挑出的建筑结构。

平梁 亦称平栿，新安建筑插梁式构架中最上一梁，位于脊桁下，长两椽。宋称平梁，明称小驼梁，清称三架梁、顶梁，江南称山界梁。

平盘斗 无耳之斗，犹如垫块，起着支垫的作用，多用于角栱、角昂及由昂。宋称平盘斗，清称贴耳升、平盘斗。

平棊 大方格天花，格内贴花饰，绘彩画。宋称平棊，明称棋盘方格顶、顶格，清称井口天花，江南称棋盘顶。

冬瓜梁 断面为圆形的梁和额枋，两端圆混，雕月眉式斜项与丁头栱交接，形状近似冬瓜的月梁，新安俗称冬瓜梁。

瓜子栱 铺作出跳的第一跳至最外一跳之里各跳，华栱头或下昂头上之横栱。宋称瓜子栱，明称瓜栱，清称里（外）拽瓜栱、单材瓜栱。

令栱 铺作最外一跳上华栱头或昂头上最外出之横栱，外在橑檐枋下，内在算桯枋下。宋称令栱，又名单栱，清称厢栱。

打道 1. 石活加工手法名称，用錾子在石活表面按一定顺序打出深浅均匀、宽度一致的錾道。2. 石料加工中对表面的一种要求，即以打道为最后一道工序的做法。

石库门 安装在墙垣上的石门框和木门扇之门，多用于塞口墙上。江南亦称墙门、库门。

石伸臂梁桥 自桥台或桥墩上通过叠涩组砌逐层挑出石伸臂，用以增大桥的净跨。

石盘 塔刹内部支撑系统之构件，以固定刹柱。

石隑板 墙体裙肩部分贴砌的石板。

石脚 即房屋石砌基础。

包袱彩画 形如用织品包裹在建筑木构件上的彩画。

穴居 远古人类以天然洞穴作为居住的生活方式，起源于黄河流域。

出际 梢间桁条挑出于山面，屋檐外伸。宋或称屋废、两际，清称挑山、悬山。

外拽 斗栱正心线以外的拽架。

半边俏 两开间，一边客厅（堂前）一边厢房的徽州传统住宅布局。

半混 宋式建筑雕作制度之一，圆雕仅具三面，另一面贴地。

立颊 1. 俗称门框，板门两侧与柱为列的两根竖向木构件，用以安装门窗。2. 泛指柱身两侧或构件两颊的纵向辅材。宋称立颊，明称明栿、框，清称抱框、抱柱，江南称边栿，新安称抱柱栿。见“抱柱栿”。

加官牌 石坊柱上端前后悬挑前倾式的雕刻石牌子。

号舍 县学、州学、府学等学舍。

永定柱 自地面立起的平座柱，或立于城墙夯土内的木柱。

由额 殿身阑额下与之平行的枋木。宋称由额，清称小额枋。

皮条线 1. 明式家具中常用的线脚之一，指平扁而宽的一种阳线。2. 传统建筑中用磨砖起线砌出的门窗框，明亦称皮条线。3. 古建筑彩画部位名称。

六画

当心间 “心”即中心。当心间、心间，即建筑物中间一间。宋称当心间，清称明间，江南、新安称正间。见“正间”。

间 指的是传统木构建筑中相邻两个屋架之间的空间，传统建筑的基本组成单元。房屋进深则以架数或椽数表述。

进 量词，一幢建筑加天井或院子组成的单个院落，新安称进。明称所、间进，清称进，江南称间进。院落内房屋纵深方向，由外至里，一排亦称一进。

老戗 庑殿顶或歇山顶的翼角作法，斜置于廊桁与步桁之上，一般由上下两根梁组成，下面一根即老戗。宋称大角梁、阳马，清称老角梁，江南称老戗。

列 建筑物的一榀梁架，由柱、梁、枋、桁等组成的木构架，俗称列。宋称椽栿缝，明称架梁、屋架、排架、屋梁，清称梁架、品、柁梁、一缝梁，江南称梁架、贴。

过海梁 新安传统住宅两廊月梁阑额，有的横跨三间，俗称过海梁。

过塘泥 即将泼灰与经过滤的黄泥浆拌匀而成的泥浆。

关键 本为门闩或关闭门户的横木。工匠在木构榫卯结合处采用一锥形小构件，以防脱榫。似明代暗钉，清、江南均称梢子、木梢，徽州叫关键，严州叫箸子。

齐心斗 栱中心上的斗，简称心斗。宋称齐心斗、华心斗，江南称升。

华栱　栌斗口内的出跳栱，柱头铺作上用足材，补间铺作上用单材。宋称华栱、杪栱、卷头、跳头，明称跳栱、跳、十字栱，清称翘，江南称十字栱。

讹角斗　将方斗四个竖楞加工成圆角的斗。新安讹角斗多将圆角刻成内凹海棠纹状。

阳台　新安传统住宅堂屋前檐廊步的顶轩抬高约50厘米，俗称阳台。

阶沿石　阶基四周外沿平铺的面石。宋称压阑石，清称阶条石，江南称阶沿石、阶条石。

阶级腿　垂带踏跺两侧的斜置石。宋称副子，清、江南均称垂带石。

阶陛　殿堂的台阶。阶见踏跺，陛即御路。宋称陛，明称台基、台座、阶基，清称台基、台明，江南称陛台。

阶基　建筑物下部高出室外地面的砖石底座。宋称陛基，明称台基、台座、阶基，清称台基、台明，江南称陛台。

地穴　墙垣砖砌门框，石上洞口不装门扇的门洞。明称门空，江南称地穴。

地宫　佛塔底层塔室的中心地面以下部位，内藏舍利遗骨和陪葬器物的地下小室。又称龙宫、海眼，清称地宫。

地垄墙　房屋底层木地板下用来支撑搁栅，铺设地板的矮墙。

地房　新安传统住宅的底层厢房。

地栿　用于柱脚间平行于地面之上的联系枋木。

江南山区天井式楼宅　分布于新安建筑文化圈，即今皖南、浙西、赣东等地山区，典型特征是用地经济，平面紧凑。主要表现为天井狭小，住宅皆为楼层，住宅平面横向发展，梁架属穿斗、插梁混合体系，雕饰精美。

合院　一种内院式住宅，新安传统住宅平面基本形式为内向矩形，通过堂、厢、廊等围合成带天井或庭院的三合院、四合院及其变体，且多为楼房。

吸壁天井　新安传统住宅内靠墙天井，俗称吸壁天井。

夹室　祠堂内之堂的东西厢，藏五世祖以上远祖神主之处。

夹楼　牌坊正楼与次楼之间的楼，清称夹楼。

戏坦　建有固定戏台（呆台）的祠坦。

交互斗　用于栱头及昂头上的小斗。宋称交互斗，清称十八斗，江南称升。

如意斗栱　每攒斗栱纵横四向各出翘、栱，并在45°方向挑出斜栱，多攒斜栱组成复杂的网络状。多用于木牌楼和藻井。江南称网形科。

如意头造　用如意头装饰的做法。

如来柱　一般为八角形石柱，由幢座、幢身、幢顶组成。柱各面刻佛或佛龛，在周幢佛像下，刻经咒或佛号，以《尊胜陀罗尼》居多。宋称幢，明称石幢，清、江南称经幢，徽州称如来柱。

如意踏步　正面及左右两侧均可升降的踏跺。

冲天柱　牌坊的出头柱子，俗称冲天。宋称华表，清称冲天柱，江南柱周雕流云纹，称冲天云冠。

字碑　牌坊、随墙门上留备题字或凿字的部分。

字匾门楼　即字匾门罩，字匾为砖细或白灰墨书。门楼用砖细作，雕刻或简洁或繁复，与石库门结合紧凑，多用于住宅。

次楼　牌坊次间屋顶。清称次楼，江南称下牌楼。

考棚　旧时举行考试的场所，府、州、县未设试院，则设临时性考场，称考棚。

百子堂　旧时妇女求子的庙宇。

圭角形塔门　上尖下方形如玉圭角的塔身门洞。这种门框上方做成三角形门首的门洞，明、江南称执圭门式。

伞盖　高塔铸铁制塔刹相轮之上的刹件，形如镂空伞骨。元称华盖，明、清均称宝盖，江南称凤盖。

仰天石　挑出桥面的条石或石板。该构件伸出撞券石墙之外，以承托地栿及护栏。

七画

花沿　即花边瓦。盖瓦垄的檐头瓦，覆盖在兽面瓦（勾头）之上，前端向上卷边，上缘作曲折形花纹。

花板　即华版。宋称华版，明、清均称花板，江南称雕花板。

间架　间架是一座房子构成的单位，即大木构架。面宽的单位称之为间，进深的单位称之为架，一般合称间架。明称间架、间梁、架，清称间架，通称大木架。

进深　平行于梁架方向，且位于同一直线上相距最远的两金柱中心线间水平距离，即建筑物短面之长度称进深。宋称间深，明称进深、深、深浅，清称进深、入深，江南称进深。相距最远的两檐柱中心线间水平距离，即若干间合起来的长度称通进深。明称地盘深，清称通进深、总进深，江南称共进深。

步架　两桁中心线间之水平距离。宋称椽架，明称段，清称一步架，江南称一界。

连机　桁下与桁平行之通长小木枋，称连机。宋、明、清均称替木，江南称连机，短者称机、短机，雕花者称花机。见“替木”。

连珠房　堂屋左右两间厢房相连，称连珠房。

坐窗　楼层窗台外挑少许，以软挑头和撑栱支承，上置矮栏，黟县、建德称坐窗。

佛八宝　佛教中的八种法器，即轮、螺、伞、盖、花、罐、画、盘肠，传统建筑中常以其图案为彩画和雕刻的题材。

束腰　1. 重台勾栏中用在盆唇与地栿间，与之平行的构件。2. 阶基须弥座中部收进的部分，位于上、下枭之间。宋、明、清均称束腰，江南称宿腰、宿肤。

补间　铺作用于开间中的铺作。宋称补间铺作，明、清称平身科，江南称外檐桁间牌科。

彻上明造　厅堂内屋盖下不吊天花，使屋架结构全部露明的做法。

护净　黟县、婺源县等地卧室窗一般有两层，外层窗扇雕镂精致，称护净或护镜。

护缝　掩盖木板拼缝的木条。

别厅　一般相对独立于正屋，自由精巧，兼有读书、起居、会友、养老功能。学堂厅亦为别厅形制。

角昂　转角铺作上45°斜置的昂。宋称角昂，清称斜昂、角昂，江南称斜昂。

角柱　1. 建筑物转角之柱。宋称角柱，新安称护角石。2. 阶基四角之短石柱。清称角柱石、好头石。

呆台　祠堂大门前祠坦上所建之固定戏台，歙县俗称呆台。

庑　古文献中的庑，指在高台基址上，周边连续建屋，围成一个内向院落空间。后世作为一种设置而被保留下来，泛指堂下两侧房屋。

材　材是宋及其以前的基本建筑模数单位，以单栱或素枋用料的断面尺寸为一材，其高宽比为3∶2，材高分为十五等分，每等分为一分。作为补充模数单位，栔比材小一些，高六分，宽四分，但实例中不见，其高度为上下二层栱或枋之间的距离，亦为材高2/5。材、栔、分组成了一个灵活的模数系列。清式是以斗口而不是以材作为模数，材厚为一斗口。

材厚　栱的宽度称为材厚。宋称材厚，清称斗口。

甬路　大的院落中间对着厅堂等主要建筑物的路，多用砖石铺墁。

扶手　栏杆上部的扶手。宋称寻杖、巡杖，清称扶手，江南称扶手木。

扶壁栱　又名影栱。泛指檐头铺作栱眼壁内的正心横栱及柱头枋身的隐刻栱。在建筑实物中，外檐补间铺作上往往利用柱头枋侧隐刻栱形，枋间置斗，层叠而上，在体现一定构造意图的同时，融入艺术加工的匠心。

坊额　石坊正楼上平板枋中央石碑，刻有御制、恩荣、圣旨、敕建等字样。江南、新安亦称圣旨牌。

走兽　建筑屋顶脊上排列的走动姿态之瓦兽。宋称蹲兽，明称瓦兽，清称走兽，江南称走狮、坐狮、小兽。徽州俗称哈巴狗。

折边栱　浙江地区一种特殊拱桥形制，大致与弧边形拱桥同一时期出现或稍晚。

折屏画　绘于折屏上的画，称折屏画，构图类通景画，若干幅一组，相互连接为一幅统一画卷。折屏，又称曲屏，屏扇多为偶数，或四，或六，或八，高至十二。因无屏座，放置时须摆成锯齿形。

鸡兽　屏风墙墙垛、房屋脊端鸡形瓦兽，头向外。徽州称鸡兽，似江南哺鸡脊两端脊饰。

足材栱　用足材做成的栱，高为一材一栔。

串　1. 大木作中联系前后或左右两柱的构件。2. 小木作中窗的上、下槛。3. 小木作中联系左右构件的横木。

扳绛　即发戗、起翘，翼角做法称谓。在屋檐转角处，配设老戗、嫩戗，使翼角翘起的结构做法。宋称翼角升起，清称翼角起翘，江南称发戗，徽州称扳绛（音）。

八画

戗　建筑物翼角处，斜置于相交的转角檩之上的梁。宋称阳马、角梁，明、清称角梁，江南称戗。

戗角　歇山或四合舍房屋转角处之屋面结构，亦称翼角。

戗柱　戗支立柱以防倾斜的木柱。清称戗木，江南称斜戗木。

戗脊　歇山顶屋面自博缝（搏风）到套兽之间叫戗脊，脊身上端与垂脊在平面上成 45° 角，江南戗脊下端延至戗尖而成水戗。

宝顶　位于攒尖屋顶正中的上端，是封闭雷公柱的防水构件，外形呈球状，中空。

抬梁式构架 中国古建筑木构架主要结构类型之一，即在柱上承大梁，大梁上再立短柱和短梁，如此层叠，直至屋脊，并架檩条于梁端以承屋椽。明称偷柱、过梁式，清称抬梁，江南称过梁造、抬梁式。

软挑头 檐柱出挑短枋，下设斜撑，置橑檐枋，以承檐，称软挑头。江南亦称雀宿檐。

乳栿 两步架的梁。宋称乳栿，明称下眉梁，清称双步，江南称双步、二界梁。

驼峰 梁上垫木，用以承托上面梁头，其状如驼峰。宋、明称驼峰。

卷 在复水椽上铺望砖，直接做卷棚天花，是集结构与装饰于一体的天花作法。江南称轩。

卷杀 梁、柱、栱头、椽头等构件端部按一定规则作弧形，其轮廓由折线组成，形成柔美而有弹性的外观。

卷棚轩 两步柱间界数为单数，轩顶中心界架置弯椽。明、清均称卷棚，江南称回顶。

承重 亦称承重梁，承托楼板搁栅荷载的梁栿，一般按进深方向布置，与柱相交。清称承重，江南称承重、大承重。

金边 阶基之下周边与室外地面同高或略高，稍宽出台明的石构件。宋称土衬石，明称土衬，清称土衬、砚窝石，江南称土衬石。

金板 石坊折板状屋面上部坡度较陡的石板。

金桁 屋架除檐榑、脊榑外的各榑，依上下位置不同，分上、中、下三种。宋称平榑，明、清称金檩、金桁，江南称金桁、步桁。

金柱 在檐柱以内，即一步后之柱，不含处于建筑物纵中线上的皆称金柱。宋称内柱，明称现柱、金柱、襟柱、仲柱，清称金柱、老檐柱，江南称金柱、步柱。

金鼓架 贴在三合院天井前墙内侧的木构架，有两檐柱，两端与厢房的檐柱相接，连成一体。最简单的金鼓架，在柱头架桁枋，用斜撑支承挑檐枋，上铺窄瓦檐，一般设置较低，不与两厢檐口交接。复杂的金鼓架，则高与两厢檐口交接。在三合院中设置金鼓架，除了符合观念上天井“四水归堂”的格局要求外，同时增强了天井前高墙的稳定性，并对天井庭院构成装饰作用。

侧脚 建筑物一圈檐柱柱脚微出向外，柱头向内收进，借助屋顶重量产生水平推力，增强木构架的内聚力，以防散架或倾斜。

直柱 无卷杀之柱，与梭柱相对应，新安直柱一般有收分。

直梁 无卷杀的方直平整之梁，与月梁相对应。

明栿 与草栿相对而言，指天花以下露明的梁。新安明栿常作冬瓜梁，以增加美感。

枋 两柱间起联系作用的矩形木料，在水平的开间和进深两个方向，起着稳定整体构架的作用。横栱上的联系构件亦叫枋。宋称方，明、清均称枋，建德叫抽。

枋心 梁枋构件彩画中段的狭长图形称枋心，长度约占梁枋长的1/3。清称枋心。

昂 1. 用于外跳，昂身斜置向下，用单材或足材，外长随铺作出跳，里长可至下平槫下。2. 用于里跳或平坐铺作，昂身自铺作中心第一跳上斜向上出，至里跳平棊枋下。宋称昂，前者称下昂、飞昂、昂，后者称上昂，明、清、江南均称昂，清俗称猪拱嘴。

罗汉枋 铺作出跳之上，橑檐方或算程方（平棊枋）以里，各出跳上方之素枋均名罗汉枋。宋称罗汉枋，清称拽枋（桁）。

枫栱 由横栱退化演变而来，栱左右对称，其上不施小斗，外倾，栱板雕镂花卉，仅起装饰性。宋称翼形栱，明称翼栱，清、江南均称枫栱。

虎皮石墙 用黄褐色毛石砌筑的墙体，勾缝后似虎皮。明称乱石墙，清称虎皮墙，江南称虎皮墙、块石墙。

剁斧 石作工序之一。用斧刃按一定顺序剁打石料露明表面，使其逐渐趋于平整。宋称斫砟；清称占斧，江南称督（剢）细。

泼灰 制作各种灰浆的主要材料，将生石灰用水反复均匀泼洒成粉状后过筛而成。

拔步床 床前有小廊的架子床为拔步床。床身以上造成一张完整花罩的架子床，为满罩式架子床。架子床即床上立柱，上承床顶，立柱间安围子的床。

抱柱枕 紧贴柱两侧而立的枋柱，与额、串、地栿等构成小木装饰的框架。宋称槫柱，明称明栨、框，清称抱框、抱柱，江南称边栨。

抱梁云 山界梁（平梁）上的两侧旁，架于升（斗）口，抱于脊桁两边之花板，似宋代丁华抹额栱二侧的翼形构件，明称额片，清、江南均称抱梁云、山雾云。

抱厦 在主建筑之一侧突出一间或三间的小屋，宋式称龟头屋。

抱鼓石 一种构造和装饰用的石构件。主要用于栏杆、牌坊、祠堂、住宅大门等处，起支撑作用，维护构架横向稳定的石构件。明称镂鼓、抱鼓石、门鼓石、石鼓，

清称门鼓石，江南称坤石，新安称石坊抱鼓为靠背石。

明堂坑　新安传统住宅在天井四周砌阴沟或盖板明沟，俗称明堂坑。

明镜　平棋云盘或花盘和斗八藻井的顶心，施垂莲或雕华云卷，皆内安明镜。宋称明镜，明称顶心，清称顶。

定磉　定准房屋柱础位置，宋称定柱础，明称定磉、安磉，清称定磉，江南称定磉窠、定磉。

画像石　祭祀性丧葬艺术，汉代地下墓室、墓地祠堂、墓阙和庙阙等建筑上雕刻画像的建筑石构件。歙县天堂村元墓是江南罕见的画像石古墓。

单层塔　一般为一层墓塔，也有供奉佛像的。平面多为正方形，也有六角形、八角形或圆形。唐代单层塔常仿木构建筑形式，塔身多中空。唐及以后多施基座，砖石塔刹，唐以后多为实心砌体，塔身隐刻假门等。

单栱造　凡铺作跳头上仅施横栱一层，上承替木或素枋，不用慢栱的构造方法。宋称单栱，清称一斗三升，江南称斗三升。

河姆渡文化　长江下游地区距今约 7000 年新石器时代遗址，位于浙江余姚市河姆渡村。遗址发现大片干栏式建筑遗迹和木构建筑遗迹等。1976 年命名为河姆渡文化。

官厅　传统住宅底层上堂不设厢房，徽州称四合厅，俗称官厅。

垂花门楼　清代的木构垂花门，明称倒垂莲升斗门楼，江南称牌科门楼。砖细作仿木构垂花门，两侧各置一垂花柱，以二层横枋联系，柱下端刻莲花或花篮。明称墙门、砖门楼，清称馒头门、砖雕门楼、雕花如意门，江南称砖雕门楼。

垂直构架横列式　构架由若干榀竖向构架纵向并列而成，柱、梁、铺作多层次穿插连接，咬合成一个有机整体，这种构架形式为垂直构架横列式。

垂脊　与正脊垂直，顺着屋面下垂的屋脊。宋称垂脊，清称垂戗脊，江南称竖带。

杪　斗栱出一跳华栱称一杪，“杪”或写作“抄”。宋称出跳、出杪，清称出踩，江南称出参。

券门　用砖石砌成半圆形或弧形的小门洞。明称券门、券洞、圆鞠，清、江南均称券门、拱门。

枭混　上凸下凹的嵌线。枭是凸面嵌线，混是凹面嵌线。宋称出混，清称枭混，江南称枭浑。

实心式塔 塔体全部由砖砌或石砌的塔。

实雕 不去地而就地雕压出花纹的雕法。宋、清均称实雕。

转角铺作 角柱上的铺作。宋称转角铺作，清称角科，江南称角栱。

抹角柱 将柱直角45°弦向切去。宋称抹角柱。

泮池 文庙棂星门前或门内设有半月形水池，位于大成门正前方，称泮池，意即泮宫之池，是文庙的一种特有形制，也是官学的标志。

泮宫 原指古代国家高等学校，后延至一切官办学校都被雅称为泮宫，正式称呼为府学、州学、县学。

庙学 旧指设于文庙（孔庙）内的学校。庙学是我国一项古老的教育制度，地方文庙与官学建在一起，故称庙学。

学圃 即儒学园林，为师生游憩之所。

郁闭度 指森林中乔木树冠在阳光直射下于地面的总投影面积（冠幅）与此林地（林分）总面积之比，它反映林分的密度。

刹柱 塔中支撑塔刹的直柱。上下贯通的塔心柱消失后，留下塔顶几层的柱，以保持塔刹安装。宋称刹，明称塔心木，清称刹杆，江南称塔心木、灯心木、刹木。

穹隆顶 汉以来中国砖石建筑内部屋顶形式之一。总体形制上大下小，四壁向上弧转收进，球形或多边形构成的屋盖，通称圆顶。

空筒塔室式塔 塔的一种构造形式，塔体为空心结构，状如空筒。常将塔的第一层或第二层做成塔室。

现柱 泛指室内立柱。宋称内柱，明称金柱、襟柱、现柱、仲柱，清称金柱、老檐柱，江南称金柱、步柱。

披水砖 屋面防水构件，其造型似一块被斜抹去一边或两边的青砖，以利雨水从其斜面流下。

披麻捉灰 木基层与油膜之间的部分，为保护木材、涂刷油漆、彩画的复合基层，由灰料、生油、麻、布等材料组成，具有较好的坚硬度和耐久性。

披檐 正屋檐下的单坡屋檐，类江南雀宿檐。清称单坡，江南称披。

板凳桥 多跨木梁柱桥，八字木排架上架设桥板，形如板凳，故称“板凳桥”。

板壁 用木板分隔室内空间的墙。宋称版壁、板壁，清称木墙壁，江南称板壁。

罗汉栏板 桥梁构件之一，造型古朴。其外形较一般栏板矮，只用栏板而无望柱，板面不透空，亦无寻杖、云栱撮项等作法，两头常用抱鼓石。

枨杆 斗尖亭榭屋顶中心之悬柱，即清式攒尖顶之雷公柱。

线刻 宋式建筑雕作制度之一，线刻，不去地。宋称平钑。

浅浮雕 石作雕刻制度之一种，凿去底子（地），宋称压地隐起，清称似半混雕；江南称铲地起阳，新安称浅浮雕。

线雕 石作雕刻制度之一，将图案以外的地浅浅铲去，在图案面上刻画线条花纹。宋称减地平钑，清称线雕，江南称起阴纹花饰，徽州称线雕。

垂莲柱 即垂柱不落地虚悬之柱子。宋称虚柱头莲华（蓬），元称虚柱，明称垂莲、倒挂莲，清称垂莲柱，江南称倒挂莲花。

九画

屏门 1. 由框料、木板拼合而成，每扇背面穿带，有单面、双面之分，可灵活拆卸。2. 装于堂屋之后双步之间，构成屏风形组合门，似上横头照壁（太师壁）。宋称版门，明称板门、板扉，元、清均称板门，江南称木板门、屏门，徽州亦称鼓门，严州称樘门。

屏风墙 封火墙的一种，房屋出墙高出屋面，随坡叠落，如屏风状，一般有三山屏风和五山屏风等。明称山墙、山尖墙、边墙，清称山墙，江南称山尖墙、屏风墙。明代徽州亦称火墙。

举折 屋顶各桁举升不同高度，形成屋盖坡度折线的方法，俗称定侧样、点草架。宋称举折，明称分水，清称举架，新安则称分水、水法、水。见“分水”。

穿斗 穿斗架也称穿逗架，流行于我国南方的一种木构架类型，在房屋进深方向的每根桁下立落地柱或瓜柱，桁上布椽，屋面荷载直接由桁传至柱，每排柱子横穿穿枋联系，形成一间房间的构架。明称柱柱落地，清称穿斗、穿逗屋架，江南称穿斗。

穿枋 穿斗架中柱子之间横向联系通长木构件。

穿插枋 在檐柱和金柱之间，抱头梁下，并与之平行的小梁。明称步枋、眉枋，清称穿插枋、排尖随梁枋，江南称夹底。

草架 天花以上的木构架，因制作较为自由、粗糙，故称草架。宋、明、清均称草架，江南称草架式。

草栿 天花板上面的梁，做法自由，加工粗糙，称草栿。

挑斡 下昂的特例，多见于宋以后的江南地区。当屋内为彻上明造时，一种用补间铺作昂之后尾，另一种是前不出昂，铺作里跳之上伸出似昂尾，两种昂尾直达下平槫，上挑一斗或一材两栔，这种作法为挑斡。宋、明均称挑斡。

复水椽 上下两重椽，以重椽作法遮掩上部草架，并重组露明梁架。重椽中斜置的椽称复水椽。明、江南均称复水椽。

砖细 砖料经刨磨工序后，江南称之为做细清水砖。明称细磨、细砖，清称磨砖，江南亦称作细砖。

墙垛 山墙伸出至檐柱外的部分。明称墙垛，清称墀头、脚头，江南称垛头。

须弥样 侧面上下凸，中间凹入的台座形式。明称须弥样。

须弥座 砖砌殿堂阶基，即叠涩座，由若干叠涩及仰覆莲、壶门等部分组成，比较华丽，常用于等级较高的建筑物。石作、小木作称叠涩座。宋石作、砖作称须弥座，明称须弥石座、花石须弥座，清称须弥座，江南小木作称细眉、砖石作称金刚座。

挖底 江南称梁、双步、川底部自腮嘴外向上挖去部分。

挖脚 建筑物基础掘土刨槽。宋称筑基、开基（址），元称筑基，明称开基、开基址，清称筑基、开地脚、刨槽、开基，江南称开地脚、开脚。

竖屋上梁 传统建筑营造中的建屋仪式。宋称安勘，明称上梁，清称立架上梁，江南称上梁。

架马 截锯木料用的三脚架子。明称马上，清称架码、码，江南称上三角马。

栏杆 即钩阑。由望柱、华板、寻杖、地栿等组成，木制或石制。宋称钩栏，元称勾栏，明称栏杆、栏楯、木栏，清称栏杆，江南称木栏杆。

梁柁 位于两梁之间，置于下层梁背之上，垫起上一层梁，使其达到所需高度，起承托传递上部荷载的作用，宋元时用驼峰。清称柁墩，徽州称梁柁，建德市称垫木。

封火墙 房屋左右山墙高出屋面，起着隔离火势蔓延的作用。封火墙状如屏风者，称屏风墙。

拱门栿 唐宋时期城门道所用大梁，三角和平顶两种门洞在排叉柱上架拱门栿，以支撑屋梁、顶板。宋称洪门栿。

拱券 一种建筑结构，拱形建筑物上筑成弧形的部分。桥梁一般指拱圈，多用砖石砌筑。

拱券石　砌筑拱券的石构件。

拱桥　我国最具代表性的一种桥梁形式，桥的墩台之间用拱形结构承重的桥。在荷载作用下，拱脚产生横向推力，拱本身则基本上产生轴向压力。明、清亦称券桥。

耍头　斗栱衬方头下所用出跳木料。宋称耍头、爵头，明称耍头，清称耍头、蚂蚱头，江南称耍头。新安一般不用耍头。

重台钩阑　勾栏下部有束腰及两块华版的栏杆。栏杆称钩栏，分重台钩栏和单钩栏两类。元称勾栏，明称栏杆、栏楯、木栏，清称栏杆，江南称木栏杆。

狮城　原遂安县城，因背依五狮山而得名。1959 年因建造新安江水电站，沉于今千岛湖底，现保存基本完整。

茶园石　地质学称凝灰岩，产于淳安县茶园村一带。石质韧而柔，细而有序，为新安江流域优良建筑石材。亦称茶园青。

栅门　亦称签子门，即栅栏形式的门。

栅居　埋桩替代天然树木以支撑巢居的结构方式，即干栏，底层架空畜养牲畜，楼面之上作起居用。

退步　供休息的附属房屋。婺源县、黟县等地清代住宅中的退步，指卧室门前的一间小前室，即角厢。

阁桥　即楼梯，楼层间垂直交通用的构件。宋称胡梯，清、江南均称楼梯。

复壁　指夹墙，两重而中空，可藏物或匿人。歙县、休宁县住宅底层明、次间之间或设内廊，亦称复壁。

挂落　用木条镶搭成镂空纹样图案，像网格状的装饰构件，悬装在廊柱或金柱间。清称几腿罩、倒挂楣子，江南称挂落。

阁上　指建筑物二层以上。

阁厅　楼层当心间称阁厅，亦称祖堂。

阁道　架空道路之统称。楼阁间的天桥称阁道。

栌斗　一组斗栱中最下面的构件，宋称栌斗，明称大斗、斗，清称坐斗，江南称大斗、坐斗。

前卷后架　江南厅堂使用草架，正身梁架前出廊用卷，后出廊步的结构形式。

贴雕　先在一块薄木板上雕刻纹样，将图案以外部分镂空，然后镶贴到建筑木构件上，可获“活”高于“地”之效果。

荤罩 门罩施砖雕，精细繁琐者称“荤罩”。似江南砖雕牌科门楼。

祠坦 徽州祠堂大门前广场。

陛 殿堂前露台踏步中央，不作阶级，而雕图案部分。宋称陛、辇道，明称陛道、御路，清称御道、御路，江南称御路。

宫观 道教的庙宇殿堂。

郡圃 即衙署园林。在府县衙后部设置山池林木，为官吏宴集、待客及游观之所。

亭候 亦称亭燧、亭堠，古代边境上用以瞭望和监视敌情的岗亭、土堡。

亭榭厦两头造 厦两头造系由不厦两头造发展而成，即将两坡顶房屋的两梢间加上披檐成为两厦。厦两头造用于厅堂，与用于殿阁的九脊殿形式相似，而构造有区别。亭榭建筑规模小，山面两厦范围自檐柱缝至下平榑缝止，深一架椽，即亭榭厦两头造木构架。厦两头造宋亦称曹殿、九脊殿，明、清、江南均称歇山。见“歇山”。

趴梁 梁头外端扣搭在桁上之梁，多用于庑殿和歇山建筑的山面，故又称顺趴梁。宋称丁栿，清称扒梁、顺扒梁。

栈道 阁道之一种，专指于绝壁峡谷、艰险之处架设的道路。

厚墩 桥墩是多孔桥孔间的下部结构体。厚墩联拱是单孔拱的集合，南方山区夏秋洪水泛滥，故多造厚重桥墩。

顺身串 连系左右两内柱，与桁平行的构件。

顺栿串 传统建筑中沿横断面方向之串枋，与梁栿方向上下相合。宋称顺栿串，明、清称随梁枋，江南称抬梁枋、随梁枋。

顺脊串 正脊下的蜀柱间连系构件。

阀阅 乌头门的别称。

砌墙 用未经砍磨的原砖糙砌，即糙砖墙，宋称叠砖墙，明、清称砌砖墙，江南称砌墙。

栋 脊桁。宋称脊榑、栋，明称栋、正梁、栋梁，清称脊檩、脊桁，江南称脊桁、栋梁、顶桁。

柱磉 木柱下承托柱脚的石墩。宋称柱础、石碇，元称磉，清称础、础石、柱顶石，江南称磉石，徽州称柱磉。

十画

通柱造　楼阁通柱式做法。其主要承重柱为一根或数根整柱，呈上下贯通之势。通柱明称画柱，清称通柱，江南称童柱、长柱，明清亦称通天柱。

桁　置于梁端或柱端，承载屋面荷重的纵向连系的圆木构件。宋称槫，明称檩、桁、栋，江南称桁。

栱　铺作中前后向或者左右间挑出的弓形水平短枋木。宋称栱、栱子，明称栱，清称栱和翘。

栱板　新安石坊中仿木斗栱的简化做法，用两块或一块石板雕凿成偷心栱板（或昂板）。

栱眼　栱上部除去两头及中心坐斗处，其余弯下的部分。

鸳鸯墙　砖一扁一立的墙垣砌法。扁砌明称卧砖砌，清称平铺、卧砖砌；立砌明称侧砖砌，清称立砌。

起屋样　建造房屋的图样。宋称图样，明称屋样、图样、样式、屋宇图式，清称样式，江南称样式、样子、屋样。

扇架　宋称展拽，从中线开始，将构件向两侧伸展、排放，穿斗架木构房屋竖屋时将穿斗架按纵向拼在相应石础位置，平置于地上准备竖柱，称扇架。宋称展拽，明称扇架，俗称排列。

烧活　用泥塑或模压法使砖坯成型，入窑烧制而成的砖雕。

格子门　房屋用门，其上部有供采光的格子，多为4扇、6扇或8扇。宋、元称格子门，明称隔扇、亮隔，清称隔扇、格门，江南称长窗。

挨画竹　木板壁上挂画的压画条，明称挨画竹。

海棠角　构件阳角按海棠花瓣的艺术变形作成两圆弧相交状。

旁室　侧屋。

桨腿　即屏风、衣架等家具的站牙，上小下大，近似船桨。

高浮雕　石雕制度之一种，即剔地起突，去地（底），突出图案。新安称深浮雕。

素平　构件平面上不加任何雕饰。

素罩　砖细门罩雕饰不繁者，称素罩。

倚柱　依附在壁体，凸出半爿的方形柱。宋称倚柱，江南称漏柱。

铁牵　用木制或铁制构件将山墙与木构架连接在一起，利用木构架拉住山墙，连接构件为墙揽。宋称木仁，徽州称木牵、铁牵，严州称牵子。

铁蜈蚣　古代在桥梁建筑上用以祈愿镇蛟驱洪的物象。

脊柱　在山墙正中，并从山墙内直顶到屋脊的柱，称山柱。宋称分心柱、中脊柱，明称栋柱、脊柱，清称脊柱、中柱、山柱，江南称脊柱、中柱。

十一画

望板　铺钉在椽飞上的薄板，其上覆瓦。

望砖　黏土烧制的薄砖，铺在椽上，其上覆瓦。明称楻板砖、望板砖，清称望砖、望板砖，江南称望砖。

悬山　两坡悬山顶。宋称两下造、不厦两头造，明、清称挑山、悬山，江南称悬山。

悬鱼　屋顶两山的鱼形装饰件，用木板雕成，安于搏风板合角处正中，悬于山面顶端。宋称垂鱼，清称悬鱼，江南称垂鱼、悬鱼。

副阶　主体房屋外围加建的廊屋。围绕塔身底层的外廊，宋称副阶周匝，清称外廊，江南称塔衣。

副檐轩　楼房下层，廊柱与步柱间，作翻轩顶，上筑屋面，附于楼房者。江南称副檐轩、庑檐轩。

梭柱　断面圆形，上端或上下两端收小，卷杀成梭形的柱子。新安明代建筑仍使用较多。

梁眉　冬瓜梁端两侧一根凹形圆和曲线，下端承托云纹与丁头栱交接，上端新月形翘起，中间杂有雕刻。建德俗称龙须。

雀宿檐　以软挑头承屋面，附于楼房之下的构造。斜撑弯曲若鹤胫，托住外挑短枋及小屋檐。

雀替　用于梁或阑额与柱交接处的木构件，用以增加梁头抗剪能力，减少梁枋跨距。宋称绰幕、角替，清称雀替、角替，江南似梁垫。

猫梁　斜置的劄牵梁身弓曲，严州称猫梁，建德或做成卷曲的蝙蝠，叫作老鼠皮叶。

骑门梁　厅堂明间两檐柱间的长梁。

掐瓣栱　栱瓣内顑形，称掐瓣栱。明称掐瓣栱，清、江南均称花瓣栱。

清水墙　泛指不加任何抹面和装饰的砖墙，特指采用规格统一、色泽一致、完整无缺的黏土烧制砖，砌成灰缝整齐的墙面。

淌白　砖料规格统一，外立面简单加工的工艺。

排叉柱　城门洞两侧立于石地栿上，上承城门楼架的木柱，为宋以前做法，有直撑、斜撑两种。

偷心　铺作跳头上不出横栱的做法。

斜项　月梁之梁头，其宽度斜收至“材”宽。

斜栱　呈45°斜出的斗栱。始见于宋代建筑，辽、金建筑多用。江南称斜栱、角翘，徽州俗称喜鹊窠。

斜撑　一种在檐口或外挑梁头下的木构件，下端与柱身（或梁身）连接，以传递上部荷重，称撑栱。构件多做艺术加工，成为精美的大木雕件。徽州称斜撑。

巢居　原始社会人构木为巢的居住形式。

随墙门　墙垣式门，一般指住宅在独立院墙上开的门。

棂星门　即乌头门，孔庙大门，原为木构，后多用石构。

廊　屋檐下的过道或独立有顶的通道，园林中的廊是联系建筑物的脉络。宋称行廊，明称步廊、屋廊、庄廊，清称廊子、步廊、游廊，江南称外廊、游廊、走廊。

廊屋　隶属一个主体房屋，或一个建筑群中正屋以外的房屋，称为廊屋。宋称廊屋，明称单步廊、目廊，清称步廊、单步廊，江南称单步廊、一界廊。

廊穿　步柱与廊柱之间长一界的短梁，明称界梁、川，清称单步梁、抱头梁，江南称廊川、廊穿、单步梁、短川、眉川、川。

廊院　由廊连成围合的院落。

混水砖搏风　硬山顶的两山面仿悬山木搏风板样式用砖砌的混水搏风板。

混作　木雕中的一种，即立体圆雕。宋称混作，清称混雕(全雕)，江南地区称圆作。

混交密林　指大乔木、小乔木、大灌木、小灌木、高草、低草各自根据自己的生态要求和彼此相互依存的条件，形成不同层次，具有多层结构的植物群落。

琐文　门窗上雕刻或绘画的连环形花纹，宋《营造法式》中所规定的彩画琐纹题材，主要施于五彩遍装彩画。宋称锦纹，明称罗纹、琐纹，清称锦纹。

梓框　石坊露明柱内侧附加的小柱，类似木坊的槏柱。梓框上为云墩承雀替。清称梓框，江南称似矮柱、抱柱。

密檐塔　砖石材料砌筑，多为砖塔。第一层特高，以上各层骤变低矮，高度、面阔均逐渐缩小，各层檐呈密叠状，立面轮廓近似抛物线。

麻叶头　翘、昂后尾雕饰做成多段卷曲纹样的一种做法，有所谓“三弯九转”之说。

壶门　一种用作装饰的拱门洞形状。新安传统建筑截其尖拱形出入瓣一段，开槽设置在木柱根部，起正位、通风、防潮作用。

菱角牙子　俗称狗牙砖。以砖尖外突，一层砖牙，一层平砖，呈菱形（似三角）。唐始在砖塔上大量使用菱角牙子，其后宋、辽、金、元、明、清代一直采用，且有所发展。宋称菱角牙、板檐砧，明称檐牙，清称菱角，江南称菱角齿形。

隐出　在木构件表面，压雕出栱头的轮廓。

十二画

编竹造　类似编苇抹泥造，用编竹抹灰做的隔断墙。

编苇夹泥造　亦称编壁。先在墙壁分位立柱枋，再在空挡处用竹篾或芦苇抹灰泥，一般多用于室内。宋称隔截编道，清称编条夹泥墙，江南称竹筋泥墙。徽州多用芦苇，严州则用苇草或竹篾。

插栱　指流行于新安建筑文化圈内住宅、祠堂等建筑中的无栌斗、华栱直接插入柱中的外檐斗栱。宋称丁头栱，清称半截栱、丁头栱，江南称蒲鞋头、插栱。

插梁　新安插梁式构架用料硕大，雕饰繁复，是新安建筑文化圈的主要特征。这种构架形式为垂直构架横列式，构架由若干榀竖向构架纵向并列而成，注重的是构架垂直向的完整性。插梁架源于宋《营造法式》厅堂式结构，组成屋面的每一檩条下皆有一柱（前后檐柱及中柱或瓜柱），每一瓜柱骑在（或压在）下面的梁上，而梁端插入临近两端的瓜柱柱身。顺此类推，最外端两瓜柱骑在最下端的大梁上，大梁两端插入前后檐柱柱身。为加大进深，尚可增加廊步，以及用挑出插栱的办法，增大出檐。在纵向上亦以插入柱身的连系梁相连，形成构架。

童柱　梁架构造中一种短柱，其下端立于梁背之上，上端承载梁枋等木构件，柱脚多与橔斗连接。宋称蜀柱、侏儒柱、矮柱，明称童柱、又童，清称瓜柱，江南称童柱、川童。

硬山　山墙直上至与屋顶前后坡齐平，不露桁头。明称人字顶、两坡顶，清称硬山、硬山房，江南称人字顶、山墙到顶造。

硬花活　在细泥青砖上进行雕凿的工艺技术，又称凿活。

硬挑头 以梁或承重之一端挑出檐柱外，承托阳台或雨搭者。

替木 用于桁下，头部卷杀的短枋，又名柎。宋、明、清均称替木，江南称连机、机、花机。见“连机”。

琴面 木构件表面加工成凸曲面，似古琴面。

普拍枋 阑额与柱顶上四周交圈的枋木，介于柱与斗栱之间，既起拉结木构架作用，又可与阑额共同承载补间铺作。宋称普拍枋、普柏枋、卧阑，明、清均称平板枋，江南称斗盘枋。

阑额 联络檐柱或副阶柱，上承补间铺作之枋木。宋称阑额，清称额枋、檐枋，江南称廊枋。新安阑额多使用冬瓜梁。

阑槛钩窗 即钩窗。外檐装修之一种，宜用于园林。在可供坐憩的槛面上版每间分作钩窗三扇，外装鹅项钩阑（有弯曲靠背的钩阑），下装障水板。江南称地坪窗。

鲁班尺 古代建筑使用于特殊部位（如门窗等）的一种“判定”凶吉的尺，并有相关尺法。

帽翘 严州建筑中梁枋两端之下类雀替的构件。

落步栏杆 阶级两旁垂带上的栏杆，明称落步栏杆，清称垂带栏杆、石阶栏杆。

博古 所有吉祥物的统称。亦用作雕刻绘画图案名称。

搁墙造 由墙体支撑梁架的做法。明称搁墙造，清称硬山搁檩。

搁整 建德称承重梁上用以垫平楼板的枋木，亦称梁背。

搁栅 位于楼板、承重间，用以承托楼板的楞木。宋称铺版方，清称楞木、龙骨木，江南称搁栅。

敞厢 合院住宅天井左右两侧开敞的廊屋。

裙肩 地面以上，墙体下部较厚部分称裙肩。宋称隔减，明称下脚，清称裙肩、下肩，江南称勒脚。

裙板 槅扇下部方形心板。宋称障水板，明称平板、裙板，清、江南均称裙板。

跑马廊 楼层前后进相通，绕天井一周，即“跑马廊”，黟县称之为“走马转角楼”。

牌坊门 徽州一种似牌坊又似横廊的建筑。开间不等，中间独柱，上承类担梁的横梁屋面。

戟门 列棨戟大门内以示威仪，宋、元、明、清均称戟门。

朝山 基址之前，位于案山之后，视线可及的远山峰峦及山脉。又，到名山寺观进香参拜。亦称朝山。

朝天犼 华表上的异兽,新安石坊冲天柱顶常用。明称朝天犼,清称蹲兽(牴牻)。

搭袱子 清代中期官式苏画样式之一，现通称包袱式苏画。清称搭袱子，江南、新安均称包袱。

锓阳刻 木雕的一种类型，雕刻时沿图案将外侧边缘稍微刻低凹一点，造成图案凸起的效果。另指操作方法，只沿线条做掖镳处理，或与地高度一致，多用于刻字。

道房 徽州齐云山道教文化的特殊载体，是道士修行、住宿和为朝山香客提供食宿及做道场的场所。

散斗 栱两端之小斗。宋称散斗，清称三才升、槽升子，江南称升。

散兵石 产于安徽巢湖南散兵镇一带的叠山石种，散兵石属石灰岩，形状百态，浮露山表，色青黑质坚，皴纹古拙，有如太湖石。

焚帛炉 常见于坛庙、陵墓等建筑，在祭奠仪式上用于焚烧祭祀物品。明称焚帛炉，清称焚帛炉、燎炉。

喇嘛塔 喇嘛教的特殊建筑形式，台基硕大，塔身雄浑，塔尖高耸。塔身呈银白色，俗称白塔。喇嘛塔是实心建筑，不能登临，造型特殊，式样多变，塔肚是其象征和重要标志。

塔刹 塔的基本组成部分，位于塔的最顶端，具有收结顶盖，冠表全塔的作用。宋称刹，清称塔刹，江南称刹、塔顶。

塔室 塔身每层塔心的内部空间。明称塔心，清称塔室，江南称塔心。

塔心柱 早期木塔内中心部位竖立的一根上下贯通的柱子，它将塔之上下构成一个整体。后塔心柱蜕化为刹柱。

铺作 1. 狭义指斗栱。2. 广义指斗栱所在的结构层，每朵斗栱本身相叠层数、出距多少的次序。宋称铺作，元称斗栱，明称斗栱、木斗栱、栱斗、升栱，清称斗栱，江南称牌科。

十三画

搏风 房屋两端出际，封护桁头的木板。宋称搏风板，明称博缝、泊风，清称博风板，江南称博风板、博缝板。

歇山 悬山与庑殿相交所成之屋顶结构，有一道正脊、四道垂脊和四道戗脊，加上山花板下的两条博脊，则有十一条脊。屋盖上部类似两坡形式的悬山，下部类似四坡形式的庑殿。宋称九脊殿（用于殿阁）、曹殿、厦两头造（用于亭榭、厅堂），明称歇山、转角歇山、歇山转角，清称歇山、歇山转角，江南称歇山。

椽 排列于桁上，与桁垂直布置，放在桁与桁之间的圆木或方木构件。新安用方椽。

椽架 即“步架”。

叠斗 江南厅堂抬梁式结构中，层叠梁栿间的支承交接，有叠斗、蜀柱两种作法。同一地域叠斗作法早于蜀柱作法。闽、粤两地以交互斗承托素枋，层层叠加，称叠斗。江南至元明仍有叠斗承脊桁的做法。

叠涩 用砖或石叠砌成层层向外出跳之法。

溜金斗栱 一种特殊斗栱。中线以内，自要头以上，后尾加长，顺举架角度向上斜起秤杆以承受上一架桁，中线以外与普通斗栱完全相同。清称溜金斗栱，江南称琵琶科。

锦纹 砖雕中对锦类图案的通称。图案由二方连续或多方连续构成。见“琐文”。

搕烧 新安建筑砖雕的一个类型，即对烧雕进一步加工雕刻。

新安人 生活在新安江流域距今约5万年的旧石器时代中期的智人类型，称建德人，亦称新安人。

新安建筑文化圈 简称“新安文化区”。分布在新安江流域的皖南、赣东北、浙西一带，并向南辐射影响到其他地区。其特征是穿斗体系，穿斗、插梁混合使用。梁为冬瓜梁，祠堂及住宅中用插栱，屋面方椽、望砖、青瓦，结角为嫩戗发戗，用清水脊。

新安传统建筑 起自史前文明，迄于1949年，主要是宋至明清时期，以及清末民初转轨期。在新安建筑文化圈内，即新安江流域的古代徽州（府）、严州（府）地域，包括今浙西、皖南和赣东北三地，一种以强化儒家伦理道德秩序为主要精神特征的乡土建筑文化。

蜀柱 梁架中的短柱。见“童柱”。

暖厢 合院住宅天井左右两侧廊屋，安装格子门或槛窗的称暖厢。

照墙 即古时的萧墙、屏。正对大门，但距大门有一定距离的一段独立墙壁。有的置于大门内，主要屏蔽外人视线。置于大门之外的多与大门及门前空地相呼应，围合成一个空间。宋称露墙之一种，明称面墙、照墙、影墙，清称影壁，江南称照壁、照墙。

签子门　即栅栏门。

楼阁式塔　佛教传入中国后，在中国传统的多层木构房屋建筑基础上发展起来的构筑物。塔内一般内设楼梯，可以登临远眺。

楼廊　新安祠堂戏台前两侧二层建筑，与戏台连接，底层敞开，二层观戏，也称观戏楼。

楞线　枋心彩画之楞心。

殿式　古代高大的单体建筑物样式，通常指宫殿、佛殿、道教中的三清殿等。为建筑的最高等级，宏伟华丽，瓦饰、建筑色彩和彩画有专门意义。

窣堵波　即佛塔。其本义是指用土、石聚积起来，用以供奉和安置舍利、经文和各种法器的台子。最初为圆冢，至阿育王时始造覆钵式塔。我国塔在形制上亦受其影响，如塔顶之刹。

睡木基础　将木材横卧使用，用以加固桥基的方法。在整平的墩位上将松木分层纵横铺设，然后其上砌筑桥墩。随桥墩增高，睡木受重压下沉，下沉停止，桥即告建成。

鹊尾　徽州屏风墙头筑脊至墙垛金花板（砖搏风板）处，收头施鹊尾形的一套瓦件，当地工匠称为“武式”。

缝　凡中心线均称缝。如间与间之间的中心线称间缝。

腰檐　塔与楼阁平坐下之屋檐，称腰檐。

十四画

滴水　檐口底瓦，外缘附有下垂的如意形舌片。宋称重唇瓪瓦、垂尖华头瓪瓦，明、清均称滴水，江南称滴水瓦、花边滴水。

嫩戗　斜插于老戗上之子角梁，为江南建筑所特有的式样。

嫩戗发戗　江南明中期以后的翼角做法，嫩戗斜插在老戗背上，形成夹角，使檐口至屋角处有较大起翘。

遮羞板　宋小木作构件，封护地板四周外露部分之板。新安住宅在厢房朝室内窗的外侧下面加一道木栏板，以遮挡外人视线，多用于内眷卧室。江南称遮羞、遮羞窗。

漏花砖　烧制的长方形黏土砖，砖心镂空为万字、如意等图案。类似江南亮花筒，徽州称花板。

漏窗　用木、瓦、砖等材料构成或石材雕刻成各种图案的透漏窗。

塾　门内东西两侧的堂屋。

旗亭　市门楼，汉代市场内的标志性建筑，亦称市亭。

劄牵　长仅一椽的联系梁。宋称劄牵，明称上眉梁，似清代的单步梁、抱头梁，江南称单步、眉川、廊川。

十五画

蝴蝶木　屋顶平梁上空处，蜀柱两侧之雕花木板。似宋代的丁华抹颏栱两侧的翼形构件，明称额片，清代江南称抱梁云、山雾云，山雾云大于抱梁云。

磉托　柱基础，上置柱础。徽州宋、明建筑磉托多与柱础连成一体。

踏步　从一个高度到另一个高度的踏步。宋称踏道，元称踏道、露阶、台阶，明称阶、台级、露阶、落步，清称踏跺、踏步、阶级、台级，江南称踏坡、踏步、石级。

影栱　即扶壁栱。

靠背石　石坊支托柱子的抱鼓石维持石坊横向稳定。江南称抱鼓石、砷石。见“抱鼓石”。

靠壁洞　贴崖而建的石拱洞路亭。

额片　见“蝴蝶木”。

墀头　即垛头。见“墙垛”。

摩崖　在山崖石壁上刻文字。

横联分节并列　石拱桥拱券的组砌方式之一，分节并列是长条石拱板的横联砌法。横联节并列则是在分节并列诸拱板之间，插入桥全宽的横条石，诸横条石与横板之间有暗榫卯联结。

幢式塔　按经幢式样建造的塔，一部分为经塔，一部分为墓塔。

槽　殿身内由一系列柱子与斗栱划分空间的方式，也指该柱列与斗栱所在的轴线。

槫　即清式的檩或桁。

十六画

壁内折上式 塔壁体内部折返而上的楼梯，称壁内折上式。这种构造方法是明塔的显著特征。

壁体枋 塔砖体内关键部位纵横放置的木枋，以防年久塔体开裂，类夯土墙内的纴木。

橑檐枋 斗栱最外一跳上承托屋檐重量之枋木。宋称橑檐枋、橑风槫，明称挑檐枋、托檐枋，清称橑檐枋，俗称压斗枋、上桁条，江南称梓桁、托檐枋。

磨砖对缝 即干摆，将细料青砖经精细打磨加工后的砌筑法。明称磨砌，清称磨砖对缝，江南称作细砌。

避弄 新安传统大型住宅单体横向以避弄连接。即宅内正屋旁侧的通小巷，亦称火巷。旧时为女眷奴婢行走之道，以避男宾和主人。明代、江南均称避弄。

镜面天花 天花外表面平整无缝，不起任何线脚，光洁如镜。

衡门 原始门制，即两木竖柱上加一横木。古代建筑群中以此为院门，称衡门。

薄墩石拱 近代称柔性墩。一般指采用木桩基础结构，相对于主拱券来说刚度比较小的桥墩。

十七画

檐板 石坊折板状屋面下部坡度较平缓的石板。

檐枋 即阑额。见“阑额”。

檐柱 建筑物檐下最外一列支撑屋檐的柱。宋称副阶柱、檐柱，明称檐柱、步柱，清称檐柱，江南称廊柱、步柱。

檐楼式 新安牌坊柱不出头者，始于衡门，上有屋盖。

徽州帮 新安工匠在长期的建筑实践中积累了丰富的技术和工艺经验，具有共同的传统手法，经过几千年的发展、演变，明清时期在营造界形成了具有独特的体系和地域风格的建筑流派。

翼角 建筑物屋顶檐部外转角呈翼形或扇形展出起翘的部位，其轮廓线为曲线。宋称转角，明称磨角、转屋角，清称屋角、翼角、屋面转角，江南称屋角、转角。

濠濮景象 园林的一种景象，表现出的是山水相依的一种景象，其水位较低，水面狭长，往往能产生两山夹岸之感。

十八画

鳌鱼 南方典型鱼形吻，新安俗称鳌鱼。据考源自印度摩伽罗，取其厌火和祈望年丰之意。类似宋鸱尾、龙尾，元鳞爪瓦兽，明大吻、吻兽、衔脊，清正吻，江南吻、大龙吻。见“鳌吻”。

鳌吻 汉至宋宫殿屋脊两端之鱼尾形饰物，明清时期官式建筑用兽吻，鱼尾形仅存于南方建筑。新安多用鳌吻。见“鳌鱼”。

翻轩 江南厅堂往往将内四界前地位加深，自一界至二界，并于原有屋面之下，架重椽，使前后对称，表面整齐，自下仰视，俨若假屋者谓之翻杆。明称卷、敞卷、轩，清称卷式、楼，江南称轩、翻轩。

鹰嘴 新安建筑冬瓜梁构架在蜀柱与梁栿交接上，常雕饰鹰嘴咬接梁栿，成为厅堂梁架的趣味之处。

覆钵式 覆钵为梵名音译，佛僧用餐的一种容器。藏式塔在高大基座上，建覆钵式塔身，其上设塔刹，称喇嘛塔。

十九画

攒尖 屋面较陡，无正脊，方形攒尖，数条垂脊交合于顶部，形成一点，上覆以宝顶。圆攒尖无垂脊。宋称斗尖、撮尖，明称攒尖、尖合橹，清称攒尖，江南称攒尖、尖顶。

櫍 置于柱础之上、木柱之下的扁圆形横纹木垫块，以阻隔地面水分上升，用木、金属、石等材料制作。

櫍形础 櫍是早期柱底与础石之间所垫木块，后演化为柱础的一个组成部分。南宋及元以后多省去櫍下覆盆、莲花部分，仅以櫍为础，故称櫍形础。是唐宋柱础的简化形式。

瓣 构件上连续起伏，转折的轮廓线，形成若干折面，每一折面，谓之一瓣。

藻井 天花，殿阁室内做重点装饰的以突出主要空间。宋、明、清均称藻井，江南俗称鸡笼顶。

藻头 梁枋彩画箍头与枋心之间的部分。叫藻头，俗称找头。

二十画

灌斗墙 大号开砖砌筑的空斗墙，空斗内填充碎砖瓦砾及灰土，谓之干斗。干斗隔层灌红泥稠浆，则谓之湿斗。

二十一画

霸王拳 梁枋头的一种雕饰，由中间三个凸半圆线和两端二个凹半圆线连续组成的花状头。

附录二　新安传统建筑大事记

秦

秦始皇二十六年（前 221 年）

置歙、黟二县。

汉

建安十三年（208）

孙权遣威武中郎将贺齐征服黟、歙一带的山越人，划歙县东乡为始新县（淳安建县之始），歙南武强乡为新定县（即后之遂安县），两县县治分别在新定里（原威坪）和木连村溪北（今仙居一带）。西乡地置犁阳、休阳县，县治设鹢山（又名灵鸟山，今休宁县西凤凰山）之阳。

建安十四年（209）

析丹阳郡置新都郡，辖始新、新定、黎阳、休阳、黟、歙六县，以始新县治为郡治，贺齐为太守。筑郡治贺城，始新县治迁郡城东附廓。

晋

太康元年（280）

改新都郡为新安郡，改新定县为遂安县。

大兴二年（319）

僧天然建南山寺（址在今万安镇水南村），为休宁县佛教寺院之始。

咸和二年（327）

新安太守鲍弘在岩寺潜虬山下兴建鲍南堨，引丰乐河水灌溉南岸农田 3700 余亩。

南朝

梁大通元年（527）

新安内史吕文达在西溪南附近建吕竭，引丰乐河水灌溉北岸农田 4900 亩。

太常卿胡明星，募工开槐渠（今横沟），引漳水灌溉黟县黄姑墅一带（郭门至横冈）千余亩农田。

隋

开皇九年（589）

改始新县为新安县，遂安、寿昌两县并入，改隶婺州。

开皇十二年（592）

歙州州治设于黟县碧山。

大业十二年（616）

汪华领郡兵起事，占据歙州，保境安民。在绩溪登源建筑城堡，屯兵城西。继而占领宣、杭、睦、婺、饶州，称吴王。

义宁年间（617 ~ 618）

汪华迁新安郡治于歙县乌聊山，筑郡城。

隋末（**618 前后**）

始建谯楼于歙县。

唐

武德四年（621）

遂安郡复改为睦州，雉山、遂安两县均隶之。遂安县治由木连村溪北迁至五狮山南麓（即狮城）。

武德年间（618 ~ 626）

建圣僧庵于歙县徽城镇旸村。

神功元年（697）

睦州州治由新安迁至建德，新安县治从州东附廓迁入贺城。

开元十八年（730）

志满禅师始建汤院（祥符寺前身）于黄山桃花峰麓桃花涧。大中五年（851）移建于汤泉对面，号龙堂。天佑二年（905）重建，复名汤院。南唐保大二年（944）敕名灵泉院。宋大中祥符元年（1008），敕名祥符寺。清乾隆二年（1737）遭水毁。

天宝八年（749）

遂安县南 70 里之洪铜山置场采铜。

至德二年（757）

建寺于歙县府城外西干，北宋太平兴国四年（979）敕名“太平兴国”。

建西峰寺石塔于歙县许村镇北村西峰寺后山坡。

永泰元年（765）

黟县建薛公（稷）祠于县衙东边。

永泰二年（766）

创立祁门县儒学。

大历五年（770）

祁门县署迁至今祁山小学址。

大历年间（766 ~ 779）

唐代宗手诏征径山大师蕴公，于今岩寺古岩为之立院。宋开宝元年，郡守李公度迎达禅师住持，始置庄田殿阁。因“岩寺”闻名，遂于丰溪、颖溪一带的富饶坊设立岩寺镇。宋绍兴二年（1132），诏命更名“岩镇”。

建万福寺于建德市大同镇溪口村西竺山。

贞元十二年（796）

建玉泉寺于建德市梅城镇龙泉村五龙山中。

元和四年（809）

祁门县令路旻募民凿武陵岭，筑盘道；首修阊门峡，开阊门溪，后人称“路公溪”，舟行乃安。

元和二年（809）

歙州刺史韦绶建石门寺于岐山石桥岩。

大和五年（831）

建小溪院于歙县绍濂乡小溪村东南。

会昌三年（843）

建梓路寺于黟县宏村镇横川村梓岭。

咸通二年（861）

六月，祁门县令陈甘节二修阊门峡，筑阊门堰，分水入路公溪。翌年二月竣工，舟行无阻。

咸通三年（862）

七月，歙州司马张途作《祁门新修阊门溪记》。

乾符元年（874）

休宁齐云山建密多院于白岳山南。

乾符五年（878）

黄巢过郡，郡人程沄率兵立寨于休宁临溪东密岩以拒之。

黄巢别部入黄墩（今屯溪区篁墩），程氏族人逃难解散，义军遂营本宅，攻劫川谷，荡涤殆尽。

中和三年（883）

建翠微寺于黄山西麓。

中和年间（881 ~ 885）

睦州刺史陈晟始筑城十九里，一作罗城。西南临水，东北倚山。

光化三年（900）

郑传为五台山僧人清素建寺于祁门西峰山。

天复元年（901）

婺源县治由清华迁弦高。并在弦高蚺蛇港之北筑坝为港口，其南筑坝为港尾，中储水为西湖（后名西湖凼），使溪水绕城三面。

天祐二年（905）

绩溪龙川建药师寺。

唐（618 ~ 907）

建龙山寺于屯溪区黎阳镇小龙山南麓。

建澄溪庵于建德市梅城镇龙泉村乌龙山南麓，宋代改名为澄溪院。

建村于歙县，后梁定名为“唐模”。清康、乾年间（1662 ~ 1795）最为鼎盛。

建渔梁坝于歙县练江之中。

歙县渔梁始建狮子桥。

五代

乾化元年（911）

建寺于歙县渐江岑山上。康熙八年（1669），里人程族请御书星岩寺额，并题十字柱联，更名“星岩寺”。

凤历元年（913）

建金粟庵于祁门县城西北隅。

昇元二年（938）

都制置使刘津建筑婺源新城墙，并撰《婺源诸县都制置新城记》。

保大八年（950）

建歙县学宫。

建隆年间（960 ~ 963）

歙县莘墟吴大用、富山余希亮两人捐资兴建昌堨，引丰乐河水灌溉吕堨上游农田 4000 亩。

乾德四年（966）

绩溪始建土城，城周五里。

宋

太平兴国五年（980）

建忠烈庙于绩溪登源，祀越国公汪华。

端拱元年（988）

祁门知县张式始建学宫于城南。

至道三年（997）

青溪县令孙说建文庙学宫。

景德四年（1007）

胡忠迁宅坦，始建桂枝书院于绩溪岭北龙井。

天禧年间（1017 ~ 1021）

婺源张舜臣建龙川书院。

景祐三年（1036）

睦州知府范仲淹办龙山书院。

庆历四年（1044）

休宁县始建学宫，在县治东。绍兴六年（1136），县尉陈之茂迁学宫于县南。此后，历代屡建屡修，相沿不废。

庆历年间（1041 ~ 1048）

建报恩禅寺于建德市梅城镇南峰村南山，元末毁，后多次重建。

熙宁九年（1076）

休宁知县陈时命工匠于古城岩沿山凿石开渠百余丈，灌溉附近数百家千余顷民田，民称“陈公竭”。

熙宁年间（1068 ~ 1077）

詹安于淳安县郭村西北瀛山辟建瀛山书院。明隆庆三年（1569）知县周恪重建。

元丰八年（1085）

三月，苏辙知绩溪县事，十月离任。苏辙在绩溪留下《将移绩溪令》等诗作 41 首、《绩溪谒城隍文》等 4 篇。曾在西门外筑长堤，以防水患，后人名“苏公堤”。又在通济门建翠眉亭，寄思故乡峨眉。

元丰年间（1078 ~ 1085）

婺源明经胡氏五世孙胡仕良，途经黟县西川，为此地山川所吸引，随后举家迁黟，始建西递村。

元祐八年（1093）

祁门安丰塔（俗称伟溪佛塔）落成，高 23 米，外观五层，周身镶嵌佛像砖 400 余块。

绍圣四年（1097）

休宁县筑社稷坛。

崇宁年间（1102 ~ 1106）

休宁汪若楫于藏溪南山之阳建秀山书院。

大观三年（1109）

建中书桥于婺源县秋口镇李坑村水口。

政和七年（1117）

青溪县治西之西井铸铁栏以护之，周长一丈五尺，因名铁井。

政和年间（1111 ~ 1118）

进士汪襄在绩溪坦川西干开圳三里，灌田 140 多亩。

建乐山书院于绩溪县。

宣和元年（1119）

歙县黄备张应周倡建西干长庆院塔，宣和三年（1121）竣工。

宣和二年（1120）

改歙州为徽州。三年八月，迁州治于城北溪边（今新州）。翌年迁回原址。

宣和三年（1121）

改睦州为严州，改青溪县为淳化县，改万年乡为永平乡，改帮源洞为威平洞。

严州知州周格重筑城，即睦州旧城，缩为十二里二步，城有八门，东曰望云，南曰定川、曰安流，西曰安泰、曰和平，北曰嘉贶，东北曰百顺，西南曰善利。

宣和四年（1122）

徽州知州卢宗原修筑州城罗城，次年完工。

歙县迁建小溪院。

祁门县重建金粟庵。

宣和年间（1119 ~ 1125）

歙县重建谯楼。

靖康元年（1126）

绩溪建东麓书院于城西。

建炎三年（1129）

建新州塔于歙县。

绍兴元年（1131）

岳飞率军至洪州（南昌）讨伐李成，经歙县岩寺镇，夜宿檐下，百姓不惊，后人筑岳王行宫以祀之。

二月，岳飞领兵过祁，饮马于县东櫸墅（今洪村），夜宿县西东松庵（原址花城里东松岭），并题记庵壁。

汪氏六十四世孙汪彦济，自黟县祈墅携家小迁往雷岗山下，始建宏村。

改淳化县为淳安县。

绍兴二年（1132）

闰四月，徽州府城大火三日，烧毁州治官舍19处520余间，延烧民房1500余家。

诏命改岩寺镇为岩镇。

绍兴五年（1135）

建德市重建澄溪道院。

绍兴八年（1138）

大水冲塌徽州城墙。

绍兴九年（1139）

淳安县丞汪仔重修文庙学宫。

绍兴二十五年（1155）

绩溪知县滕磨在县治东增建县学房屋30余间。

绍兴年间（1131 ~ 1162）

程大昌于休宁会里建西山书院

隆兴二年（1164）

建金紫祠于歙县（今徽州区）潜口村。

乾道七年（1171）

朱熹至遂安康塘，会文于百琴楼。淳熙年间，朱熹在瀛山书院与遂安詹仪之论学。

乾道八年（1172）

建汪越国公庙于休宁古城山。

淳熙五年（1178）

黟县城北门戊己桥建成。

淳安知县陈晔于县南建青溪桥。桥长百丈，横溪列小舟，上覆木板通行。

淳安县令陈晔构文庙学宫讲堂、斋舍

建竹洲吴氏园亭于休宁县商山村。

淳熙十六年（1189）

黟县知县叶崧、县尉鲍叔源，重修儒学明伦堂。

淳熙年间（1174 ~ 1189）

绩溪戴季仁于县东建槐溪书院。

隆兴元年至淳熙十六年（1163 ~ 1189）

建曲斗桥于建德市航头镇。

绍熙五年（1194）

程大昌于休宁县城南会里（今洪里）创建西山书院。

庆元五年（1199）

淳安县令郑擢重修文庙学宫

庆元六年（1200）

大火，烧毁徽州城官署、州狱，延及民房 800 余家。

嘉定七年（1214）

大水冲塌徽州城墙。

知县陈德一创建建德县儒学学宫。

淳安县令应与权市地于文庙学宫，创外门，筑杏坛。

嘉定十二年（1219）

建新叶村于建德市大慈岩镇。

嘉定十五年（1222）

淳安县令黄山成于文庙学宫塑大成殿圣贤像。

嘉定年间（1208 ~ 1224）

绩溪知县王枘在九都良安乡开大古塘，灌溉 40 余亩。

宝庆二年（1226）

建太素宫于休宁县齐云山月华街中心。

休宁建佑圣真武祠于齐云山。

宝庆年间（1225 ~ 1227）

绩溪知县赵时份重建大成殿。知县胡岩肖重修东西庑。知县俞任重立学门。

绍定二年（1229）

祁门知县陈过重修阊门堰。与此前两修阊门的路旻、陈甘节同为“祁门三贤令”。

遂安县署大火。署内装锦堂、戴星阁及清心、登云、鲂桥、贮清诸亭皆焚毁。

歙州推官赵希愬于歙县城南练江上伐石兴筑渔梁坝，左右篷卷十八层，阔三丈，高半丈，横亘二十倍。

端平元年（1234）

徽州城西练江上架浮桥。明代弘治年间（1488 ~ 1505）改筑石桥，名太平桥，俗称河西桥。

嘉熙三年（1239）

徽州城南建紫阳书院，理宗赵昀御赐“紫阳书院”匾。

淳祐元年（1241）

建新亭于淳安县蜀阜。

淳祐四年（1244）

淳安县令赵崇嶓于文庙学宫辟务本、循理二斋，揭御书大成殿额，建七十二贤祠。

淳祐五年（1245）

州守韩补建徽州紫阳书院，理宗赐额曰“紫阳书院”。后多次迁徙。明弘治十四年（1501），知府彭泽重修。

淳祐六年（1246）

郡守韩补创建紫阳书院于徽州府城南门外，宋理宗御赐“紫阳书院”匾。

淳祐十二年（1252）

建德新叶村夏大水，五日方退，毁坏房屋甚多。

宝祐二年（1254）

淳安县令石孝闻于文庙学宫增置东西斋厅。

宝祐年间（1253 ~ 1258）

绩溪大石门人胡旦依山势开凿江南第一关通道。

咸淳元年（1265）

建西山桥于建德市乾潭镇下梓洲村。

咸淳七年（1271）

宋度宗为淳安县石峡书院题写匾额。

景炎元年（1276）

绩溪学宫、县署，俱毁于兵。

三月，黟县城兵乱，县署被毁，后县丞李大川重建。

祥兴元年（1278）

休宁设县城、临溪、江潭、蓝渡、五城税务五所。同年，始筑休宁县城墙，周长九里三十步。

南宋时期（1127 ~ 1279）

建培筠园于黟县碧山之麓。

吴起隆始建绿绕亭于徽州区西溪南村。

建朱氏园亭于休宁首村。

建赵氏园亭于休宁龙源。

建吴氏园亭于休宁璜原。

汪若楫于休宁县藏溪建秀山书院。咸淳年间（1265 ~ 1274），汪曾掌教紫阳书院。

休宁县建柳溪书院，院址在城内西街，为汪莘讲学处。

休宁五城黄发建翠岩书院。

南宋至明初（1127 ~ 1441）

歙县许村进入稳定发展期，一个徽州田园式村落已初具规模。明成化至清道光间（1465 ~ 1850），许村步入鼎盛期，大量水口建筑皆建于此时期。

宋末（1278 ~ 1279）

歙县棠樾村建西畴书院，歙县鲍寿孙，元代曹泾、方回曾讲学于此。

宋（960 ~ 1279）

建龙天塔于婺源县浙源凤山村水口。

建吕仙宫于歙县富堨镇沙溪村。

北宋，淳安县姜家镇下郭村始建济大桥，又名状元桥。

郑姓由歙北迁居定潭，后迁阳产，为郑半洲再能公之后。阳产土楼至今已数百年，墙体版筑。

直秘阁汪叔詹、汪若海建秘阁书院于二十三都西溪。

休宁县建柳溪书院，院址在城内西街，为汪莘讲学处。

休宁方塘中村汪龙孙建翰林书院。

休宁方塘汪洽建横绿书院。

休宁剑潭程师长建剑潭书院。

胡器之建白杨书院于祁门县贵溪，传朱熹曾在此讲学。

婺源程傅宸于九都金竺建万山书院。

婺源许村建山屋书院，为许月卿藏书处。

宋、元年间

歙县呈坎建易安书院。

元

至元元年（1264）

淳安县令杜明显于文庙学宫重建礼殿

至元十一年（1274）

达鲁花赤亦不刺金于淳安文庙学宫建两庑、戟门、棂星门

至元十四年（1277）

绩溪因宋城立三门，南新安、北拱极、西眉山，县尹张恬于东溪上游穿渠灌溉郭东田千亩。

绩溪教谕胡遂孙及张旗、汪梦斗、胡泳、高山等人捐资置地于邑西，建学宫殿堂斋舍，并求庐暕斋书“大成殿”三字。

至元十五年（1278）

歙西临河人程迁率子 8 人开筑雷堨，灌田 1700 余亩。

绩溪县尹胡从贵重建县署正厅两庑。

至元十六年（1279）

十月二十九日，遂安洞神宫道士黄智远募金铸钟一口，重 3000 斤，击钟时声闻十数里。

至元十七年（1280）

祁门县尹张希浚移建学宫于西南。

至元二十年（1283）

祁门县尉苏仪倡修平政桥，桥墩增高 3 尺，架木为梁。

至元二十四年（1287）

知州汪元圭创建晦庵书院于婺源县。

至元二十七年（1290）

徽州学宫复火于盗。

元贞元年（1295）

筑东关场果，灌田千余亩。

婺源县改为婺源州，知州汪同在州城建立守卫百户所。

大德四年（1300）

张尹甫（1244 ~ 1300）在黄山建松谷道场，元大德四年（1300）留偈而终，附近乡民为之造塔。

大德七年（1303）

建有序堂于建德市大慈岩镇新叶村北。

至大元年（1308）

绩溪县尹张纲重建庙堂、门庑、斋舍。

至大三年（1310）

婺源胡淀建考川明经书院。

至大四年（1311）

黟县县尹皇甫莅修建儒学讲堂。

祥兴二年至皇庆元年（1279 ~ 1312）

建环秀桥于徽州区呈坎村前街潨溪上。

延祐元年（1314）

婺源晦庵书院毁于火。

延祐二年（1315）

僧普通募建绩溪徽溪石桥，又建城东广福院。明洪武十年（1377）重建，并在寺前建钟楼，改称天王寺。

延祐五年（1318）

绩溪县尹刘享晋重建棂星门，甃讲堂地，又凿石造泮桥。

延祐六年（1319）

僧绍复募缘在原址重建黟县梓路寺。

祥兴二年至至治元年（1279 ~ 1321）

建高阳桥于歙县许村镇昉溪水口。

元统二年（1334）

建墓于歙县璜蔚天堂村，祭堂内置画像石。

至元元年（1335）

淳安县令杜明显重建文庙学宫礼殿。

至元元年至至元六年（1335 ~ 1340）

婺源复建晦庵书院于县学之东北。

至正五年（1345）

六月，休宁县尹唐棣修学宫，始建谯楼。

至正十一年（1351）

达鲁花赤亦不剌金建淳安县文庙学宫两庑、戟门、棂星门。

黟县黄村黄真元建集成书院。

至正十二年（1352）

婺源里人胡孟成以居来学，于邑西考川南建石丘书院。至正十二年（1352）毁于兵燹。

项普略攻陷绩溪县，毁城郭内外官舍寺观。

徐寿辉部攻入黟县县城，县署、学宫被焚。

婺源建晦庵书院，毁于火。

至正十六年（1356）

十一月，休宁建商山书院，朱升、赵汸被聘为山长。

汪同创建商山书院于休宁县商山浯田村。

至正十七年（1357）

七月，朱元璋部将邓愈、胡大海攻入徽州，邓愈为枢密院判官、镇守徽州。改徽州路为兴安府，加筑府城城垣。至正二十七年，兴安府复为徽州府。

重建黟县县厅。

至正二十年（1360）

绩溪县建鼓楼，元置镇守军营：一在县东旧学基；一在西坑（今伏岭镇）。

至正二十一年（1361）

李文忠改筑建德府城，县为附郭，周八里二十三步六分，高二丈四尺，阔二丈五尺，西南临水，东北倚山，门有五，东曰兴仁，西曰和义，南曰澄清，北曰拱辰，西北曰武定，各覆层楼，护以月城，惟北无月城。东西北为城壕一千一百有五步。

至正二十六年（1366）

八月，祁门知县余宝捐俸倡修平政桥，桥墩增高至一丈五尺，用木为梁，铺板为面，加设栏杆，建亭于桥东，肖菩托大士，设茶饮以解道渴，翌年三月桥成。

至正年间（1341 ~ 1368）

歙县建师山书院，为郑玉讲学处。

休宁浯田建商山书院。

祁门方贡孙于县城北隅建竹溪书院。

祁门县金粟庵毁于兵燹。

婺源汪同于阆山村建阆山书院。

元（1270 ~ 1368）

建德新叶村建重乐书院。

歙县于南门建南门书院。

歙县岩镇太平路教授闵道源上章请立费公书院。

绩溪程燧于十一都仁里建翚阳书院。元末兵燹毁。

歙县汪维岳建友陶书院，地处丛睦。

建朱氏园亭于休宁县月潭。

建秋口钓月楼于休宁县岭南。

建醉经堂于休宁县会里。

建芹川村于淳安县。

婺源大田五镇倪士安建道川书院。

建圆镜山房于婺源县庆源。

建仁寿桥于婺源县中云镇横槎村。

建德新叶村兴建祖庙西山祠堂、有序堂。

元末（ ~ 1368）

歙县三十一都深渡立凤池书院，为姚琏讲习处。

歙县二十五都石门立枫林书院，休宁理学家朱升建，讲学其中。明太祖曾赐“梅花初月”匾额。

建贞白里坊于歙县郑村善福里。

休宁鬲山程翊夫（号月友）尝创月友书院。

婺源考川明经书院毁于兵燹。

明

元末明初

休宁屯溪潘氏宗族子弟潘珙（号屯山）构屯山书院。

婺源新溪程焕于沙阳创建樟源书院、青山书院。

洪武二年（1369）

绩溪知县欧渊修建城隍庙，建朱文公祠于大成殿前。

建德市僧智德重建报恩禅寺，岁久倾圮。

洪武三年（1370）

徽州府治复设于今址。州治始于隋，唐时州治规模无考。宋自宣和二年（1120），迄绍熙三年（1192），端平二年（1235），毁而新作者屡。元因之为路治，延祐二年（1315），达鲁噶齐脱欢、总管张楫重修。至正十三年（1353），元帅沙布丁又修。明先后以为行枢密院，指挥使司，府治权设于廉访分司，即后之经历廨舍。

休宁县设惠民药局。

黟县建城隍庙于城内。

洪武四年（1371）

休宁知县杜贯道修儒学，建城隍庙于东墩。

洪武五年（1372）

绩溪知县蔡美增建明伦堂、两庑、仪门、仓廪、棂星门、射圃。

绩溪从上三里乳溪口凿渠筑堨，引水东导，灌溉隆圩千余亩农田，亦便居民饮用。

洪武八年（1375）

黟县知县侯均祥重建县署及典吏厅、县狱。

婺源在县城建立守卫千户所；兴立社学，全县办社学140所。

建德改建澄溪道院。

洪武九年（1376）

绩溪知县唐昊建良安驿于县治西。

胡德裕（胡富曾祖父）建龙峰书院于绩溪龙川。

洪武十年（1377）

绩溪知县周舟在邑东南王里村建绿杨桥（杨柳村桥）。

洪武十二年（1379）

创办歙县郑村师山书院，太祖朱元璋御赐“人文师表”匾。

洪武十五年（1382）

建吴氏至德堂于歙县北岸村。

绩溪黄克敬建东墅书院。

洪武二十年（1387）

八月，祁门火灾，由城北延至城南，烧民居150余家。

洪武二十四年（1391）

陈求建架阁库于绩溪城西。

黟县梓路寺归并广安寺，后又复建。

洪武二十七年（1394）

岩寺人胡寿卿率众兴建永丰新堨，从大澄潭（罗汉肚）起沿丰乐河南岸至潜虬山下出口，灌溉镇东风山一带农田3000亩。

洪武年间（1368 ~ 1398）

徽州区西溪南村绿绕亭倾圮。

建孙家坞村于淳安县。

建文二年（1400）

春，祁门火灾，自洗马巷口延至美俗坊，毁民居千余间。

永乐三年（1405）

休宁县建预备仓于黎阳乡。

绩溪建预备仓于县治南，又建东仓于十一都仁里。

婺源县之四乡建粮仓，积谷备荒。

永乐四年（1406）

祁门知县路达、顾均得修泮宫，建坊巷，整街道，疏浚下水道，县治一新。

永乐七年（1409）

闰四月某夜，祁门水疾起，谯楼水深丈余。居民登屋，人随屋漂，溺死60余人，毁屋 350 余间。

永乐十八年（1420）

建慈孝里坊于歙县棠樾。

休宁汪以先、道士邓道瞻募修石路，辟齐云观。

永乐间（1420 ~ 1424）

婺源建心远书院，祀乡贤俞皋，诏祀“明经著述者”。

宣德四年（1429）

休宁汪以先于齐云山建三清殿，上真两庑。

宣德年间（1426 ~ 1435）

建崇本堂于建德市李村，后数次重修。

建德新叶村崇仁堂派于道院山下建崇仁堂。

正统六年（1441）

黟县知县胡拱辰扩建学宫，立科贡题名碑。县人胡彦本捐谷 1025 石，建义民仓。英宗帝赐敕奖谕，劳以羊酒，旌为义民。

歙县许村进入稳定发展期，一个徽州田园式村落已初具规模。明成化至清道光年间(1465 ~ 1850)，许村步入昌盛期，大量水口建筑均建于此时期。

淳安县丞王永建文庙学宫谕导官廨及诸生号舍。

正统九年（1444）

徽州知府孙遇修葺府衙正堂、后堂、左右耳房、东西两廊、六房、仪门等处，并建经历司、照磨所、理刑厅、司狱厅等，遇自为记。

景泰三年（1452）

巡按御史陈叔绍行部在休宁陈村建陈定宇祠。

景泰四年（1453）

建南浦桥于建德市寿昌镇南浦村西。

婺源县重修中书桥。

建富寿桥于休宁鹤城乡渔潭村。

景泰七年（1456）

约 1456 年前，建老屋阁于徽州区西溪南村。

吴斯和、吴斯能堂兄弟重建绿绕亭。

成化元年（1465）

建大济桥于休宁鹤城乡新安源村。

成化三年（1467）

绩溪知县窦道源改建社学（县塾）于棂星门前。

成化五年（1469）

建洪桥于岩寺后街颖溪之上。

休宁程希隆于率口建率溪书院。

成化七年（1471）

婺源戴善美重建桂岩书院。

成化八年（1472）

淳安县令张纯重修文庙学宫两庑。

成化九年（1473）

九月，祁门火灾，烧民居800余间。

淳安县通判刘永宽重修文庙学宫大成殿，两庑，戟门，斋堂，而甃以石。

成化十二年（1476）

建尚宾坊于歙县东门江衷举人第门前（今歙县中学校园内）。

成化十五年（1479）

建冯村进士坊于绩溪县长安镇冯村。

成化十六年（1480）

婺源考川胡溶重建明经书院。

成化十八年（1482）

秋，休宁知县欧阳旦承巡按御史娄谦檄文，在县学内创设祠宇，以祀邑历代经学道德之士。唐御史中丞歙州都知兵马使程沄、宋龙图阁待制查道、端明殿学士赠少师程珌、东山先生赵汸、学士朱升等，俱在所祀20人之列。

成化二十三年（1487）

婺源戴善美和戴铣改建桂岩书院于里之翕村。

弘治元年（1488）

淳安县令刘重修文庙殿宇门楼，甃泮池。

成化年间（1465 ~ 1487）

徽州知府周正于府衙正堂前月台上周立石栏，规制益见整肃。

绩溪知县吴珏募建曹渡桥，有 3 个桥孔，高 20 尺、长 86 尺、宽 26 尺。

绩溪重修眉山外社稷坛，重修城隍庙。以甬道前路狭，购民地 50 步，以接通衢。

绩溪唐仕、关仲富募建项家桥。

绩溪知县刘廷玑在南门外拓地建屋 3 间，重建养济院。

绩溪增设三都尚田、镇头和扬溪口粮仓。

典史宋威，建典史厅于绩溪县西南。

建程氏三宅于今屯溪区。

绩溪胡富重建龙峰书院。

弘治三年（1490）

休宁建横源桥于汪村镇汪村。

弘治四年（1491）

严州知府李德恢命僧宗广重修报恩禅寺（在今建德市）。

弘治七年（1494）

建汪氏忠爱堂（曹门厅）于今徽州区潜口村。

弘治八年（1495）

建汪氏大夫祠（司谏第）于今徽州区潜口，弘治十二年（1499）竣工。

弘治九年（1496）

岩寺人孙仕铨建成孙公桥。

弘治十年（1497）

休宁建蓝川桥于齐云山镇蓝渡村。

弘治十一年（1498）

绩溪县知县胡汉委派冯赞等于华阳镇下三里村东重建徽溪桥，该桥始载于南宋淳熙二年（1175）《新安志》，为县境有记载的最早古桥。元延祐二年（1315）改建，清康熙年间（1662 ~ 1722）重修。

弘治十二年（1499）

休宁县城火灾，谯楼焚毁，知县翟行简重建。

建旌孝坊于歙县郑村镇潭渡村。

歙县重立贞白里坊。

弘治九年至十二年（1496 ~ 1499）

岩寺重建孙翁桥。

弘治十三年（1500）

唐寅游齐云山，撰《紫霄崖玄帝碑铭》。

建陈公之墓坊于建德市龙泉村。

弘治十四年（1501）

徽州府重修谯楼。

徽州府尹彭泽重修歙县渔梁坝，表里甃条石，以石销钉互为连锁，上下层竖石穿插，中、南段设三道水门。

知府彭泽重修紫阳书院。

弘治十五年（1502）

建金殿传胪坊于歙县桂林镇芳塘村。

重修屯溪黎阳镇龙山寺。

弘治十六年（1503）

建承宣坊于歙县徽州府衙头门外。

徽州知府何歆推行封火山墙，翌年本邑官民为何立“何公德政碑”。又于府衙郡圃紫翠楼、黄山堂、清心阁旧址，构楼三间，额“清心阁”，并于阁下凿地一方。

弘治十七年（1504）

休宁齐云山修天门抵天梯岭石路及岩洞之役。至正德甲戌（1514）告厥成。

弘治十八年（1505）

正月，休宁建东察院。

弘治年间（1488 ~ 1505）

弘治初，绩溪程儒重建翚阳书院。

歙县许村高阳桥易为石拱桥。

建镇海桥于屯溪区横江之上。

正德元年（1506）

七月，歙县大雨，平地水深 1.5 尺，淹没民房 500 余家。

正德二年（1507）

建五马坊于歙县许村。

正德五年（1510）

建忠烈祠坊于歙县郑村西溪汪氏忠烈祠前。

正德八年（1513）

徽州知府熊桂、绩溪知县林錞建翚岭关，今尚存嘉靖二十九年（1550）“山腰余润”“止渴”等石刻。

重建惠民药局于绩溪县前街右。

遂安知县容九霄倡筑城墙，周长四里又116步，有门五。

正德九年（1514）

巡按御史吴钺来黟，见学宫屡葺屡坏，命知府熊桂移地重建。何亦尹、刘佐两任知县忧其事难而先后离职，后任知县陈九畴继之修建。正德十二年（1517），学宫成。

金紫祠迁至潜口今址。

正德十年（1515）

休宁县谯楼失火，延及官署民居百余间。后复建谯楼。

建玉虚宫于休宁县齐云山紫霄崖下，嘉靖二年（1523）竣工。

正德十二年（1517）

绩溪县南三里建廉惠仓。

正德十三年（1518）

休宁县城失火，官署民居共毁300余家。

为防城区水患，邑人胡松建绩溪东门石坝，坝长183丈，高1.6丈。

正德十四年（1519）

歙县改建紫阳书院于紫阳山中。

正德元年至十五年（1506～1520）

建官桥于绩溪县龙川村与浒里村的登源河上。

建沙堤亭于徽州区唐模村水口。

正德十六年（1521）

绩溪人方正等在毓秀坊凿井，人称“义井”。

祁门知县洪晰建东山书院于城东眉山（今骆驼山）。

建桃源洞天祠于休宁县齐云山。

正德年间（1506 ~ 1521）

建龙兴独对坊于歙县槐塘村。

建德县新叶村有序堂重建。

绩溪县重建胡氏宗祠。

郡守留志淑与知县洪晢于祁门县治东眉山建东山书院。

嘉靖二年（1523）

绩溪知县李邦直重建钟楼于天王寺殿前，额曰“翚阳第一楼”。

休宁建续兰桥于溪口镇矶溪村。

嘉靖三年（1524）

淳安县汾口镇宋京村余汝南建大夫家庙。

嘉靖四年（1525）

建夹溪桥于休宁县海阳镇夹源河上，嘉靖十年（1531）竣工。

休宁建迎仙桥于齐云山太素宫内。

嘉靖五年（1526）

休宁齐云山建榔梅庵。

嘉靖六年（1527）

休宁大水灾，溺死人畜无数。县城西市水深 8 尺。

绩溪知县彭志溶奉文在学宫东南、崇圣祠右创建文昌殿。

建赞宪坊于蜀源村。

重整贞白里坊。

嘉靖七年（1528）

黟县大水，冲毁戊己桥。次年，主簿江山及乡绅余枝华重建，改名通济桥。

嘉靖八年（1529）

建大邦伯祠于歙县许村。

嘉靖九年（1530）

婺源县知县曾忭重建晦庵书院于保安山，易名为紫阳书院。

建仁济桥于祁门城东阊江上。

祁门县主簿卢默捐俸劝输，建拱桥仁济桥，翌年春竣工。

祁门县知县陈光华重建东山书院，更名为环古书院。

嘉靖十年（1531）

歙县西溪南（今属徽州区）通济桥建成。

歙县斗山修建斗山精舍，万历十九年（1591）改为斗山书院。

建德新叶村迁祖庙于双溪之内、抟云塔北侧，命名为万萃堂。

嘉靖十一年（1532）

休宁建车坑桥于海阳镇首村。

嘉靖十二年（1533）

休宁建宜男桥于溪口镇矶溪村。

嘉靖十三年（1534）

建孝行坊于歙县棠樾。

嘉靖十四年（1535）

岩寺人佘文义独资捐建塔下新桥。嘉靖十七年（1538）建成，人称"佘翁桥"。

嘉靖十五年（1536）

休宁县隆阜人戴广宪易木为石，建屯溪桥（镇海桥）。

明重修的严州府报恩禅寺改名为严陵祠，后移于建安山麓。

嘉靖十六年（1537）

建大观亭于箬岭古道歙县许村水口。

休宁建杯川桥于蓝田镇培源村。

嘉靖十七年（1538）

建万花草堂于淳安县蜀阜。

二、四月，婺源县城东西门失火，烧毁600余间房屋。

绩溪知县赵春将西街文定公祠改为颖滨书院。

嘉靖十八年（1539）

春，建德县大水，漫过城墙到府治仪门（今测水位31.19米），冲走淹没田园庐舍不可胜计。

徽州知府冯世雍于府城斗山葺斗山精舍。万历十九年（1591），大学士许国重建，更名斗山书院。

休宁建高溪桥于鹤城乡新安源村。

嘉靖十九年（1540）

建罗东舒祠于呈坎村北首。

休宁建接济桥、人王桥于蓝田镇迪岭村。

嘉靖二十年（1541）

休宁建棠棣桥于溪口镇矶溪村。

嘉靖二十三年（1544）

歙县潜口汪道植建巽峰塔于村东南下水口，嘉靖二十七年（1548）竣工。

岩寺郑佐倡建水口神皋塔，至嘉靖三十四年（1555）建成，历时 12 年。

嘉靖二十五年（1546）

严州府（今建德市）重修南峰塔。

嘉靖二十一年至二十六年（1542 ~ 1547）

绩溪县扩建胡氏宗祠，后数次重修。

嘉靖二十七年（1548）

建余氏家厅象贤堂于淳安县汾口镇赤川口村。

嘉靖二十九年（1550）

祁门知县尤烈令僧人圆泽募众采石，改建拱桥平政桥于城东阊江上。

建漱芳亭于绩溪县翚岭古道半途。

嘉靖二十五年至二十九年（1546 ~ 1550）

建曲水园、果园、清晖馆、高士园、钓雪园于歙县西溪南村。

高士园在歙县西溪南，汪道昆诸人觞咏地。

嘉靖三十年（1551）

建圆通庵茶亭于祁门县榉根岭古道。

里人许岩保捐资建善化亭于歙县许村东沙箬岭古道。

嘉靖三十一年（1552）

休宁建万胜桥于山斗乡金源村。

嘉靖三十四年（1555）

十月，歙县知县史桂芳倡建县城墙，历时一年竣工。

休宁齐云山建梦真桥于桃花涧。

嘉靖三十五年（1556）

休宁知县林腾蛟修城墙防备倭寇，并开凿护城河。

休宁齐云山修真武殿，嘉靖三十七年（1558）戊午告成。

秋，敕建玄天太素宫于休宁齐云岩。

黟县知县周舜岳修筑城北防洪堤，并整治横沟。

严州府重建北峰塔。

嘉靖三十六年（1557）

建大观亭于歙县许村。

歙县高阳桥遭水毁，后修复。

嘉靖三十七年（1558）

休宁齐云山敕建三清殿于拱日峰下。

嘉靖四十年（1561）

建万四公支祠于歙县棠樾村头水口。

嘉靖四十一年（1562）

建奕世尚书坊于绩溪县龙川。

建巽峰塔于休宁县海阳镇汶溪村玉几山，隆庆元年（1567）竣工。

嘉靖四十二年（1563）

黟县知县谢廷杰倡建碧阳书院于县城。天启年间毁，崇祯时修复，乾隆时撤销。嘉庆年间知县吴甸华重建于横江之滨。

嘉靖四十三年（1564）

休宁建上元桥于汪村镇山后村。

嘉靖四十四年（1565）

呈坎村复建环秀桥。

嘉靖四十五年（1566）

徽州知府何东序因邻县寇警频繁，令绩溪县知县郁兰筑城，六月破土，十月竣工。城墙上砖下石，不杂以土。北枕五龙岭，西跨冠山、马山，东临扬之水，南俯隆坪田。周长 841 丈，高 2 丈，厚 1.3 丈，建四门及城楼。

祁门知县桂天祥奉令修城，长 1640 丈，县有石城自此始。

黟县旧城久废，四月修筑县城墙，历经半年竣工。

休宁建流芳桥于汪村镇大连村。

嘉靖三十二年至四十五年（1553 ~ 1566）

建台宪坊于歙县丰口。

嘉靖年间（1522 ~ 1566）

建天泉书院于齐云山天泉岩前。后毁于兵燹。

建乐善堂于潜口村下街。

建春谷道院于休宁县齐云山月华街东首。

建云溪桥于淳安县瑶山乡何家村云溪河上。

建白佛桥于淳安县临岐镇菖蒲村口。

建树德堂于婺源县阳春村。

李希士于黟县渔亭创建天中书院。

湛若水于休宁县七都石桥岩左门创建天泉书院。

徽州知府冯世雍建崇正书院，地处歙县二十都堨田竺溪寺。

歙县唐皋、郑佐建南山书院，地处岩镇南山之麓。清初，移镇西；乾隆三十六年（1771），仍复旧址。

绩溪知县赵春以文定公祠（苏辙祠）改建颖滨书院。

婺源县于县南 45 里建福山书院。岁久倾颓，后封官余世安重修。

婺源游震得于县城牧民坊建世贤书院。

婺源游震得兄弟建尊罗书院。

绩溪涧洲许万三建万春书院，后毁。明嘉靖年间，许钥与侄许时涧捐赀修复。

弘治元年至嘉靖四十五年（1488 ~ 1566）

歙县建继善亭于灵山村（今属徽州区）西山径上。

隆庆元年（1567）

吏部右侍郎陆树声修休宁白岳山路。

休宁建永安桥于溪口镇矶溪村。

隆庆二年（1568）

建双寿承恩坊于歙县许村水口。

隆庆三年（1569）

八月，遂安知县周恪重建瀛山书院。

隆庆元年至六年（1567 ~ 1572）

歙县重修并增建圣僧庵。

隆庆四年（1570）

休宁建永镇桥于蓝田镇南塘村。

万历元年（1573）

建歙县万年桥于扬之水上，历时五年竣工。

万历二年（1574）

遂安县重修狮城城墙竣工，周长 778 丈，高 2 丈 4 尺，有门五。先后有 42500 名民工从事修建，耗银 5357 余两。

祁门县于旧址上重建金粟庵。

隆庆元年至明万历二年（1567 ~ 1574）

建抟云塔于新叶村东南方水口，隆庆元年（1567）始、万历二年（1574）完工。

万历三年（1575）

绩溪知县陈嘉策捐俸拓地 2 亩，扩建漏泽园于城南和尚坞，以瘗死无所归者。

祁门县重修圆通庵茶亭。

万历四年（1576）

绩溪知县陈嘉策改县丞廨为鹿苹馆。

休宁五城镇古林村始建蔚林桥。

建尚书坊于歙县桂林镇殷家村。

万历五年（1577）

建大司徒坊于歙县桂林镇殷家村。

徽宁兵备按察使冯叔吉于休宁齐云山五老峰前建文昌阁。

万历六年（1578）

建荆藩首相坊于黟县西递村口。

三月，筑休宁白际关。

休宁县知县陈正谟修齐云山太素宫。

万历七年（1579）

徽州知府徐成位重修齐云山玄君殿。

万历八年（1580）

五月，休宁谯楼倾圮，六月，知县曾乾亨修复。

休宁县知县曾乾亨重建齐云山太素宫钟鼓楼。

万历九年（1581）

淳安知县萧元冈建“文献名邦”坊于县治前，又为商辂建“三元宰相”石坊。

万历十年（1582）

兵部左侍郎汪道昆于休宁齐云山建无量寿宫。

休宁建古城桥于万安镇古城岩东隅万寿山下。

万历十一年（1583）

刑部侍郎临海王宗沐建纯阳阁于休宁齐云山紫云屏之麓。

休宁建贵川桥于蓝田镇南塘村。

万历十二年（1584）

奉旨在绩溪南门外建表忠祠，祀程通。

建大学士坊于歙县徽城镇中和街。

万历十五年（1587）

建登封桥于休宁齐云山镇横江之上，后数次重建。

万历十六年（1588）

休宁县大水。

徽州府知府古之贤、休宁县知县丁应泰建登封桥于黟川之津。

万历十七年（1589）

建拱天济美亭于绩溪县旺川村杨桃岭头。

万历二十年（1592）

歙县上长林（今属屯溪区）建众厅。

休宁知县祝世禄、邑人邵庶倡建还古书院于古城山，万历二十二年（1594）告成，后多次重修，咸丰五年（1855）毁于兵燹。

万历二十一年（1593）

建金紫祠坊于徽州区潜口村。

万历二十三年（1595）

建鬲山寺于屯溪区黎阳镇南鬲山北麓。

休宁县重修桃源洞天祠。

休宁建振麟桥于岭南乡岭南村。

万历二十四年至四十二年（1596 ～ 1614）

歙县西溪南（今属徽州区）吴廷汇刻《余清斋帖》，分正篇 6 册和续篇 2 册。

万历二十五年（1597）

徽宁兵备按察司副史张天德在休宁齐云山筑天池于水帘洞之源。

万历二十六年（1598）

建汪氏敬敷堂于祁门县伦坑村。

工科都给事中休宁人邵庶重葺齐云山太素宫殿门

休宁建官桥于溪口镇磅溪村。

万历二十七年（1599）

休宁人丁惟暄建碧霄庵于齐云山碧霄峰之麓。

休宁建紫阳桥于溪口镇杭溪村。

隆庆元年至万历二十七年（1567—1599）

建龙门塔于淳安县汾口镇龙门村龙耳山麓。

万历二十八年（1600）

建坐隐园于休宁县汪村，万历三十四年（1606）竣工。

万历二十九年（1601）

建琅琯塔于淳安县武强溪东岸琅琯岭上。

万历三十年（1602）

建三槐堂于休宁县海阳镇溪头村。

万历三十一年（1603）

歙县重修圣僧庵。

三月十五日，休宁县临溪民掘一座东汉古墓，砖石上刻有“黄帝黄凉延元年七月己巳朔十日”等篆字。

万历三十二年（1604）

祁门知县李希泌倡建文峰塔于凤凰山，塔体 5 层，六边形，高 33.5 米。

万历三十四年（1606）

僧普门改创黄山朱砂庵为法海禅院。

万历三十五年（1607）

休宁大水冲毁田3000余亩、城墙30余丈，县城西市水深6尺，淹没民房难以计数。

黟县宏村人汪奎光等发起族人募资，仿西湖格局掘建南湖，在湖北岸建有南湖书院。

万历三十六年（1608）

歙县紫阳桥建成。

万历三十七（1609）

绩溪知县胡民仰捐俸开大宁渠（隆堨），水自清河门下水窦入城，由华阳门出城，以备城区防火，又供居民汲饮，并利田亩浇灌。

休宁建广济桥于鹤城乡新安源村。

休宁建汪溪桥于海阳镇汪金桥村。

万历三十八年（1610）后

建大郡伯门楼于歙县许村镇高阳村。

万历三十九年（1611）

万历帝赐额黄山“护国慈光寺”。

万历四十年（1612）

建狮林开山和尚塔于黄山北海。

呈坎村续建罗东舒祠。

万历四十一年（1613）

歙县重建吕仙宫。

绩溪城北白鹤观内演戏发生火灾，死伤107人。

冶工刘允元铸鼎一座，高丈余，立于遂安县治南康王庙门首。

明万历刻本《续修严州府志》卷二记载“茶园青碧石”“淳安县东五十里茶坡溪南，两峰相值，东一山低垂如龟，西一山高昂如鹤，其山产青碧坚石，徽浙官民采用，甚为民累焉”。

万历四十四年（1616）

祁门县知县陈翀奎于东眉山重建东山书院，仍名东山书院。

万历四十六年（1618）

婺源县凤山村重建龙天塔。

万历元年至四十七年（1573 ~ 1619）

建韩家祠堂于黟县万村。

建乐寿桥于屯溪蟾川村蟾溪河上。

万历年间（1573 ~ 1620）

建何氏宗祠于淳安县文昌村。

建德严陵祠移于建安山麓。

建许国府邸于歙县徽城。

建玄天金阙坊于休宁齐云山。

建辛峰塔于休宁县榆村乡富溪村。

建慈明塔于黄山西海。

建旺子洞于歙县箬岭关东侧至旌德县的色岭古道上。

建掷钵禅院于黄山，后改名为云谷寺。

环绕徽州府城壕筑张公堤。

淳安知县吴天洪将城西海瑞祠移建于南山之麓。

歙县溪南建崇文书院

休宁建普济桥于溪口镇杭溪村。

天启元年（1621）

建父子大夫坊于歙县郑村镇稠墅村。

天启二年（1622）

建官联台斗坊于歙县棠樾。

天启四年（1624）

休宁建云封桥于山斗乡青岭村。

天启六年（1626）

魏中贤矫旨变卖天下书院院产，休宁还古书院建院资产亦在其列。合邑士捐资上纳，还古书院始得以幸存。

歙县大修小溪院。

休宁建仰寿桥于流口镇泉坑村。

天启年间（1621 ~ 1627）

建梅轩道院于休宁齐云山。

崇祯三年（1630）

淳安县浪川乡芹川村建际云桥。

崇祯六年（1633）

春，大雷雨，歙县岩寺神皋塔顶被击毁。

歙县重修大观亭。

崇祯七年（1634）

休宁商山吴姓后裔为褒扬祖辈吴清“拾金不昧”事迹，在当年祖辈拾金归还原住处深坑口建“还金亭”。

崇祯八年（1635）

休宁知县王佐创建海阳书院于休宁县前街西南良安驿旧址。崇祯十六年（1643），改称瞻云书院。清乾隆十六年（1751），士民捐资迁书院于北街，嘉庆十二年（1807），再迁于石羊。

崇祯十年（1637）

休宁建培源桥于岭南乡岭南村。

崇祯十一年（1638）

休宁建双松桥于齐云山。

崇祯十三年（1640）

建望翚亭于绩溪县翚岭脚村。

崇祯十四年（1641）

四月十九日，休宁县城火灾，焚屋1300余间。

建三朝典翰坊于歙县许村村口。

崇祯十六年（1643）

罗东舒祠扩建。

知府唐良懿兴书院，贡生吴经邦倡建，在府城西门外柳堤上创办天都书院。清康熙十二年（1673），知府曹鼎望重建。地处歙县西城外。

乡勇焚祁门县南汪氏宗祠，烧死黔兵190余人。

明（1368 ~ 1644）

明初歙县凌庆四于沙溪建北园书院。

明初祁门程景华于善和里建窦山书院。

南门书院明初毁于兵火，唐桂芳于歙县东门重建。

明初婺源里人戴天德于桂岩东建桂岩书院。成化七年（1471），戴善美重建。成化二十三年（1487），戴善美和戴铣改建于里之翁村。

祁门里人李汛建捐田20亩，于县东李源建李源书院。

婺源海川王伯淳，为宗人府仪宾，“特请重建双溪书院以奉儒祖”。

休宁汪灿建方壶书院。

休宁五城詹忍默建漳溪书院。

建徐庆柏宅于徽州区潜口镇。

建周裕民宅于休宁县枧东村。

建毕顺生宅于歙县棠樾村。

建梅轩道院于休宁县齐云山月华街太素宫西。

建苏雪痕宅于歙县郑村。

建罗炳基宅于呈坎村。

黟县五都淋沥山建淋沥书院。明天启时，被魏忠贤所毁。

建胡氏宗祠于绩溪县瀛洲乡龙川村。

建大成殿于绩溪城内良安路西段。

建吴晓东宅于休宁县吴田村。

建方新淦宅于歙县柘林村。

建父子公卿坊于淳安贺城。

建观音桥于今徽州区。

建大方桥于淳安县姜家镇银峰村。

建孙翁桥于岩寺。

建方春福宅于歙县。

建张林福宅于歙县街口。

建小壶天坊于休宁县齐云山。

建遂园于歙县。

建荆园于休宁县。

建季园于休宁县。

建遵晦园于休宁县。

建曲水园于歙县丰南村。

建千佛庵铁塔于歙县。

建方文泰宅于歙县坤沙村。

建方观田宅于歙县瀹潭村。

建郑村济美堂于歙县郑村。

建长生桥于歙县邵村。

建程朱三夫子祠于篁墩。

建东阳道院于休宁县齐云山月华街太素宫西。

建郑氏宗祠济美堂于歙县郑村。

建霞雾桥于建德大同镇上马村。

歙县渔梁建望仙桥。

歙县丁胜行乞在五郎阁下重建黄古石桥。

婺源俞懋衡建明德书院。

休宁商山人吴继良建明善书院。

婺源知县朱一桂于二十五都霞坞建霞源书院。康熙年间毁。

婺源正学方灌清建山雾书院。

黟县七都渔亭建中天书院。天启年间，为魏忠贤所毁。

明绩溪胡有明建东园书院，裔孙胡松重建。

绩溪仁里建新兴书院。

绩溪陈于泰归籍后建谦如书院，又名蜀川书院。

休宁里人朱暹于十五都建新溪书院。

休宁建永福桥于万安镇万新村。

休宁建南溪桥于齐云山岩脚村。

清

顺治元年（1644）

祁门县祁红乡拜堂石村，始建年代不可考。清初，原居民江氏迁出，村基、山场转售于戴氏兄弟，为藏风蓄水，封禁村边笔形山天然林为水口林，开砚形池、池呈笔砚势，改村名松潭。

顺治二年（1645）

清廷首任绩溪知县侯宪武被杀。县署诓报“侯抗匪身亡”，并建侯公祠、墓搪塞。

建进德桥于淳安县浪川乡芹川村口。

顺治五年（1648）

江西总兵金声桓叛清，遣副总兵潘永禧攻祁门，三月十六日城陷，杀居民数百，烧民房数百间。

八月一日，农民军一部由浙西天目山入境，焚淳安官署，知县史可证被杀。

顺治九年（1652）

绩溪知县郭四维倡建眉公书院。乾隆二年（1737），知县王锡蕃更名敬业书院。

顺治十二年（1655）

大雨，休宁西南城墙倒塌。秋，知县张天成修复25丈。次年大雪，西南城墙复坏十余丈，知县张天成复修之。

黟县修建石山挹秀桥。

顺治十六年（1659）

七月十六日，叛清将领李芝先部陷祁门，烧民房800余间。

康熙二年（1663）

重修潜口金紫祠，次年竣工。

康熙五年（1666）

休宁建公正桥。

康熙六年（1667）

歙县杨充（坤沙）箕工郑成仙积数十年编箕金，易石改建簸箕桥。

康熙七年（1668）

建陈氏贞节坊于歙县坑口乡柔川村。

休宁建稍云桥于万安镇轮车村。

康熙九年（1670）

建德新叶村重建西山祠堂。

康熙十年（1671）

休宁建濬源桥于溪口镇中和村。

康熙十一年（1672）

六月，休宁东南乡大风拔树木、毁房屋。

康熙十二年（1673）

黟县义学在城南设立。

建德知县项一经捐俸鼎建龙山书院于兴仁门外文昌阁之前。

康熙二十一年（1682）

五月十七日，建德县大水，漫过城墙至府治谯楼前，儒学大门聚奎楼倒塌。

休宁建永庆桥于鹤城乡用余村。

康熙二十二年（1683）

歙县重修许村高阳桥。

僧普敬为今建德市严陵祠建大殿。

康熙二十三年（1684）

建汪氏家厅于淳安县汾口镇汪家桥村。

康熙二十四年（1685）

休宁建环瑞桥于蓝田镇南塘村。

康熙二十五年（1686）

建圣朝都諌坊于唐模村水口。

康熙二十八年（1689）

休宁建海阳桥于万安镇万新村。

康熙二十九年（1690）

春，休宁县南门城墙倒塌十余丈，知县廖腾煃委典史王屏监修，并疏通渠道。

歙县扩建吕仙宫。

康熙三十年（1691）

知府朱庭梅重修徽州府衙。

建大夫第于黟县西递村。

康熙三十一年（1692）

休宁县重修四门城楼。休宁立义学。

康熙三十二年（1693）

歙县重修郑村忠烈祠坊。

康熙三十五年（1696）

大水，休宁城墙倒塌 10 丈。

康熙三十七年（1698）

重修休宁齐云山太素宫头门。

康熙十五年至三十八年（1676 ~ 1699）

率口程子谦父子两次重建今屯溪区镇海桥。

康熙四十一年（1702）

休宁建安富桥于海阳镇琊斯村。

康熙四十六年（1707）

春，康熙帝南巡扬州，岑山渡程讷庵携《小南海山寺图》谒见，获赐“星岩寺”匾额及“山灵钟瑞气，溪色映祥光”门联。

康熙四十九年（1710）

建北溪桥于歙县北岸镇北岸村棉溪河上。

康熙五十一年（1712）

休宁建源聚桥于溪口镇中和村。

康熙五十二年（1713）

绩溪知县雷恒建义学于城西。

休宁建西爽桥于万安镇轮车村。

康熙五十六年（1717）

歙县重建太平桥。

康熙五十九年（1720）

歙县岩寺重修洪桥。

休宁建淙潭桥于蓝田镇儒村。

康熙六十一年（1722）

休宁建白云桥、履祥桥于齐云山镇龙源村。

康熙年间（1662 ~ 1722）

建水香园于歙县潜口紫霞山麓。

建檗庵大师塔于黄山云谷寺。

建经义堂于婺源县黄村黄氏宗祠。

婺源于县东门外四都巷建蒋公书院。

婺源词川建二峰书院，冯大山题额。

雍正三年（1725）

绩溪县境设四汛地：县城西北二十里新岭，五十里邻旌德界的分界山，南十五里的黄荆塝，北三十里接宁国界的从山关。各建暸楼、烟墩、旗杆、营房，拨兵防守。

雍正四年（1726）

休宁建仰题桥于板桥乡梓坞村。

休宁建富源桥于万安镇轮车村。

雍正六年（1728）

休宁建环峰桥于溪口镇山培村。

雍正十年（1732）

歙县岩寺（今徽州区）重建洪桥。

雍正十三年（1735）

建吴氏世科坊于歙县徽城。

休宁建乐善桥于汪村山后村。

雍正年间（1723 ～ 1735）

建唐模高阳桥于唐模村，该桥始建于明弘治以前。

乾隆元年（1736）

建旋溪塔于黟县柯村乡三合村孙村。

绩溪知县王锡蕃奉文设社仓于四境：东在一都扬溪，西在九都孔灵，南在十三都北村，北在五都杨滩。

乾隆三年（1738）

绩溪阖邑绅士捐建汤公书院于县学训导署左，以祀教谕汤显忠。

黟县建养济院于县城西门外。

黟人余种德捐资修建黟县北门外效上塍(和尚池),引漳水灌溉城郊农田 700 余亩。

绩溪士民倡建汤公书院，地处县署左。

乾隆六年（1741）

春，施璜编成《还古书院志》。

歙县建纶音褒节坊于洪坑村（今属徽州区）。

休宁建拱北（廊）桥于蓝田镇迪岭村。

乾隆七年（1742）

建贞寿之门坊于今徽州区蜀源村。

乾隆八年（1743）

建项氏贞节坊于歙县坑口乡柔川村。

乾隆九年（1744）

建俞氏宗祠于婺源县江湾镇汪口村东首。

六月二十九日至七月初五，连降暴雨，河水猛涨，洪水淹至淳安县治学宫及城隍庙前，坏民居万余，淹死而有名可查者计 368 人。

建德城墙被大水冲塌，知县上官德舆增高东城 5 尺，下建水门闸，以司启闭。

乾隆十二年（1747）

五月中旬，寿昌县山洪骤发，县境会通桥、大同永平桥冲塌。

十月，淳安城南门城楼失火，蔓延烧毁 30 余家。

休宁建广济桥于溪口镇石田村。

乾隆十三年（1748）

休宁建荟源桥、萃源桥于溪口镇祖源村。

乾隆十四年（1749）

休宁建功善桥于山斗乡金源村。

乾隆十五年（1750）

绩溪奉准动帑，兴建登源石坝 70 条，自十一都至十三都，计长 40 里。

建吴氏节孝坊于歙县郑村镇稠墅村。

乾隆十六年（1751）

北宋开国元勋石守信第十七世孙石希芳（号承漠），为昭示祖辈功德，捐资兴建魁星阁于绩溪县石家村村头。

乾隆十七年（1752）

秋，旅京休宁县人创办京师休宁会馆，汪由敦撰碑记其事。

乾隆二十年（1755）

建同春亭于婺源县浙岭岭脊南侧。

歙县重修贞白里坊。

休宁建通济桥于岭南乡璜茅村。

乾隆二十二年（1757）

婺源县重修同春亭。

乾隆二十四年（1759）

六月，婺源洪水骤发，县之四乡冲坏房屋1540余幢。

杨乃贤捐资建黟县渔亭永济桥（河东段）。二十七年(1762)，知县孙维龙倡议捐资，修通济桥为石桥（河西段）。五十三年(1788)，西递人胡学梓等捐资将两桥相接。

曹翰屏、曹暎青兄弟建竹山书院于歙县雄村水口桃花坝上。

乾隆二十五年（1760）

建洛闽溯本坊于屯溪区篁墩村。

乾隆二十七年（1762）

建褒荣三世坊于歙县郑村镇稠墅村。

建松虬雪古坊于歙县溪头镇蓝田村水口。

乾隆二十八年（1763）

三月二十二日，歙县大风，大树拔起，房屋倒塌，压死人畜无数。

乾隆三十一年（1766）

休宁建庆云桥于溪口镇山培村。

乾隆三十四年（1769）

建矢贞全孝坊于歙县棠樾。

乾隆三十五年（1770）

歙县知县张佩芳在县学东江家坞建问政书院。

休宁建泰隆桥于商山镇黄村村。

乾隆三十七年（1772）

遂安重建龙渡桥竣工，桥高30尺，长114尺，阔18尺，有涵洞3。

乾隆三十八年（1773）

绩溪县重建望翚亭。

乾隆三十九年（1774）

建方氏节孝坊于歙县郑村镇稠墅村。

乾隆四十年（1775）

建许氏节孝坊于今徽州区蜀源村。

休宁建济川桥于蓝田南塘村。

休宁建福源桥于五城横塘村。

乾隆四十一年（1776）

九月二十四日凌晨，大风骤起，暴雨如注，雷电交加，击毁歙县长庆院塔刹。

乾隆四十二年（1777）

绩溪知县孙银槎倡议重建文庙，至乾隆四十八年（1783），知县张邦桓完成。计大成殿5间，前筑露台，砌石栏，东西两庑各7间，庑旁各2间，戟门5间。重浚泮池，修泮宫坊及石桥、围墙、棂星门。

乾隆四十三年（1778）

休宁建聚秀桥于齐云山镇龙源村。

乾隆四十七年（1782）

黟县碧山人汪世禧、汪世炜捐银3400两，聚合本族人建造云门塔。

乾隆四十八年（1783）

休宁建富胄桥于板桥乡梓坞村。

乾隆四十九年（1784）

休宁重修齐云山太素宫，兼建头门。

休宁建三益桥于汪村镇田里村。

乾隆五十二年（1787）

建脉存一线坊于歙县棠樾。

乾隆五十三年（1788）

建继志亭于浙岭（今属休宁）。

休宁大水，毁田400亩，漂没民房3100余间。

五月七日，祁门城中洪水陡起，县署前水深2丈5尺余，学宫前水深2丈8尺余，冲圮城墙、谯楼、仓库，乡间堨坝尽毁，溺死6000余人。

乾隆五十四年（1789）

建石乳茶亭于黟县西武岭头，乾隆五十九年（1794）竣工。

乾隆五十五年（1790）

曹文埴在歙县文公祠旧址复建紫阳书院，名为古紫阳书院。

黟县人程学禧等捐资开辟枧灶新路（由石山经浔阳台至桃源洞），历时四年修通，后由碧山人汪世熺捐资铺设石板路。三月，在岱峰修建黟县文峰塔，于乾隆六十年(1795)三月建成。塔呈八边形，7层，高25丈2尺。

休宁建永宁桥于汪村镇杨源村。

乾隆五十六年（1791）

建古紫阳书院坊于歙县徽城镇古紫阳书院前。

建登封桥坊于休宁县齐云山登封桥头。

休宁建复济桥于五城镇红坑源村。

建迴秀桥于休宁陈霞乡迴岭村。

乾隆五十八年（1793）

建德有序堂遭火灾。

乾隆五十九年（1794）

歙县重建黄连凹茶亭。

乾隆年间（1736 ~ 1795）

建慈光庵于歙县雄村之竹山西麓。

唐模改建沙堤亭。

建彩虹桥于婺源县清华镇。

建不疏园于歙县西溪。

黟县关麓村堑下区南华别墅北有学堂厅“问渠书屋”，1975年毁。

歙县五都大和坑明季建道存书院。清乾隆年间，叶之堪等重修。

婺源王廷鉴于城北建双杉书院。

歙县里人曹翰屏于二十八都雄村桃花坝建竹山书院。

婺源于中云村重建骐阳书院。太史俞炜题额。

建四世一品坊于歙县雄村。

雍正四年至乾隆六十年（1726 ~ 1795）

建咸宜堂于黟县屏山。

嘉庆元年（1796）

休宁重建登封桥。

休宁齐云山重建北极宫。

休宁建聚胜桥于板桥乡凰腾村。

乾隆四十五年至嘉庆五年（1780 ~ 1800）

建和义堂于歙县西溪。

嘉庆二年（1797）

建钦真孝坊于歙县棠樾。

歙县重修棠樾万四公支祠。

嘉庆五年（1800）

歙县小溪院建山门、精舍（拈花庵）、僧寮方丈（义严堂）、香积厨等，并整修大雄殿。

嘉庆八年（1803）

重修歙县西溪南绿绕亭。

鲍漱芳于棠樾重建西畴书院。

休宁建聚源桥于溪口镇中和村。

嘉庆十年（1805）

建清懿堂于歙县棠樾村。

嘉庆十二年（1807）

休宁齐云山重建梅轩道院。

休宁建成溪桥于陈霞乡迴溪村。

嘉庆十二年至十五年（1807 ~ 1810）

建德新叶村扩建有序堂。

嘉庆十三年（1808）

黟县知县吴甸华与县中士绅集资在迎霭门外复建碧阳书院，嘉庆十六年(1811)建成。

休宁建通济桥于万安镇吴田村。

嘉庆十五年（1810）

建何氏节孝坊于淳安县仰韩村。

嘉庆十六年（1811）

休宁齐云山修西门天路。

嘉庆十七年（1812）

重建婺源浙岭古道继志亭（今属休宁）。

五月，黟县建考棚。

嘉庆十九年（1814）

建南湖书院于黟县宏村南湖北畔。

歙县于二十六都文公舍建岩溪书院。

休宁齐云山修白云山路。

休宁建南阳桥于蓝渡村。

嘉庆二十年（1815）

建德义堂书院于黟县宏村。

嘉庆二十一年（1816）

休宁建福缘桥于板桥乡沂源村。

嘉庆二十二年（1817）

休宁建义兴桥于龙田乡古楼村。

嘉庆二十三年（1818）

建通儒亭于建德钦堂乡葛塘村东通儒岭古道。

重修今屯溪区鬲山寺。

嘉庆二十五年（1820）

建乐善好施坊于歙县棠樾。

嘉庆年间（1796 ~ 1820）

徽州府衙正堂朽坏，将木料瓦甓撤置中庭。

建员公支祠坊于歙县昌溪村员公支祠前。

建德重修澄溪道院。

建保艾堂于歙县棠樾。

遂安余志广首介捐银 2000 两建台鼎书院于县治西。

道光元年（1821）

休宁齐云山重修太素宫。

休宁齐云山建西二道院。

道光二年（1822）

休宁齐云山建瞻天阁于太素宫之右。

休宁建蟾腹桥于渭桥乡渭桥村。

道光三年（1823）

夏季大水，黟县枧溪村民房被冲毁 30 余幢；霭山村旁山坡倒塌，毁民房 10 余幢，死 10 余人。

道光四年（1824）

六月二十一日，建德县南乡洋尾源、东乡三都源同发洪水，冲坏桥梁 10 余座，淹没民房百余所。

建西园于黟县西递。

婺源县重修俞氏宗祠。

休宁齐云山修西天门至太素宫路

道光五年（1825）

知府马步蟾修葺徽州府衙，次年修竣，勒碑以记。

道光六年（1826）

歙县吴氏至德堂扩建。

休宁齐云山重修藏经楼

休宁建仙姑桥于溪口镇矶溪村。

道光七年（1827）

祁门大洪岭道重修工程竣工，历时 6 年，铺登山石阶 15 华里。

休宁齐云山重修宜男宫。

道光八年（1828）

绩溪胡培翚倡建、胡余德捐建东山书院。

道光九年（1829）

重修今徽州区呈坎村环秀桥。

休宁齐云山修双松桥至望仙亭路。

道光十年（1830）

休宁齐云山重修太素宫头门。

休宁齐云山建玉屏仙馆于榔梅庵之右。

休宁齐云山重修梦真桥。

道光十一年（1831）

休宁建万顺桥于溪口镇石田村。

道光十六年（1836）

休宁建毓秀桥于板桥乡沂源村。

道光二十二年（1842）

歙县重建太平桥。

道光二十三年（1843）

西递人胡元熙捐资修建黟县碧阳书院。

绩溪城西周氏宗族以光霁书屋改建濂溪书院。

道光二十四年（1844）

休宁建至善桥于白际乡白际村。

道光二十七年（1847）

婺源延村、西冲、渎屋泉、思溪、汪村于北乡思溪吴河合建开文书院。

道光二十九年（1849）

歙县重建色岭古道旺子洞。

道光年间（1821 ~ 1850）

建敬序堂于婺源县思溪村西北角。

重修屯溪龙山寺。

休宁县扩建春谷道院。

建谷懿堂于歙县阜西村。

婺源臧聪等倡建西乡书院。

咸丰元年（1851）

建洪氏节孝坊于歙县坑口乡柔川村。

黟县重修旋溪塔。

重修今徽州区西溪南村绿绕亭。

咸丰三年（1853）

绩溪重修丛山关，并于十月在新岭筑石寨。

黟县在西武岭建造碉堡。

咸丰元年至三年（1851 ~ 1853）

建馀庆堂于祁门县珠琳村。

咸丰四年（1854）

休宁建永固桥于汪村镇汪村。

咸丰五年（1855）

休宁县考棚、万岁山还古书院等毁于兵燹。

咸丰七年（1857）

婺源北乡清华镇黄家村建教忠书院。

咸丰十年（1860）

绩溪城东天王寺设立东关公局。

同治二年（1863）

婺源捐建崇报书院。原为左宗棠生祠。

同治四年（1865）

休宁县开征木捐，以做地方修理名胜古迹之经费。

同治五年（1866）

绩溪大水灾。登源洪水冲毁庙头村和汪公大庙大部。水村七姑山脚拦河石坝冲毁，平银河岸田畈沙淤厚达六七尺。城东绿杨桥被冲塌。

同治六年（1867）

建德有序堂遭火灾。

同治七年（1868）

歙县重修小溪院。

五月二十二日，祁门山洪暴发，城内水深丈余。城乡房屋、田地、桥梁遭毁，人畜溺死不计其数，东、南两乡较乾隆五十三年（1788）水灾尤惨。

同治八年（1869）

歙县重修吴氏至德堂。

同治十年（1871）

四月，建德县大风，刮坏县学棂星坊、府庙福善祸淫坊石亭，民房皆为风刮坏。五月水灾，又大旱。

同治年间（1862 ~ 1874）

建敦典堂于祁门县磻村。

重修今屯溪区上长林众厅。

婺源县重修凤山龙天塔。

建八家于黟县关麓村，其中春满庭始建于道光年间。

黟县关麓村八家次子汪令铎建别厅“淡月山房”。

建德新叶村始建文昌阁，民国四年（1915）重修。

咸丰中徽州府衙残破于兵事，同治末筹工局督工修复。

光绪元年（1875）

英国“内地会”传教士在歙县创设教堂。此后，法、美、西班牙等国传教士，先后至各县设立教堂、教会。

黟县人程鸿诏等奉两江总督之命，筹办兴复碧阳书院。

祁门县重建金粟庵。

光绪四年（1878）

休宁建永安桥于五城镇原毕汰村。

休宁重建达慧桥于岭南乡璜茅村。

光绪六年（1880）

新叶村重建崇仁堂。

休宁重修鄣源里石桥于鹤城乡鄣田村。

光绪七年（1881）

休宁建登云桥于板桥乡漳前村。

休宁建履安桥于板桥乡漳前村。

光绪八年（1882）

休宁建同芳桥于汪村镇杨源村。

光绪十三年（1887）

英国传教士唐进贤在歙县小北街租汪氏楼房建基督教堂，办西医诊所。

法教士牧梁在休宁县西街百客厅巷始建天主教总堂。

光绪十四年（1888）

休宁建永寿桥于五城镇阳台村。

休宁建演川桥于渭桥乡上演村。

光绪十六年（1890）

休宁建南山桥于溪口镇山培村。

光绪十七年（1891）

盐大使俞午官于建德县东馆建立严州查騐所码头。

光绪十八年（1892）

基督新教在绩溪县衙门口设福音堂，天主教神父瞿功昭在西街犁尖角仁里坊周姓屋内设教堂。

黟县城北门内店铺发生火灾，十多家被烧，殃及城楼一角被焚。二十一年（1895），被焚之处又发生火灾，烧毁七八家。

光绪十九年（1893）

英国教士唐进贤在休宁县黎阳建耶稣教分堂。

绩溪县重建望羣亭。

光绪二十一年（1895）

祁门历口亿同昌茶号汪广英等倡修利济桥，二十四年（1898）桥成。

休宁建拱秀桥于五城小贺村。

光绪二十三年（1897）

休宁建东源桥于五城小贺村。

光绪二十四年（1898）

英籍耶稣教徒在淳城古城庄建堂传教。次年，法籍天主教徒在横山巷建教堂。

光绪二十六年（1900）

歙县基督教堂内创办崇一学堂，为徽州最早的新式学校。

德国天主教传教士来婺源传教，在董门设立教堂。

天主教徒租遂安民房设堂礼拜，后于县治东门外建教堂。基督教也在此期间由英人来县传教。

光绪二十七年（1901）

三月，徽州府城税务上顶发生火灾，烧毁店铺六七十家。

法国教士孔明道在休宁县城小北门建洋式瓦屋三幢，设立天主教堂一分堂。

奥地利人魏殿培在建德县城字民桥边建天主教堂。

光绪二十八年（1902）

休宁建永安桥于商山镇雁里村。

光绪三十年（1904）

程序东、程松堂集资，胡晋接主持创办思诚初等小学堂于绩溪仁里村。

光绪三十一年（1905）

在徽州府城九管巷创办官立两等小学堂。

歙县唐模创办私立敬宗两等小学堂，呈坎创办私立潨川两等小学堂。

休宁县人余显漠创办大盛织布厂。

绩溪章汪瑞英以其弟孟邹之学馆（城内秦家巷）改招女童入学；自授新课，时称城西女校，民国四年（1915）改为县女子小学，民国十三年（1924）瑞英募资兴建校舍于毓才坊后，改称绩溪县第一女子小学。

绩溪县知事李第青倡议，由方锡珍在城郊东山书院创办官立东山高等小学堂，光绪三十四年（1908），附设师范传习所。

祁门南乡乡立高等小学堂于平里创立，为该县新学之滥觞。

遂安县设官立高等小学堂，以台鼎书院为校址。

休宁建玉山桥于溪口镇山培村。

光绪三十二年（1906）

正月，海阳书院改为休宁县官立海阳高等小学堂。

歙县岩寺创办公立凤山两等小学堂，潜口创办私立乐群两等小学堂。

歙县在紫阳书院创办新安中学堂，为徽州第一所中等学校，许承尧任监督。次年迁至府城旧试院。

祁门县立高等小学堂创立，借址东山书院。

黟县创办碧阳高等小学堂；西递人黄杏仙创办私立崇德女校。

淳安知县屠寄在县署西创设师范学堂，自任校长；县人徐作霖任学堂监督，附设两等小学堂。此为县有师范学校之始。

重修今屯溪区蟾川（今奕棋镇占川）乐寿桥。

光绪三十三年（1907）

歙县官立两等小学堂迁至学宫明伦堂。

歙县西溪南创办私立崇文两等小学堂。

二月，祁门废儒学，设县劝学所。

三月，绩溪成立县教育会，会址设儒学训导署内。

五月，成立绩溪县劝学所，建立官立明伦两等小学堂。

秋，祁门西乡乡立高等小学堂于历口建立。

绅士朝熙在休宁海阳后街树德堂创办私立原道初等小学堂，绅士罗萼在屯溪创办私立两等小学堂。

光绪三十四年（1908）

十一月，休宁县设立劝学所。

休宁隆阜茶商戴琴泉在隆阜创办农业公司，栽桑养蚕，并创设初等农业学堂，发徽州职业教育之端。

淳安县创设东陵女子小学堂，校址在淳城武庙。

休宁建壁林桥于岭南乡璜茅村。

休宁建泰和桥于商山镇双桥村。

光绪年间（1875 ~ 1908）

歙县大郡伯门楼易地重建。

宣统元年（1909）

建承志堂于黟县宏村，民国二年（1913）竣工。

宣统二年（1910）

黄苏在休宁黄村创办黄氏私立小学。

茶商吴俊德在屯溪阳湖创办徽州农艺学堂。

胡晋接、胡子敬和周植夫等人合资在屯溪上街创办科学书馆。

黟县商会成立，设于广安寺。

休宁建九如桥于山斗乡青岭村。

宣统三年（1911）

五月，大水，休宁县城西门外夹溪桥被冲毁，民国三年（1914），县人程荷生等绅士商民捐资 30000 元，全面修葺。

清（1644 ~ 1911）

建徐氏园于歙县。

建莱园于徽州区岩寺。

建杨宅于歙县徽城镇。

建童氏敦厚堂于淳安县小陵村。

建九世同堂于歙县瞻淇村。

建方氏宗祠于淳安县富文乡漠川村中部。

建利济桥于祁门县历口镇。

建八十桥于许村杨家田。

建娑罗园于歙县。

建皆山楼于淳安县。

建诚仁堂于休宁县堂源村。

建萃芳堂于建德市李村。

建早读楼于婺源县延村。

建休右龙张氏怀德堂于休宁右龙。

建连三进于建德李村。

绩溪知县李之铧建二峨书院。

歙县府城新安卫前之西建飞布书院。

歙县二十六都小溪建岑山书院。

歙县十六都西溪南建崇本书院。

婺源蕉源吴氏建桂林书院。

婺源清华建藻潭书院。

婺源词源王氏宗族建词源书院。

婺源县清华建天樱书院。

祁门县查湾蛟潭书院。

建德新叶村叶荣春重建有序堂和文昌阁，修玉泉寺，建白云庵。

休宁建法缘桥于商山镇双桥村西。

休宁建弘济桥于溪口镇和村。

休宁建轮车桥于万安镇轮车村。

休宁建御桥于渭桥乡渭桥村。

休宁建益元桥于汪村镇大连村。

休宁建富来桥于万安镇老街。

休宁建中宪第双桥于商山镇黄村。

休宁建成源桥于陈霞乡迴溪村。

休宁建仁安桥于蓝田镇前川村。

休宁建大连古桥于汪村镇大连村。

中华民国

民国元年（1912）

二月建德县大水，乌龙山崩；三月大风，府文庙棂星门倒塌。

休宁建业玉桥于溪口镇磅溪村。

民国二年（1913）

7月，安徽省立第五师范学校（今休宁中学前身）由歙县迁屯溪荷花池。12月29日，迁万安新棠村。次年，改为省立第二师范学校。

建德新叶村叶氏宗族在西山祠堂建华山小学。

休宁建山蹊桥于源芳乡芳田村。

民国三年（1914）

歙县新安中学堂更名为安徽省立第三中学。民国十七年（1928），并入休宁万安省立第二师范学校（今休宁中学前身）。

黟县横冈人吴氏捐资修建石山秀桥；桥旁建亭，名“翥然亭”。

4月22日，大风、雷雨，歙县岩寺神皋塔塔顶崩塌。

4月29日，教育家黄炎培视察省立二师，称赞省立二师为“安徽学府”。同时，还视察了黄村私立黄氏两等小学和徽州农业学堂。

王韧以旧宝贤书院改设建德县农会。

休宁重建飞凤桥于溪口镇溪口村。

民国七年（1918）

休宁建永安桥于休宁鹤城乡梅溪村。

民国九年（1920）

春，蔡汝榕在建德县城柳树巷口以旧典铺改设建德县立模范高等小学校，并改筑头门三间。在建德大西门灵济庙内改设县立惠英女学校。

6月，山洪暴发，冲毁歙县深渡石桥。

岩镇重修洪桥。

休宁建通济桥于汪村镇汪村。

民国十年（1921）

12月，歙县人程霖生修葺屯溪柏山寺殿宇。

民国十二年（1923）

3月，遂安县重修瀛山书院工程，历时5年竣工，耗资2000余元。

民国十三年（1924）

1月，为纪念戴震诞辰200周年，戴祖荫在休宁隆阜（今属屯溪区）创建“戴氏私立东原图书馆”，并自任馆长。

建豪岭亭于淳安县威坪旗山村，民国十七年（1928）竣工。

民国十五年（1926）

建德县新叶村重修有序堂。

清末民初（1840 ~ 1927）

淳安县芹川村王宅约建于清末民初，内有水院。

民国十八年（1929）

3月31日，东流八都湖朱富润（朱老五）率部众百余人进入徽州，先后占领祁门、休宁、黟县渔亭、屯溪、婺源，焚烧县署、公安局、街道，释放囚犯。

黟县柏山村范蔚文捐资创办蔚文小学。

民国十九年（1930）

9月28日，歙西堨田村在拆香佛岩时引起火灾，延烧房屋100间。

休宁建息讼桥于山斗乡青岭村。

民国二十年（1931）

5月4日，绩溪乡绅汪孟邹、胡运中等42人发起建造止原公墓，胡适撰写《止原公墓启》。

黟县梓路寺前殿倾圮，此后逐渐荒废。

民国二十三年（1934）

11月，绩溪县县长陈必贶主修南门城楼，并书“众志成城”匾额。

是年，修建歙县西干公园，重修石淙、五明寺泉、渐江墓、披云古道、披云亭等。

民国二十四年（1935）

12 月，遂安县城城墙重修竣工，并于城垣四周添设 8 处碉楼。

黄山重修檗庵大师塔。

民国二十五年（1936）

休宁县成立“齐云山管理委员会”，专员兼县长石国柱任主任。

歙县德胜门外建城东公园。

民国二十六年（1937）

3 月 29 日，齐云山发生火灾，有 7 处景点遭受破坏。

12 月 5 日，侵华日军飞机轰炸绩溪城，毁南门外余许祠堂，死伤军民 20 余人、军马数匹。

12 月 27 日，10 时 45 分，日机由西北方向飞窜歙县徽州府衙上空，投弹 5 枚。

屯溪重修鬲山寺。

民国二十七年（1938）

2 月 26 日，侵华日军飞机 3 架轰炸绩溪县城，投弹 16 枚，死 6 人，伤 10 余人，毁民房 10 余幢。

6 月，歙县大水，太白楼、龙王庙被冲毁，河西一带损失惨重。日机轰炸歙县城，原世美坊北侧两防空洞被炸毁，死难数十人。

绩溪组织县难民救济会，设难民收容所于城隍庙。

9 月，复旦大学附属中学皖校在黟县碧阳书院内开学。

民国二十八年（1939）

7 月，日机空袭歙县城，投燃烧弹引发大火，从税务上顶延烧至阳和门附近。

11 月，日机在歙县十横街上空投弹，城中损失惨重。

民国二十九年（1940）

3 月 22 日 15 时许，歙县城失火，延烧四五十家，损失惨重。

3 月，黟县石山文峰塔遭雷击倒塌。

5 月 2 日下午 1 时，齐云山太素宫突然倾塌。后，休宁县成立齐云山整理委员会。

民国三十年（1941）

建李法周居士塔于黄山北海与西海之间。

民国三十三年（1944）

5 月 1 日午后，狂风骤至，岩寺数座牌坊及许多民房倒塌。歙县西干披云亭倒塌，木料构件被吹到 5 公里以外。

民国三十五年（1946）

3 月 30 日 14 时许，徽城大北街牛税巷口唐钱旺鞋店失火，延及邻近的豆腐店、印刷店、住宅等，损失甚大。

是年，在歙县紫阳书院创办徽州医院。1949 年 11 月，改称歙县人民医院。

屯溪重建龙山寺。

建德新叶村叶佩蓁重修崇仁堂和文昌阁。

民国三十六年（1947）

8 月 22 日，休宁县浮潭村口许氏宗祠被雷击毁，压死过境江苏难民 12 人，重伤 17 人，轻伤 23 人。

6 月 23 日，淳安赋溪培风塔倒塌。塔 7 层，建于明崇祯元年（1628）。

民国三十七年（1948）

屯溪重修乐寿桥。

民国三十八年（1949）

7 月，皖南行署派员接管黄山风景区，成立黄山管理处。

民国年间（1912 ~ 1948）

建种德堂于建德市新叶村。

20 世纪 20 年代，建德新叶村叶肃芹重修玉泉寺。

安徽省教育厅厅长潘方跃购得婺源豸峰清代民居“涵庐”后，改成中西合璧形式。

附录三　新安江流域的世界自然与文化遗产及历史文化名城[①]

一、新安江流域的世界自然与文化遗产

世界遗产包括文化遗产和自然遗产两类。文化遗产是指具有历史、美学、考古、科学、文化人类学或人类学价值的古迹、建筑群和遗址；自然遗产是指突出的自然、生态和地理结构，濒危动物品种的生态环境，以及具有科学、保存或美学价值的地区。

世界遗产由联合国教科文组织下属的世界遗产委员会负责评定。

类型	名录	列入年代
文化遗产	皖南古村落——西递、宏村	1999
文化与自然遗产	黄山	1990

二、中国历史文化名城

第 2 批国家历史文化名城（1986 年公布 ,1 座）：歙县。

第 4 批国家历史文化名城（2001 ～ 2021 年公布，2 座）：绩溪、黟县。

① 以上资料为国家文物局网站2022年公布。

附录四

新安江流域全国重点文物保护单位名录一览表[①]

序号	名称	年代	地址	类别
1	程氏三宅	明	屯溪区昱中街道商业步行街	古建筑
2	程大位故居	明	屯溪区昱中街道前园渠东5号	
3	镇海桥	明	屯溪区老街街道	
4	潜口民宅	明—清	徽州区潜口镇潜口村	
5	蜀源牌坊群	明、清	徽州区潜口镇蜀源村	
6	唐模檀干园	清	徽州区潜口镇唐模村	
7	洪坑牌坊群及洪氏家庙	明、清	徽州区岩寺镇洪坑村	
8	罗东舒祠	明	徽州区呈坎镇呈坎村	
9	老屋阁及绿绕亭	明	徽州区西溪南镇西溪南村	
10	呈坎村古建筑群	明—清	徽州区呈坎镇呈坎村	
11	程氏宗祠	清	黄山区甘棠镇兴村	
12	许国石坊	明	歙县徽城镇中和街	
13	棠樾石牌坊群	明、清	歙县郑村镇棠樾村	
14	渔梁坝	唐—清	歙县徽城镇渔梁	
15	许村古建筑群	明—民国	歙县许村镇许村	
16	郑氏宗祠	明	歙县郑村镇郑村	
17	竹山书院	清	歙县雄村镇雄村	
18	长庆寺塔	宋	歙县徽城镇西干山	

① 本表文物保护单位名录收录截止日期：黄山市：2021年2月（含黄山区1处），绩溪县：2021年12月，婺源县：2022年1月，淳安县、建德市：2020年10月。

续表

序号	名称	年代	地址	类别
19	叶村洪氏宗祠（敬本堂）	明—清	歙县三阳镇叶村	古建筑
20	棠樾古民居	明—民国	歙县郑村镇棠樾村	
21	北岸吴氏宗祠	清	歙县北岸镇北岸村	
22	员公支祠	清	歙县昌溪乡昌溪村	
23	昌溪周氏宗祠	清	歙县昌溪乡周邦头村	
24	北岸廊桥	清	歙县北岸镇北岸村棉溪河	
25	三阳洪氏宗祠	清	歙县三阳镇三阳村	
26	石潭吴氏宗祠	清	歙县霞坑镇石潭村	
27	稠墅牌坊群	清	歙县郑村镇稠墅村	
28	歙县太平桥	清	歙县徽城镇练江上	
29	巴慰祖宅	清	歙县徽城镇渔梁村渔梁中街77号	
30	歙县许氏宗祠（惇睦堂）	清	歙县许村镇许村	
31	歙县鲍氏宗祠	清	歙县上丰乡蕃村	
32	大阜潘氏宗祠	清	歙县北岸镇大阜村	
33	昌溪太湖祠	清	歙县昌溪乡昌溪村	
34	三槐堂	明	休宁县海阳镇溪头村	
35	黄村进士第	明	休宁县商山镇黄村	
36	休宁登封桥	明	休宁县齐云山镇镇政府所在地横江之上	
37	休宁同安堂	清	休宁县海阳镇齐宁街152号	
38	西递古建筑群	明、清	黟县西递镇西递村	
39	宏村古建筑群	明、清	黟县宏村镇宏村村	
40	南屏古建筑群	明、清	黟县碧阳镇南屏村	
41	屏山舒氏宗祠	明、清	黟县宏村镇屏山村	
42	祁门古戏台	清—民国	祁门县（含馀庆堂戏台、大本堂戏台、聚福堂戏台、嘉会堂戏台、敦典堂戏台、会源堂戏台、叙伦堂戏台、和顺堂戏台、顺本堂戏台、敦化堂戏台、新安戏台）	

续表

序号	名称	年代	地址	类别
43	黄山登山古道及古建筑	唐—民国	黄山风景区	古建筑
44	龙川胡氏宗祠	明—清	绩溪县瀛洲镇龙川村	
45	奕世尚书坊和胡炳衡宅	明—清	绩溪县瀛洲镇龙川村	
46	上庄古建筑群	明—清	绩溪县上庄镇上庄村(包括胡适故居、胡传旧居、胡适私塾、胡开文旧居、胡开文纪念馆、胡寿基宅、敦履堂)	
47	绩溪文庙	元—清	绩溪县华阳镇良安路中段县医院隔壁	
48	徽杭古道绩溪段	宋—清	绩溪县伏岭镇江南村	古遗址
49	乌龟洞“建德人”遗址	距今约5万—10万年	建德市李家镇新桥村	
50	建德西山桥	南宋	建德市乾潭镇梓州村	
51	新叶村乡土建筑	明、清	建德市大慈岩镇新叶村	
52	梅城南峰塔和北峰塔	明	建德市梅城镇	
53	齐云山石刻	宋—清	休宁县齐云山镇休宁县齐云山	石窟寺
54	汪由敦墓石刻	清	休宁县溪口镇木干村北	
55	黄山摩崖石刻群	唐—当代	黄山风景区	
56	岩寺新四军军部旧址	1938年	徽州区岩寺镇广惠社区	近现代
57	中共皖浙赣省委驻地旧址	1936—1937年	休宁县汪村镇石屋坑村	
58	洪家大屋	近现代	祁门县城内敦仁里	
59	清华彩虹桥	宋～清	婺源县清华镇清华村上街	
60	婺源宗祠	明、清	婺源县(含篁村余庆堂、阳春方氏宗祠、汪口俞氏宗祠、黄村经义堂、洪村光裕堂、西冲敦伦堂、豸峰成义堂)	近现代
61	理坑村民居	明、清	婺源县沱川乡理坑村	
62	凤山查氏宗祠	清	婺源县浙源乡凤山村	
63	新源俞氏宗祠	清	婺源县思口镇新源村	

参考文献

1.[宋] 罗愿撰 ；萧建新，杨国宜校著 .《新安志》整理与研究 [M]. 合肥 ：黄山书社，2008.1

2.[明] 彭泽，汪舜民纂修 .[明] 弘治徽州府志 [M]. 影刻本 . 上海 ：上海古籍书店，1964.8

3.[清] 丁廷楗，卢询修 ；赵吉士等纂 . 影印本 .[清] 康熙徽州府志 [M]. 合肥 ：黄山书社，2009.10

4. 徐吉军主编 . 严州文献集成 . 第一册 [M]. 杭州 ：杭州出版社，2020.1（严州图经，景定严州续志，万历严州府志）

5.（万历）续修严州府志 [M]. 书目文献出版社，北京 ：1991.10（影印本）

6. 徐辉主编 . 严州文献集成 . 第二册 [M]. 杭州 ：杭州出版社，2020.1（光绪严州府志）

7. 许承尧总纂 .[民国] 歙县志 [M]. 活字本 . 旅沪同乡会，1937（民国二十六年）

8.[清] 嘉庆黟县志（附道光黟县续志）[M].1871. 重刊（同治十年）

9. 黄汝济等主纂 . 祁阊志（外四部）[M].2004.

10. 万历绩溪县志 [M]. 刻本 .1581.（明万历九年）

11. 徐辉主编 . 严州文献集成 . 第四册 [M]. 杭州 ：杭州出版社，2020.10（光绪淳安县志）

12. 戚延裔主修 .[清] 康熙建德县志 [M]. 影印本 .1683（康熙二十二年）

13. 徐辉主编 . 严州文献集成 . 第三册 [M]. 杭州 ：杭州出版社，2020.10（光绪建德县志）

14. 徐辉主编 . 严州文献集成 . 第五册 [M]. 杭州 ：杭州出版社，2021.9（民国遂安县志）

15. 徐辉主编 . 严州文献集成 . 第七册 [M]. 杭州 ：杭州出版社，2021.11（乾隆寿昌县志，民国寿昌县志）

16. 黄山市志（ ～2006）. 黄山市地方志编纂委员会编著 [M]. 合肥：黄山书社，2010.9

17. 歙县地方志编纂委员会编纂 . 歙县志 [M]. 合肥：黄山书社，2011.12

18. 休宁县地方志编纂委员会编 . 休宁县志 [M]. 合肥：黄山书社，2012.1

19. 婺源县志编纂委员会 . 婺源县志 [M]. 北京：档案出版社，1983.10

20. 黟县志地方编纂委员会编 . 黟县志 [M]. 合肥：黄山书社，2012.7

21. 祁门县地方志编纂委员会编 . 祁门县志 [M]. 合肥：黄山书社，2008.9

22. 绩溪县志编纂委员会办公室编 . 绩溪县志 [M]. 北京：方志出版社，2011.12

23. 黄山市屯溪区地方志编纂委员会编 . 屯溪区志 [M]. 北京：方志出版社，2012.11

24. 徽州区地方志编纂委员会编 . 徽州区志 [M]. 合肥：黄山书社，2012.5

25.《淳安县志(1986～2005)》编纂委员会编 . 淳安县志：1986～2005[M]. 杭州：浙江人民出版社，2014.8

26.《建德市志》编纂委员会编 . 建德市志（1978～2005）[M]. 杭州：浙江人民出版社，2010.3

27.[清]闽麟嗣编 . 黄山志定本；刘尚恒 . 王佐校点 [M]. 合肥：黄山书社，1990.9

28.[明]鲁点编；汪桂平点校 . 齐云山志：附二种 [M]. 北京：社会科学文献出版社，2015.4

29.[近]许承尧编 . 歙县西干志 [M] 抄本 .1937,（民国二十六年）

30. 方来寿主编 . 齐云山志 [M]. 合肥：黄山书社，2011.9

31.[民国]吴吉祐辑 . 丰南志 [M]. 合肥：黄山书社，2017.11

32.[清]佘华瑞纂 . 岩镇志草 [M].2004.9

33.[清]徐光文编辑 . 篁墩程朱阙里祠志 [M]. 爱余书屋刊本（复印本）

34.[清]方宏绶汇辑 . 瀛山书院志 [M] 复印本

35. 许村志编纂委员会编 . 许村志 [M]. 合肥：黄山书社，2015.1

36.《溪头志》编委会编 . 溪头志 [M]. 合肥：合肥工业大学出版社，2003.

37. 陈志华等著 . 新叶村 [M]. 重庆：重庆出版社，1999.7

38. 高婷著 . 大慈岩下两村落 [M]. 北京 : 北京出版社，2020.2

39. 罗来平著 . 徽州文化古村——呈坎 [M]. 天马出版有限公司，2005.8

40. 汪大白著 . 人文村落 风雅家园 · 潜口 [M]. 合肥 : 合肥工业大学出版社，2013.12

41. 汪大白著 . 和谐风情画廊——唐模 [M]. 合肥 : 合肥工业大学出版社，2011.6

42. 余利归主编 . 浙江省历史文化村镇——芹川村 [M]. 淳安 : 内部书刊，2007.12

43. 邵国榔等编写 . 歙县文物志 [M]. 歙县 : 内部资料，1989.12

44. 淳安县“三大”纪念活动组委会编 . 文物叙略 [M]. 杭州 : 西泠印社出版社，2008.8

45. 建德市第三次全国文物普查办公室编 . 建德古韵 [M]. 杭州 : 西泠印社出版社，2012.1

46. 王召里编著 . 古城忆旧 [M]. 北京 : 中国文史出版社，2017.2

47. 方才编著 . 一方水土 [M]. 北京 : 中国文史出版社，2017.2

48. 许承尧撰 . 歙事闲谭 [M]. 合肥 : 黄山书社，2001.5

49. 上海古籍出版社，上海书店编 . 二十五史 [M]. 上海 : 上海古籍出版社，上海书店，1986.

50. 全唐诗 [M]. 上海 : 上海古籍出版社，1986.10

51. 唐圭璋编 . 全宋词 [M]. 北京 : 中华书局，1965.6

52. 李合群主编 . 中国古代建筑文献选读 [M]. 武汉 : 华中科技大学出版社，2008.2

53. 杨伯峻编著 . 论语译注 [M]. 北京 : 中华书局，1958.6

54.[宋] 朱熹集注 . 诗集传 [M]. 上海 : 上海古籍出版社，1980.2，新 1 版

55.[宋] 蔡沈注 . 书经集注 [M]. 北京 : 中国书店，1994.

56.[宋] 朱熹注 . 礼记集说 [M]. 北京 : 中国书店，1994.

57.[宋] 朱熹注 . 周易本义 [M]. 北京 : 中国书店，1994.4

58. 王国轩，王秀梅译注 . 孔子家语 [M]. 北京 : 中华书局，2009.10

59.[宋] 朱熹著述 ; [明] 冯善集说 ; [清] 胡文焕校正 . 新刻文公家礼集说 [M]

写本影印 .1823（日 文政六年）

60.[清] 钱泳撰；张伟校点 . 履园丛话 [M]. 北京：中华书局，1979.12

61.[清] 赵吉士辑撰；周晓光，刘道胜点校 . 寄园寄所寄 [M]. 合肥：黄山书社，2008.10

62.[汉] 刘熙撰 . 释名 [M] 北京：中华书局，2016.4

63.[明] 谢肇淛撰；郭熙途校点 · 五杂俎 [M]. 沈阳：辽宁教育出版社，2001.2

64.[宋] 高承撰 . 事物纪原 [M]. 上海：商务印书馆，1937（民国二十六年）

65.[宋] 周去非著 . 岭外代答校注 [M]. 北京：中华书局，1999.9

66.[元] 王祯著 . 王祯农书 [M]. 杭州：浙江人民美术出版社，2015.8

67. 任叔宝主编 . 中国历代笔记英华 [M]. 北京：京华出版社，1998.

68.[宋] 吴自牧著 . 梦粱录 [M]. 杭州：浙江人民出版社，1980.8

69.[宋] 沈括著 . 梦溪笔谈 [M]. 济南：齐鲁书社，2007.7

70.[金] 薛景石著；郭丽娜编译 . 梓人遗制 [M]. 南京：江苏凤凰科学技术出版社，2016.12

71.[明] 文震亨撰；汪有源，胡天寿译注 · 长物志 [M]. 重庆：重庆出版社，2008.5

72.[明] 宋应星著；潘吉星译注 . 天工开物译注 [M]. 上海古籍出版社，2016.5

73.[清] 李渔著；江巨荣，卢寿荣校注 . 闲情偶寄 [M]. 上海：上海古籍出版社，2000.5

74. 戴吾三注释 . 考工记图说 [M]. 济南：山东画报出版社，2020.4

75. 何清谷撰 . 三辅黄图校释 [M]. 北京：中华书局，2005.6

76.[宋] 聂崇义著 . 新定三礼图 [M]. 杭州：浙江人民美术出版社，2015.8

77.[明] 郎瑛撰 . 七修类稿 .[M]. 上海：上海书店出版社，2009.4

78.[清] 李斗著；周光培点校 . 扬州画舫录 [M]. 扬州：江苏广陵古籍刻印社，1984.10

79.[明] 朱舜水著；林晓明译注 . 学宫图说译注 [M]. 上海：上海古籍出版社，2015.3

80. 张家骥著 . 园冶全释——世界最古造园学名著研究 [M]. 太原：山西古籍出版社，1993.6，（2002.8 重印）

81.[明] 汪道昆著 . 太函集 [M]. 合肥 : 黄山书社，2004.12

82.[明] 程敏政辑撰 ; 何庆善，于石点校 . 新安文献志 [M]. 合肥 : 黄山书社，2004.12

83. 张良皋著 . 匠学七说 [M]. 北京 : 中国建筑工业出版社，2002.

84. 陈鹤岁著 . 汉字中的中国建筑 [M]. 天津 : 天津大学出版社，2014.12

85. 赵广超著 . 不只中国木建筑 [M]. 北京 : 中华书局，2018.4

86. 方拥著 . 中国传统建筑十五讲 [M]. 北京 : 北京大学出版社，2010.6

87. 姚邦藻等主编 . 汪世清谈徽州文化 [M]. 北京 : 当代中国出版社，2004.12

88. 刘叙杰主编 . 中国古代建筑史　第一卷 : 原始社会、夏、商、周、秦、汉建筑 [M]. 北京 : 中国建筑工业出版社，2003.

89. 傅熹年主编 . 中国古代建筑史　第二卷 : 三国、两晋、南北朝、隋唐、五代建筑 [M]. 北京 : 中国建筑工业出版社，2001.

90. 郭黛姮主编 . 中国古代建筑史　第三卷 : 宋、辽、金、两夏建筑 [M]. 北京 : 中国建筑工业出版社，2003.

91. 潘谷西主编 . 中国古代建筑史　第四卷 : 元明建筑 [M]. 北京 : 中国建筑工业社，1999.

92. 孙大章主编 . 中国古代建筑史　第五卷 : 清代建筑 [M]. 北京 : 中国建筑工业出版社，2002.

93. 中国科学院自然科学史研究所主编 . 中国古代建筑技术史 [M]. 北京 : 科学出版社，1985.10

94. 萧默主编 . 中国建筑艺术史 [M]. 北京 : 文物出版社，1999.6

95. 潘谷西主编 . 中国建筑史 [M]. 北京 : 中国建筑工业出版社，2003，(6)

96. 李允鉌著 . 华夏意匠 [M]. 香港 : 广角镜出版社，1984.1，(2)

97. 同济大学城市规划教授室编 . 中国城市建设史 [M]. 北京 : 中国建筑工业出版社，1982.12

98. 汪菊渊著 . 中国古代园林史 [M]. 北京 : 中国建筑工业出版社，2010.10

99. 周维权著 . 中国古典园林史 [M]. 北京 : 清华大学出版社，1990.12

100. 茅以升主编 . 中国古桥技术史 [M]. 北京 : 北京出版社，1986.5

101. 曹林娣，沈岚著 . 中国园林美学思想史 . 隋唐五代两宋辽金元卷 [M]. 上海 :

同济大学出版社，2015.12

102. 夏咸淳著．中国园林美学思想史．明代卷[M]. 上海：同济大学出版社，2015.12

103. 程维荣著．中国园林美学思想史．清代卷[M]. 上海：同济大学出版社，2015.12

104. 邓洪波著．中国书院史[M]. 上海：东方出版中心，2004.7

105. 梁思成著．梁思成全集 第七卷[M]. 北京：中国建筑工业出版社，2001.4

106. 刘敦桢著．刘敦桢文集·四[M]. 北京：中国建筑工业出版社，1992.12

107. 傅熹年著．傅熹年建筑史论文集[M]. 北京：文物出版社，1998.9

108. 杨鸿勋著．建筑考古学论文集[C]. 北京：文物出版社，1987.4

109. 傅熹年主编．中国古代建筑工程管理和建筑等级制度研究[M]. 北京：中国建筑工业出版社，2011.12

110. 郭华瑜著．中国古典建筑形制源流[M]. 武汉：湖北教育出版社，2015.2

111. 喻梦哲著．南宋建筑的多元技术系谱考察：《营造法式》研习拾零[M]. 北京：中国建筑工业出版社，2022.2

112. 方玲．下冯塘遗址研究——兼论新安江上游地区先秦遗存[D]. 合肥：安徽大学，2011.5

113. 程极悦，程硕．徽州古建筑[M]. 合肥：黄山书社，1999.12

114. 中国大百科全书出版社编辑部编．中国大百科全书·建筑 园林 城市规划[M]. 北京：中国大百科全书出版社，1988.5

115. 李国豪主编．建苑拾英[M]. 上海：同济大学出版社，1990.10

116.[汉]许慎撰．说文解字[M]. 北京：中华书局，1963.12

117. 张海鹏，王廷元．明清徽商资料选编[M]. 合肥：黄山书社，1985.8

118. 安徽五福文化产业发展有限公司编著．徽商大典[M]. 上海：上海书店出版社，2013.12

119. 姚邦藻主编．徽州学概论[M]. 北京：中国社会科学出版社，2000.12

120. 高寿仙著．徽州文化[M]. 沈阳：辽宁教育出版社，1995.4

121. 方静著．审美徽州[M]. 合肥：安徽人民出版社，2014.11

122. 侯幼彬著．中国建筑美学[M]. 哈尔滨：黑龙江科学技术出版社，1997

123. 孙大章著．中国民居研究 [M]. 北京市：中国建筑工业出版社，2004.

124. 陈志华，李秋香著．中国乡土建筑初探 [M]. 北京：中国建筑工业出版社，2012.10

125. 张仲一等合著．徽州明代住宅 [M]. 北京：建筑工程出版社，1957.5

126. 陈志华等著．婺源乡土建筑 [M]. 台北：汉声杂志社，2003.3

127. 陈志华等著．关麓村乡土建筑 [M]. 台北：汉声杂志社，2003.3

128. 龚恺等编著．棠樾 [M]. 南京：东南大学出版社，1999.8，(2)

129. 龚恺等编著．渔梁 [M]. 南京：东南大学出版社，1998.8

130. 龚恺等编著．澹淇 [M]. 南京：东南大学出版社，1996.8

131. 龚恺等编著．晓起 [M]. 南京：东南大学出版社，2000.12

132. 龚恺等编著．豸峰 [M]. 南京：东南大学出版社，1999.8

133. 刘定坤．越海民系民居建筑与文化研究 [D]. 广州：华南理工大学，2000.5

134. 张十庆撰文、摄影．徽州乡土村落 [M]. 北京：中国建筑工业出版社，2014.10

135. 中华人民共和国住房和城乡建设部编．中国传统建筑解析与传承 浙江卷 [M]. 北京：中国建筑工业出版社，2015.12

136. 卞利主编；卞利等著。徽州传统聚落规划和建筑理念研究 [M]. 合肥：安徽人民出版社，2007.11

137. 潜口民宅博物馆编著．潜口民宅搬迁修缮工程报告 [R]. 北京：科学出版社，2018.1

138.[清] 高见南纂．相宅经纂 [M]. 影刻本．铜陵：书林书局，2015.6

139.[清] 吴鼒编著；王梅芳，赵金声点校．阳宅撮要 [M]. 郑州：中州古籍出版社，1996.12

140. 何晓昕编著．风水探源 [M]. 南京：东南大学出版社，1990.6

141. 王其亨主编．风水理论研究 [M]. 天津：天津大学出版社，1992.8，(2003.1 重印)

142. 方利山等著．徽州宗族祠堂调查与研究 [M]. 合肥：安徽大学出版社，2016.10

143. 黄山市文化和旅游局编．徽州百祠 [M]. 合肥：安徽美术出版社，2020.7

144. 鲍艺敏著．淳安的祠堂 [M]. 北京：中国文史出版社，2012.6

145. 张小平著．聚族而居柏森森：徽州古祠堂 [M]. 沈阳：辽宁人民出版社，2002.9

146. 罗德胤著．中国古戏台建筑 [M]. 南京：东南大学出版社，2009.10

147. 王薇等著．徽州古戏台建筑艺术 [M]. 北京：建筑工业出版社，2020.1

148. 陈琪，张小平，章望南著．花雨弥天妙歌舞：徽州古戏台 [M]. 沈阳：辽宁人民出版社，2002.9

149. 黄山市文化和旅游局编．徽州百坊 [M]. 合肥：安徽美术出版社，2021.12

150. 楼庆西著．中国小品十讲 [M]. 北京：生活·读书·新知三联书店，2004.6

151. 薛冰撰；张锡昌摄．江南牌坊 [M]. 上海：上海书店出版社，2004.1

152. 罗刚著．千古悲欢阅沧桑：徽州古牌坊 [M]. 沈阳：辽宁人民出版社，2002.9

153. 丁希勤著．古代徽州宗教信仰研究 [M]. 芜湖：安徽师范大学出版社，2012.6

154. 柳肃撰文 摄影．文庙建筑 [M]. 北京：中国建筑工业出版社，2013.10

155. 张亚祥著．江南文庙 [M]. 上海：上海交通大学出版社，2009.

156. 李琳琦著．徽州教育 [M]. 合肥：安徽人民出版社，2005.

157. 陈瑞，方英著．十户之村不废诵读：徽州古书院 [M]. 沈阳：辽宁人民出版社，2002.9

158. 程敦辉著．徽州宗教文化 [M]. 合肥：黄山书社，2015.6

159. 王开队等著．徽州佛教历史地理研究 [M]. 合肥：安徽大学出版社，2021.4

160. 潘谷西编著．江南理景艺术 [M]. 南京：东南大学出版社，2001.4

161. 杨鸿勋著．江南园林论 [M]. 上海：上海人民出版社，1994.8

162. 顾凯著．明代江南园林研究 [M]. 南京：东南大学出版社，2010.3

163. 陈从周编著．扬州园林 [M]. 上海：上海科学技术出版社，1983.2

164. 毛茸茸著．人间未可辞：《环翠堂园景图》新考 [M]. 杭州：中国美术学院出版社，2014.4

165. 王锐等著．徽州树木文化图考[M]. 北京：科学出版社，2013.3

166. 张驭寰著．中国塔[M]. 太原：山西人民出版社，2000.12

167. 殷永达撰文；陆开蒂摄影．安徽古塔[M]. 北京：中国建筑工业出版社，2013.10

168. 王洪明主编．潜口巽峰塔修缮工程报告[R]. 北京：科学出版社，2021.8

169. 孙庆普著．中国古桥结构考察[M]. 北京：东方出版社，2014.5

170. 冯倩．浙江宋元时期桥梁研究[D]. 杭州：浙江大学，2011.5

171. 卞利著．通向世界的路：徽州古桥[M]. 沈阳：辽宁人民出版社，2002.9

172. 陈琪著．徽州古道研究[M]. 芜湖：安徽师范大学出版社，2016.10

173. 潘谷西，何建中著．营造法式解读[M]. 南京：东南大学出版社，2005.10

174. 王璞子主编．工程做法注释[M]. 北京：中国建筑工业出版社，1995.5

175. 梁思成著．清式营造则例[M]. 北京：中国建筑工业出版社，1981.12

176. 中国营造学社编．中国营造学社汇刊[M]. 北京：知识产权出版社，2006.8

177. 梁思成主编，刘致平编纂．中国建筑艺术图集[M]. 天津：百花文艺出版社，2007.1

178. 姚承祖原著；张至刚增编；刘敦桢校阅．营造法原[M]. 北京：中国建筑工业出版社，1986.8，(2)

179. 张十庆著．张十庆东亚建筑技术史文集[M]. 沈阳：辽宁美术出版社，2012.9

180. 陈薇著．陈薇建筑史论选集[M]. 沈阳：辽宁美术出版社，2014.12

181. 张十庆著．中国江南禅宗寺院建筑[M]. 武汉：湖北教育出版社，2001

182. 马炳坚著．中国古建筑木作营造技术[M]. 北京：科学出版社，2003，(2)

183. 刘大可著．中国古建筑瓦石营法[M]. 北京：中国建筑工业出版社，2014.5，(2)

184. 楼庆西著．中国传统建筑装饰[M]. 北京：中国建筑工业出版社，1999

185. 王世襄著．明式家具研究[M]. 北京：生活 · 读书 · 新知三联书店，2007.1

186. 程硕著．安徽中国徽州文化博物馆馆藏徽州三雕．砖雕[M]. 合肥：安徽

科学技术出版社，2020.12

187. 皮志伟，贾巧燕著．徽州三雕[M]. 南京：东南大学出版社，2011.3

188.[明]黄成著；[明]杨明注；长北译注．髹饰录图说[M]. 济南：山东画报出版社，2007.4

189. 长北主编．江南建筑雕饰艺术·徽州卷[M]. 南京：东南大学出版社，2005.6

190. 边精一著．中国古建筑油漆彩画[M]. 北京：中国建材工业出版社，2013.2，(2)

191.[明]鲁般营造正式[M]. 影印本．上海：上海科学技术出版社，1988.3

192. 王天著．古代大木作静力初探[M]. 北京：文物出版社，1992.3

193. 朱光亚．中国古代木结构谱系再研究[C]// 刘先觉，张十庆主编．建筑历史与理论研究文集（1997 ~ 2007）. 北京：中国建筑工业出版社，2007.

194. 杨鸿勋．中国早期建筑的发展——一九七七年北京大学、武汉大学等考古专业讲座提纲[J]建筑历史与理论 .1980，(1)

195. 朱光亚．探索江南明代大木作的演进[J]. 南京工学院学报，1983

196. 杜顺宝．浮梁明代建筑[J]. 南京工学院学报，1981，(3)

197. 龚恺．村·族·家——徽州村落与生活空间的演化[J]. 建筑遗产，2021，(1)

198. 刘涤宇．古文书中的一组明代徽州宅院——《万历十五年金濠等丈量基地尺式》研究[J]. 建筑学报，2018，(5)

199. 沈从文著；王风编．沈从文讲文物[M]. 北京：北京出版社，2016.7

200. 程极悦．徽州水口[M]// 汪炜，陈安生分册主编．徽州五千村 .1、综合卷．合肥：黄山书社，2004.9

201. 程极悦．徽州园林[M]// 汪炜，陈安生分册主编．徽州五千村 .1、综合卷．合肥：黄山书社，2004.9

202. 张仲一等．徽州祠堂[M]. 油印本 .1954

203. 丁宏伟．徽州明清祠堂建筑[C]// 刘先觉主编．建筑历史与理论研究文集．北京：中国建筑工业出版社，1997.10

204. 杜顺宝．徽州明代石坊[J]. 南京工学院学报，1983，(2)

205. 顾凯．晚明江南造园的转变[C]// 王贵祥主编．中国建筑史汇刊．第一

辑．北京：清华大学出版社，2009.1

206. 程极悦．徽州园林 [J]. 黄山书院学报，2002，（4）

207. 程极悦．徽商和水口园林 [J] 建筑学报，1987，（10）

208. 程极悦．徽州明代建筑迁建工程报告 [C] 传统建筑园林通讯．北京：1994，（10）

209. 程极悦．徽州古建筑发展概述 [J]. 安徽建筑 .1999，（1）

210. 刘淼．徽州明代建筑彩画 [J]. 文物研究，1988，（4）

211. 黄成．徽州传统民居彩画地域特征研究——以黟县为例 [C]// 第二届徽学艺术大会．徽州建筑文化论文集．黄山：黄山市社科联，2021.

212. 杨德标．试论皖南土墩墓 [J]. 文物研究，1988，（4）

213. 程硕．徽州班匠录 [J]. 徽州社会科学，2015，（11）

214.[清] 麟庆著文；（清）汪春泉等绘图．鸿雪因缘图记 [M]. 北京：北京古籍出版社，1984.10

215. 刘昕主编．中国古版画 · 地理卷 · 山川图 [M]. 长沙：湖南美术出版社，1999.4

后 记

江入新安，八百里、滩高波阔。看叠嶂、白墙鳞次，人家天末。绰楔干云标水口，祠堂碍日矜门阅。算四分、营造占其先，真奇绝。

朱七圈，新构结。穷法式，修遗物。笑华颠立极，刖鳌倾竭。汝染两州郊陌瘴，吾迎三鼓谯楼月。栖白屋、述作踵前贤，呕心血。

——调寄《满江红》

词有小跋 ：“明清时期，徽州建筑为营造界四大帮之一。朱光亚先生曾提出汉地七大建筑文化圈理论，新安文化区即其一。”朱先生在《中国古代建筑的区划与谱系初探》一文中，列出了汉族地区的七个建筑文化圈，他认为其中新安文化区“存在于吴头楚尾的新安江流域的皖南、赣东北、浙西一带，并向南辐射影响到其他地区。”“朱七圈”，是我对其研究理论的称呼。六年后，朱先生在 2007 年发表的《中国古代木结构谱系再研究》一文中又进一步阐述 ：“如果建筑文化研究始终在建筑的内核之外徘徊，那么我们便始终找不到建筑自身发展的内在原因，以建筑区划为例，如果不能够深入到建筑本体，那么我们的工作便等同于文化地理学的研究”。他认为“这最本质的本体问题就是结构因素的体系分析。”新安建筑文化圈的通行结构是穿斗，在祠堂或大型住宅官厅等使用四椽栿的大空间建筑中采用的构架，已故的孙大章先生则命名为插梁架。建筑文化圈的谱系研究和插梁的结构特征分析，为新安传统建筑研究作出了重要贡献。

新安江全长 373 公里，总流域面积 1.1 万多平方公里，其范围包括今安徽省黄山市的屯溪区、徽州区、歙县、休宁县 ；今安徽省宣城市的绩溪县 ；今浙江省杭州市的淳安县、建德市。新安建筑文化研究就是以新安建筑文化圈内（包括安徽省的黟县、祁门县，江西省的婺源县）的传统建筑为研究对象的一门实践性很强的学科。新安传统建筑是一种以强化儒家伦理道德秩序为主要精神特征的建筑，具有鲜明地域色彩的建筑。空间上分布于新安江流域的古代徽州（府）、严州（府），时间上起自史前文明，迄于1949年，主要是宋至明清时期（960 ~ 1840），以及清末民初转轨期（1840 ~ 1949）。

新安江流域是我国古代村落与民间建筑遗存最丰富的地区之一。1952年，刘敦桢先生在歙县调查发现众多的明代建筑，翌年刘先生著文介绍调查结果，引起学术界关注。1957年，《徽州明代住宅》（张仲一等著，中国建筑工业出版社出版）问世，此后中外学者到徽州考察村落与传统建筑者络绎不绝。20世纪80年代初，学术界对新安建筑文化展开了研究。杜顺宝、朱光亚、单德启、张十庆、丁宏伟等先生发表了多篇有关新安建筑的论文。90年代，东南大学、清华大学的师生开展乡土建筑研究，从村落、建筑形态到文化内涵，对新安传统建筑进行了全方位、多层次的研究，取得了丰硕的成果。如东南大学龚恺先生主编的《徽州古建筑丛书》，清华大学陈志华、楼庆西等先生所著的《婺源乡土建筑》、《关麓村乡土建筑》、《新叶村》等。但总的看来，系统介绍新安传统建筑的著作还不是很多。我们长期关注的也是徽州传统建筑，对浙西传统建筑文化不甚熟悉。这次有幸承担《新安传统建筑》分册的撰写任务，正是一个难得的学习机会。希望本书的写作尝试，能够成为开拓新研究领域的一小块引玉之砖，则欣慰之至。

本书写作过程中得到了不少中青年学者的支持与帮助：张潇君撰写了第二章新安祠堂第三节的部分内容，以及第四节中清代祠堂的部分实例。周民君编写了附录一新安传统建筑名词释义的初稿，以供工程实践参考。程乔君编写了附录二新安传统建筑大事记的初稿，其时序性较强，具有一定的史料价值。

本书图片除作者自摄、自绘者外，部分引自公开出版的书刊。另外，著名建筑摄影家张建平先生提供了部分珍贵照片，蒋建坤先生也提供了数帧淳安老照片。洪游、程轩、童华鲲三君参与了全书插图编辑工作，洪游君出力尤多。文字录入则由汪海林女士处理。

童建英女士是我们的亲人，也是同行，书中有关章节内容采纳了她的一些建议。

中共淳安县委党史研究室是新安文化研究系列丛书的编纂单位，对本书的写作始终给予了大力支持。党史研究室不仅提供了不少浙西地区有关资料，朱华民主任、程中青副主任等先生还亲自带领我们考察淳安县、建德市两地传统建筑。考察过程中，两地的文物部门同行提供了方便。丛书主编翟屯建先生是著名徽州学研究专家，本书的写作离不开他的指导和督促。书稿的编辑工作还得到了千岛湖一座岛屿文传公司方卓先生的帮助。

对以上有关单位与个人的支持和帮助，我们深表谢意。

路漫漫其修远兮，吾将上下而求索。作者水平有限，书中谬误一定不少，尚祈读者不吝指教，在此一并志谢！

程硕　程极悦

2023年4月于徽州十驾楼